John C. Eccles
Die Psyche des Menschen

SERIE PIPER
Band 1023

Zu diesem Buch

Der bekannte Neurophysiologe und Nobelpreisträger John C. Eccles stellt in diesem Buch kritisch die – heute in der Wissenschaft allgemein vorherrschenden – materialistischen Hypothesen über die Beziehung zwischen Gehirn und selbst-bewußtem Geist zur Diskussion. Er weist nach, wie unzulänglich und wissenschaftstheoretisch unbefriedigend diese Theorien sind. Dagegen stellt Eccles seine eigene naturwissenschaftlich fundierte Hypothese der Geist-Seele-Gehirn-Beziehung, die wertvolle Einsichten in die höheren Ebenen menschlicher Erfahrung erlaubt – besonders in den Bereichen der Werte, der Willensfreiheit und der moralischen Verantwortlichkeit, der Einzigartigkeit der menschlichen Person, schließlich der Suche nach Sinn und Hoffnung angesichts des Todes.

John C. Eccles, geboren 1903 in Melbourne, Professuren in Canberra u. a. 1963 Nobelpreis für Medizin.

John C. Eccles

Die Psyche des Menschen

Das Gehirn-Geist-Problem in neurologischer Sicht

Aus dem Englischen von
Jutta Jongejan

Mit 76 Abbildungen

Piper
München Zürich

Die Originalausgabe erschien 1980 unter dem Titel
»The Human Psyche. The Gifford Lectures 1978–1979,
University of Edinburgh« im Springer Verlag, Berlin Heidelberg.

Die deutsche Erstausgabe erschien 1985 unter dem Titel
»Die Psyche des Menschen« im Ernst Reinhardt Verlag, München Basel.

Von John C. Eccles liegen in der Serie Piper außerdem vor:
Gehirn und Seele (628)
Das Gehirn des Menschen (826)
Das Rätsel Mensch (976)
Das Ich und sein Gehirn (zus. mit Karl R. Popper) (1096)

ISBN 3-492-11023-1
Dezember 1990
R. Piper GmbH & Co. KG, München
Lizenzausgabe mit Genehmigung des Springer Verlags,
Berlin Heidelberg

Umschlag: Federico Luci,
unter Verwendung des Gemäldes »Cupido und Psyche«
von François Gérard (Louvre, Paris)
Satz: Satzstudio Pfeifer, Germering
Druck und Bindung: Clausen & Bosse, Leck
Printed in Germany

Für Helena

meine Muse

Vorwort

Im Februar und März 1978 hielt ich meine erste Reihe der Gifford Lectures an der Universität von Edinburgh. Diese Vorlesungen sind unter dem Titel *Das Rätsel Mensch* erschienen. Die zweite Reihe mit zehn Vorlesungen hielt ich in der Zeit vom 18. April bis 4. Mai 1979 unter dem Titel *Die Psyche des Menschen.* Wie auch beim ersten Buch ist der gedruckte Text tatsächlich das Manuskript, das ich für die Vorlesungen vorbereitet hatte, und nicht eine spätere Zusammenstellung. Die Vorlesungen wurden in freier Rede gehalten, jedoch ganz auf der Grundlage dieses Manuskripts. Ich hoffe, daß der gedruckte Text den darstellerischen Charakter einer Vorlesung vermitteln kann. Man darf dieses Buch nicht als ein verbindliches Lehrbuch zur Hirnforschung, Psychologie und Philosophie betrachten, sondern eher als eine Reihe von »Gedankenabenteuern«, um einen Titel von Whitehead zu gebrauchen.

Das Gehirn-Geist-Problem war das Thema dreier neuerer Bücher: *Das Ich und sein Gehirn, Das Rätsel Mensch* (im letzten Teil) und nun *Die Psyche des Menschen.* Dieses Buch enthält in der ersten Vorlesung eine kritische Diskussion der materialistischen Hypothesen zur Beziehung zwischen dem selbst-bewußten Geist und dem Gehirn. In den darauffolgenden Vorlesungen wird der in *Das Ich und sein Gehirn* entwickelte starke dualistische Interaktionismus im Hinblick auf viele verschiedene mit dem Selbst-Bewußtsein in Beziehung stehende Phänomene eingehend untersucht. Es war mein Ziel, die große erklärende Kraft des dualistischen Interaktionismus im Kontrast zur Dürftigkeit und Unangemessenheit aller verschiedenen materialistischen Theorien des Geistes aufzuzeigen. Ich behaupte nicht, daß dadurch die Gültigkeit dieser beweiskräftigen Version des dualistischen Interaktionismus bewiesen ist, aber ich zeige zumindest, daß sie in sich stimmig ist und grundsätzlich mit unserem gegenwärtigen naturwissenschaftlichen Wissensstand, der natürlich in bezug auf die Phänomene des bewußten Erfahrens nicht sehr hoch ist, übereinstimmt. Außerdem zeigen die letzten vier Vorlesungen, daß der dualistische Interaktionismus wertvolle Einsichten in die höheren Ebenen menschlicher Erfahrung gewährt, die mit materialistischen Theorien des Geistes nicht in Erfahrung gebracht werden können. Man kann zum Beispiel nennen: den gesamten Bereich der Werte, Willensfreiheit und moralische Verantwortlichkeit, die Einzigartigkeit der menschlichen Person, die Suche nach Sinn und Hoffnung im Hinblick auf den Tod als das unweigerliche Ende unseres Lebens auf der Erde.

Die Erforschung der Gehirn-Geist-Beziehung gründet sich auf das naturwissenschaftliche Studium des Gehirns, sowohl seiner Struktur als auch seiner physiologischen Funktionsweise. Die Grundlage für die anatomische Untersuchung bildet soweit wie möglich das Primatengehirn, wobei die neuere Darstellung seiner Einteilung in biologische Einheiten oder Moduln besonders betont wird. Was die Funktionsweise betrifft, so gibt es heute außerdem bemerkenswerte Untersuchungen am menschlichen Gehirn zu Wahrnehmung, Aufmerksamkeit, Absicht, Emotion, Bewußtseinsebenen, Lernen und Gedächtnis. Diese Untersuchungen sind sowohl an gesunden Versuchspersonen wie auch an Patienten mit Hirnläsionen durchgeführt worden, wobei die Kommissurotomie an erster Stelle zu nennen ist. Auf diese Weise ist die Psyche des Menschen naturwissenschaftlich betrachtet worden; wir können diese Art der Forschung Psychoneurologie nennen. In den späteren Kapiteln entwikkelt das Thema philosophischere Anklänge im Zusammenhang mit Gebieten wie dem der Kreativität, des Altruismus, des Pseudaltruismus, der Aggression und der Werte. Schließlich führen Überlegungen zu Sinn und Zweck selbst-bewußten Lebens in den vereinheitlichenden Auffassungen von der Psyche des Menschen und ihrer Stellung in bezug auf Gott zu ihrem Höhepunkt. Die gesamte Vorlesungsreihe kann so mit Lord Giffords Worten betrachtet werden: »... um das Studium der Natürlichen Theologie im weitesten Sinne – ... das Wissen von Gott – zu fördern und zu verbreiten«.

Das letzte Jahrhundert philosophischer und religiöser Katharsis hat der Menschheit die religiöse Auffassung von der Seele und der tieferen geistigen Bedeutung des einzelnen Lebens genommen. Aus dieser mißlichen Lage heraus ergeben sich Tendenzen zum Hedonismus oder zum Nihilismus der Verzweiflung. In diesen zwei Reihen von Gifford Lectures wurden die materialistischen und anti-religiösen Philosophien, die in dieser Zeit der Desillusionierung, die nun einmal von der Naturwissenschaft beherrscht wird, einen so großen Teil des akademischen Gefüges bilden, von neuem untersucht und kritisch bewertet. Es ist nicht der Zweck dieser Vorlesungen, die Naturwissenschaft unglaubwürdig zu machen – im Gegenteil! Aber es ist ihr Zweck, eine Wissenschaftsgläubigkeit, die man definieren könnte als den Versuch, Naturwissenschaft über die ihr zugehörigen Operationsbereiche hinaus auszudehnen, anzugreifen und in ihrer Glaubwürdigkeit zu erschüttern. Die überhebliche Anmaßung dieser Wissenschaftsgläubigkeit besteht darin, zu behaupten, die Naturwissenschaften wären im Prinzip schon bald in der Lage, eine lükkenlose Erklärung aller unserer Erfahrungen zu liefern, und zwar nicht nur derjenigen der materiellen Welt, sondern auch der Welt unseres inneren Fühlens hinsichtlich Werten und Idealen und unseren höchst feinen und edlen Gefühlen von Schönheit, Freundschaft und Liebe, wie sie in den großen Meisterwerken menschlicher Kreativität ausgedrückt und aufbewahrt sind.

Ich habe *Die Psyche des Menschen* als Titel des Buches gewählt, weil das Thema, ausgehend vom Studium der Gehirn-Geist-Beziehung, wie sie sich in der experimentellen Neurologie darstellt, vordringt zu einem Konzept der Seele oder Psyche, wie es ursprünglich in den Platonischen Dialogen – besonders im *Phaidon* – ausgedrückt und im Christentum weiterentwickelt wurde. Die Griechen stellten Psyche symbolisch als die jüngste der Göttinnen dar. Als solche hat Psyche viele Künstler inspiriert. Besonders bemerkenswert ist das Deckengemälde *Die Geschichte der Psyche* von Raffael und Giulio Romano in der Loggia der Villa Farnesina in Rom. Psyche ist der Gegenstand einer der großen Oden von John Keats. Das Leitmotiv dieses Buches ist ein Zitat aus der letzten Strophe der »Ode an Psyche«. Sie zeigt Keats' feinsinnige dichterische Denkweise beim Gehirn-Geist-Problem.

Ich hoffe, daß die Philosophie, die in diesen Gifford Lectures zum Ausdruck kommt, helfen wird, in den Menschen wieder einen Glauben an ihr geistiges Wesen, das ihren materiellen Körper und sein Gehirn überlagert, aufzubauen. Dieser Wiederaufbau wird eine religiöse Erleuchtung mit sich bringen, die ihrer erhabenen Existenz als bewußte Wesen Sinn und Hoffnung gibt. Es war in diesen Gifford Lectures nicht meine Aufgabe, die Einzelheiten religiöser Dogmen und Überzeugungen zu betrachten. Aber ich habe den Versuch unternommen, zu zeigen, daß die Philosophie des dualistischen Interaktionismus zu einem Glauben an das Primat des geistigen Wesens des Menschen führt, das dann seinerseits »hin zu Gott« führt, wie Max Planck so nachdrücklich sagt (Zitat auf S. 294).

Ich möchte dem Gifford Lectureship Committee für die Einladung, im akademischen Jahre 1978/79 an der Universität Edinburgh die Gifford Lectures zu halten, meinen Dank ausdrücken. Besonders danke ich Professor Tom Torrance, der die Einladung angeregt hat, unserem Gastgeber, Professor J. McIntyre, dem Prinzipal der Universität Edinburgh und Jean Ewan, der Sekretärin des Gifford Lectureship Committee für die Effizienz und Freundlichkeit, mit der sie vor und während der Vorlesungen alle Vorbereitungen traf. Ich brauche die vielen Freunde nicht namentlich zu erwähnen, die den Aufenthalt in Edinburgh für meine Frau und mich so unvergeßlich gemacht haben. Ich möchte auch meinen Dank gegenüber meiner Zuhörerschaft ausdrücken – bis zu 250 Personen, die eine anregende Atmosphäre geschaffen haben und den anstrengenden Kurs von 10 Vorlesungen in 2 1/2 Wochen durchgestanden haben.

Für die vielen hervorragenden Abbildungen, die bei einer so weitreichenden naturwissenschaftlichen Darstellung einen wichtigen Bestandteil ausmachen, wird an der entsprechenden Stelle im Text Anerkennung ausgesprochen. Mein besonderer Dank gilt Professor Rolf Hassler und Dr. Manfred Klee, die so freundlich waren, sich um die Vorbereitung der Abbildungsvorlagen zu kümmern, die dann von Hedwig Thomas und Jan Jaeger so gut ausgeführt wurden.

John C. Eccles

Inhaltsverzeichnis

Aus der »Ode an Psyche« von John Keats

Ich will Dein Priester sein, ein Tempel soll
Im Unbetretnen meiner Brust erstehn,
Da wo Gedanken, Neuwuchs lust-peinvoll,
Statt Pinien ästig in dem Winde wehn.
Weit weit soll dieser Bäume dunkle Zier
Befiedern wild Gebirge schrittweis rund,
Und Zephyr, Ströme, Vögel, Bienen, hier
Lullt die Dryaden ein im moosigen Grund.
Und mitten in der weiten Einsamkeit
        Ein rosenes Heiligtum bereit
Ich mit des Hirns geflochtner Gitterwand,
Mit Knospen, Glocken, Sternen namenlos,
Mit dem, was Gärtner Phantasie je fand,
Der, Blumen ziehnd, zieht nie dieselbe groß.
    Und da, was schattiger Gedanke faßt,
        All sanfte Lust sei Dein,
Und Fackel und nachts offen Fenster, laßt
        Die warme Liebe ein!

(Übertragung aus dem Englischen von Alexander von Bernus)

1. Vorlesung

Bewußtsein, Selbst-Bewußtsein und das Gehirn-Geist-Problem

Vorbemerkung

Diese Vorlesung überschneidet sich inhaltlich zum Teil mit der letzten Vorlesung meiner ersten Gifford-Reihe. Der Gebrauch des Begriffs *Selbst-Bewußtsein* im Gegensatz zu *Bewußtsein* wird zusammen mit dem Problem der Entwicklung eines Selbst-Bewußtseins aus einem tierischen Bewußtsein heraus betrachtet.

Die erfahrene *Einheit des Selbst-Bewußtseins* wird im Hinblick auf die beiden Hirnhemisphären und insbesondere auf die neuesten Ergebnisse von Sperry und seinen Mitarbeitern diskutiert, die höchst subtile und feinfühlige Methoden anwandten, um selbst-bewußte Reaktionen der rechten Hemisphäre kommissurotomierter Patienten aufzuspüren. Diese »isolierte« Hemisphäre scheint beim Erkennen von Gesichtern und Objekten mit angemessenen emotionalen Reaktionen ein begrenztes Selbst-Bewußtsein zu haben. Die verschiedenen Interpretationen dieser außergewöhnlichen Ergebnisse werden ausführlich diskutiert.

Der zweite Teil der Vorlesung ist einer Formulierung der verschiedenen Hypothesen zum Gehirn-Geist-Problem und einer kritischen Diskussion der sogenannten *materialistischen Theorien des Geistes* gewidmet. Es werden zwei Gründe angeführt, warum die Behauptung, diese materialistischen Theorien stünden mit den gegebenen Naturgesetzen im Einklang, abgelehnt werden muß. Dazu wird behauptet, daß alle materialistischen Theorien auf einen Determinismus reduziert werden können, der eine Negation jeder rationalen Diskussion zur Folge hat. Dieser Punkt wird in der 10. Vorlesung weiter entwickelt. Die Alternativhypothese des *dualistischen Interaktionismus*, die in der 10. Vorlesung der letzten Reihe entwickelt worden ist, wird formuliert und diskutiert. Schließlich werden die verschiedenen Hypothesen, die von Hirnforschern zum Gehirn-Geist-Problem aufgestellt worden sind, kritisch bewertet.

1.1 Einführung

In meinen Gifford Lectures vom letzten Jahr (inzwischen erschienen als *Das Rätsel Mensch*, Eccles, 1982) verfolgte ich den Ablauf von Zufallsbedingtheiten vom Urknall bis zu unserer Existenz hier und jetzt. Aus dieser wundervollen Reihe von Geschehnissen mit allen ihren geheimnisvollen Abfolgen konnte ich viel Relevantes für das übergeordnete Thema der Natürlichen Theologie ableiten. Die letzten drei Vorlesungen behandelten ziemlich detailliert den Aufbau des menschlichen Gehirns, die bewußte Wahrnehmung, das kognitive Gedächtnis und schließlich das Gehirn-Geist-Problem. Diese Vorlesungsreihe soll in einer logischen Weiterführung der ersten Reihe den weiten Bereich der Bewußtseinsmanifestationen und ihre Beziehung zu den Vorgängen im Nervenapparat des Gehirns behandeln. Es ist also ratsam, diese Vorlesungsreihe sich ein wenig mit der vorhergehenden überschneiden zu lassen, damit im Thema beider Vorlesungsreihen eine Kontinuität gewahrt wird.

Entsprechend der von Popper und Eccles (1982) angenommenen Vorgehensweise schlage ich vor, für die höchsten geistigen Erfahrungen den Begriff *selbst-bewußter Geist* zu verwenden. Er impliziert ein Wissen vom Wissen, was ursprünglich natürlich ein subjektives oder introspektives Kriterium ist. Durch sprachliche Kommunikation kann sich jedoch erweisen, daß andere Menschen diese Erfahrung des »Selbst-Wissens« teilen. Man braucht nur ein alltägliches Gespräch anzuhören, das zu einem Großteil der Wiedergabe bewußter Erfahrungen der Sprecher gewidmet ist. Auf einer niedrigeren Ebene kann es Bewußtsein oder Gewahrsein geben, wie es sich in intelligent gelerntem Verhalten oder bei emotionalen Reaktionen zeigt. Wir können von einem Tier sagen, daß es bewußt ist, wenn es in der Lage ist, die Komplexität der gegenwärtigen Situation im Licht vergangener Erfahrungen zu bewerten und so fähig ist, einen angemessenen Handlungsweg einzuschlagen, der mehr ist als eine stereotype Instinkthandlung. Auf diese Weise kann das Tier ein neuartiges Verhaltensmuster zeigen, das erlernbar ist und das außerdem eine Vielfalt emotionaler Reaktionen umfaßt. Ich möchte hierzu auf die ausgezeichneten Berichte von Wilson (1975), Thorpe (1974) und Griffin (1976) verweisen.

Man kann wohl fragen: Wann entwickelt sich Selbst-Bewußtsein aus einem solchen Bewußtsein? Ein Test für das Selbst kann in der

Identifizierung mit dem eigenen Spiegelbild bestehen. Gallup (1977) hat herausgefunden, daß ein Schimpanse es nur schwer lernen kann, sich selbst im Spiegel zu erkennen, was sich in der Art und Weise zeigte, wie er das Spiegelbild benutzte, um einen Farbfleck von seinem Gesicht zu entfernen. Affen zeigen in dieser Richtung überhaupt keine Lernerfolge, und auch bei anderen Säugetieren ist von einem solchen Fall noch nicht berichtet worden. Es scheint, als hätten Menschenaffen eine Art primitives Wissen vom eigenen Selbst; ein voll entwickeltes Erkennen des Selbst kann, wie in den letzten Gifford Lectures (Eccles, 1982, Kap. 6) diskutiert wurde, frühestens in den archäologischen Funden von zeremoniellen Bestattungen beim Neandertaler vor ungefähr 80000 Jahren nachgewiesen werden. Man kann voraussehen, daß weitere Entdeckungen diesen kritischen Zeitpunkt weiter zurückverlegen werden, insbesondere wenn man die Befunde bei Menschenaffen berücksichtigt.

Die oben gestellte Frage muß aber auch hinsichtlich der Entwicklung des einzelnen Menschen gestellt werden. Amsterdam (1972) kam aufgrund seiner Untersuchung dazu, für den Übergang vom bewußten Säugling zum selbst-bewußten Kleinkind einen Zeitraum von 18 Monaten anzusetzen.

Bewußtsein wird als klinischer Terminus normalerweise für die Fähigkeit eines Patienten gebraucht, auf verbale Aufforderungen sowie auf optische Reize und auf Berührungsreize zu reagieren. Anstatt »Selbst-Bewußtsein« könnte man auch den Begriff »Selbst-Gewahrsein« verwenden; ich ziehe jedoch »Selbst-Bewußtsein« vor, weil dieser Begriff mit dem des »selbst-bewußten« Geistes übereinstimmt. Daraus darf aber nicht geschlossen werden, daß der Gebrauch dieses substantivischen Begriffs das Erkennen des Geistes als einer Substanz im kartesischen Sinn bedeutet. Eher können wir den Geist als ein Wesen ansehen. Er umfaßt subjektive Erfahrungen jeder Art und ist so identisch mit der Welt 2, wie Popper sie definiert hat (vgl. Abb. 7-1).

Die Grundlage der jetzigen Vorlesungsreihe über *Die Psyche des Menschen* wird notwendigerweise vom gesamten Bereich der Erfahrungen gebildet, die mit dem bewußten Selbst verbunden sind, auch wenn Auffassungen vom Unterbewußtsein ebenfalls untersucht werden. Bei den materialistischen Philosophen besteht immer noch die Neigung, den Begriff »Geist« (mind) durch den Begriff »Denken« (minding) zu ersetzen und den substantivischen Begriff »Geist« (mind) abzulehnen, wie es Ryle (1949) in seinem einflußreichen

Buch *The Concept of Mind* getan hat. Zu jener Zeit schien es, als wäre der Begriff »Geist« endgültig verbannt worden, da es genügte, das, was wir von Menschen erfuhren, durch das deskriptive Beschreiben ihrer Handlungen und ihres Verbalverhaltens zu charakterisieren. Auf Ryles Buch jedoch erschien bald eine bemerkenswerte Antwort in Form des Buches *The Existence of Mind* von Beloff (1962).

Auch wenn Ryles Anhänger in den verschiedenen materialistischen Theorien des Geistes immer noch und aktiv Reduktionismus verkünden (Smart, 1963; Armstrong, 1968; Blakemore, 1977), hat seit der Zeit von Beloffs Buch eine bemerkenswerte Gegenbewegung eingesetzt: mit Literatur, die von einer nüchternen Neubewertung der Gehirn-Geist-Beziehungen, die unter verschiedenen klinischen Bedingungen untersucht wurden, zum Beispiel von Penfield (1975), Sperry (1976; 1977), Zangwill (1976) und ihren Mitarbeitern, bis hin zu einem wahren Aufblühen von poetischen Vorstellungen bei Jaynes (1976) reicht, der sein außergewöhnliches Buch *On the origin of consciousness in the breakdown of the bicameral mind* mit einer Lobeshymne beginnt:

> Oh, welche Welt ungesehener Visionen und gehörten Schweigens, dieses substanzlose Land des Geistes! Welche unbeschreiblichen Wesen, diese unberührbaren Erinnerungen und unzeigbaren Träumereien! Und die Abgeschlossenheit von allem! Ein geheimes Theater mit sprachlosen Monologen und vorbeugenden Ratschlägen, ein unsichtbares Schloß mit allen Launen, Liebhabereien und Geheimnissen, eine unendliche Quelle von Enttäuschungen und Entdeckungen. Ein ganzes Königreich, in dem jeder von uns zurückgezogen und allein herrscht, danach fragt, was er tun will, und bestimmt, was er tun kann. Eine versteckte Einsiedelei, in der wir aus dem unruhigen Buch der Dinge, die wir getan haben und vielleicht noch tun werden, lernen. Ein innerer Kosmos, der mehr ich selbst ist, als ich in einem Spiegel finden kann. Dieses Bewußtsein, das von allen mein eigenes Selbst ist, das alles ist und doch überhaupt nichts – was ist es?
> Und woher ist es gekommen?
> Und warum?

Wir können diese Rhapsodie den Testmethoden der experimentellen Neuropsychologie gegenüberstellen, mit ihren Farbfeldern oder Gittern, ihren reinen Tönen und Klick-Geräuschen, ihrem Klopfen und Schwingen. Das sind Techniken analytischer Experimente, von denen nicht erwartet werden darf, daß sie die ursprünglichen Stadien des Wahrnehmungsprozesses enthüllen, als ob wir zum Beispiel spürten, daß ein Bild die Folge vieler kleiner zusammengesetzter

Farbflecke ist, wie bei einem Mosaik. Im Gegenteil, Wahrnehmungen tauchen im Bewußtsein als fertig geformte Bilder oder Wörter oder Musik auf, reichlich mit Bedeutungen versehen (Gibson, 1966; Thorpe, 1974). Man kann natürlich nicht leugnen, daß auf dem Weg zur bewußten Wahrnehmung von Bildern, Geräuschen oder gefühlten Objekten von unbegrenzter Vielfalt unterbewußte Prozesse liegen, wie wir in der dritten Vorlesung diskutieren werden.

Das Gehirn-Geist-Problem hat eine aufregende Ära erreicht, in der Philosophen, Psychologen, Psychiater, Neurologen, Neurobiologen und Experten auf dem Gebiet der künstlichen Intelligenz sich in immer neuen Konferenzen zusammenfinden. Sie eifern, sie argumentieren, sie streiten, und bei seltenen Gelegenheiten stimmen sie vielleicht auch überein! Darüber hinaus sind neben zahlreichen Konferenzprotokollen viele Bücher veröffentlicht worden. Das Buch *Das Ich und sein Gehirn* von Popper und mir (1982) scheint fast die zweifelhafte Auszeichnung errungen zu haben, im Zentrum eines philosophischen Sturms zu stehen, wie die Flut kritischer Besprechungen dieses Buches bezeugt. Es ist ein gutes Zeichen, daß das Interesse an dem größten Problem, das wir zu meistern haben – an der Frage nach unserer Herkunft und unserem Ziel –, wiederauflebt. Vielleicht ist es gut, daß in unversöhnlichen Konfrontationen solche Emotionen geweckt werden. Aber es ist zu bedauern, daß Meinungen manchmal mit dogmatischem Starrsinn aufrechterhalten werden und daß es vielleicht dem unkritischen Eifer, mit dem dogmatische Grundsätze aufgestellt werden, an Bescheidenheit mangelt. Bevor ich jetzt auf eine Besprechung der Gehirn-Geist-Theorie in all ihrer Verschiedenheit und sogar Fremdartigkeit eingehe, möchte ich erst einen sehr wichtigen Punkt behandeln, zu dem es faszinierende experimentelle Untersuchungen gibt, nämlich unsere Erfahrung einer geistigen Einheit oder Einzigartigkeit.

1.2 Einheit des Bewußtseins und Kommissurotomie

Es ist eine allgemeine Erfahrung, daß wir uns, subjektiv gesehen, als geistige Einheit erleben, die von den frühesten Erinnerungen an eine Kontinuität aufweist. Diese geistige Einheit bildet die Grundlage des Konzeptes vom Selbst. Weiss (1969) bringt dies gut zum Ausdruck, indem er sagt:

> Die Einheit, die meine großartigste Erfahrung ist: daß, obwohl ich weiß, daß ich mich fortwährend verändere – alle Moleküle verändern sich, alles in mir wird in seiner Substanz umgeworfen –, es trotzdem meine Identität gibt, mein Bewußtsein darüber, daß ich im wesentlichen derselbe bin, der ich vor 20 Jahren war. Sosehr ich mich vielleicht auch verändert habe, die Durchgängigkeit meiner Identität ist ungebrochen geblieben.

Wir haben jedoch zwei Hirnhemisphären, und es ist erstaunlich viel darüber diskutiert worden, welche Funktionen und bis zu welchem Grad getrennte Funktionen sie haben. Diese Debatte kann historisch bis zu dem Zeitpunkt zurückverfolgt werden, zu dem Broca und Wernicke, nachdem sie Läsionen, die Aphasien verursachten, lokalisiert hatten, die Sprachzentren in der linken Hemisphäre bestimmen konnten (Abb. 1-1). Es ist in der Zeit danach enorm viel über die Auswirkungen klinischer Läsionen auf Hirnfunktionen geschrieben worden, nicht nur über die sprachlichen Funktionen, sondern zum Beispiel auch über Apraxie als Folge einer Läsion des rechten Parietallappens. Leider sind klinische Läsionen normalerweise nicht genau eingrenzbar und liefern so keine klare Lokalisation der gestörten Funktion. Ein bemerkenswerter Fortschritt wurde von Gordon Holmes erzielt, der im Ersten Weltkrieg Schußverletzungen systematisch untersuchte, um die topographische Lokalisation des Sehfeldes im Occipitallappen festzulegen (vgl. Popper und Eccles, 1982, Abb. E2-5).

Sehr wichtige Informationen über die Funktionen der verschiedenen Hirnlappen beider Hemisphären (Abb. 1-1) wurden aus Untersuchungen von Milner und anderen abgeleitet, bei denen aus therapeutischen Gründen bei Patienten exakt umschriebene Läsionen verursacht wurden (vgl. Popper und Eccles, 1982, Kap. E6). Bei weitem der wichtigste Nachweis zur Einheit des Bewußtseins ergab sich aus den Untersuchungen von Sperry und Mitarbeitern an Kommissurotomie-Patienten. Bei dieser Operation wird das Corpus callosum, das dicke Bündel von ungefähr 200 Millionen Nervenfasern, das die beiden Hirnhemisphären verbindet, durchtrennt (Abb. 1-2, 1-3, 1-4). Man muß dazu wissen, daß die Verbindungen der beiden Hemisphären zu niedrigeren Hirnregionen dabei intakt bleiben. Man muß außerdem wissen, daß vor der Operation die beiden Hemisphären bei allen cerebralen Vorgängen eng verbunden waren und daß jede Hemisphäre die Erinnerungen an die in vielen Jahren gemeinsam erbrachten Leistungen in sich trägt.

Es ist ein glücklicher Umstand, daß das Durchtrennen dieser un-

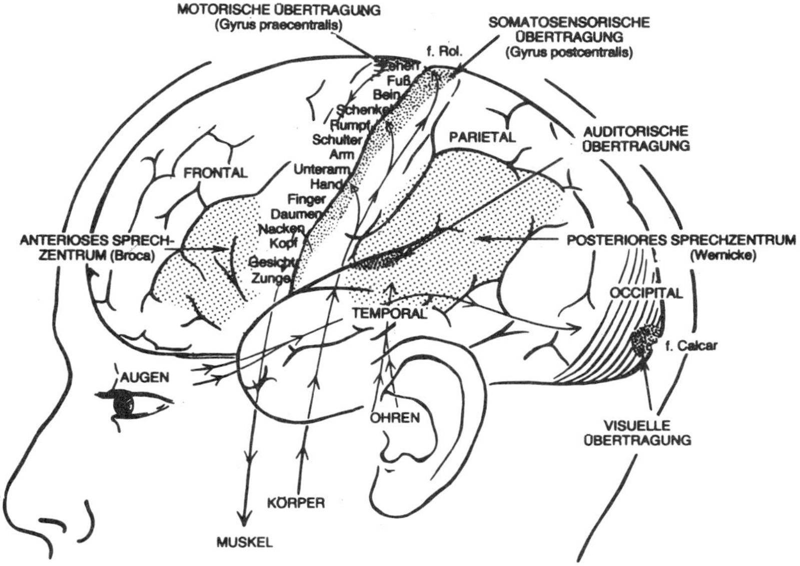

Abb. 1-1. Die motorischen und sensorischen Übertragungsbezirke der Großhirnrinde. Die ungefähre Verteilung der motorischen Übertragungsbezirke wird im Gyrus paecentralis gezeigt; die Felder für den somatisch-sensorischen Input befinden sich in ähnlicher Anordnung im Gyrus postcentralis. Die Felder für Zehen, Fuß und Bein müßten eigentlich jenseits der dargestellten Ansicht, nämlich auf der medialen Oberfläche gezeigt sein. An primär sensorischen Feldern werden außerdem das visuelle und das auditorische gezeigt, aber sie liegen weitgehend in Zonen, die in dieser Seitenansicht nicht zu sehen sind. Die verschiedenen Hirnlappen – Frontal-, Parietal-, Occipital- und Temporallappen – sind eingezeichnet, ebenso das Brocasche und das Wernickesche Sprachzentrum

geheuren Verbindung so wenig offensichtliche Störung beim Patienten zur Folge hat, so wenig, daß nichts Auffälliges erkannt wurde, bevor Sperry seine äußerst genauen Untersuchungen durchführte. Die allgemeinen Körperfunktionen beim Stehen, Gehen, Tauchen und Schwimmen und beim Schlafen und Wachen sind nach wie vor normal verbunden, da die gekreuzten Verbindungen in den niedrigeren Gehirnebenen von der Kommissurotomie nicht berührt werden (Abb. 1-4). In Kap. E5 des Buches von Popper und Eccles (1982) wird ziemlich ausführlich über alle diskriminativen Testverfahren zur Leistung der einzelnen Hemisphären nach der Kommissurotomie berichtet.

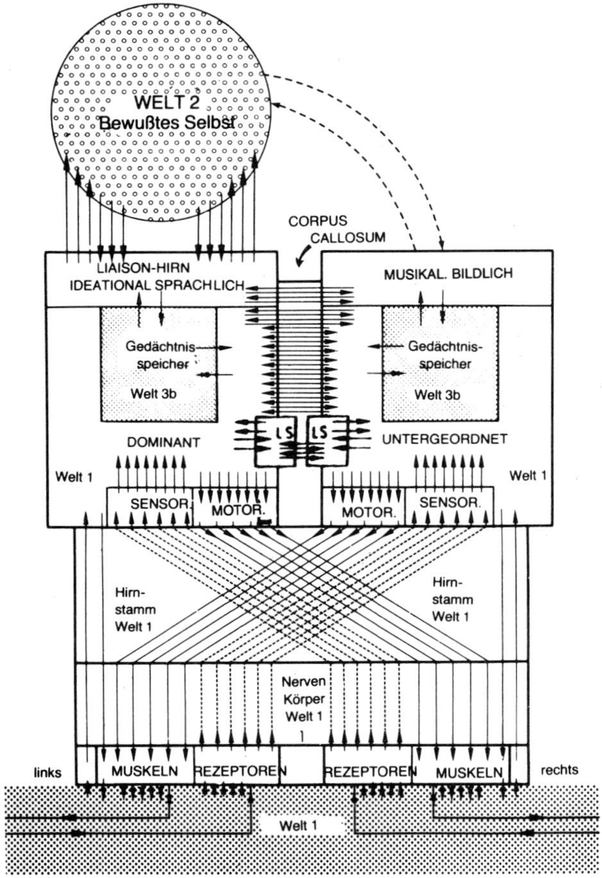

Abb. 1-2. Kommunikation zum und vom Gehirn und innerhalb des Gehirns. Das Diagramm zeigt die Hauptkommunikationswege von den peripheren Rezeptoren zu den sensorischen Rinden und so zu den Assoziationsfeldern der cerebralen Hemisphären. In ähnlicher Weise wird der Weg der vom Gehirn kommenden Information von der cerebralen Hemisphäre über den Motorcortex zu den Muskeln gezeigt. Beide Systeme überkreuzen sich weitgehend, wie man am Schema sehen kann; es sind jedoch auch kleinere ungekreuzte Bahnen durch die senkrechten Linien im Hirnstamm dargestellt. Die dominante linke und die subdominante rechte Hemisphäre sind bezeichnet, ebenso einige Eigenschaften dieser Hemisphären, die auch in Abb. 1-5 aufgeführt sind. Das Corpus callosum ist als ein mächtiges Verbindungsglied beider Hemisphären dargestellt. Zusätzlich zeigt das Schema die Interaktionsmöglichkeiten zwischen Welt 1 und Welt 2, wie im Text beschrieben und auch in den Abb. 1-7 und 7-1 dargestellt. Wichtig sind die mit LS bezeichneten Blöcke, die das limbische System (vgl. 5. Vorl.) mit seinen ipsilateralen und Callosum-Verbindungen darstellen

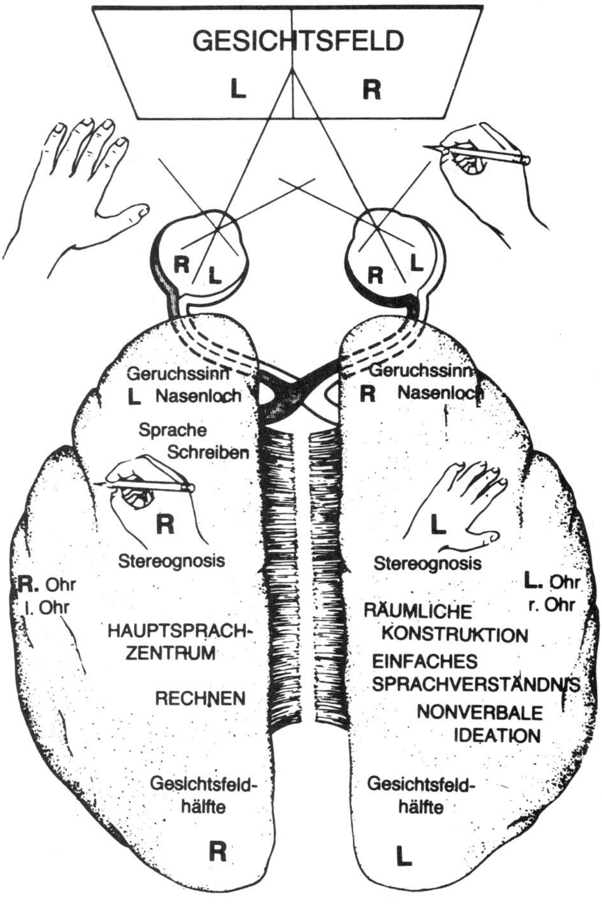

Abb. 1-3. Das Schema zeigt die Art und Weise, in der sich aufgrund der partiellen Kreuzung im Chiasma opticum das linke und rechte Gesichtsfeld auf die rechte bzw. linke Sehrinde projizieren (vgl. Abb. 3-6). Das Schema zeigt auch andere sensorische Inputs von den rechten Extremitäten zur linken Hemisphäre und von den linken Extremitäten zur rechten Hemisphäre. In ähnlicher Weise kreuzt der Input des Hörsinns weitgehend, doch der Geruchssinn ist ipsilateral. Es ist bildlich gezeigt, daß das Programmieren der rechten Hand beim Schreiben von der linken Hemisphäre kommt. Sperry, R. W.: Lateral specialization in the surgically separated hemispheres. In: The neurosciences: third study program. Schmitt, F. O., Worden, F. G. (eds.), S. 5-19. Cambridge (Mass.): MIT Press 1974

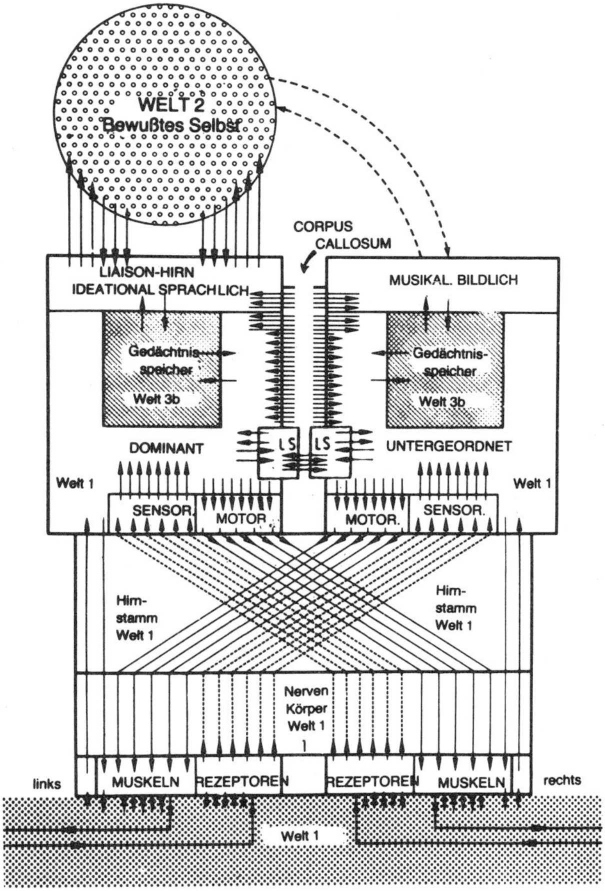

Abb. 1-4. Kommunikation zum und vom Gehirn und innerhalb des Gehirns wie in Abb. 1-2, jedoch nach Durchtrennen des Corpus callosum. Das Schema zeigt, daß die Kommunikation vom Gehirn zur Welt 2 nur noch über die dominante Hemisphäre stattfindet. Weitere Erklärung im Text

und Schwimmen und beim Schlafen und Wachen sind nach wie vor normal verbunden, da die gekreuzten Verbindungen in den niedrigeren Gehirnebenen von der Kommissurotomie nicht berührt werden (Abb. 1-4). In Kap. E5 des Buches von Popper und Eccles (1982) wird ziemlich ausführlich über alle diskriminativen Testverfahren zur Leistung der einzelnen Hemisphären nach der Kommissurotomie berichtet.

DOMINANTE HEMISPHÄRE	SUBDOMINANTE HEMISPHÄRE
Verbindung zum Bewußtsein	keine solche Verbindung
verbal	fast nonverbal
sprachliche Beschreibung	musikalisch
ideational begriffliche Ähnlichkeiten	Sinn für Bilder und Muster visuelle Ähnlichkeiten
Analyse über Zeiträume hinweg	Synthese über Zeiträume hinweg
Analyse von Details	holistisch — bildhaft
arithmetisch und computerähnlich	geometrisch und räumlich

Abb. 1-5. Verschiedene spezifische Leistungen der dominanten und der subdominanten Hemisphäre, wie sie nach den neuentwickelten Konzepten von Levy-Agresti und Sperry (1968) vorgeschlagen werden. Der ursprünglichen Liste ist einiges hinzugefügt

Zusammenfassend können wir sagen (Abb. 1-5), daß die linke (sprechende) Hemisphäre in ihren sprachlichen Fähigkeiten kaum beeinträchtigt ist. Sie behält außerdem ein gutes Erinnerungsvermögen an Vergangenes in Verbindung mit einer guten intellektuellen Leistung und mit einem kaum gestörten Gefühlsleben. Sie weist jedoch bei allen räumlichen und konstruktiven Aufgaben Lücken auf. Im Gegensatz dazu sind die sprachlichen Fähigkeiten der rechten Hemisphäre stark eingeschränkt. Sie hat zwar Zugang zu einem beträchtlichen passiven Wortschatz, sie kann Befehle erkennen und gehörte oder gelesene Wörter bildlichen Darstellungen zuordnen. Außerdem war es überraschend, daß die rechte Hemisphäre auf Verben genauso effektiv reagierte wie auf Handlungsbezeichnungen. Trotz aller dieser Nachweise für sprachliches Verständnis zeigt die rechte Hemisphäre jedoch extreme Lücken beim gesprochenen oder geschriebenen sprachlichen Ausdruck, der effektiv gleich Null ist. Sie ist jedoch im Gegensatz zur linken Hemisphäre bei allen räumlichen und konstruktiven Aufgaben sehr funktionstüchtig und zeigt außerdem Geschick bei Wiedererkennungs-Aufgaben.

Gordon et al. (1971) fanden, daß die Einheit der bewußten Erfahrungen nach Durchtrennung des vorderen und des mittleren Drittels des Corpus callosum erhalten blieb. Sie schlossen daraus, daß die Verbindungen zwischen dem parietalen und dem occipitalen Cortex im hinteren Drittel des Corpus callosum wesentlich die Einheit der bewußten Erfahrung vermitteln. Die Callosum-Verbindung zwischen den Frontallappen darf jedoch nicht ausgeschlossen werden, da sie möglicherweise über eine indirekte Bahn erhalten bleibt, die über die enormen Assoziationsverbindungen zu den Parietal- und Temporallappen und deren intakte Callosum-Verbindungen führt.

Als anspruchsvollere Versuche entwickelt wurden, die bis zu zwei Stunden ununterbrochenen Testens erlaubten, wurde klar, daß die rechte Hemisphäre Nachweise für bewußte Reaktionen zeigte, die sich auf einer höheren Ebene befanden als die, die bei nichtmenschlichen Primaten gezeigt werden konnten. Es gibt verständlicherweise keinen unanzweifelbaren Test für Bewußtsein, aber man nimmt allgemein an, daß die höheren Tiere, Vögel und Säugetiere, dann bewußtes Verhalten zeigen, wenn sie mit Intelligenz und Gefühl handeln und fähig sind, angepaßte Verhaltensweisen zu erlernen. Nach diesen Kriterien ist an einem Bewußtsein der rechten Hemisphäre nicht zu zweifeln (vgl. Abb. 1-2). Die verwirrende Frage besteht darin, ob die rechte Hemisphäre selbst-bewußt ist, womit gemeint ist, ob sie von ihrem Selbst-Sein weiß und sich dessen bewußt ist. Sperry et al. (1979) sagen dazu:

> Selbst-Bewußtsein scheint fast ausschließlich eine menschliche Eigenschaft zu sein, wenn man den gegenwärtigen Stand der wissenschaftlichen Versuche, hauptsächlich die Wiedererkennungs-Tests mit dem Spiegel, betrachtet. Es scheint bei Tieren unterhalb der Stufe der Primaten gar nicht und auch bei Menschenaffen nur in beschränktem Ausmaß vorhanden zu sein. Beim Menschen tritt das Selbst-Bewußtsein in der Kindheit relativ spät in Erscheinung, nämlich zum erstenmal um das Alter von 18 Monaten. So kann sowohl ontogenetisch als auch phylogenetisch Selbst-Bewußtsein als eine verhältnismäßig weit fortgeschrittene Stufe bewußten Erfahrens eingestuft werden.

Sperry et al. (1979) berichten über Untersuchungen mit zwei Kommissurotomie-Patienten, bei denen Aspekte des Selbst-Bewußtseins und des allgemeinen sozialen Bewußtseins in der rechten Hemisphäre getestet werden sollten. Bei diesen Tests wurde eine große Anzahl verschiedener Abbildungen von Personen und auch von vertrauten Objekten und Szenen in verschiedener Anordnung dem linken visuellen Feld und damit *ausschließlich* der rechten Hemisphäre der Patienten vorgelegt (vgl. Abb. 1-3). Die Versuchsperson konnte jedesmal das ihr vertraute Foto unter den anderen Bildern erkennen, hatte jedoch Schwierigkeiten, zu sagen, was es war. Der Versuchsleiter mußte stark unterstützende Hilfen geben, damit das, was von der rechten Hemisphäre erkannt worden war, sprachlich, vermutlich von der linken Hemisphäre, ausgedrückt werden konnte. An der aufsehenerregenden Schlußfolgerung Sperrys, die beiden Hemisphären seien beim Wiedererkennen von Bildern gleichermaßen beteiligt, kann man kritisieren, daß sie aus einer ziemlich optimistischen Überinterpretation der Reaktionen der Versuchspersonen abgeleitet wurde, wie aus den Versuchsprotokollen zu ersehen ist. Dennoch gibt es bemerkenswerte Befunde, die für ein begrenztes Selbst-Bewußtsein der rechten Hemisphäre sprechen. Ich zitiere den sehr überzeugenden Bericht von der letzten Phase einer Testsitzung, bei der die Versuchsperson LB zu verschiedenen Fotos von Personen durch die mit der linken Hand gegebenen Zeichen »Daumen nach oben« und »Daumen nach unten« Zustimmung oder Ablehnung signalisierte:

> Gegen Ende dieser Testsitzung wurde LB eine ausgewählte Zusammenstellung von vier Portraitfotos von Männern vorgelegt. Drei dieser Fotos zeigten Fremde, das vierte, das links unten plaziert war, ihn selbst. Als er gefragt wurde, ob er auf diesen Fotos jemanden erkenne, deutete LB sofort auf das Foto von sich selbst. Nach einer Bewertung mit Hilfe des Daumen-Zeichens gefragt, gab er eine entschiedene »Daumen-nach-unten«-Antwort, aber im Gegensatz zu den anderen »Daumen-nach-unten«-Signalen war diese von einem breiten, verlegenen und, allem Anschein nach, selbst-bewußten Grinsen begleitet. Als wir dann fragten, ob er wüßte, wer das sei, riet LB nach nur kurzem Zögern richtig: »ich selbst«. *Interpretation*: LB erkannte sich selbst sofort mit der rechten Hemisphäre. Die ironische »Daumen-nach-unten«-Reaktion auf sein eigenes Bild, begleitet von einem breiten Grinsen, zeigt nicht nur das Sich-Erkennen in der subdominanten Hemisphäre an, sondern auch feinsinnigen Humor und eine selbst-bewußte Sichtweise der gesamten Situation. Der emotionale Effekt wurde sowohl zentral als auch peripher weitergeleitet und lieferte, in Kombination mit anderen Hinweisen, der linken Hemisphäre genügend Information, damit diese die richtige Identität erraten konnte.

Es kann kaum daran gezweifelt werden, daß die rechte Hemisphäre zumindest über ein beschränktes Selbst-Bewußtsein verfügt.

Zusammenfassend sagen Sperry et al. (1979):

> Die Fähigkeit von Kommissurotomie-Patienten, aus visuellen Vorgaben, die auf das linke Gesichtsfeld beschränkt sind, Bilder von sich selbst, ihrer Familie, Verwandten, Bekannten, Haustieren, ihres Eigentums und auch politischer, historischer oder religiöser Figuren wie Persönlichkeiten aus der Welt der Unterhaltung in einer Auswahl-Anordnung unter neutralen Bildern zu erkennen, auszuwählen und zu bestimmen, jeweils auf einer Ebene, die durchaus der der linken Hemisphäre desselben Patienten vergleichbar ist, ist ein Anzeichen für das Vorhandensein eines gut entwickelten Sinnes für das eigene Selbst und für soziales Bewußtsein in der rechten Hemisphäre. Die verschiedenen emotionalen Reaktionen, die erzeugt wurden, und die Genauigkeit der Antworten auf die Folgefragen des Versuchsleiters und auf Hinweise aus den

eigenen Kommentaren zeigten, daß die richtige Bestimmung in der rechten Hemisphäre geleistet wurde. ... Es war in den meisten Fällen möglich, jede bedeutendere Unterstützung von seiten der sprachdominanten Hemisphäre im eigentlichen Identifizierungsprozeß auszuschließen, da der Inhalt der gesprochenen Kommentare andeutete, daß die sprechende Hemisphäre sich dessen, was die stumme Hemisphäre erkannte und worauf sie antwortete, nicht bewußt war.

Sowohl das allgemeine Niveau der Fähigkeiten der rechten Hemisphäre, Testitems zu identifizieren, als auch die Art der begleitenden emotionalen und wertenden Antworten waren den mit dem rechten Gesichtsfeld und der linken Hemisphäre erzielten Ergebnissen ungefähr gleichrangig. Gelegentliche Diskrepanzen zwischen den Reaktionen der linken und der rechten Seite waren eher die Ausnahme als die Regel. Sie überschritten nicht das Ausmaß des intrahemisphärischen Variationsbereiches zwischen den verschiedenen Testsitzungen und können allgemein kaum als Anzeichen für vorhandene Links-Rechts-Unterschiede angesehen werden. Alles in allem bestärken die vorliegenden Daten die Annahme, daß die menschliche Subjektivität im Grunde in beiden Hemisphären ziemlich die gleiche ist.

Tatsächlich sind die emotionalen Reaktionen der rechten Hemisphäre auf vorgelegte Bilder von den Verbindungen besonders zum limbischen System (vgl. 5. Vorlesung) abhängig, die bei einer Kommissurotomie nicht in Mitleidenschaft gezogen werden und so in der Lage sind, auch zur linken Hemisphäre weiterzuleiten und ein bewußt erfahrenes Gefühl zu erzeugen (Abb. 1-4).

Diese Tests zur Existenz von Geist und selbst-bewußtem Geist liegen auf einem relativ einfachen bildhaften und emotionellen Niveau. Man kann daher noch immer an einer völlig selbst-bewußten Existenz der rechten Hemisphäre zweifeln. Plant und bedenkt sie zum Beispiel Dinge, die in der Zukunft liegen? Trifft sie Entscheidungen, und fällt sie Urteile auf der Grundlage eines Wertesystems? Das sind wesentliche Bedingungen für das Person-Sein, wie es normalerweise verstanden wird (Strawson, 1959; Popper und Eccles, 1982, Abschn. 31 und 33). Betrachten wir nun, was diese Ergebnisse über die Einheit des bewußt erfahrenden Selbsts aussagen.

Wie von DeWitt (1975) betont wird, werden durch die Kommissurotomie-Forschungen von Sperry und Mitarbeitern wichtige Probleme aufgeworfen, und es sind dazu viele verschiedene Interpretationen angeboten worden:

(1) Puccetti (1973) geht mit seiner Meinung am weitesten, indem er sagt, die Kommissurotomie-Patienten hätten zwei »Geister« (minds) mit grundlegend verschiedenen Fähigkeiten; jeder der beiden wäre eine Person für sich. Er geht sogar so weit, zu sagen, diese

doppelte Persönlichkeit bestehe auch vor der Kommissurotomie. Ich zitiere ihn wörtlich:

> Entweder resultieren aus einer Kommissurotomie zwei verschiedene »Geister« oder nicht; wenn es aber so ist, dann gibt es auch zwei verschiedene Personen.
> Aber sogar diese letzte Behauptung ist mißverständlich. Wie kann eine Kommissurotomie zwei »Geister« oder Personen *schaffen*, wenn es vorher nur eine gab? Welcher Geist, der der linken oder der der rechten Gehirnhälfte, ist völlig neu? Und wie sollen wir uns da entscheiden? Beide Gehirne waren, wie wir gesehen haben, bewußt und funktionierten vor der Operation auf ihre ziemlich spezialisierte Weise. Nur funktionierten sie da synchroner – aufgrund der kommissuralen Verbindung ... Wenn das so ist, wenn wir cerebral intakte Zwillingshirn-Menschen wirklich die Zusammensetzung aus zwei Personen sind, welche davon bin ich? Bin ich die Person, deren bewußte Einheit ihre Wurzeln im Informationsprozeß des linken Gehirns und in der motorischen Kontrolle der rechten Hand hat? Oder bin ich die Person, deren Bewußtsein seine Grundlage in der rechten Gehirnhälfte und in der Kontrolle der subdominanten linken Hand hat?

(2) Sperry (1976), Bogen (1969) und Gazzaniga (1971) postulieren ebenfalls, daß es zwei selbst-bewußte »Geister« gibt, d.h. daß die Kommissurotomie das Gehirn, auch den selbst-bewußten Geist, in zwei Teile gespalten hat, daß aber normalerweise nur eine Person existiert. Bogen (1969) sagt:

> Eine der augenfälligsten und grundlegendsten Eigenschaften des Gehirns ist, daß es doppelt ist. Jede Menge Befunde, vor allem aus dem Gebiet der Hemisphärektomie, haben deutlich gemacht, daß eine Hemisphäre ausreicht, um die Persönlichkeit und den Geist zu erhalten. Wir können daraus also schließen, daß das Individuum mit zwei intakten Hemisphären die Kapazitäten für zwei selbständige Geister hat – jeder von uns hat zwei Geister in einer Person.

(3) Nach MacKay (1978) und Eccles (1982) wird bei einer Kommissurotomie ein bewußter Geist, der mit der rechten Hemisphäre verknüpft ist, abgespalten. Die linke Hemisphäre verbleibt mit einem relativ intakten selbst-bewußten Geist und der damit verbundenen Person.

DeWitt (1975) führt an, daß das Vorhandensein von Sprache den Unterschied zwischen der Existenz von *Selbst-Bewußtsein* und der völligen Abwesenheit jeglichen Wissens um das Selbst ausmacht. Im allgemeinen würde ich dem zustimmen, aber ich frage mich, was mit Sprache gemeint ist; denn die rechte Hemisphäre zeigt sehr wohl ordentliche Leistungen beim Sprachverständnis, während die Fähigkeiten des sprachlichen Ausdrucks gleich Null sind (Zaidel, 1976). Im Hinblick auf die neuesten Untersuchungen von Sperry und Mitarbeitern (1979) glaube ich, daß in der rechten Hemisphäre ein Selbst-Bewußtsein vorhanden ist; aber es ist begrenzt und würde nicht ausreichen, der rechten Hemisphäre nach den oben erwähnten Kriterien die Eigenschaften des Person-Seins zuzusprechen. Die Kommissurotomie hat also ein Fragment des selbst-bewußten Geistes abgespalten, die Person bleibt jedoch offenbar unversehrt, mit intakter geistiger Einheit und den jetzt ausschließlich zur linken Hemisphäre bestehenden Verknüpfungen zurück. Es ist jedoch einsichtig, daß emotionale Reaktionen aus der rechten Hemisphäre über das teilweise ungespaltene limbische System auf die linke Hemisphäre Einfluß nehmen können. So bleibt die Person emotionell auch mit der rechten Hemisphäre verbunden.

Ich stimme DeWitts (1975) Interpretation der Lage nach einer Kommissurotomie zu:

> Sowohl die dominante als auch die subdominante Hemisphäre sind insofern bewußt, als sie sich zweifellos grundlegender Phänomene der visuellen und taktilen Wahrnehmung bewußt sind. Und jede von ihnen hat einen Geist ... sie zeigt komplizierte organisierte Reaktionshierarchien, d.h. intentionales Verhalten. Zusätzlich jedoch würde ich vermuten, daß nur die dominante Hemisphäre ein Selbst hat. Nur das Sprache gebrauchende Gehirn ist in der Lage, abstrakt zu denken und so sich selbst als einzigartiges Wesen bewußt zu sein. Mit einem Wort: Nur die dominante Hemisphäre ist sich selbst *als ein Selbst* bewußt.

Dies entspricht der realen Situation nach der Operation: Die Umwelt des Patienten findet es nicht schwierig, ihn als das Selbst oder die Person anzusehen, die er vor der Operation war. Die Patienten stimmen damit natürlich überein, aber sie haben doch Probleme, die aus der Zweiteilung ihres bewußten Geistes entstehen. Es bestehen Schwierigkeiten bei der Kontrolle der Motorik, die von der Aktivität der rechten Hemisphäre mit dem ihr verbundenen Geist ausgeht. Diese Motorik ist völlig jenseits jeder Kontrolle durch das bewußte Selbst oder die Person, die aus der linken Gehirnhälfte gesteuert wird. So sprechen die Patienten zum Beispiel von ihrer unkontrollierbaren linken Hand als von der »bösen« Hand.

Diese Interpretation von DeWitt scheint mit allen Beobachtungsdaten von Kommissurotomie-Patienten übereinzustimmen; sie vermeidet jedoch die extremen Schwierigkeiten philosophischer Art, die in der Hypothese von Puccetti enthalten sind, daß nämlich auch im Normalfall eine Dualität der Person besteht – »zwei Personen in einem Gehirn«, wie er es provokativ ausdrückt.

Nagel (1971) hat eine kritische Studie von Ergebnissen mit Kommissurotomie-Patienten vorgelegt, in der er versucht hat, hinsichtlich der Anzahl von Geistern und Personen eine Lösung zu finden. Er findet es schwer zu begreifen, wie es sein muß, ein Kommissurotomie-Patient zu sein. Er bevorzugt die Hypothese, daß sie zwei Geister haben, sieht dies jedoch im Widerspruch mit dem integrierten Verhalten der Patienten. Also schließt er mit einer destruktiven Kritik des gesamten Konzeptes der Person und zieht sich auf eine Art Verhaltens-Kontroll-System innerhalb des Gehirns und zwischen den Hemisphären zurück, das auf irgendeine Weise alle Komplexitäten des Individuums vereint. Die Einheit der Person betrachtet er aber als eine Illusion!

Man kann die Schwierigkeiten erkennen, die durch die Spaltung des Geistes bei der Kommissurotomie und noch mehr durch das Existieren eines Fragments des selbst-bewußten Geistes, das der isolierten rechten Hemisphäre angeschlossen ist, aufgeworfen werden. Dies ist aber keine Entschuldigung für Nagels Pessimismus, wie er es nennt! Übereinstimmen können wir mit seiner Aussage in Fußnote 11, daß Kommissurotomie nur eine Art ist, das Gehirn zu spalten. Man kann auch corticale Verbindungen innerhalb einer Hemisphäre durchtrennen, zum Beispiel die Präfrontallappen abtrennen, wie es bei der präfrontalen Leukotomie beidseitig gemacht wurde. Wie wir in der zweiten Vorlesung sehen werden, darf jedoch die Verbindung von Geist und Gehirn nicht als eine Frage begrenzter Handlungsbereiche angesehen werden. Ich werde postulieren, daß sich der selbstbewußte Geist im Normalfall in einer Liaison mit einem ungeheuren Gebiet corticaler Moduln befindet, die über den gesamten Neocortex verteilt sind. Ferner muß erkannt werden, daß durch Impulse sowohl der Assoziationsfasern einer Hemisphäre, von denen es ungefähr 2000 Millionen gibt, als auch der 200 Millionen kommissuraler Fasern eine Kommunikation zwischen den Moduln stattfindet. Dieses ungeheure Kommunikationssystem ist es, das die Raum-Zeit-Muster in den 4 Millionen Moduln in die Lage versetzt, in kodierter Form die extreme Fülle an Information zu liefern, die vom selbst-bewußten Geist abgelesen wird, was die Basis unserer unbeschreiblichen Erfahrung von geistiger Einheit bildet.

1.3 Hypothesen zum Gehirn-Geist-Problem

1.3.1 Einführende Überlegungen

Es ist hier nicht möglich, der enormen Menge an philosophischer Literatur zum Gehirn-Geist- oder Körper-Geist-Problem im einzelnen Anerkennung zu schenken. Glücklicherweise ist dies erst kürzlich auf meisterhafte Art von Popper (Popper und Eccles, 1982, Kap. P1, P3, P4 und P5) getan worden. Er hat einen kritischen Überblick über die historische Entwicklung des Problems von den frühesten Berichten der griechischen Philosophie an gegeben. Ich werde mit einer einfachen Beschreibung und einem Schema der wichtigsten Varianten dieser extrem komplexen und subtilen Philosophie beginnen, wobei ich mich besonders auf die Fassungen konzentriere, die sich eher auf das Gehirn als auf den Körper beziehen, da die klinische Neurologie und die Hirnforschung immer wieder deutlich klarstellen, daß der Geist keinen direkten Zugang zum Körper hat. Alle Interaktionen mit dem Körper laufen über das Gehirn und auch da nur über die höheren Ebenen cerebraler Aktivität.

Für unseren gegenwärtigen Zweck ist es wichtig, zunächst die Argumente zu klären. Ich werde zunächst eine Einführung in die Drei-Welten-Philosophie Poppers (Abb. 7-1) geben und dann ein Schema (Abb. 1-6) der wichtigsten Theorien entwickeln, so daß die materialistischen Theorien des Geistes mit der dualistisch-interaktionistischen Theorie, die hier vertreten wird, verglichen werden können.

Welt 1 ist die gesamte materielle Welt des Kosmos, anorganisch und organisch, eingeschlossen die ganze Biologie, sogar das Gehirn des Menschen, und alle vom Menschen geschaffenen Objekte.

Welt 2 ist die Welt der bewußten Erfahrungen oder die Welt des Geistes, die Welt nicht nur unserer unmittelbaren Wahrnehmung, visuell, auditiv, taktil, Schmerz, Hunger, Ärger, Freude, Angst etc., sondern auch unserer Erinnerungen, Vorstellungen, Gedanken, geplanten Handlungen und in ihrem Kern die Welt unseres einzigartigen Selbst als eines erfahrenden Wesens.

Welt 3 ist die Welt der menschlichen Kreativität – zum Beispiel der objektiven Inhalte der Gedanken, die wissenschaftlichem, künstlerischem und literarischem Ausdruck zugrundeliegen. So ist Welt 3 die Welt der Kultur in allen ihren Manifestationen, wie sie von Popper in Kap. P2 des Buches von Popper und Eccles (1982) dargestellt ist.

1.3.2 Überblick über die Gehirn-Geist-Hypothesen

Die vorherrschenden Theorien über die Beziehung zwischen Gehirn und Geist, die heutzutage von Hirnforschern vertreten werden, sind in dem Sinn rein materialistisch, daß dem Gehirn die völlige Kontrolle zuerkannt wird (Pribram, 1971; Rensch, 1971, 1974; Barlow, 1972; Doty, 1975; Wilson, 1976; Blakemore, 1977; Mountcastle, 1978b; Edelman, 1978). Die Existenz von Geist und Bewußtsein wird nicht geleugnet, aber sie wird in die passive Rolle geistiger Erfahrungen verbannt, die einige Arten von Gehirnaktivitäten begleiten, wie bei der Theorie der psychoneuralen Identität, jedoch mit absolut keiner tatsächlichen *Einwirkung* auf das Gehirn. Der komplexe Nervenapparat des Gehirns funktioniert auf seine vorbestimmte materialistische Weise unabhängig von jeglichem Bewußtsein, von dem er vielleicht begleitet wird. Die Erfahrungen des »gesunden Menschenverstandes«, daß wir zu einem bestimmten Grad unsere Handlungen kontrollieren oder unsere Gedanken sprachlich ausdrücken können, sind angeblich Illusionen. Es ist eigentlich selten, daß dies so unverblümt gesagt wird, aber der ganzen intellektuellen Aufmachung zum Trotz ist die Lage nicht anders als eben beschrieben. Eine kausale Wirkungsweise wird dem selbst-bewußten Geist *per se* abgesprochen.

Schematische Darstellung der Gehirn-Geist-Theorien

Welt 1 = die gesamte materielle oder physikalische Welt einschließlich der Gehirne
Welt 2 = alle subjektiven oder geistigen Erfahrungen
Welt 1_p = die gesamte materielle Welt, die keine geistigen Zustände enthält
Welt 1_M = der winzige Bruchteil der materiellen Welt, der mit geistigen Zuständen verknüpft ist

Radikaler Materialismus:	**Welt 1 = Welt 1_p; Welt $1_M = 0$; Welt 2 = 0**
Panpsychismus:	**Alles ist Welt 1-2; weder Welt 1 noch Welt 2 bestehen allein**
Epiphänomenalismus:	**Welt 1 = Welt 1_p + Welt 1_M** **Welt 1_M → Welt 2**
Identitätstheorie:	**Welt 1 = Welt 1_p + Welt 1_M** **Welt 1_M = Welt 2 (die Identität)**
Dualistischer Interaktionismus:	**Welt 1 = Welt 1_p + Welt 1_M** **Welt 1_M ⇄ Welt 2, diese Interaktion findet im Liaisonhirn statt, LH = Welt 1_M.** **Also ist Welt 1 = Welt 1_p + Welt 1_{LH} und** **Welt 1_{LH} ⇄ Welt 2**

Abb. 1-6. Schematische Darstellung der verschiedenen Theorien von Gehirn und Geist. Vollständige Beschreibung im Text

In Abb. 1-6 ist Welt 1 unterteilt in Welt 1_P und eine unendlich kleine Welt 1_M. Im allgemeinen sind die Theorien materialistisch, die behaupten, daß geistige Vorgänge keine tatsächliche *Einwirkung* auf die Vorgänge im Gehirn, die Welt 1, haben, daß Welt 1 jedem nur vorstellbaren äußeren Einfluß gegenüber, wie dem vom dualistischen Interaktionismus postulierten, verschlossen ist. Dieser Verschlossenheit von Welt 1 versichert man sich auf vier verschiedene Arten in den vier verschiedenen Varianten des Materialismus, die in Abb. 1-6 dargestellt sind:

1) *Radikaler Materialismus:* Es wird angenommen, daß alles Welt 1_P ist. Die Existenz geistiger Vorgänge wird geleugnet oder zurückgewiesen. Sie sind einfach Illusionen. Das Gehirn-Geist-Problem ist ein Nicht-Problem!

2) *Panpsychismus:* Es wird behauptet, daß jede Materie einen inneren geistigen oder protopsychischen Zustand hat. Da dieser Zustand ein integraler Bestandteil der Materie ist, kann er nicht auf sie einwirken. Die Geschlossenheit von Welt 1 ist gesichert.

3) *Epiphänomenalismus:* Geistige Zustände existieren im Zusammenhang, sind aber kausal völlig irrelevant. Wieder ist die Geschlossenheit von Welt 1 gewährleistet.

4) *Die Identitätstheorie oder die Theorie des zentralen Zustandes oder die psychoneurale Identitätstheorie:* Geistige Zustände existieren als innerer Aspekt einiger materieller Strukturen, die nach heutiger Auffassung auf Gehirnstrukturen wie zum Beispiel Nervenzellen beschränkt sind. Diese postulierte »Identität« kann den Anschein einer tatsächlichen Einwirkung erwecken, die der der »identischen« Nervenzellen entspricht. Das Ergebnis der Transaktion ist jedoch, daß die rein materiellen Vorgänge bei neuronaler Aktivität selbst für alle Gehirn-Geist-Reaktionen *ausreichend* sind; daher ist die Geschlossenheit von Welt 1 gewahrt. Das alles ist von Beloff (1976) sehr gut dargelegt worden.

Ein herausragendes Merkmal der Identitätstheorien, in deren Mittelpunkt Feigls (1967) brillante Fassung steht, ist die Vielfalt von Bezeichnungen für diese voneinander fast nicht unterscheidbaren Theorien. Es gibt nicht nur die drei oben erwähnten Bezeichnungen, sondern zum Beispiel auch diese: Emergenter Interaktionismus (Sperry, 1976, 1977); identistischer Panpsychismus (Rensch, 1971); Physikalismus (Smart, 1963, 1978); Biperspektivismus (Laszlo, 1972); emergentistischer Materialismus (Bunge, 1977).

Im Gegensatz zu diesen materialistischen oder parallelistischen

Theorien stehen die *dualistischen Interaktionstheorien*, wie sie unten im Schema von Abb. 1-6 angeführt sind. Das wesentliche Merkmal dieser Theorien ist, daß Geist und Gehirn unabhängige Ganzheiten sind, wobei sich das Gehirn in Welt 1 und der Geist in Welt 2 befindet, und daß sie auf irgendeine Weise interagieren, wie es durch die Pfeile in Abb. 1-7 dargestellt ist. Auf diese Weise besteht eine Grenzfläche (Abb. 1-7) und über diese Grenze hinweg ist Interaktion in beide Richtungen möglich, die als Übertragung von Information, nicht von Energie, verstanden werden soll. So haben wir den außergewöhnlichen Grundsatz, daß die Materie-Energie-Welt (Welt 1) nicht völlig versiegelt ist – ein Grundpostulat der Physik –, sondern daß es kleine »Öffnungen« in der ansonsten völlig geschlossenen Welt 1 gibt. Im Gegensatz dazu ist die Geschlossenheit von Welt 1, wie wir gesehen haben, von allen materialistischen Theorien des Geistes mit großem Einfallsreichtum gesichert worden. Doch ich möchte nun argumentieren, daß das nicht ihre Stärke, sondern, im Gegenteil, ihre entscheidende Schwäche ist (vgl. Popper und Eccles, 1982).

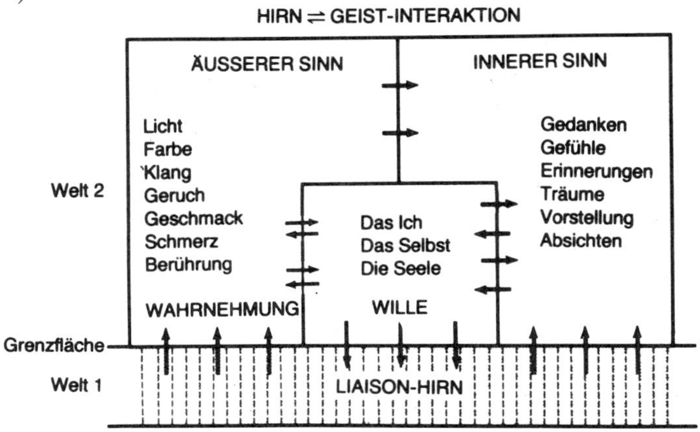

Abb. 1-7. Schema des Informationsflusses bei der Gehirn-Geist- Interaktion. Die drei Komponenten von Welt 2, äußerer Sinn, innerer Sinn und das Ich oder Selbst, sind mit ihren Verbindungen (*Pfeile*) dargestellt. Ebenso gezeigt sind die Kommunikationswege über die Grenzfläche zwischen Welt 1 und Welt 2 hinweg, das heißt, die Kommunikation zwischen dem Liaison-Hirn und diesen Komponenten von Welt 2. Das Liaison-Hirn ist säulenartig angeordnet, was durch die *senkrechten gestrichelten Linien* angezeigt ist. Man muß sich vorstellen, daß der Bereich des Liaison-Hirns enorm groß ist, mit über einer Million offener Moduln anstelle der wenigen, die hier eingezeichnet sind. Vollständige Beschreibung im Text

1.3.3 Kritische Bewertung der Gehirn-Geist-Hypothesen

Die verschiedenen Materialisten haben großartig herausgestellt, daß ihre Gehirn-Geist-Theorie sich mit den gegebenen Naturgesetzen im Einklang befindet. Diese Behauptung wird jedoch durch zwei höchst gewichtige Überlegungen entkräftet.

Erstens gibt es nirgends in den Gesetzen der Physik oder in den Gesetzen der abgeleiteten Wissenschaften, der Chemie und der Biologie, irgendeinen Hinweis auf Bewußtsein oder Geist. Shapere (1974) stellt das in seiner scharfen Kritik an der panpsychistischen Hypothese von Rensch (1974) und Birch (1974) heraus, in der behauptet wird, Bewußtsein oder Proto-Bewußtsein wäre eine grundsätzliche Eigenschaft aller Materie. Unabhängig von der Komplexität des elektrischen, chemischen und biologischen Apparates gibt es in den Naturgesetzen nichts, was besagt, daß diese seltsame nichtmaterielle Ganzheit, Bewußtsein oder Geist, entsteht. Das soll nicht heißen, daß Bewußtsein im evolutionären Prozeß nicht auftaucht, sondern es soll lediglich besagen, daß sein Auftauchen mit der heutigen Auffassung der Naturgesetze nicht vereinbar ist. Zum Beispiel erlauben solche Gesetze keinerlei Aussage darüber, daß Bewußtsein auf einer bestimmten Ebene der Komplexität der Systeme auftaucht, was mit Ausnahme der Panpsychisten von allen Materialisten ohne weiteres angenommen wird. Ihr Glaube, daß eine Art ursprüngliches Bewußtsein aller Materie anhaftet, vermutlich auch Atomen und subatomaren Partikeln (Rensch, 1971), findet in der Physik überhaupt keine Unterstützung. Man kann sich auch die scharfsinnigen Fragen von Computer-Liebhabern ins Gedächtnis rufen: Bei welcher Stufe von Komplexität und Leistung können wir Computern eine Ausstattung mit Bewußtsein zugestehen? Es ist nur gut, daß diese emotionell aufgeladene Frage nicht beantwortet werden muß. Computern kann man antun, was man will, ohne sich dem Vorwurf der Grausamkeit aussetzen zu müssen!

Zweitens stehen alle materialistischen Theorien des Geistes in Konflikt mit der biologischen Evolution. Da sie alle (Panpsychismus, Epiphänomenalismus und Identitätstheorie) eine kausale Wirkungslosigkeit des Bewußtseins *per se* annehmen, fehlt ihnen jede Erklärung für die biologische Evolution des Geistes, die eine unzweifelbare Tatsache ist. Zunächst entsteht er überhaupt und dann entwickelt er sich mit der wachsenden Komplexität des Gehirns weiter. Nach der Evolutionstheorie werden durch natürliche Auslese nur solche Strukturen und Vorgänge weiterentwickelt, die bedeutend zum Überleben beitragen. Wenn das Bewußtsein keinen kausalen Einfluß hat, dann kann seine Entwicklung nicht mit der Evolutionstheorie erklärt werden. Entsprechend der biologischen Evolution konnten geistige Zustände und Bewußtsein *nur* entstehen und sich weiterentwickeln, wenn sie durch *kausale Einwirkung* Veränderungen in den neuronalen Vorgängen im Gehirn mit den daraus folgenden Verhaltensänderungen auslösen können. Das kann *nur* geschehen, wenn der Nervenapparat des Gehirns Einflüssen aus den geistigen Vorgängen der Welt der bewußten Erfahrungen gegenüber offen ist, was das Grundpostulat der dualistisch-interaktionistischen Theorie darstellt. Wie Sherrington (1940) sagt:

> Der Einfluß des Geistes auf die Geschehnisse des Lebens macht den Geist zu einem wirkungsvollen Beitrag zum Leben. Wir können also begreifen, warum der Geist wichtig ist und wichtig war. Daß er sich entwickelt hat, scheint uns zu beweisen, daß er wichtig war. Es sieht so aus, als ob seine Bedeutung darin bestand, daß der endliche Geist die Handlungen seines Individuums beeinflußt hat.

Und schließlich gilt die aussageschwerste Kritik an allen materialistischen Theorien des Geistes ihrem Schlüsselpostulat, nach dem die Vorgänge im Nervenapparat des Gehirns *eine notwendige und hinreichende Erklärung für das gesamte Handeln und das bewußte Erfahren eines Menschen* liefern. So wird zum Beispiel die Absicht, eine gewollte Bewegung auszuführen, als durch Vorgänge im Nervenapparat des Gehirns *vollständig determiniert* angesehen, wie auch jede andere kognitive Erfahrung. Popper sagt jedoch (1972, Kap. 6):

> Denn nach dem Determinismus glaubt jemand an Theorien, etwa an den Determinismus, wegen einer bestimmten physikalischen Struktur – etwa seines Gehirns. Wir täuschen uns also (und sind dazu physikalisch determiniert), wenn wir glauben, es gäbe so etwas wie Argumente oder Gründe, die uns an den Determinismus glauben machen. Oder, mit anderen Worten, der physikalische Determinismus ist eine Theorie, über die man, wenn sie wahr ist, nicht argumentieren kann, denn sie führt alle unsere Reaktionen, auch das, was uns als auf Argumente gegründete Überzeugung erscheint, auf rein *physikalische Bedingungen* zurück. Rein physikalische Bedingungen, zu denen unsere physikalische Umwelt gehört, veranlassen uns, zu sagen oder zu akzeptieren, was wir sagen oder akzeptieren.

Dies ist eine eindrucksvolle »Reductio ad absurdum«. Diese scharfe Kritik ist bei allen materialistischen Theorien angebracht. Also sind wir gezwungen, uns dualistisch-interaktionistischen Erklärungen des Gehirn-Geist-Problems zuzuwenden, trotz der außergewöhnlichen notwendigen Bedingung einer wirkungsvollen wechselseitigen Kommunikation über die in Abb. 1-7 dargestellte Grenzfläche.

Notwendigerweise steht die dualistische Interaktionstheorie im Konflikt mit den gegebenen Naturgesetzen und befindet sich somit in der gleichen »ungesetzlichen« Position wie die materialistischen Theorien des Geistes. Die Unterschiede liegen darin, daß dieser Konflikt immer zugegeben worden ist und daß der Nervenapparat des Gehirns nach dieser Theorie, abgesehen von seiner Offenheit für Einflüsse aus Welt 2, in völligem Einklang mit den Naturgesetzen funktioniert. Darüber hinaus braucht, wie Popper sagt (Popper und Eccles, 1982, Dialog XII), die Interaktion über die in Abb. 1-7 dargestellte Grenze sich nicht im Konflikt mit dem ersten thermodynamischen Gesetz zu befinden. Der Informationsfluß zu den Moduln könnte durch einen ausgewogenen Energieanstieg und -abfall an anderen, aber benachbarten Stellen ausgelöst werden, so daß sich die Netz-Energie im Gehirn nicht ändern müßte. Auf dieser Ebene ist das erste Gesetz »vielleicht nur statistisch gültig«.

1.4 Neuere Vorschläge aus der Hirnforschung zum Gehirn-Geist-Problem

Nach diesem einführenden Überblick wende ich mich einigen neueren theoretischen Entwicklungen in der naturwissenschaftlichen Erforschung des Gehirns zu. Wir können diese verschiedenen Theorien in das Schema von Abb. 1-6 einordnen.

Sherrington war der erste, der es wagte, den bewußten Geist wieder als eine wirkungsvolle Kraft bei der Kontrolle der Gehirnaktivität einzusetzen und so den Grundannahmen des Behaviorismus und des wissenschaftlichen Materialismus zu widersprechen. Schon in seiner Rede Lecture (Sherrington, 1933) hatte er den Dualismus von geistiger Erfahrung und Gehirn und ihre Interaktion postuliert. In seinen Gifford Lectures 1937 und 1938 hier in Edinburgh machte er dieses Gehirn-Geist-Problem zum zentralen Thema, als er eine große dualistisch-interaktionistische Theorie aufstellte und ausbaute (Sherrington, 1940, 1964; Eccles und Gibson, 1979, Kap. 7).

Später entwickelte ich Sherringtons Gedanken insbesondere in bezug auf die bekannten anatomischen und physiologischen Eigenschaften des Neocortex weiter (Eccles, 1951b, 1953).

Schon 1952 hatte Sperry über die Beziehung zwischen Gehirn und Geist geschrieben, und seit 1965 hat er nach und nach eine Gehirn-Geist-Theorie entwickelt, die er *emergenten Interaktionismus* nennt. Diese Theorie hat einige sehr subtile Aspekte, die ich und andere (z.B. Popper) schwer zu verstehen finden. Trotzdem war es von großer Bedeutung, daß ein Hirnforscher mit einem verdientermaßen großen Ruf eine Hypothese entwickelte, die sich mit dem materialistischen Monismus der behavioristischen Konvention im Konflikt befindet. Ich werde diese Theorie in bezug auf ihre Darlegung in einer von Sperrys jüngsten Veröffentlichungen (Sperry, 1976) diskutieren und daraus zitieren. In einem noch neueren Aufsatz (Sperry, 1977) ist sie ähnlich beschrieben.

Die wesentlichen Postulate seiner Theorie sind ursprünglich die orthodoxe Anatomie und Physiologie des Neocortex und ihre phylogenetische Entwicklung. Auf dieser Grundlage postuliert er eine operationale Ableitung der bewußten Eigenschaften, denen er eine kausale Fähigkeit, den Verlauf der Gehirnvorgänge zu regulieren, zuspricht. Nach Sperry

»wird die subjektive bewußte Erfahrung zu einem unerläßlichen Bestandteil des Gehirnprozesses« und

»die geistigen Vorgänge sind eher *Ursachen* als *Begleiterscheinungen*. So kann also von unserer Sichtweise gesagt werden, sie beziehe eine Form des geistigen Interaktionismus mit ein, wenn auch keinerlei Dualismus oder anderer Parallelismus im traditionellen Sinn impliziert wird. Die geistigen Kräfte entstehen direkt kausal aus dem Gehirnprozeß«.

Aber dann spricht er weiter von

»den ganzheitlichen bewußten Fähigkeiten ... des Gehirnprozesses. Diese besonderen geistigen Eigenschaften sind bis heute noch nicht objektiv in irgendeiner Form beschrieben worden. Es handelt sich um ganzheitliche konfigurationale Eigenschaften, die erst noch entdeckt werden müssen. Sind sie erst einmal entdeckt und verstanden worden, so kann ich voraussagen, daß sie am besten als anders und mehr als die neuronalen Vorgänge, aus denen sie zusammengesetzt sind, aufzufassen sind«.

Sperry scheint hier ganzheitliche konfigurationale Eigenschaften geistiger Vorgänge zu postulieren, die aus neuronalen Vorgängen einer niedrigeren Ordnung zusammengesetzt sind. Es entsteht nun ein Dilemma, da er den Dualismus vermeidet, indem er den geistigen Vorgängen keine Unabhängigkeit von den neuronalen Vorgängen zuerkennt, jedoch gleichzeitig den geistigen Vorgängen auf typisch dualistisch-interaktionistische Weise einen kausalen Einfluß auf die neuronalen Vorgänge zuspricht, indem er sagt, daß »die Physiologie des Gehirns die geistigen Auswirkungen bestimmt und geistige Phänomene ihrerseits die Neurophysiologie kausal beeinflussen«. Ich finde es schwierig zu akzeptieren, daß Sperry den Dualismus ablehnt, weil diese Ablehnung mit dem, was er über die sehr wichtigen operationalen Betrachtungen einer Gehirn-Geist-Interaktion sagt und davon ableitet, nicht übereinstimmt. Ich werde in der 6. und in der 7. Vorlesung weiter auf Sperrys Theorie eingehen. In Zusammenhang mit Fragen des Bewußtseins in den Hemisphären des kommissurotomierten Gehirns ist seine Theorie des emergenten Interaktionismus bereits in Erwägung gezogen worden. Die Ablehnung von Dualismus führt zur einzigen alternativen Position, nämlich der einer sehr anspruchsvollen Identitätshypothese (Abb. 1-6) mit Bezug auf die

> emergenten ganzheitlichen Eigenschaften cerebraler Prozesse hoher Ordnung, und ferner, daß die mächtige kausale Rolle, die diese emergenten Phänomene bei der Gehirnfunktion spielen, erkannt wird, die nicht nur, wie dies traditionell geschieht, mit neurophysiologischen und neurochemischen Vorgängen erklärt werden kann (Sperry, 1976).

Ob wohl die Raum-Zeit-Muster modulärer Aktivität, die heute angenommen werden (Szentágothai, 1978a, b, 1979; Eccles, 1982; Kap. 2, 3 und 4 in diesem Buch), den Bedingungen emergenter ganzheitlicher Eigenschaften des Neocortex genügen?

In jüngster Zeit ist mit großem Aufwand eine Theorie des emergentistischen Materialismus aufgestellt worden (Bunge, 1977; Bunge und Llinás, 1978), die in den meisten Punkten fast die gleiche ist wie die gerade beschriebene Theorie des emergenten Interaktionismus, die seit 1965 von Sperry vertreten wird. Leider nehmen diese Autoren keinerlei Bezug auf Sperry. Es ist außerdem bedauerlich, wie ihr Angriff auf den dualistischen Interaktionismus ihre Unkenntnis hinsichtlich seiner wesentlichen Merkmale bloßlegt. Bunge und Llinás (1978) glauben anscheinend, daß nach der Theorie des dualistischen Interaktionismus der Geist vom Gehirn *unabhängig* ist und nicht mit dem Gehirn in Interaktion steht! Wie könnten sie sonst fragen:

> Wie ist es möglich, daß ein eigenständiger nichtphysikalischer Geist mit einem relativ so einfachen Molekül wie dem des Lysergsäurediäthylamids

(LSD) so gnadenlos in Frage gestellt werden kann? Wie kommt es dazu, daß physikalische Parameter, die die funktionellen Eigenschaften des Gehirns verändern, auch die Fähigkeit des Geistes verändern?

Sie widerlegen einen außergewöhnlichen dualistischen Interaktionismus, den sie selbst erfunden haben! Und nochmal (Bunge, 1977):

> Anders als im Dualismus, der einen unüberbrückbaren Abgrund zwischen Mensch und Tier schafft, stimmt der emergentistische Materialismus *mit der Evolutionsbiologie überein*, die – indem sie die allmähliche Entwicklung der geistigen Fähigkeiten entlang bestimmter Linien zeigt – den Aberglauben zurückweist, daß nur der Mensch mit einem Geist ausgestattet ist.

Stellen Sie diese arrogante Behauptung der offenen Diskussion über die Einheit des Bewußtseins und die Ergebnisse der Kommissurotomieuntersuchungen im vorhergehenden Abschnitt gegenüber, wie auch vielen späteren Diskussionen in diesen Vorlesungen! Hier ist ein Beispiel für die übertriebenen Ansprüche, in denen Bunge (1977) schwelgt:

> Der emergentistische Materialismus ist die einzige Philosophie des Geistes, die einen Durchbruch in der naturwissenschaftlichen Erforschung des Geist-Körper- (oder besser Gehirn-übriger Körper-) Problems erlaubt – und die Hirnforschung gegen starre Philosophien und Ideologien verteidigt.

Das mag alles für den Laien recht eindrucksvoll sein; aber warum wird es geschrieben in einer wissenschaftlichen Veröffentlichung für Hirnforscher, die in diesen ganzen Jahren, bevor Bunge 1977 in Erscheinung trat, ganz gut zurechtkamen? Es gibt allerdings unter dem ganzen arroganten Gehabe einige versöhnende Züge:

> Zum Beispiel, eher als zu sagen, daß Liebe unseren Verstand färbt, kann man sagen, daß die rechte Hirnhemisphäre die linke beeinflußt und daß Sexualhormone auf die Zellverbände einwirken können, die für das Denken zuständig sind.

Bunge scheint sich offenbar in Liebesfragen zu verstricken, und warum übergeht er den Hypothalamus? So lassen wir ihn also hinter uns; gegebenenfalls können wir auf MacKays (1978) Kritik und Verriß zurückgreifen.

Analog zur Bauweise von Informationssystemen sagt MacKay (1978):

> Das direkte Korrelat bewußter Erfahrung ist die selbstkritische aufsichtsführende oder »meta-organisierende« Tätigkeit des cerebralen Systems, die Nor-

> men und Prioritäten festlegt und den inneren Zustand der Bereitschaft, mit den Quellen sensorischer Reize zu rechnen, organisiert. Sieht man es auf diese Weise, dann ist, auch wenn alle Moduln der Hirnrinde normalerweise an den Schleifen des Informationsflusses zum und vom Supervisor-System teilnehmen können, ihre Tätigkeit im isolierten Zustand nicht das direkte Korrelat unserer bewußten Erfahrung. Diese Sichtweise würde das Konzept des bewußten menschlichen Handelns als primär ansehen und eine nicht reduzierbare Dualität der zwei Arten von korrelierten Daten, die wir darüber haben, anerkennen: a) die Daten unserer bewußten Erfahrung und b) die Daten, die wir durch Beobachtung unserer Hirnfunktionen erhalten. Die wesentliche Bedingung besteht darin, daß unsere bewußte formbestimmende Aktivität in die Gehirnaktivität, die physikalisch (auf der energetischen Ebene) bestimmt, was unser Körper tut, eingebaut sein muß und nicht daneben verlaufen darf.

Ich kann diesen Versuch MacKays gut verstehen, die kausale Wirksamkeit menschlichen Handelns zu erhalten, ohne dabei mit dem ersten thermodynamischen Gesetz in Konflikt zu geraten, aber es gelingt mir nicht, ihn zu verstehen, wenn es um die Eigenschaften der Neuronen und Neuronenverbände geht. Welche Stellung im Nervenapparat nimmt das postulierte »Supervisor-System« ein und wo befindet es sich?

Es überrascht, zu finden, daß der Panpsychismus noch lebt. Rensch (1968, 1971, 1974) hat diese Philosophie sehr ausführlich und mit vielen Details aus seinen biologischen Kenntnissen entwickelt, und auch Birch (1974) hat einer panpsychistischen Philosophie Ausdruck verliehen. Rensch behauptet wiederholt, daß dualistischer Interaktionismus den physikalischen Grundgesetzen widerspricht, aber, wie oben bereits herausgestellt wurde, Shapere (1974) kritisiert Renschs Hypothese auf der Basis ihrer Unverträglichkeit mit der Physik. Rensch (1971, S. 272) bringt einen außergewöhnlichen Panpsychismus zum Ausdruck, in dem er die »Evolution des Bewußtseins aus protopsychischen Elementen bis zum Selbst-Bewußtsein« in Form einer Reihe von Stufen von elementaren Partikeln bis schließlich hinauf zu höheren Organismen mit »Empfindungen, Gedächtnis und Bewußtseinsstrom« sieht.

Die Varianten der Identitätstheorie, die Barlow (1972) und Doty (1975) darlegten, sind schon beschrieben worden (Popper und Eccles, 1982, Kap. E7) und entsprechen der kurzen Beschreibung, die oben zu Abb. 1-6 gegeben worden ist. Ihre Ansichten können als typisch für die große Mehrheit der Hirnforscher gelten (vgl. Mountcastle, 1978b). Uttal (1978) hat eine maßgebliche Darstellung des

Gehirn-Geist-Problems geliefert, die sich auf die Identitätstheorie von Feigl gründet. Er weist dualistischen Interaktionismus glatt zurück.

Creutzfeldt und Rager (1978) legen einer dualistischen Interpretation der Fragen zur Beziehung zwischen Bewußtsein und Gehirnvorgängen eine anspruchsvolle philosophische Analyse zugrunde, die auf Kant und Husserl zurückgeht. Sie betrachten die neuronalen Vorgänge, die zu den geistigen Vorgängen in Beziehung gesetzt werden könnten, nicht im einzelnen, sondern stellen einige wichtige allgemeine Behauptungen auf:

> Unsere Vernunft kann keinen Versuch akzeptieren, die Erfahrung des menschlichen Selbst auf neurophysiologische Tatsachen zu reduzieren und einen Monismus der Information zu etablieren.
> Wenn die Neurophysiologie als eine Naturwissenschaft Phänomene wie Wahrnehmung, Erfahrung, Bewußtsein oder freien Willen nicht erklären kann, müssen wir fragen, wie sie überhaupt betrachtet werden können. Die einzige mögliche Betrachtungsweise ist, auf den Zusammenhang zu reflektieren, in dem sie erscheinen.
> Wir sollten immer daran denken, daß auch lückenlose Kenntnisse über die Verknüpfungen und Funktionsweisen des Gehirns – wenn diese überhaupt möglich sind – die Phänomene unserer Lebens-Erfahrung nicht erklären können. Sogar das vollständigste wissenschaftliche Bild unserer bewußten Erfahrung muß notgedrungen ein bloßes Abbild bleiben und kann nicht die Erfahrung selbst sein.

Diese allgemeinen Aussagen werden von großem Wert sein, wenn wir in diesen Vorlesungen verschiedene Aspekte der menschlichen Psyche erforschen.

Lorenz (1977) hat ebenfalls wertvolle Einsichten in das Gehirn-Geist-Problem oder Leib-Seele-Problem, wie er es nennt, dargelegt:

> Uns interessiert hier nur die Tatsache, daß die Kluft, die Leibliches von Seelischem trennt, prinzipiell anderer Art ist als die beiden anderen großen Einschnitte im Schichtenbau der realen Welt, nämlich der Einschnitt, der zwischen dem Nichtlebendigen und dem Lebendigen besteht, und jener, der den Menschen vom Tier trennt. Diese beiden Einschnitte sind *Übergänge*, jeder von ihnen verdankt seine Existenz einem historisch einmaligen Geschehen im Werden der realen Welt. Beide sind nicht nur grundsätzlich durch ein denkbares Kontinuum von Zwischenformen überbrückbar, sondern wir wissen, daß solche Zwischenformen *zu bestimmten Zeitpunkten wirklich existiert haben.* … Der Leib-Seele-Hiatus dagegen ist unüberbrückbar, vielleicht … »nur für uns«, d.h. für den Erkenntnisapparat, mit dem wir ausgerüstet sind. Ich glaube, daß diese Kluft nicht etwa nur für den heutigen Stand unseres Wissens un-

> überbrückbar ist. Selbst eine utopische Zunahme unserer Erkenntnisse würde uns der Lösung des Leib-Seele-Problems nicht näherbringen. Die Eigengesetzlichkeiten des Erlebens können grundsätzlich nicht aus chemisch-physikalischen Gesetzen und aus der wenn auch noch so komplexen Struktur der neurophysiologischen Organisation erklärt werden. (S. 226/7)

Hier haben wir eine klare Anerkennung der Dualität von Geist und Materie. Es gibt einige Hirnforscher (Kety, 1969; Thorpe, 1974; Penfield, 1975), die einer dualistisch-interaktionistischen Philosophie, wie der von Popper und Eccles (1982) ausgedrückten, zustimmen. Besonders Thorpe hat eine Theorie dargelegt, die fast identisch ist mit der, die ich in der zweiten Vorlesung entwickeln werde.

2. Vorlesung

Moduln des Neocortex und ihre Rolle beim dualistischen Interaktionismus

Vorbemerkung

Nach einer Einführung in die wesentliche neuronale Struktur der Hirnrinde wird ihre *moduläre Struktur*, wie sie mit radioaktiven Markierungs- und Degenerationstechniken aufgedeckt wurde, beschrieben. Jedes Modul ist eine Säule von einigen tausend Nervenzellen, die vertikal in der Hirnrinde liegt und einen Durchmesser von ungefähr 0,25 mm und eine Höhe von ungefähr 2 bis 3 mm hat. Diese Moduln werden heute als die funktionalen Kommunikationseinheiten des *Assoziationscortex* angesehen, der 95% der menschlichen Hirnrinde ausmacht. Es ist daher von größter Wichtigkeit, die Art und Weise zu betrachten, auf die diese ungefähr vier Millionen modulären Einheiten zur Gesamtleistung des menschlichen Gehirns beitragen.

Es wird argumentiert, daß, mit dieser Anzahl von Moduln und mit vier Parametern modulärer Operation als Variablen, die Hirnrinde die Kapazität hat, eine praktisch unendliche Anzahl von Raum-Zeit-Mustern mit Moduln als Einheiten zu erzeugen – ausreichend, um die einzigartigen materiellen Substrate eines ganzen Lebens voller Erfahrungen und Erinnerungen zu sein. Eine Analogie zur Klaviermusik wird entwickelt, bei der mit 88 Tasten und ähnlichen vier Parametern als Variablen die gesamte Fülle dieser Musik aufgebaut worden ist. Man kann sich ein menschliches Gehirn als ein Klavier mit vier Millionen Tasten denken.

Diese Einsichten in die *Fähigkeit corticaler Moduln, Erregungsmuster zu erzeugen*, führen zu neuen Konzepten der Interaktion zwischen den modulären Mustern im Cortex und dem selbst-bewußten Geist der Welt 2. Es wird die Vermutung aufgestellt, daß, abhängig von ihrer Aktivität, die Moduln für eine Interaktion mit dem selbstbewußten Geist entweder offen oder geschlossen sind. Es wird ein anschauliches Schema gezeigt, in dem die räumlichen Muster von offenen, geschlossenen und halb-offenen Moduln zu sehen sind. Auf dieses grundlegende Schema werden sich auch die nachfolgenden Vorlesungen beziehen.

2.1 Einführung

Da der größere Teil dieser Vorlesungsreihe über die Psyche des Menschen auf unserem naturwissenschaftlichen Verständnis des menschlichen Gehirns und insbesondere der Hirnrinde aufbaut, ist es wünschenswert, einen sehr einfachen Bericht darüber zu geben, auf welche Weise die Hirnrinde aus den sie bildenden Neuronen zusammengesetzt ist und auf welche Weise diese Neuronen miteinander in Verbindung stehen, um die Voraussetzung für eine integrierte Leistung des Gehirns auf seiner höchsten Ebene zu ermöglichen.

Wie man in Abb. 1-7 sieht, ist das wesentliche Merkmal der dualistisch-interaktionistischen Hypothese die aktive Rolle des selbst-bewußten Geistes und seine Beziehung zum Nervenapparat bestimmter Gehirnbereiche. Die cerebralen Hemisphären sind die entwicklungsgeschichtlich jüngsten Teile des Gehirns. Sie sind am großen, gewundenen Cortex zu erkennen, der ungefähr 2,5 mm dick ist und eine Fläche von ungefähr 2500 cm^2 aufweist (vgl. die linke Hemisphäre in Abb. 1-1). Eine große Anzahl verschiedener Forschungsexperimente und klinischer Beobachtungen zeigt, daß dieser cerebrale Neocortex der Teil des Gehirns ist, der mit bewußtem Erfahren befaßt ist; also müssen wir uns auf seine Struktur und seine Funktion konzentrieren, wenn wir versuchen wollen, die einzigartigen Eigenschaften des Gehirns zu entdecken, die es in die überlegene Rolle versetzen, mit den Vorgängen des bewußten Erfahrens verbunden zu sein. Spezielle Bereiche des Neocortex sind in Abb. 1-7 als Liaison-Hirn gezeigt, das eine Grenzfläche zur Welt 2 darstellt.

Die Hirnrinde ist aus ungefähr zehntausend Millionen Nervenzellen oder Neuronen zusammengesetzt, die die biologischen Grundeinheiten bilden. Jedes Neuron hat eine zentrale Zone oder einen Körper (Soma) mit einem Durchmesser von 1/100 bis 1/50 mm. Von diesen Zellkörpern gehen baumartige Verzweigungen aus, die sogenannten Dendriten, und eine längere, dünne Nervenfaser, genannt Axon, die Informationen oder Impulse von einem zum anderen Neuron weitergibt. Die größten und zahlreichsten Neurone des Neocortex haben eine pyramidenähnliche Form und werden daher Pyramidenzellen genannt. Diese Neurone sind so dicht gepackt, daß das einzelne Neuron bei histologischen Schnitten nur erkannt werden kann, wenn es durch die außergewöhnlich nützliche Färbungsprozedur von Golgi hervorgehoben wird. So wurden zum Beispiel in Abb. 2-1 A nur ungefähr 1% der Neurone eingefärbt. Man kann einige der

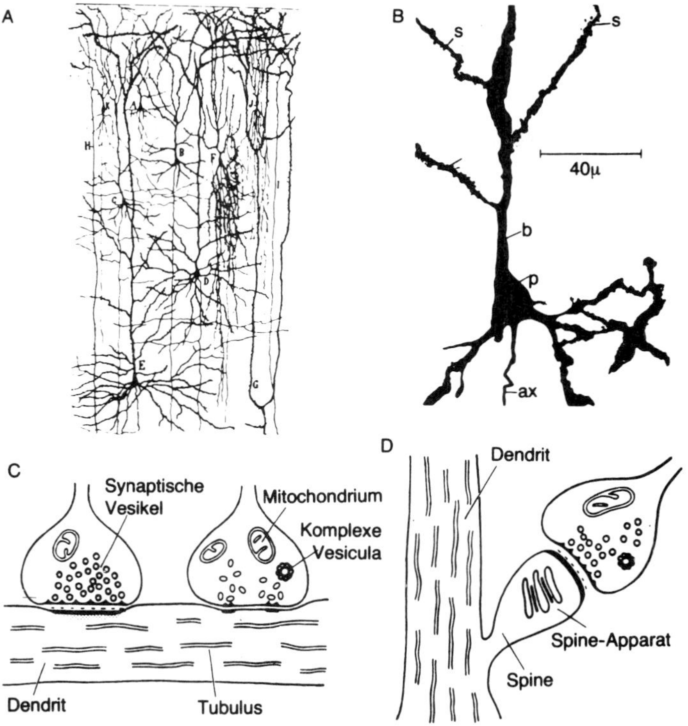

Abb. 2-1 A–D. Neurone und Synapsen. **A** Pyramiden- und Sternzellen, gezeichnet nach Golgi-gefärbten Ausschnitten des frontalen Cortex des Menschen. Kleine (A,B,C) und mittelgroße (D,E) Pyramidenzellen mit den von ihnen abzweigenden Dendriten und dem einen Axon, das nach unten weist. **B** Golgi-Präparat eines Neurons der Hirnrinde einer Katze mit Dornen (spines, *s*) auf den apikalen und basalen Dendriten, aber nicht auf dem Soma (*p*), Axon (*ax*) oder den Dendritenstümpfen (*b*). **C** Je eine Synapse vom Typ 1 (exzitatorisch) und vom Typ 2 (inhibitorisch) auf einem Dendriten; die charakteristischen Merkmale sind schematisch dargestellt. Die exzitatorische Synapse hat einen weiteren synaptischen Spalt mit einer großen Zone dichter Anfärbung. Die synaptischen Bläschen (Vesikel) sind bei der exzitatorischen Synapse kugelförmig und bei der inhibitorischen Synapse länglich. Für diese Unterscheidung sind besondere Färbungsmethoden notwendig. **D** Ein dendritischer Dorn (spine) einer Pyramidenzelle aus dem Neocortex, mit seinem Spine-Apparat und einer angeschlossenen Synapse vom Typ 1. Whittaker, V.P., Gray, E.G.: The synapse: Biology and Morphology. Br. Med. Bull. *18*, 223-228 (1962)

Pyramidenzellen mit den sich verzweigenden, baumartigen Dendriten und dem dünneren, von der Mitte des Soma oder Zellkerns nach unten zeigenden Axon (Nervenfaser) erkennen. In Abb. 2-1 B wird eine solche Pyramidenzelle gezeigt, die auf den Dendriten kurze Dornen (s) aufweist, jedoch nicht auf dem Soma (p) oder dem Axon (ax). Die Dendriten sind stumpf und können als zwei verschiedenen Typen zugehörig erkannt werden: solche, die von dem nach oben weisenden Dendriten (b) der Pyramidenzelle ausgehen, und solche, die direkt vom Soma ausgehen.

Gegen Ende des 19. Jahrhunderts wurde von Ramón y Cajal, dem großen spanischen Neuroanatomen, zum erstenmal vertreten, daß das Nervensystem aus Neuronen aufgebaut ist, die als isolierte Zellen nicht in einer Art Syncytium zusammengefaßt sind, sondern von denen jede einzelne ihr eigenes biologisches Leben führt. Dieses Konzept wird *Neuronentheorie* genannt. Eine Neuron erhält Informationen von anderen Neuronen über die feinen Abzweigungen ihrer Axone, die mit der Oberfläche dieses Neurons Kontakt aufnehmen und in kleinen, überall über das Soma und die Dendriten verbreiteten Knoten enden (Abb. 2-1 C, D). Ende des 19. Jahrhunderts stellte Sherrington die Theorie auf, daß diese Kontaktstellen spezialisierte Kommunikations-Orte darstellen, die er *Synapsen* nannte. An einer Synapse besteht der enge Kontakt, wie er in Abb. 2-1 C, D gezeigt wird, getrennt nur durch den synaptischen Spalt, der ungefähr 200 Å breit ist.

Die Weiterleitung von Informationen geschieht im Nervensystem durch zwei voneinander deutlich verschiedene Mechanismen. Einerseits wird die Information über kurze elektrische Wellen, Impulse genannt, geleitet, die auf eine Alles-oder-Nichts-Weise oft mit großer Geschwindigkeit die Nervenfasern entlang laufen. Andererseits kann die Weiterleitung auch über Synapsen erfolgen. Von einem Neuron werden Impulse erzeugt und sein Axon entlang weitergeleitet, sobald seine Synapsen genügend erregt werden. Der Impuls fährt das Axon oder die Nervenfaser und alle Abzweigungen entlang, bis er endlich die synaptischen Knoten erreicht, die die axonalen Kontakte mit den Somata und den Dendriten anderer Neurone darstellen. Abb. 2-1 C zeigt die zwei Arten von Synapsen, links exzitatorisch und rechts inhibitorisch. Die Funktion der ersteren besteht darin, das Empfängerneuron eher zu veranlassen, einen Impuls seinem Axon entlangzufeuern; die Funktion der letzteren besteht im Verhindern dieser Entladung. Es gibt zwei Arten von Neuronen: solche, deren Axone exzitatorische Synapsen bilden, und solche, die inhibitorische Synapsen bilden; kein Neuron kann beides. Jedes Neuron besitzt auf seiner Oberfläche Tausende von Synapsen und es entlädt nur dann Impulse, wenn die synaptische Erregung viel stärker als die synaptische Hemmung ist.

Tief in der Hirnrinde befindet sich die weiße Substanz, die größtenteils aus den myelinisierten Nervenfasern besteht, die die Bahnen zum und vom Cortex bilden. Sie verbinden alle Bereiche der Hirnrinde mit den niedrigeren Ebenen des Nervensystems oder mit anderen Bereichen der gleichen Hemisphäre (die Assoziationsfasern) oder der gegenüberliegenden Hemisphäre (die Commissurfasern). Es gibt etwa 200 Millionen Commissurfasern allein im Corpus callosum, das das bei weitem größte die beiden Hemisphären verbindende System darstellt.

Creutzfeldt (1977) betont die grundlegende Ähnlichkeit in der Struktur des gesamten Neocortex, auch wenn es geringfügige Unterschiede gibt, die für die Unterteilung in die Brodmannschen Felder die Grundlage bilden (Abb. 3-1). Trotzdem sind die Funktionen aller Teile des Neocortex durch ihre in dem großartigen Kommunikationssystem bestehenden Verbindungen von den Thalamuskernen (Abb. 5-3) zum Cortex und durch die Commissur- und Assoziationsverbindungen im Neocortex bestimmt.

2.2 Das moduläre Konzept des Neocortex

Die große Fläche des Neocortex wurde aus anatomischen Gründen schon vor langer Zeit in verschiedene Bereiche unterteilt. Die von Brodmann (1909, 1912) definierten Felder werden heute im allgemeinen anerkannt, weil sie mit funktionell bestimmten Karten gut übereinstimmen. Die weitere Unterteilung dieser großen Bereiche wurde jedoch erst klar festgelegt, als Mouncastle (1957) die Reaktionen einzelner Neuronen in den somatosensorischen Feldern (Felder 3, 1, 2 in Abb. 3-1) auf spezifische periphere Reize erforschte. Er kam zu dem Schluß, daß die Ergebnisse

> die Ansicht unterstützen, daß es im somatischen Cortex eine elementare Organisationseinheit gibt, die aus einer sich durch alle Zellschichten erstreckenden vertikal angeordneten Gruppe von Zellen besteht (Abb. 2-2). Die Neuronen einer solchen Gruppe sind mit dem gleichen, oder nahezu dem gleichen, peripheren Aufnahmebereich auf der Körperoberfläche verbunden. Sie wer-

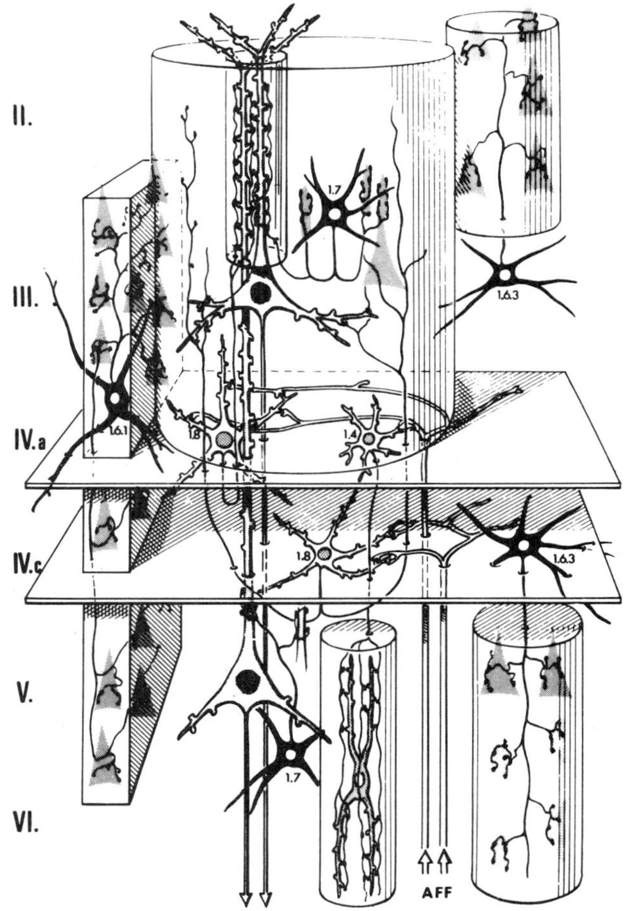

Abb. 2-2. Dreidimensionales Modell, das die verschiedenen Typen corticaler Neurone zeigt, einschließlich zweier Pyramidenzellen in den Schichten III und V mit apikalen Dendriten, die zur Schicht I aufsteigen, und Axonen, die aus dem Cortex hinausführen. Es sind zwei spezifische afferente Fasern abgebildet (AFF), die sich in Schicht IV reichlich verzweigen, um auf Sternzellen Synapsen zu bilden. Die mit 1.8 bezeichneten Zellen haben Axone, die nach oben projizieren und auf den apikalen Dendriten der Pyramidenzellen Synapsen vom Patronengurttyp bilden. Die Zelle 1.4 ist eine neurogliforme Zelle mit einem Axon, das zu einer Martinotti-Zelle in Schicht VI absteigt, die wiederum, wie in Abb. 7-4 gezeigt wird, ein zu Schicht I aufsteigendes Axon hat. Inhibitorische Neurone sind *schwarz* eingezeichnet; sie können die Pyramidenzellen der benachbarten Säule hemmen. Weitere Beschreibung im Text. Szentágothai, J.: Die Neuronenschaltungen der Großhirnrinde. Verh. Anat. Ges. *70*, 187-215 (1976)

den vom gleichen Typ eines peripheren Reizes aktiviert, d.h. sie gehören zur gleichen Modalitäts-Untergruppe. Aus dieser letzten Beobachtung folgt, daß sie die gleichen Entladungseigenschaften haben sollten, was auch der Fall ist, besonders was ihre Adaptation an andauernde Reize angeht. Und außerdem reagieren alle Zellen einer solchen vertikalen Säule auf einen kurzen peripheren Reiz mit mehr oder weniger der gleichen Latenzzeit.

Auf diese Weise besitzt der lange Streifen des somatosensorischen Cortex in Abb. 1-1 eine mosaikartige Struktur. Man wird erkennen, daß die *säulenartige* oder *moduläre* Struktur von der einzelnen Verteilung der den sensorischen Input weiterleitenden thalamo-corticalen Afferenzen abhängig ist (vgl. AFF-Fasern in Abb. 2-2) (Werner und Whitsel, 1973).

In der Zwischenzeit sind auch ähnliche säulenartige Anordnungen im primären visuellen Cortex beschrieben worden (Brodmannsches Feld 17 in Abb. 3-1), besonders bei den äußerst sorgfältig ausgeführten Untersuchungen von Hubel und Wiesel (1963, 1972, 1974, 1977). Der primäre auditorische Cortex (Abb. 1-1) besitzt eine ähnliche Säulen-Anordnung, wie im einzelnen von Merzenich und Brugge (1973) und Merzenich et al. (1975) gezeigt wurde. Eine säulenartige Anordnung ist ebenfalls im langen Streifen des motorischen Cortex (Abb. 1-1) zu finden, wie von Asanuma und Rosén (1972) gezeigt und von Phillips und Porter (1977) beschrieben worden ist. Abb. 2-3 zeigt ein gutes Beispiel für die Entladungen zweier Pyramidenzellen des motorischen Cortex bei einer Bewegung des Armes.

Einen ausgezeichneten Überblick über diese ganze Arbeit am primären motorischen und sensorischen Cortex gibt Mountcastle (1978b); die moduläre Zusammensetzung des visuellen Cortex wurde in der vorhergehenden Vorlesungsreihe (Eccles, 1982, Abb. 8-12 und 8-13) mit Darstellungen von Hubel und Wiesel erläutert. Es besteht allgemeine Übereinstimmung darüber, daß die primären corticalen Felder mit der bewußten Wahrnehmung oder der Einleitung von Willkürhandlungen nicht direkt befaßt sind. Wie sich später herausstellen wird, hat zudem hier die säulenartige Anordnung eine vom übrigen Cortex verschiedene strukturelle Grundlage. Dabei muß man sich darüber im klaren sein, daß diese primären sensorischen und motorischen Felder zusammen nicht mehr als 5% des menschlichen Neocortex ausmachen. Weil sie jedoch für experimentelle Untersuchungen mit selektiven Reizen aus der Peripherie geeignet sind, wurden fast alle detaillierten Untersuchungen der Hirnrinde in diesen Feldern durchgeführt. Erst in jüngster Zeit sind

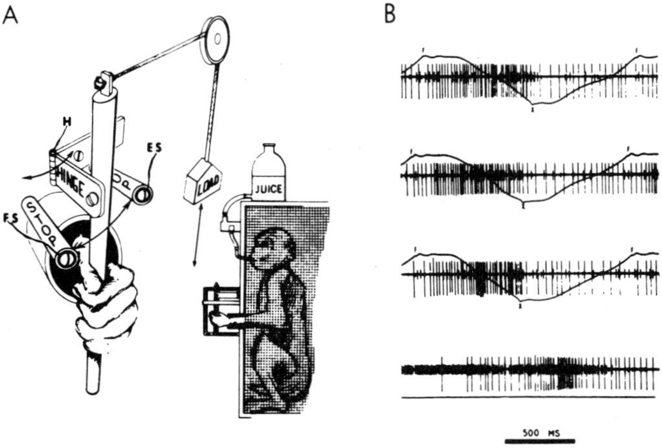

Abb. 2-3 A, B. Entladungen von Pyramidenzellen bei Bewegung. Bei einer dem Experiment vorangehenden Operation war im motorischen Cortex des Affen eine Elektrode an einer Stelle eingesetzt worden, an der die Vorgänge in den bei der dressierten Bewegung betroffenen Pyramidenzellen aufgenommen werden konnten. Die dressierte Bewegung wird in **A** genau gezeigt, nämlich die Bewegung des Kontrollstabes von einem »Stop« zum anderen. Die Vor- und Rückwärtsbewegung zeigt sich in den auf- und absteigenden Kurven der drei oberen Zeilen von **B**, zusammen mit den Entladungen zweier Pyramidenzellen, die von der einen Zelle stark, von der anderen weniger stark sind. Dieser Unterschied hängt vermutlich von der Nähe der Zelle zur aufzeichnenden Elektrode ab. Die Aktivitäten der beiden Zellen konnten in den drei oberen Zeilen gut mit der nach unten gerichteten Bewegung korreliert werden. In der untersten Zeile, bei einer anderen Bewegung, gab es jedoch keine Korrelation. Evarts, E.V.: Unit activity in sleep and wakefulness. In: Neurophysiological Basis of Normal and Abnormal Motor Activity, hrsg. von M.D. Yahr, D.P. Purpura. Hewlett, New York: Raven Press. 215-253

die großen Assoziationsareale (die übrigen 95%) auf einem ausreichend trennscharfen Niveau untersucht worden, das ihre moduläre Zusammensetzung erkennbar machte. Außerdem sind dies die Felder, die einen spezifischen Bezug zur bewußten Erfahrung haben und so für das Thema dieser Vorlesung von einmaliger Bedeutung sind.

Aufgrund der ähnlichen Mikrostruktur vermutete Szentágothai (1972, 1975) eine moduläre Anordnung des gesamten Assoziationscortex, die der für die primären sensorischen Felder gezeigten ähnlich sein soll. Um diese Annahme zu überprüfen, injizierten Goldman und Nauta (1977) bei Affen kleinste Mengen radioaktiver Markierungssubstanzen ([^{3}H]Leucin oder [^{3}H]Prolin) in verschiedene Felder des Assoziationscortex. Es ist bekannt, daß diese Aminosäuren von den Neuronen aufgenommen und in markierte Proteine umgewandelt werden, die dann entlang der Axone der Neuronen zu ihren Endigungen transportiert werden. Es ist nicht notwendig, auf die Einzelheiten dieser zuverlässigen technischen Prozedur der radioaktiven Markierung näher einzugehen, mit der sich der Verlauf der Pyramidenzellaxone eines kleinen corticalen Feldes bestimmen läßt. Wie Szentágothai (1978a) erkannt hat, enthüllte die radioaktive Markierung einen ziemlich unerwarteten Verteilungsmodus der Axone, der von größter Bedeutung ist.

Abb. 2-4 A zeigt ein Autoradiogramm von Säulen im Neocortex, die von der Stelle der Injektion im Frontallappen weit entfernt sind. Man kann drei gut definierte Säulen mit verschiedenen Graden von radioaktiver Markierung und rechts davon eine sehr schwach sichtbare Säule erkennen. Goldman und Nauta geben Ausmaße von 200 bis 400 μm im Durchmesser an und betonen, daß sich die Markierung senkrecht durch alle Schichten des Cortex erstreckt, wobei sie in Schicht I besonders stark ist (Abb. 2-6). Beachten Sie die dunklen Zwischenräume, die fast nicht heller sind als der Hintergrund. Man muß dabei sehen, daß die Markierung in den Assoziationsfasern stattfindet, die von der Stelle der Injektion ausgehen und in diesen gekennzeichneten Säulen enden. In Abb. 2-4 B erfolgte der Schnitt durch den Cortex schräg, was zur Folge hatte, daß die Säulen durchschnitten wurden; man sieht vier hübsch getrennte, ovale, markierte Felder mit Durchmessern von 300 bis 500 μm. Bei der Interpretation dieser Ergebnisse muß man die Größe des Feldes in Betracht ziehen, in das die radioaktive Markierungssubstanz injiziert wurde. Im vorliegenden Fall wurden viele Moduln betroffen. Die in Abb. 2-4 beobachteten Projektionen stammen also von einer ganzen Gruppe von Moduln. Diese beobachteten Projektionen sind über den ipsilateralen Cortex sehr weit verbreitet – durch die Assoziationsverbindungen; die Projektionen finden sich ebenfalls im contralateralen Cortex – vermittelt durch die commissuralen Verbindungen, die in der Hauptsache zwischen gegengleichen Feldern bestehen, wenn auch nicht ausschließlich.

In Abb. 2-5 A gibt Szentágothai (1978a) eine schematische Darstellung dieses außergewöhnlichen Befundes, daß nämlich die unge-

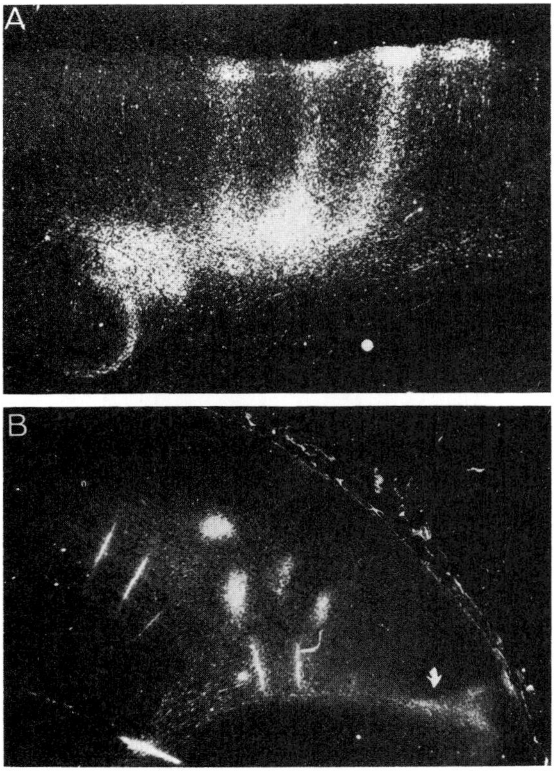

Abb. 2-4. A Dunkelfeld-Autoradiogramm, das Säulen im ipsilateralen retrosplenialen Cortex anschaulich macht. Vorher erfolgte eine einzige Injektion von [^{3}H]Leucin und [^{3}H]Prolin im dorsalen Cortex des Sulcus principalis bei einem 4 Tage alten Affen. Das Cingulum, das radioaktiv markierte Axone enthält, befindet sich *links unten* in der Abbildung. 20fache Vergrößerung. **B** Dunkelfeld-Autoradiogramm, das Säulen im contralateralen homotopischen Cortex nach einer Injektion in das Hand- und Arm-Areal eines 4 Tage alten Affen zeigt. Der *Pfeil* zeigt ein einzelnes Band, das sich an der ventralen Grenze des Projektionsfelds über alle Schichten des Cortex ausdehnt. 10fache Vergrößerung. Goldman, P.S., Nauta, W.J.H.: Columnar distribution of cortico-cortical fibers in the frontal association, limbic and motor cortex of the developing rhesus monkey. Brain Res. *122*, 393-413 (1977)

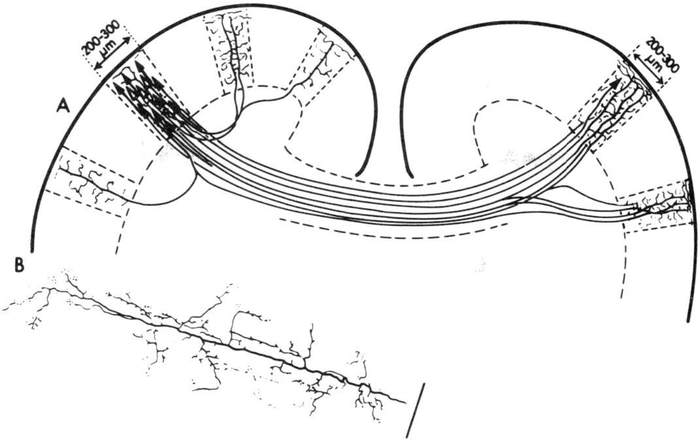

Abb. 2-5. A Das allgemeine Prinzip der cortico-corticalen Verknüpfung, schematisch gezeigt an einem Gehirn ohne Windungen. Die Verknüpfungen bestehen in Form hochspezifischer Muster zwischen den 200–300 µm dicken senkrechten Säulen in beiden Hemisphären. Ipsilaterale Verbindungen gehen hauptsächlich von in Schicht III gelegenen Zellen aus (links in *Umrissen* gezeichnete Zellen), während contralaterale Verbindungen (*schwarz ausgefüllt* gezeichnete Zellen) aus allen Schichten von II bis VI stammen. Nicht berücksichtigt ist die Konvergenz von aus verschiedenen Bereichen des Cortex auf dieselbe Säule projizierenden Afferenzen. **B** Golgi-gefärbte Verzweigungen einer einzelnen cortico-corticalen afferenten Faser, in gleicher Weise ausgerichtet wie das Modul mit einer einzigen Afferenz in A, jedoch in vielfacher Vergrößerung. Der Strich entspricht 100 µm. Szentágothai, J.: The neuron network of the cerebral cortex: a functional interpretation. Proc. R. Soc. Lond. B *201*, 219-248 (1978)

heuer große Fläche des Neocortex in ein Mosaik fast diskreter Raumeinheiten unterteilt ist. Es ergibt sich die These, daß diese Raumeinheiten die Moduln sind, die die anatomischen Grundelemente im funktionalen Aufbau des Neocortex bilden. In Abb. 2-5 A sind links zwölf dicht gepackte Pyramidenzellen in einem solchen Modul oder einer solchen Säule mit einem Durchmesser von etwa 250 µm gezeigt. Die Axone dieser Pyramidenzellen projizieren zu drei anderen Moduln derselben Hemisphäre und, über das Corpus callosum, zu zwei Moduln der anderen Hemisphäre. So können wir auf einfache Weise die assoziativen und die commissuralen Projektionen der Pyramidenzellen eines Moduls veranschaulichen.

Bei Abb. 2-5 A sollten wir einige wichtige Punkte beachten. Erstens projizieren mehrere Pyramidenzellen eines Moduls *völlig dekkungsgleich* zu anderen so definierten und auch etwa 250 μm im Durchmesser messenden Moduln. Diese Dimension ist in Abb. 2-5 A bereits durch die Verzweigungen einer einzelnen Assoziationsfaser auf zwei Moduln dargestellt, und für zwei weitere Assoziationsfasern und für vier oder fünf Commissurfasern ist die sich deckende Verbreitung gezeigt. Zweitens besteht die commissurale Projektion meistens, aber nicht ausschließlich, zu symmetrisch angeordneten Moduln auf der contralateralen Seite. Drittens ist die commissurale Verbindung zwischen symmetrischen Moduln reziprok. Unten in Abb. 2-5 wird in B in einer stärkeren Vergrößerung die schwache Verästelung einer einzelnen cortico-corticalen afferenten Faser gezeigt, wie sie durch die Golgi-Färbung sichtbar wird. Man kann sehen, daß sie alle Schichten der Hirnrinde durchläuft und sich extrem verzweigt, so daß sie sich auf eine Säule von etwa 200 μm Durchmesser erstreckt, wie es in Abb. 2-5 A eingezeichnet ist.

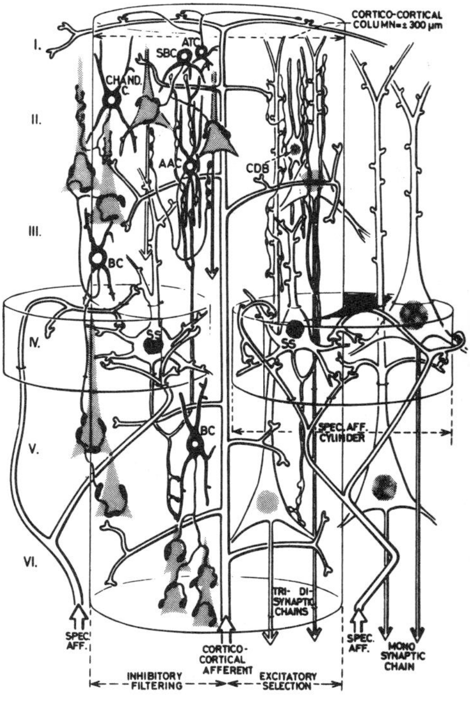

Abb. 2-6. Schematische Darstellung einer einzelnen cortico-corticalen Säule und zweier spezifischer subcorticaler Afferenzen, die sich jeweils in einem Zylinder baumartig verzweigen. Die Schichten sind am linken Rand angegeben. Die *rechte* Hälfte des Schemas zeigt die Impulsweiterleitung über exzitatorische Neuronenketten, während in der *linken* Hälfte verschiedene Typen von inhibitorischen Interneuronen dargestellt sind (*schwarz ausgefüllt* gezeichnet). Weitere Erklärung im Text. Szentágothai, J.: The local neuronal apparatus of the cerebral cortex. In: Cerebral correlates of conscious experience. Buser, P., Rouguel-Buser, A. (Hrsg.), 131-138 Amsterdam: Elsevier 1978

Abb. 2-6 stellt eine schematische Zusammenfassung der wesentlichen Komponenten des neocorticalen Moduls zusammen mit den exzitatorischen und inhibitorischen Neuronen dar, wobei die ersteren rechts im Umriß gezeigt werden, die letzteren schwarz ausgefüllt auf der linken Seite. In der Mitte verläuft die cortico- corticale Afferenz, die mit ihren Verzweigungen in allen Schichten, mit Ausnahme von Schicht IV, das Modul bildet. Rechts und links davon sieht man die scheibenförmigen Abschnitte, die von den spezifischen Afferenzen aus dem Thalamus mit ihren Verzweigungen in Schicht IV gebildet werden, wie in Abb. 2-2 gezeigt wurde. Von diesen Scheiben gehen die senkrechten Verknüpfungen der Umschalt-Neuronen aus (Abb. 2-2), die nicht als dem durch die cortico-corticalen Afferenzen definierten Modul zugehörig zu rechnen sind, von dem es anstelle des einen in Abb. 2-6 gezeigten viele hundert gibt.

2.3 Die moduläre Funktionsweise des Neocortex

Abb. 2-5 A zeigt auf sehr einfache Weise die Verteilung des Outputs eines Moduls. Schematisch auf die gleiche Art dargestellt, wird in Abb. 2-7 die Konvergenz von Assoziations- und Commissurfasern auf ein Modul gezeigt. Man kann erkennen, daß das Modul eine Einheit ist, da andere Moduln des Neocortex auf dieses Modul völlig deckungsgleich projizieren, da ja die Verzweigungen jeder einzelnen Faser (Abb. 2-5 B) sich über das gesamte Modul erstrecken. Die einfachste Hypothese ist, daß dieser konvergente Input bei seiner Verbreitung keine Selektivität zeigt. Der gesamte Informations-Input wird lediglich durch die konvergierenden Assoziations- und Commissurfasern zusammengeworfen. Die komplexe integrative Maschinerie des gesamten Moduls (Abb. 2-6) funktioniert dann dahingehend, den Output aus dem Modul von einem Moment zum anderen festzulegen. In jedem einzelnen Augenblick ist die Intensität des Outputs abhängig von der Anzahl der feuernden Pyramidenzellen und der Frequenz dieser Entladungen. Der Output besitzt außerdem ein Zeitmuster, das vom Zeitverlauf der integrierten Frequenz vorgegeben wird. Eine zusätzliche Aufgabe des Moduls ist es, benachbarte Moduln über die seitlichen Verzweigungen ihrer inhibitorischen Neuronen (Marin-Padilla, 1970) zu hemmen (vgl. Abb. 2-2); umgekehrt wird das Modul von den es umgebenden Moduln ebenfalls gehemmt.

Um einige Einsicht in die Operationsweise des Nervenapparates zu gewinnen, müssen wir sehen, daß Abb. 2-5 A stark vereinfacht ist. Zunächst gibt es in einem Modul von 250 μm Durchmesser etwa 2500 Neuronen, von denen mindestens 1000 Pyramidenzellen sind. Auf der Grundlage der gezählten Fasern im Corpus callosum (200 Millionen) geschätzt, sind es etwa 50 Pyramidenzellen, die anstelle der sechs in Abb. 2-5 A abgebildeten aus einem Modul projizieren und commissurale Afferenzen zur anderen Seite bilden. Geht man schätzungsweise von der zehnfachen Anzahl von assoziativen Fasern aus, dann sind es 500 Pyramidenzellen, die anstelle der drei von Abb. 2-5 A als Assoziationsprojektoren dienen. Auf diese Weise gibt es eine sehr viel intensivere Konvergenz der Inputs aus jedem der in Abb. 2-5 A abgebildeten Moduln, und vermutlich auch eine Ausbreitung (Divergenz) zu sehr viel mehr anderen Moduln. Die Projektion von Modul zu Modul ist nicht zufällig. Sie ist im Gegenteil sehr hoch strukturiert, im Einklang mit spezifischen Verteilungen, wie in Abb. 3-2 für die aufeinanderfolgenden Umschaltstellen der somatosensorischen und visuellen Systeme angedeutet ist, wo zwischen diesen großen Brodmannschen Feldern ebenfalls Konvergenz gezeigt ist. Wir können die modulären Verknüpfungen aus den Abb. 2-5 und 2-7 als Grundstruktur der großen assoziativen Verbindungen ansehen. Szentágothai (1978a) schlägt für die Anzahl der Konvergenzen und Divergenzen eine Zahl nicht unter 50 vor.

Aber selbst wenn zu Abb. 2-5 A dieser massive Zusatz gemacht würde, so würde das Schema nur die Verknüpfungs-Situation in einem einzigen Moment darstellen. Wenn wir eine starke Erregung annehmen, die über die konvergenten Fasern mit einem gewaltigen Ausbruch von Impulsentladungen aus den sie bildenden Pyramidenzellen auf das primäre Modul in Abb. 2-7 trifft, dann würden innerhalb weniger Millisekunden stark erregende Inputs über die Assoziations- und Commissurfasern zu vielen anderen Moduln geleitet (Abb. 2-5 A). Einige dieser sekundären Moduln werden ihrerseits genügend erregt, um zu dritten und diese zu vierten Moduln weiterzuleiten. Eine Vorstellung von der schnellen Weiterleitung von Modul zu Modul erhält man durch die Beobachtung von Newman (1976), daß auf ein kurzes Klickgeräusch hin einige Neuronen des dorsolateralen präfrontalen Cortex mit einer nur 20 ms währenden Latenzzeit reagieren. Diese kurze Latenzzeit beinhaltet wenigstens zwei durch moduläre Reaktionen vorgenommene corticale Umschaltungen sowie die Übertragung zur primären Hörrinde. In einem kleinen Bruchteil

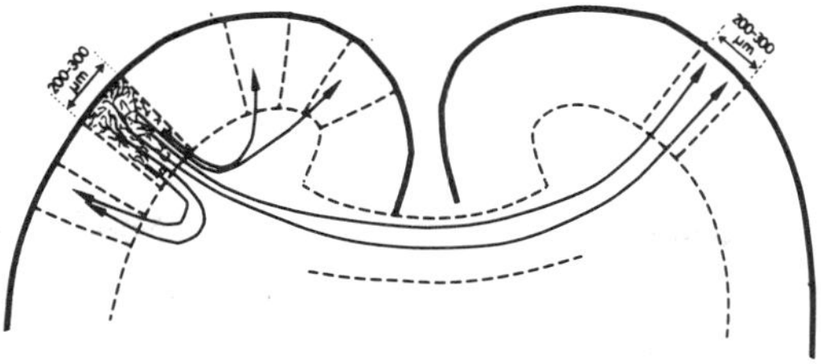

Abb. 2-7. Veranschaulichung modulärer Verknüpfungen über Assoziations- und Callosumfasern wie in Abb. 2-5 A, jedoch in umgekehrter Richtung, um die Konvergenz der Projektionen aus mehreren Moduln auf ein einziges auf völlig dekkungsgleiche Art zu zeigen, wie sie im Text beschrieben ist

einer Sekunde erhalten wir ein sich verbreitendes Erregungsmuster, das nicht zufällig ist, sondern von den aufeinanderfolgenden Projektionen vom sekundären Modul zum tertiären usw. in dem hier vorliegenden Fall (vgl. Abb. 2-8) genau bestimmt ist. Es gibt im menschlichen Neocortex schätzungsweise vier Millionen Moduln, so daß immense Möglichkeiten für die Entwicklung von Raum-Zeit-Mustern bestehen, auch wenn man von der einfachen Annahme ausgeht, daß jedes Modul beim Aufnehmen und beim Weiterleiten als eine Einheit operiert. Es gibt jedoch bei den Reaktionen der einzelnen Pyramidenzellen innerhalb eines Moduls sicherlich Abstufungen, die sich, wie von vielen Forschern festgestellt wurde, im breiten Spektrum ihrer Entladungsfrequenzen äußern.

Die besonderen Merkmale im Aufbau eines corticalen Moduls sind: erstens das innere Verknüpfungsmuster der es bildenden Neuronen (Abb. 2-6); zweitens die hemmende Umgebung (Abb. 2-2), die von einigen zum Modul gehörigen inhibitorischen Neuronen aufgebaut wird und die seine Grenzen verschärft (Szentágothai, 1978a); drittens der Output, der einerseits durch die Anzahl der erregten, Impulse entladenden Pyramidenzellen und andererseits durch die Frequenz dieser Entladungen abgestuft ist (Abb. 2-3). Die einfachste Hypothese ist, daß in der Leistung des Neocortex ein Modul eine fundamentale Einheit darstellt und daß die weitere Zerteilung eines Moduls keine funktionelle Bedeutung hat, weil die Projektionen der es bildenden Pyramidenzellen sich völlig decken (Abb. 2-5 und 2-7). Jedes Modul funktioniert als eine Einheit, die die vielen konvergenten Meldungen aus anderen Moduln verarbeitet und ihrerseits di-

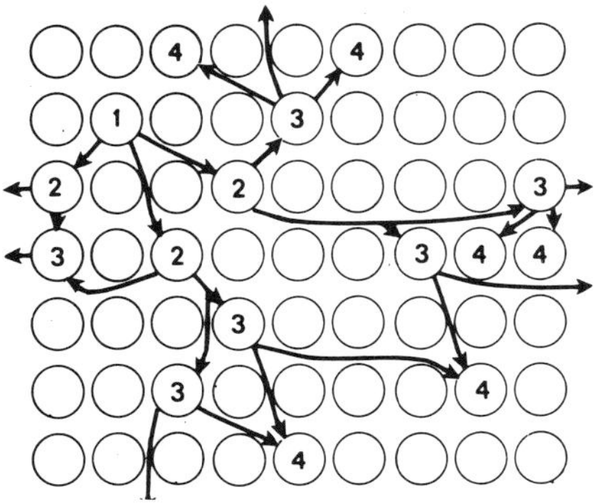

Abb. 2-8. Schematische Darstellung corticaler Moduln von oben her betrachtet, d.h. jedes Modul wird als Projektion auf seine im Durchmesser ungefähr 250 μm messende Oberfläche gesehen. Damit die Bahnen für die Erregungsübertragung von Modul zu Modul eingezeichnet werden konnten, sind die Moduln voneinander getrennt, also nicht so eng, wie sie tatsächlich nebeneinanderliegen, dargestellt. Eine starke Aktivierung des Moduls *1* wie in Abb. 2-5 führt zur Übertragung, die sich dahingehend auswirkt, daß die mit *2* gekennzeichneten Moduln und von da aus weiter die mit *3* und die mit *4* gekennzeichneten Moduln erregt werden. Weitere Erklärung im Text

vergent zu vielen anderen Moduln projiziert. Also vereint das Modul in sich die Sherringtonschen Prinzipien der Konvergenz und der Divergenz. Wie in Abb. 2-9 gezeigt wird, kann ein Modul (mit Sternchen) sogar mit minimalen Verknüpfungen an zwei völlig verschiedenen Raum-Zeit-Mustern teilhaben. Mit den modulären Verknüpfungen des Neocortex wäre ein Modul in der Lage, an einer gewaltigen Zahl von Raum-Zeit-Mustern teilzuhaben.

Im Gegensatz zu dieser einfachen modulären Hypothese hat es Spekulationen über eine mögliche Unterteilung der in Abb. 2-5 und 2-7 dargestellten Grundmoduln gegeben. Zum Beispiel postuliert Mountcastle (1978b) eine weit kleinere Einheit, eine Mini-Säule, mit einem Durchmesser von etwa 30 μm, und Szentágothai (1978a) vermutet eine letztliche Verfeinerung eines Moduls durch Interaktion seiner inneren exzitatorischen und inhibitorischen Interneuronen, die im Output ein hohes Maß an Individualität sogar einer einzelnen Pyramidenzelle ermöglicht. Ich ziehe es vor, das ganze Modul als eine Leistungseinheit zu sehen, mit vielen parallelen Output-Linien, die bei den Moduln, auf die projiziert wird, durch Konvergenz eine wirksame synaptische Erregung erzeugen (vgl. Abb. 2-5 und 2-7).

Man kann das Modul vielleicht für eine zu grobe Einheit halten, um die ungeheure Informationsmenge, die für ein lebenslanges Funktionieren des menschlichen Gehirns Voraussetzung ist, zu verarbeiten und zu speichern. Solche Überlegungen lassen die Hypothese von der Mini-Säule reizvoll erscheinen. Dagegen gibt es jedoch zwei Argumente:

Erstens wird die Information, die auf das Modul konvergiert, infolge der sich völlig überschneidenden Verbreitung der assoziativen und commissuralen Inputs auf ein Modul (Abb. 2-5 und 2-7) in jedem Augenblick von neuem vereinigt. Es ist schwierig zu verstehen, wie ein Bruchteil eines Moduls, wie die Mini-Säule von Mountcastle, irgendeine selektive Funktion haben kann. Eher scheint es, daß der Neuronenapparat des gesamten Moduls diese Information mit der daraus folgenden Erzeugung von Impulsentladungen aus seinen Pyramidenzellen verarbeitet. Die Erregungsintensität wird von Augenblick zu Augenblick durch das Integral der Impulsentladungen angezeigt – die Anzahl der Pyramidenzellen, multipliziert mit ihrer durchschnittlichen Entladungsfrequenz. Dieses episodische Outputsignal wird durch die in der Abfolge an nächster Stelle stehenden Moduln auf die in Abb. 2-5 angezeigte Weise verbreitet. Viele dieser Empfängermoduln sind natürlich Konvergenzbrennpunkte von mehreren anderen Moduln, die in derselben Episode aktiviert werden; daher erfährt jedes einzelne im Moment eine Erregungsintensität, die eine große Varianzbreite haben kann, und zeigt so auch bei der Outputentladung eine entsprechende Varianz, die sich dann in der Weiterleitungsabfolge ebenso fortpflanzt.

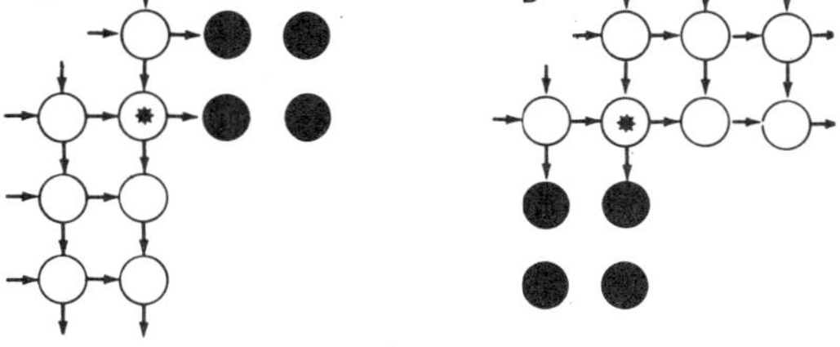

Abb. 2-9. Ein sehr einfaches Schema, das zeigt, daß ein Modul (*mit Sternchen*) an zwei völlig verschiedenen Raum-Zeit-Mustern, **A** und **B**, teilhaben kann, im Einklang mit zwei verschiedenen bestehenden Aktivierungen anderer Moduln. Man nimmt an, daß die Konvergenz von zwei Moduln notwendig ist, um bei einem Modul eine Entladung nach dem Alles-oder-Nichts-Prinzip zu erzeugen

Zweitens ist es offensichtlich, daß die Fähigkeit von Moduln, Muster zu erzeugen, sehr groß ist, auch wenn sie als Einheit, also ohne weitere Unterteilung in Mini-Säulen, operieren (vgl. Abb. 2-9). Nach einer ungefähren Schätzung befinden sich im menschlichen Neocortex vielleicht vier Millionen Moduln, die die Raum-Zeit-Muster erzeugen, in denen die gesamte kognitive Leistung des menschlichen Gehirns gespeichert ist – jedes Fühlen, jedes Erinnern, jeder sprachliche Ausdruck, jedes kreative Schaffen usw. Wir können fragen: Sind vier Millionen dieser gewaltigen Aufgabe angemessen? Die einzige Antwort, die ich darauf geben kann, besteht darin, auf die 88 Tasten eines Klaviers zu verweisen. Bedenken Sie die kreativen Leistungen der großen Komponisten wie Mozart, Beethoven und Chopin. Sie konnten beim Schaffen ihrer Klaviermusik mit den 88 Tasten, von denen jede eine unveränderliche Tonhöhe und Tonlage hat, nur vier Parameter verwenden. Und es handelt sich um vier vergleichbare Parameter, die beim Schaffen der räumlich-zeitlichen Aktivitätsmuster in den vier Millionen Moduln des menschlichen Neocortex gebraucht werden. Diese vier Parameter werde ich nun besprechen und die vergleichbaren Merkmale herausstellen.

Der erste ist die Intensität. Bei der Musik ist das die Lautstärke des Tons, während es beim Modul das Integral der Impulse ist, die, wie oben ausgeführt, vom Modul aus über die Outputkanäle entladen werden. Man muß erkennen, daß bei diesem Vergleich die Tasten des Klaviers eine Tonhöhenunterscheidung beinhalten, während im Neocortex jedes Modul (oder jede Taste) seine einmaligen Verknüpfungen besitzt (Abb. 3-2), die die Grundlage jener kodierten Fähigkeiten bilden, die die Modalität der Wahrnehmung, zum Beispiel Licht, Farbe oder Klang, ebenso wie alle feineren Wahrnehmungsunterscheidungen, ergeben.

Der zweite Parameter ist die Dauer des Tons oder des vom Modul abgefeuerten Impulses.

Der dritte ist die Abfolge der Töne, die in der Klaviermusik eine Melodie und im Neocortex das zeitliche Muster der modulären Aktivität ergibt. Man kann sich vorstellen, daß dieses moduläre Muster in einer fortlaufenden Übertragung von Modul zu Modul gespielt wird (vgl. Abb. 2-8).

Der vierte Parameter ist die gleichzeitige Aktivierung mehrerer Töne, ein Akkord, oder mehrerer Moduln im Gehirn. Bei einem Akkord ist die höchstmögliche Anzahl von Tönen zehn, bei den Moduln können es Tausende sein.

Ich glaube, man erkennt, daß die enorme Erzeugung musikalischer Muster mit 88 Tasten auf dem Klavier auf eine praktisch unbegrenzte Fähigkeit der vier Millionen Moduln, Raum-Zeit-Muster zu erzeugen, hinweist. In Abb. 1-7 sind die Moduln als 40 senkrechte Bänder dargestellt. Erhöht man diese Zahl auf ihr 50000faches, so würde sie ungefähr der Anzahl von Moduln gleichkommen, die die Fähigkeit besitzen, zu den vom Gehirn ableitbaren bewußten Erfahrungen beizutragen. Dabei muß jedoch erkannt werden, daß, gerade wie bei den Klaviertasten, die Erfahrungen vom Spiel der oben aufgeführten vier Parameter abhängig sind.

Stellen wir uns vor, die Aktivierungsintensität der Moduln würde symbolisch durch ein Aufleuchten der Moduln angezeigt. Indem er diese Analogie für Nervenzellen gebrauchte, gab Sherrington (1940) ein wunderbares Bild des Lichtmusters des aktiven Gehirns. Wenn wir also die Moduln auf der Oberfläche des Neocortex aufleuchten sehen könnten, dann wäre zu irgendeinem bestimmten Zeitpunkt auf einer Fläche von 50 cm^2 eine erleuchtetes Muster aus Moduln mit 0,25 mm Durchmesser zu sehen, die von dunkel über düster und heller bis zu leuchtend alle Schattierungen einnehmen. Und dieses Muster würde sich ständig, von Augenblick zu Augenblick, durch das Aufleuchten und Erlöschen einzelner Moduln verändern und so ein funkelndes Gewebe aus vier Millionen Moduln ergeben. Einen passenden Vergleich bietet ein Fernseh-Monitor, bei dem das Bild aus bis zu einer Million Einheiten zusammengesetzt ist. Mit Hilfe dieser symbolischen Darstellung eines Lichtmusters läßt sich die ungeheure Aufgabe erahnen, vor die der menschliche Geist gestellt ist, wenn er aus den neocorticalen Moduln bewußte Erfahrungen ableitet. Man hat den Verdacht, daß dabei die dunklen und dunkleren Moduln normalerweise ignoriert werden und daß seine Aufmerksamkeit auf die leuchtenden konzentriert ist – oder vielmehr auf die sich ergebenden Lichtmuster.

2.4 Verbindung zwischen Gehirn und Geist

Bis jetzt wurde die moduläre Operationsweise auf einer rein materialistischen Ebene beschrieben. Sie könnte zum Beispiel eine Erklärung der Wirkungsweise des Neuronenapparates sein, vom Moment eines sensorischen Inputs über die enorm komplizierten Raum-Zeit-Muster der Moduln bis schließlich hin zu einem motorischen Output. Nach der dualistisch-interaktionistischen Hypothese aber müssen wir die Frage stellen: Welche Aktivität des Neuronenapparates kann vom selbst-bewußten Geist »abgelesen« werden? Wir können zunächst sagen, daß es unvorstellbar ist, daß der selbst-bewußte Geist mit einzelnen Nervenzellen oder Nervenfasern in Verbindung steht. Diese neuronalen Einheiten sind als einzelne bei weitem zu unzuverlässig und wirkungslos. Nach unserem gegenwärtigen Verständnis der Operationsweise des Neuronenapparates sollte die Betonung auf Neuronenverbänden liegen (Hunderte oder Tausende), die, zu einem undurchschaubaren Muster angeordnet, zusammenwirken. Nur in solchen Verbänden kann es Verläßlichkeit und Effektivität geben. Die Moduln der Hirnrinde sind solche Neuronenverbände. Das Modul führt, bis zu einem gewissen Grad, ein kollektives Eigenleben, mit ungefähr 2500 Neuronen verschiedenen Typs und mit einer funktionalen Einrichtung von sowohl vorwärts als auch rückwärts gerichteter Erregung und Hemmung (Szentágothai, 1978a, 1978b, 1979). Bis jetzt wissen wir sehr wenig über die innere Dynamik eines Moduls. Mir ist nur eine gründliche, systematische Untersuchung der individuellen Neuronen in einem Modul, mit der Ableitung eines funktionalen Schemas ihrer Verknüpfungen, bekannt. Sie wurde im primären visuellen Cortex durchgeführt (Toyama et al. 1974, 1977a, 1977b). Wir können vermuten, daß ein Modul mit seinen komplex organisierten und enorm aktiven Eigenschaften ein Bestandteil der physikalischen Welt (Welt 1) ist, der gegenüber dem selbst-bewußten Geist (Welt 2) sowohl als Sender als auch als Empfänger offen ist. In Abb. 1-7 sind die Moduln als senkrechtstehende Bänder dargestellt, die sich durch die gesamte Dicke der Hirnrinde ziehen. Man kann weiter annehmen, daß nicht alle Moduln der Hirnrinde diese transzendente Fähigkeit besitzen, gegenüber Welt 2 »offen« zu sein und so die Welt-1-Komponenten der Grenzzone darstellen. Definitionsgemäß müßte diese Fähigkeit auf die Moduln des Liaison-Hirns beschränkt sein, und das auch nur dann, wenn sie sich auf dem richtigen Aktivierungsniveau befinden.

Abb. 2-10 veranschaulicht schematisch die vermutete Beziehung von offenen und geschlossenen Moduln bei Aufsicht auf die Oberfläche der Hirnrinde. Wir haben uns die zeichnerische Freiheit genommen, die Säulen als getrennte Scheiben und nicht so dicht aneinanderliegend zu zeigen, wie dies tatsächlich der Fall ist (Szentágothai, 1978a). Außerdem muß man sehen, daß die normalerweise intensiv dynamische Situation für den Moment stillsteht. Wie üblich sind of-

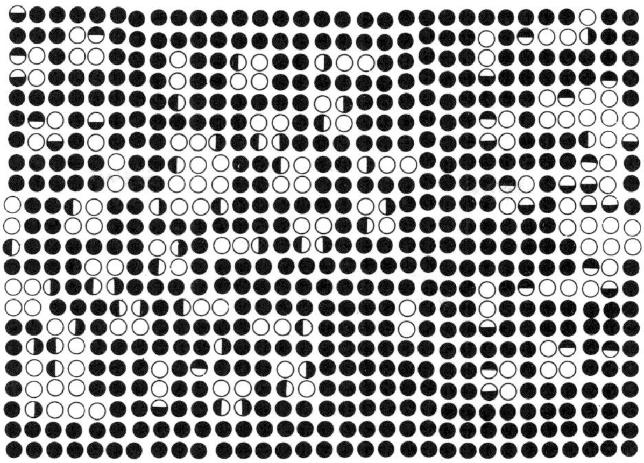

Abb. 2-10. Schematischer Plan corticaler Moduln von oben gesehen (vgl. Abb. 2-8). Wie im Text beschrieben, sind die Moduln als drei Arten von Kreisen dargestellt: *offen*, *geschlossen* (*schwarz*) und *halboffen*. Weitere Beschreibung im Text

fene Moduln als offene Kreise und geschlossene Moduln als ausgefüllte Kreise dargestellt; auch gibt es nur zum Teil offene Moduln. Man kann vermuten, daß der selbst-bewußte Geist diese moduläre Anordnung abtastet, wobei er nur von den Moduln Information erhalten kann und nur an die Moduln Information weitergeben kann, die einen bestimmten Grad an Offenheit aufweisen. Durch sein Einwirken auf offene Moduln kann er jedoch auch geschlossene Moduln beeinflussen, indem er entlang der von den offenen Moduln ausgehenden Assoziationsfasern Impulse entlädt, wie bereits beschrieben wurde (Abb. 2-5 und 2-7). Auf diese Weise kann er möglicherweise geschlossene Moduln dazu veranlassen, sich zu öffnen. Abb. 2-10 soll einige Kerne erregter Moduln zeigen, die auf großen dunklen Feldern verstreut sind. Daneben gibt es auch kleinere Erregungs-Flecken. Abb. 2-10 zeigt nur einen Bruchteil einer kodierten Darstellung in einem einzigen Moment. Man kann die Komplexität der realen Situation erst richtig einschätzen, wenn man erkennt, daß man die Dimensionen von Abb. 2-10 in jeder Richtung um das 80fache erweitern müßte, um die gesamte moduläre Anordnung des Neocortex darstellen zu können.

Die einfachste Hypothese von einer Gehirn-Geist-Interaktion wäre, zu sagen, daß der selbst-bewußte Geist die Aktivität jedes einzelnen Moduls des Liaison-Hirns oder zumindest jener Moduln, die auf sein momentanes Interesse eingestimmt sind, abtasten kann. Es wurde bereits die Vermutung geäußert, der selbst-bewußte Geist habe die Funktion, aus dem ungeheuren Muster-Input, den er aus dem Liaison-Hirn erhält – bei dieser Hypothese der Tätigkeit der Moduln – eine Auswahl zu treffen und zu integrieren, um seine Erfahrungen von Augenblick zu Augenblick neu aufzubauen. Die Moduln, die so ausgewählt werden, stellen für den Augenblick die Welt-1-Seite der Grenzzone zwischen Welt 1 und Welt 2 dar, wie im Schema von Abb. 1-7 gezeigt wird. Die Grenzzone ist somit ein sich fortwährend veränderndes Gebiet innerhalb des ausgedehnten Bereichs des Liaison-Hirns.

Experimentelle Befunde ergeben, daß eine große Komplexität von Mustern modulärer Operation aufgebaut werden muß, bevor es zu einer bewußten Erfahrung kommt. Es entsteht zum Beispiel eine Verzögerung von bis zu 0.5 s, bis eine schwache wiederholte Stimulation des somatosensorischen Cortex die bewußte Erfahrung einer Berührung aufkommen läßt (3. Vorlesung; Libet, 1973). Wie in der 4. Vorlesung ausführlich beschrieben wird, haben Desmedt und Robertson (1977a, 1977b) gezeigt, daß bei schwacher elektrischer Stimulation des »aufmerksamen« Fingers das bewußte Erkennen des Reizes mit verzögerten negativen und positiven Potentialen (bis zu 0,5 s) verbunden ist, die weit über beide Hemisphären verbreitet sind, während bei einer ähnlichen Stimulation bei Fingern, auf die die Aufmerksamkeit nicht konzentriert ist, keine derartig späten Potentiale auftreten. Umgekehrt ist das »Wollen« einer Bewegung mit einem weit gestreuten Potential (dem Bereitschaftspotential) verbunden, das sich innerhalb von 0,8 s vor dem Ansetzen zu einer einfachen Bewegung aufbaut und das vermutlich durch ungeheuer komplizierte Muster modulärer Aktivität erzeugt wird (vgl. 4. Vorlesung, Abb. 4-9; Kornhuber, 1974; Popper und Eccles, 1982, Kap. E3).

Es scheint, daß bei den Primaten das Muster modulärer Projektion zu anderen Moduln spätestens einige Tage nach der Geburt aufgebaut ist (Goldman und Nauta, 1977). Wenn das gesamte moduläre Verknüpfungsnetz also schon angelegt ist, bevor es benutzt wird, könnte es schwierig erscheinen, eine veränderte Leistung des Neocortex, die vermutlich die neuronale Grundlage des Lernens ist, zu erklären. Es soll deshalb kurz auf eine Hypothese des kognitiven Lernens verwiesen werden (7. Vorlesung und Eccles, 1982, 9. Vorlesung), die besagt, daß beim Lernen die Synapsen, die durch horizontale Fasern auf den apikalen Dendriten der Pyramidenzellen in den der Oberfläche am nächsten liegenden Schichten (Schicht I und II) der Hirnrinde gebildet werden, übermäßig anwachsen. Es wird postuliert, daß diese Synapsen deshalb nach einem spezifischen Muster zu übermäßigem Wachstum angeregt werden, weil sie durch den gleichzeitigen spezifischen Input aus dem Hippocampus auf der einen Seite und cortico-corticaler Information auf der anderen Seite ausgewählt werden (vgl. Abb. 7-5, 7-6). Auf diese Weise wäre eine Auswahl benachbarter Moduln wirkungsvoller miteinander verknüpft (vgl. Abb. 7-7), und es würde sich daher im entstehenden modulären Muster eine Veränderung ergeben, die die Grundlage der Lernleistung des Neuronenapparates sein könnte. Bei den mit radioaktiver Markierung gewonnenen Beobachtungen von Goldman und Nauta (1977) weisen die markierten Moduln immer in Schicht I und II eine erhöhte Radioaktivität auf, die für eine solche synaptische Überentwicklung ein Nachweis sein könnte. Es wäre von großem Interesse, wenn sich die von Goldman und Nauta (1977) in Schicht I und II gefundene intensive Radioaktivität fleckenartig vom radioaktiven Modul aus verbreiten würde.

Wir müssen die Möglichkeiten modulärer Interaktion durch Pyramidenzellen anderer Moduln in Betracht ziehen. Auf diese Weise projiziert jedes Modul zu vielen anderen und diese ihrerseits wieder zu vielen anderen. Es bestehen also lange, komplizierte Muster dieser gegenseitigen Interaktion. Ich vermute, daß der selbst-bewußte Geist so handelt, daß er einige dieser Moduln, vielleicht einige hundert, leicht modifiziert und daß die Moduln gemeinsam auf diese Modifikationen reagieren, die über die Kreisbahnen der Assoziations- und Callosumfasern übertragen werden. Zusätzlich ist der selbst-bewußte Geist ständig dabei, die auf diese subtile Art erzeugten Reaktionen abzulesen oder wahrzunehmen. Ein wesentliches Merkmal der Hypothese ist, daß die Beziehungen zwischen Moduln und dem selbst-bewußten Geist reziprok sind, wobei der selbst-bewußte Geist sowohl der Sender als auch der Empfänger ist, wie es in Abb. 1-7 durch die reziproken Pfeile über die Grenzzone hinweg angedeutet ist. Diese Reziprozität der Handlung stimmt mit Einsteins Behauptung überein, daß es »der naturwissenschaftlichen Denkweise widerspräche, etwas anzunehmen, das selbst handelt, auf das aber kein Einfluß ausgeübt werden kann«.

Entwickelt man die Hypothese, daß einige Moduln gegenüber der

Welt 2 (selbst-bewußter Geist) offen sind, weiter, dann kann man annehmen, daß der selbst-bewußte Geist nicht nur oberflächlich über die Moduln hinwegstreicht, wie man es sich vorstellen könnte, wenn er lediglich die Mikropotentiale in den Feldern aufspürt (vgl. Pribram, 1971). Man sollte es sich eher so vorstellen, daß er die Moduln »ausprobiert«, indem er die dynamischen Muster der neuronalen Leistung abliest und beeinflußt. Man kann davon ausgehen, daß dies in jedem einzelnen Augenblick bei der gesamten, weit verstreuten Gruppe jener Moduln geschieht, die solche Informationen verarbeiten, die für den selbst-bewußten Geist im Sinne seiner integrierenden Leistung von unmittelbarem Interesse (Aufmerksamkeit) sind.

Kornhuber (1978) betont zu Recht die Bedeutung der Ordnung in der Welt der Natur, die zwei Komponenten hat: Ordnung und Energie. Information ist ein Aspekt der Ordnung. Die allgemeine These geht dahin, daß dieses Anwachsen der Ordnung in der biologischen Evolution des Gehirns das Entstehen des Bewußtseins zur Folge hatte. Solche Konzepte sind ebenfalls hilfreich bei der Interpretation der Art und Weise der Übertragung über die Grenzzone, wie sie in Abb. 1-7 dargestellt ist. Es könnte sich um eine Übertragung von Ordnung oder Information und nicht von Energie handeln, wie bereits in den ersten Vorlesung bemerkt wurde. Die Welt 2 der bewußten Erfahrung muß ja schon an sich mit Ordnung und Information angefüllt sein.

Wenn wir die enorme, durch Muster erzeugte Struktur der Moduln betrachten, wobei der kleine corticale Bereich aus Abb. 2-10 in jede Richtung um das 80fache erweitert werden muß, so kann man nur schwer verstehen, wie der selbst-bewußte Geist zu einer derartig gewaltigen Komplexität von Raum-Zeit-Mustern in Beziehung treten kann. Diese Schwierigkeit wird geringer, wenn man drei Dinge bedenkt: Erstens können wir davon ausgehen, daß unser selbst-bewußter Geist vom Kleinkindalter an gelernt hat, solche Aufgaben zu erfüllen, ein Prozeß, der in der Umgangssprache mit »sein Gehirn gebrauchen lernen« bezeichnet wird. Zweitens wählt der selbst-bewußte Geist beim Aufmerksamkeits-Prozeß (vgl. 4. Vorlesung) jene Merkmale aus der Gesamtheit der modulären Muster aus, die im Einklang mit seinem momentanen Interesse stehen. Drittens ist der selbst-bewußte Geist immer damit befaßt, aus allem, was er aufnimmt, einen »Sinn« herauszulesen. Das zeigt sich deutlich bei seiner Interpretation der vielen zweideutigen und unmöglichen Figuren, die wir in der 3. Vorlesung betrachten werden.

Es gibt einige Parallelen zwischen der modulären Hypothese, wie sie hier beschrieben wird, und den Vorschlägen von Mountcastle (1978b), die besagen, daß Moduln staffelförmig neben- und hintereinander »verteilte Systeme« bilden. Diese Systeme verbinden die innerlich erzeugte neuronale Aktivität mit der Input-Output-Funktion des Nervensystems. Es wird behauptet, daß sie auf eine mit der Theorie der psychoneuralen Identität übereinstimmende Weise einen »objektiven Mechanismus bewußter Erfahrung« liefern. Auf ähnliche Weise kommt Szentágothai (1979) zu dem Schluß, daß »dynamische Muster eine naturwissenschaftliche Erklärung für die höheren Funktionen des Gehirns, einschließlich sogar des Bewußtseins bieten«. Entsprechend vermutet auch Edelman (1978) auf der Basis eines Modells aus der immunologischen Theorie, daß

> das Gehirn sensorische Signale und seine eigene gespeicherte Information auf dieser selektiven Grundlage auf eine phasische (cyclische) und wiedereintretende Weise verarbeitet, die in der Lage ist, die für bewußte Zustände notwendigen Bedingungen zu schaffen.

Diese Hypothesen sind im wesentlichen Versionen der Erklärung von Bewußtsein nach der psychoneuralen Identitätstheorie. Diese neueren Versuche, eine Lösung des Gehirn-Geist-Problems zu formulieren, die mit der Geschlossenheit der Welt 1 übereinstimmt, scheinen nicht mehr zu sein als ungenau ausgedrückte Beispiele des alles versprechenden Materialismus, wie er von Popper und Eccles (1982) kritisiert wurde. Darüber hinaus kann gegen diese Versuche die gleiche Kritik angeführt werden, die in der ersten Vorlesung gegen weniger anspruchsvolle Formen der psychoneuronalen Identitätstheorie erhoben worden ist. Allen diesen Theorien steht die unmögliche Aufgabe gegenüber, die geistige Welt aus einer materiellen Welt neuronaler Stromkreise abzuleiten. Im Gegensatz dazu postuliert der dualistische Interaktionismus die Existenz sowohl einer geistigen als auch einer materiellen Welt und befaßt sich im wesentlichen mit ihrer Interaktion.

Granit (1977) und Thorpe (1978) haben in jüngerer Zeit interessante und wichtige Beiträge zur Rolle des »Zwecks« im Verhalten höherer Tiere geleistet. Es scheint kein Zweifel daran zu bestehen, daß höhere Wirbeltiere, Vögel und Säugetiere, ein tatsächlich zweckbezogenes oder einsichtiges Verhalten zeigen, das zu der Annahme führt, sie könnten bewußt erfahren (8. Vorlesung). Vermutlich ist jedoch ein solches Bewußtsein, wie von Popper und Eccles (1982, Dialog II) argumentiert wurde, vom menschlichen Selbst-Bewußtsein sehr verschieden.

2.5 Zusammenfassung und Schlußfolgerungen zum Gehirn-Geist-Problem

Man kann die Hypothese kurz so umreißen: Der selbst-bewußte Geist ist aktiv damit befaßt, aus der Menge der Liaison-Moduln, die sich größtenteils in der dominanten Hemisphäre befinden, Informationen herauszulesen. Je nach seiner Aufmerksamkeit und seinem Interesse trifft der selbst-bewußte Geist aus diesen Moduln seine Wahl und integriert diese Wahl jeden Augenblick neu, um sogar sehr schnell vergängliche Dinge zu Erfahrungseinheiten zu machen. Ferner beeinflußt der selbst-bewußte Geist diese Moduln so, daß er ihre dynamischen Raum-Zeit-Muster modifiziert. Also behaupte ich, daß der selbst-bewußte Geist eine übergeordnete, interpretierende und kontrollierende Funktion ausübt. Eine Schlüsselkomponente der Hypothese ist, daß die Einheit der bewußten Erfahrung vom selbst-bewußten Geist und nicht vom Neuronenapparat der Liaison-Felder der Hirnrinde hergestellt wird. Bis heute war es nicht möglich, eine neurophysiologische Theorie zu entwickeln, die eine Erklärung dafür gibt, wie die verschiedenen Vorgänge im Gehirn so miteinander verschmolzen werden können, daß eine einheitliche bewußte Erfahrung mit globalem oder Gestalt-Charakter zustande kommt. Die einzelnen Vorgänge im Gehirn bleiben getrennt, da sie eigentlich die Aktionen unzähliger Neuronen darstellen, die zu Moduln zusammengebaut sind und so an den räumlich-zeitlichen Aktivitätsmustern teilhaben. Die Vorgänge im Gehirn bieten nicht einmal eine Erklärung für unsere alltäglichste Erfahrung: die visuelle Welt, die in jedem einzelnen Augenblick als eine globale Einheit gesehen wird.

Die Philosophie eines starken dualistischen Interaktionismus, wie sie in dieser Vorlesung entwickelt wurde, hat mich dazu geführt, Vermutungen auf den am weitesten fortgeschrittenen, heutzutage zugänglichen Konzepten von der Struktur und Funktion des Neocortex aufzubauen. Schließlich wissen wir erst seit 1977 etwas über die Grund-Operationseinheit des Assoziationscortex, das Modul. Ich habe den Versuch unternommen, die Geschichte so einfach wie möglich zu halten. Doch wie können wir erwarten, daß es für dieses größte Problem, das sich uns stellt, nämlich das Gehirn-Geist-Problem, eine einfache Lösung gibt? Ich behaupte nicht, eine Lösung angeboten zu haben, aber ich habe vielleicht die Richtung angezeigt, aus der die Lösung kommen könnte. Auf irgendeine geheimnisvolle Weise hat das menschliche Gehirn Fähigkeiten entwickelt, die von einer völlig anderen Art sind als alles andere in der Natur.

Es ist nur ein Maß dafür, wie wenig wir wissen, daß im Neocortex noch keine speziellen strukturellen oder physiologischen Eigenschaften identifiziert worden sind, die das Gehirn eines Menschen von dem eines anthropoiden Affen deutlich unterscheiden. Der gewaltige Unterschied in der Leistung kann kaum nur der dreifachen Menge von Moduln zugeschrieben werden. Es ist zu hoffen, daß wir uns aufgerufen fühlen, ein neues wissenschaftliches Zeitalter zu beginnen, in dem die Struktur und Funktion des menschlichen Neocortex mit den fortschrittlichsten Methoden und von einer hohen kreativen Vorstellungskraft geleitet intensiv erforscht werden wird (vgl. 7. Vorlesung).

3. Vorlesung

Sensorische Wahrnehmung und Täuschungen

Vorbemerkung

Die Natur der sensorischen Wahrnehmung wird aus philosophischer und psychologischer Sicht diskutiert, wobei besonderer Bezug auf Sinn und Handlung genommen wird.

Es werden die Verknüpfungen von den primären zu den sekundären und zu den tertiären sensorischen Cortexarealen erklärt. Besonders besprochen wird die Kommunikation durch die corticalen Moduln in den Übergangszonen von den primären sensorischen Feldern zu den allgemeinen Assoziationsfeldern.

Der Hauptteil der Vorlesung beschäftigt sich mit visuellen Täuschungen. Dabei werden auch Typen physikalischer und physiologischer Täuschungen erwähnt; die Aufmerksamkeit konzentriert sich jedoch auf die verschiedenen Arten *kognitiver Täuschungen*, weil sie wichtige Test-Möglichkeiten für die Gehirn-Geist-Theorien bilden. Viele dieser Täuschungen werden beschrieben und einige abgebildet.

Es wird der Anspruch erhoben, daß die dualistische Interaktionshypothese bezüglich der kognitiven Täuschungen eine größere Erklärungskraft besitzt als die materialistischen Theorien. Es wird argumentiert, daß kognitive Täuschungen entstehen, weil der selbstbewußte Geist nach einer sinnvollen Interpretation der ablaufenden Hirnaktivität strebt.

Schließlich wird eine verwandte Art der Gehirn-Geist-Interaktion betrachtet, die bei der *Tiefenwahrnehmung* vorkommt, einer Erfahrung, die von vielen verschiedenen Einzelheiten des visuellen Inputs abgeleitet wird. Wieder wird gezeigt, daß der dualistische Interaktionismus eine allgemeine Erklärung der Erfahrung von Tiefenwahrnehmung liefern kann, die bis jetzt nicht einmal den anspruchsvollsten materialistischen Theorien möglich war. Diese Theorien bieten höchstens Modelle, die Täuschungen simulieren können.

3.1 Einführung

Sensorische Wahrnehmungen sind bewußte Erfahrungen, die aus Meldungen abgeleitet werden, die das Gehirn von den Sinnesorganen erhält. Solche Wahrnehmungen können aus einer enormen Menge verschiedener Inputs aus einem einzelnen sensorischen System, zum Beispiel dem visuellen System, aber auch aus zwei oder mehreren sensorischen Systemen zusammengebaut werden. So können wir zum Beispiel ein Objekt, das wir sehen, noch besser als solches bestimmen, wenn wir es betasten. Dabei muß man wissen, daß Wahrnehmungen den Beschränkungen unterliegen, die ihnen vom sensorischen System auferlegt werden. Sehen und Hören haben stark eingegrenzte Bereiche spektraler Sensitivität. Viele Substanzen sind ohne Geruch oder Geschmack. Außerdem muß man sehen, daß unsere Wahrnehmungen uns symbolische Information über die Außenwelt verschaffen, wobei ganz außergewöhnliche Umwandlungen stattfinden: Elektromagnetische Wellen mit Wellenlängen von 380 bis 780 nm werden als farbiges Licht im Spektralbereich zwischen Violett und Rot wahrgenommen; Druckwellen in der Atmosphäre mit Frequenzen zwischen 15 und 20000 Hz werden als Töne von extrem niederer bis zu extrem hoher Tonhöhe wahrgenommen; verschiedene chemische Substanzen rufen eine faszinierende Reihe von Geruchsempfindungen hervor.

Diese noch unverarbeiteten Sinnesempfindungen gewähren jedoch keinen Einblick in die außergewöhnlichen Probleme, die sich bei dem Versuch ergeben, die reichhaltige Erlebniswelt, die uns in jedem einzelnen Augenblick unseres wachen Lebens neu geboten wird, zu erklären. Wir glauben, eine reale Außenwelt wahrzunehmen, einschließlich unseres eigenen Körpers, so wie sie in ihrer Form, ihren Farben, ihren Tönen, ihrer Materialstruktur tatsächlich ist, wie Held (1965) treffend bemerkt:

> Das gewöhnliche Sehen von Objekten scheint keine Probleme aufzuwerfen. Der Beobachter öffnet seine Augen und sieht seine Umwelt; er schließt sie und löscht das Bild aus. Er bewegt sich zwischen Objekten und gewinnt verschiedene Ansichten von ihnen. Er findet heraus, daß er die meisten Objekte in seiner Reichweite berühren kann. Er spricht über diese Objekte mit anderen und teilt seine Erwartungen bezüglich dieser Objekte mit. Solche allgemeinen Beobachtungen überzeugen uns, daß die gewohnte Objektwelt eine Kontinuität in Zeit und Raum besitzt, die von unserer Überprüfung unabhängig ist. Die Augen bieten Vignetten von dieser Welt; andere Sinne machen uns andere Eigenschaften zugänglich. Es scheint an dieser Beschreibung des Be-

obachters nichts Problematisches zu sein; man könnte erwarten, daß unverbildete Menschen aller Zeitalter sie geteilt haben. Wie entsteht dann ein Bedürfnis nach Erklärung?

Es entsteht, weil sich aus unseren modernen naturwissenschaftlichen Kenntnissen der die Wahrnehmung betreffenden Phänomene, sowohl in der Welt der Physik als auch hinsichtlich der Struktur und Funktionsweise unserer sensorischer Systeme, und dies peripher wie zentral im Gehirn, ernsthafte Fragen entwickeln.

Jung (1980) betont die Bedeutung von Sinn und Handlung bei der Wahrnehmung:

> Sowohl physiologische als auch psychologische Erfahrungen demonstrieren zwei wesentliche integrative Wirkungen der sensorischen Wahrnehmung:
> 1. Sensorische Reize wirken bei Tieren und beim Menschen hauptsächlich durch ihren Sinn, und weniger durch ihre Intensität, Qualität oder Modalität.
> 2. Der Organismus lernt aus Wahrnehmungen hauptsächlich *beim Handeln* aufgrund emotionaler oder instinktiver Motivationen. Beide enthalten ein Antizipieren des sensorischen Reizes.

Weiter stellte Jung (1954) ein Modell der selektiven Funktion des Bewußtseins und der Suchscheinwerfer-Funktion der Aufmerksamkeit auf, wobei er sagt (Jung, 1978):

> Auf der Bühne des Bewußtseins stellen die verschiedenen Akteure, die aus unsichtbaren Bereichen hinter der Bühne auf sie heraustreten, die Inhalte der bewußten Erfahrung dar, die aus dem Unbewußten herausgerufen werden. Die unsichtbaren Bereiche hinter der Bühne entsprechen den Gedächtnisspeichern der inneren Welt und den sensorischen Reizen der Außenwelt. Beide werden durch Aufmerksamkeit ausgewählt, im bewußten Erleben zu erscheinen. Dieser Prozeß wird vom Spielleiter gesteuert, der den Willen und die Gefühle darstellt und der die Handlung und die Beleuchtung von Akteuren und Bühne durch den Scheinwerfer der Aufmerksamkeit koordiniert, genauso wie wir bei willkürlicher und emotionaler Aktivität Wahrgenommenes und Gedächtnisinhalte auswählen.

Durch dieses ganze Zitat hindurch ist ein klarer dualistischer Modus von Gedanken und Ausdruck zu erkennen. Wir werden in der 4. und 5. Vorlesung auf diese Ideen zurückkommen; sie sind jedoch auch im Hinblick auf die Täuschungen, die das Hauptthema dieser Vorlesung bilden, von besonderer Bedeutung.

3.2 Anatomische Betrachtungen (Jones und Powell, 1973)

Es besteht allgemeine Übereinstimmung darüber, daß Wahrnehmungserfahrungen nicht erzeugt werden, wenn die Input-Meldungen aus den Empfängerorganen in den primären sensorischen Arealen Neuronen aktivieren, wie es in Abb. 1-1 durch die Pfeile, die von den Augen, den Ohren und vom Körper ausgehen, veranschaulicht ist. In diesen primären Feldern wird die Input-Information über Umschaltung zu Interneuronen und schließlich zu den Pyramidenzellen weitergeleitet, wie in dem stark vereinfachten Schema einer Säule oder eines Moduls in Abb. 2-2 dargestellt ist. Die afferenten Fasern (AFF) von den Thalamuskernen, die die sensorische Information umschalten, bilden in Schicht IV weite Verzweigungen. Dort geben sie ihre Information synaptisch auf exzitatorische Neuronen weiter, die senkrecht angeordnet sind, so daß eine gewaltige Erregung entsteht, die zu den aus der Säule herausragenden Pyramidenzellen weitergeleitet wird (zwei davon sind in Abb. 2-2 abgebildet). In Abb. 2-2 sind ebenfalls die inhibitorischen Neuronen (schwarz gezeichnet) gezeigt, die, wie bereits in der 2. Vorlesung beschrieben, hauptsächlich auf benachbarte Säulen einwirken. Die Projektionen, die von den Axonen der Pyramidenzellen zu anderen Rindenbereichen verlaufen, repräsentieren den Übergang von den Säulen, die durch Input vom Thalamus strukturiert werden (Abb. 2-2), zu den Assoziationsfasern, die die Moduln (vgl. Abb. 2-6) des größten Teils der Assoziationsrinde strukturieren, der 95% des Neocortex ausmacht (vgl. Abb. 1-1, 3-1). In Abb. 2-6 sind auf jeder Seite die End-Scheiben der thalamo-corticalen Afferenzen (Spez. Aff.) in Schicht IV gezeigt, die nicht zu dem Modul in der Mitte, das um die Endigung der cortico-corticalen (Assoziations-)Afferenz gebildet ist, gehören.

Die aufeinanderfolgenden Umschaltungen von den primären zu den sekundären zu den tertiären usw. Feldern sind von Jones und Powell (1970b) mit einer sukzessiven Degenerationstechnik untersucht worden. Abb. 3-2 ist aus diesen Ergebnissen konstruiert worden und soll die Verknüpfungen aus den primären Feldern des Tast- und Gesichtssinnes zeigen. Für das Gehör könnte man ein ähnliches Schema aufstellen. Die Hauptbahnen von primären zu sekundären und tertiären Feldern sind mit dicken Pfeilen gezeichnet, die Zahlen entsprechen den Brodmannschen Feldern (Abb. 3-1); einige Zusät-

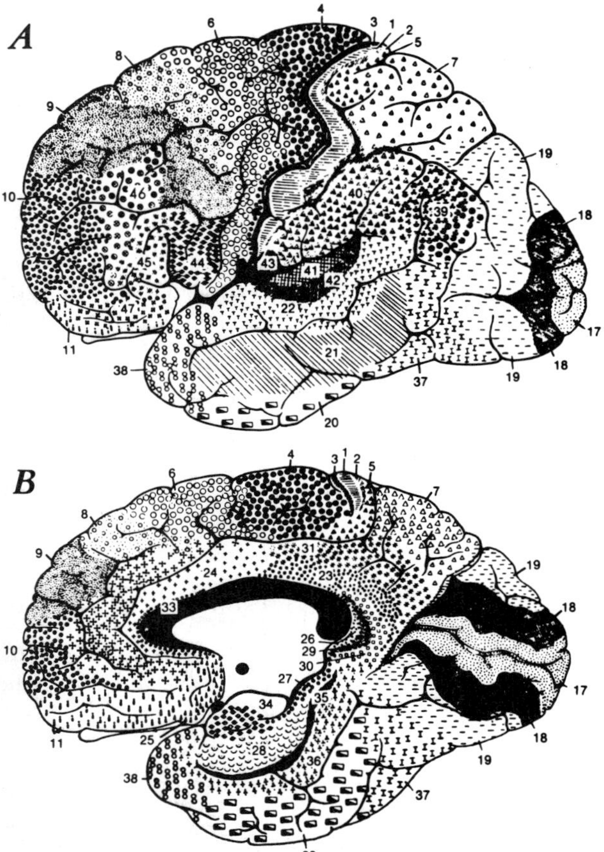

Abb. 3-1 A, B. Zytoarchitektonische Karte des menschlichen Gehirns nach Brodmann. Die verschiedenen Felder sind durch verschiedene Symbole gekennzeichnet und ihre Bezeichnung durch Ziffern angezeigt. **A** Seitliche Ansicht der linken Hemisphäre. **B** Mediale Ansicht der rechten Hemisphäre. Brodmann, K.: Vergleichende Lokalisationslehre der Großhirnrinde. Leipzig: Barth 1909

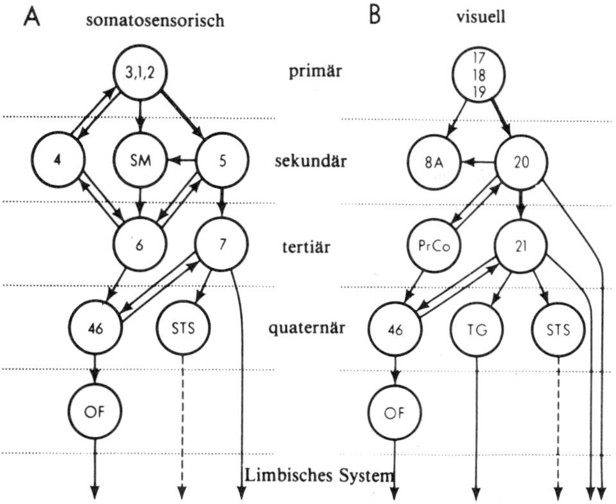

Abb. 3-2 A, B. Schematische Darstellung der kaskadenartigen Verknüpfungen für die somatosensorischen (**A**) und visuellen (**B**) Systeme im Großhirn. Die Ziffern beziehen sich auf die Brodmannschen Felder; die weiteren Felder sind: *SM*, motorisches Supplementfeld; *STS*, Sulcus temporalis superior; *PrCo*, präzentrales agranuläres Feld; *TG*, temporaler Pol; *OF*, Orbitalfläche des Frontallappens. Alle *Pfeile* stellen cortico-corticale Verknüpfungen dar, die *dicken Pfeile* zeigen die Hauptbahnen

ze erklärt die Bildunterschrift. Die in Abb. 3-2 dargestellten Verbindungen sind für unser Thema der bewußten Wahrnehmung von besonderem Interesse, weil sie den Weg zu den Raum-Zeit-Mustern der neuronalen Aktivität darstellen, die das notwendige Substrat bewußter Wahrnehmungen sind. Außerdem sind sie von Interesse, weil sie die ersten Stadien der modulären Umschaltung durch Assoziationsfasern darstellen, die in der 2. Vorlesung (Abb. 2-5), im Zusammenhang mit den Verknüpfungen innerhalb des Assoziationscortex, besprochen wurde.

3.3 Physiologische Untersuchungen

Mountcastle et al. (1975) haben gezeigt, daß die Übertragung von den Säulen der Felder 3,1 und 2 auf die Assoziationsfelder des Tastsinns 5 und 7 auf moduläre Weise stattfindet. Es wurde eine sehr genaue Untersuchung der Neuronenreaktionen bei Affen, die verschiedenen Testsituationen unterzogen waren, durchgeführt. Auf diese Weise wurde herausgefunden, daß die Neuronen in den Feldern 5 und 7 nicht weniger als 7 verschiedenen Kategorien angehören. Die Neuronen jeder einzelnen Gruppe waren in Säulen oder Moduln angeordnet, die strukturellen Beziehungen dieser Moduln konnten jedoch nicht klar definiert werden.

Abb. 3-3 zeigt 11 in Feld 7 erhaltene Einstiche mit Mikroelektroden. Die vier Neuronengruppen, auf die diese 11 Einstiche treffen, sind mit einem zeichnerischen Code dargestellt, der unter den abgebildeten Einstichen erklärt ist. Bei den Einstichen 5, 8, 9, 10 und 11 gehörten die Neuronen jeweils nur zu einer einzigen Gruppe. Diese waren kurze Einstiche, die mehr oder weniger normal (also senkrecht) zur Oberfläche verliefen und so vermutlich auf ein Modul beschränkt waren. Die Einstiche 1, 2, 4, 6 und 7 verliefen jedoch mehr schräg und trafen dementsprechend auf zwei oder mehr Neuronengruppen. Einzelne Neuronen, die nicht zu den betreffenden Gruppen gehören, sind durch waagrechte Striche angezeigt. Mountcastle et al. (1975) leiteten aus Abb. 3-3 keinen Schätzwert für die Modulgröße ab – auch nicht von einer komplizierteren Darstellung für das Feld 5 –, aber es scheint, als ob ein Durchschnitt von ungefähr 0,5 mm ein vernünftiger Schätzwert wäre. Es gibt also bei diesen ersten Umschaltungen aus dem somatosensorischen Cortex eine moduläre Struktur, die von der, die Goldman und Nauta (1977) bei den Verknüpfungen des Assoziationscortex beobachtet haben, nicht allzu verschieden ist. Untersuchungen mit radioaktiver oder Meerrettichperoxidase-Markierung wären wertvoll, weil sie verläßlichere Ergebnisse zur modulären Struktur erbringen würden.

Hubel und Wiesel (1965) führten beim visuellen System der Katze eine detaillierte Untersuchung der Brodmannschen Felder 18 und 19 durch, auf die das primäre visuelle Feld 17 projiziert. Es stellte sich heraus, daß diese beiden visuellen Felder säulenartige Anordnungen von Neuronen mit ähnlichen Eigenschaften aufweisen, insbesondere im Hinblick auf ihre rezeptiven Felder. Es schien eine intensive Interaktion zwischen den innerhalb einer Säule liegenden Neuronen

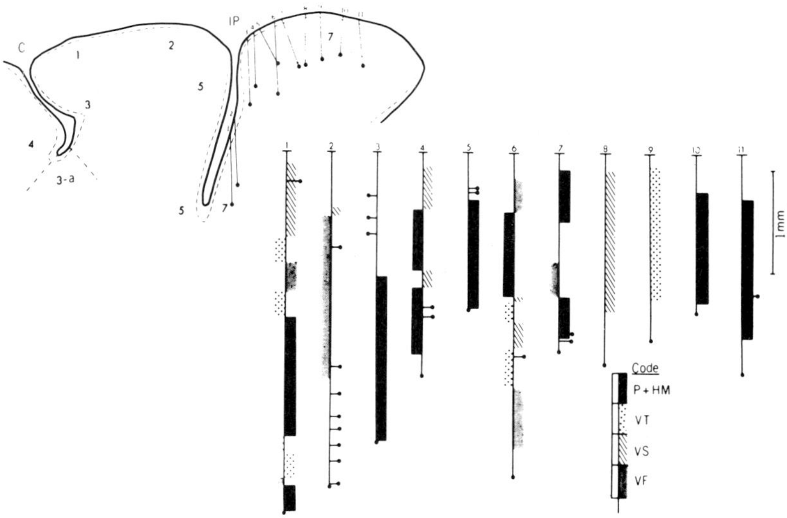

Abb. 3-3. Rekonstruktion einer Reihe von Einstichen mit Mikroelektroden in Feld 7 bei wachen, sich normal verhaltenden Affen im Rahmen der dargestellten Experimente. Der Code *rechts unten* zeigt die vorgefundenen Neuronentypen an: *P + HM*, Projektions- und Hand-Manipulations-Neurone; *VT*, visuelle Richtungs-Folge-Neuronen; *VS*, visuelle Raumempfindungs-Neurone; *VF*, visuelle Fixierungs-Neurone, links passiv, rechts aktiv. Die *waagrechten Striche* bezeichnen Stellen, an denen einzelne Neuronen isoliert wurden, die im Hinblick auf die Blockverteilung der Säulen-Anordnung am falschen Ort vorgefunden wurden; sie gehören alle den aktiven und speziellen Typen an und lassen vermuten, daß manchmal ein dynamischer Anordnungsmodus den der säulenartigen Anordnung überlagert. Mountcastle, V.B., Lynch, J.C., Georgopoulos, A., Sakata, H., Acuna, C.: Posterior parietal association cortex of the monkey; command functions for operation within extrapersonal space. J. Neurophysiol. *38*, 871-908 (1975)

zu bestehen und die meisten wurden von beiden Augen aktiviert. Für den Durchmesser eines Moduls wurde kein Schätzwert angegeben, aber wenn man von den veröffentlichten Ergebnissen bei schrägen Einstichen ausgeht, so scheint er in der Größenordnung von 0,5 mm oder weniger zu liegen.

Beim Affen hat Zeki (1974, 1976) gefunden, daß aus den Feldern 17 und 18 auf zwei klar definierte Felder im Sulcus temporalis superior projiziert wird (STS in Abb. 3-2 B). Die durch Ableiten von einzelnen Zellen gefundene Säulenstruktur war ziemlich grob.

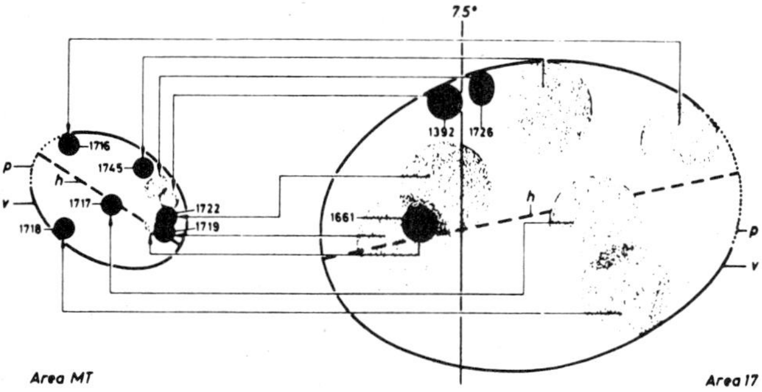

Abb. 3-4. Schematische Zeichnung des aufgefalteten Felds 17 und des Felds MT, die die Topographie der Projektion von Feld 17 auf Feld MT zeigt. *Schwarze Felder* zeigen die Stellen der Eingriffe (Läsionen und [^{3}H]Prolin-Injektionen in Feld 17, HRP-Injektionen in Feld MT), die mit dünnen Linien mit den Stellen der entsprechenden Reaktionsproduktion (*gestrichelte Felder*) verbunden sind. *Pfeile* zeigen die Richtung der Projektion an, nicht die des Tracer-Transports. Die *gerade Linie* durch Feld 17 trennt schematisch den lateralen Teil des Felds 17 (zentrales Sehen bis zu einem Winkel von 7.5°) von seinem medialen Teil. *h*, horizonaler Meridian; *p*, extreme Peripherie; *v*, vertikaler 0-Meridian. Spatz, W.B.: Topographically organized reciprocal connections between areas 17 and MT (Visual area of superior temporal sulcus) in the Marmoset Callithrix Jacchus. Exp. Brain Res. *27*, 559-572 (1977)

In dem einen Feld reagierten die Zellen besonders empfindlich auf die Bewegungen von Objekten, im anderen Feld mit einer bemerkenswerten Spezifität auf Farben (Zeki, 1977). Zeki ging nicht im einzelnen auf die topographische Lage der Neuronen, die ähnliche Empfindlichkeiten aufwiesen, ein.

Eine topographische Studie von Spatz (1977) gibt einen ersten Hinweis auf das Anfangsstadium modulärer Kommunikation durch Assoziationsfasern im visuellen System. Er benutzte Techniken der Faserdegeneration, Autoradiographie (vgl. Goldman und Nauta, 1977) sowie Meerrettichperoxidase-Transport und zeigte, daß eine scharfe Spezifität der Kommunikation von Feld 17 zum visuellen Feld im Sulcus temporalis superior existiert, das von Zeki (1974) untersucht worden war. Abb. 3-4 zeigt die Topographie der Kommunikationszonen, wobei eine strenge räumliche Beziehung besteht. Das Verknüpfungsmuster ist weniger fein als das von Goldman und Nauta (1977) gefundene, und die Moduln scheinen einen Durchmesser von 0.5 bis 1.0 mm aufzuweisen. Es muß jedoch beachtet werden, daß bei den hier benutzten Techniken bei jeder Injektion mehrere benachbarte Moduln getroffen sein können, was die Vergröberung der Befunde aus Abb. 3-4 zur Folge hat. Wir können zumindest sagen, daß im visuellen System die Assoziationskommunikation, die vom primären sensorischen Feld ausgeht, aus einem spezifischen Verknüpfungsmuster besteht, wie es für den Assoziationscortex gezeigt worden ist (Abb. 2-4, 2-5).

3.4 Psychologische Bemerkungen

Bevor wir uns auf das Gebiet der komplexen psychologischen Probleme der visuellen Täuschungen begeben, können einige allgemeine psychologische Erwägungen hilfreich sein.

Folgendes Zitat von Popper (Popper und Eccles, 1982, S. 71) ist dazu von Relevanz:

> Unsere visuelle Wahrnehmung gleicht mehr dem Vorgang beim Malen eines Bildes, ist also selektiv, wobei »making comes before matching« gilt, wie Ernst Gombrich sagt... und nicht, wie beim Photographieren, zufallsartig.
> [Und später in Abschnitt 15, S. 75:] Das bedeutet, daß wir Welt 2 als aktiv – als produktiv und kritisch (making and matching) betrachten sollten.

Diese Gedanken zur visuellen Wahrnehmung werden durch die Augenbewegungen, die man beim Betrachten eines Bildes beobachten kann, gut veranschaulicht (Yarbus, 1967). Bei einem Portrait zum Beispiel kehren die sprunghaften Augenbewegungen immer wieder auf Punkte von speziellem Interesse wie Augen, Lippen und Nase zurück; das Bild wird jedoch als beständiges Objekt wahrgenommen (Abb. 3-5).

Sutherland (1968) hat eine psychologische Theorie des visuellen Muster-Erkennens aufgestellt, die im wesentlichen Gombrichs (1960) Gedanken vom »making and matching« gleicht. Seine Diskussion bietet eine gute Darstellung der gewaltigen Schwierigkeiten der physiologischen und psychologischen Probleme, die sogar beim Erkennen eines einfachen Musters auftauchen.

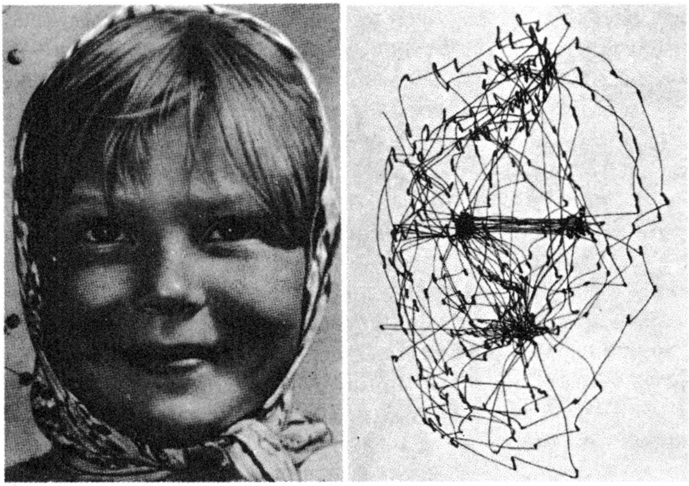

Abb. 3-5 A,B. Beim Aufzeichnen der Augenbewegungen einer Versuchsperson, die die Fotografie eines Kindes betrachtet, erschienen gewisse Regelmäßigkeiten. **A** Das Foto, das die Versuchsperson betrachtet hat. **B** Die aufgezeichneten Augenbewegungen. Die Augen scheinen immer wieder zu bestimmten Merkmalen des Kopfes zurückzukehren und folgen dabei ziemlich regelmäßigen Bahnen, anstatt wild über das gesamte Bild hinwegzugehen. Yarbus, A.L.: Eye movements and vision. New York, Plenum Press 1967

3.5 Visuelle Täuschungen

3.5.1 Allgemeine Betrachtungen

Es wird allgemein anerkannt, daß die Untersuchung von visuellen Täuschungen da von Bedeutung sein kann, wo man zu verstehen versucht, wie aus retinalen Bildern visuelle Wahrnehmungen entwickelt werden. Gregory (1973) führt ganz richtig aus:

> Viele Wahrnehmungstäuschungen sind mehr als bloße Irrtümer; sie sind vielleicht eigene Erfahrungen. Sie können die Realität erleuchten. Diese Macht der Täuschung zu erleuchten ist es, die vom Künstler auf irgendeine Art verlangt wird. Für den Naturwissenschaftler ist die Täuschung eine seltsame Herausforderung; denn auch wenn es sich nur um Phänomene handelt, so sind es nicht Phänomene seiner physikalischen Welt – sie sind Phänomene gerade

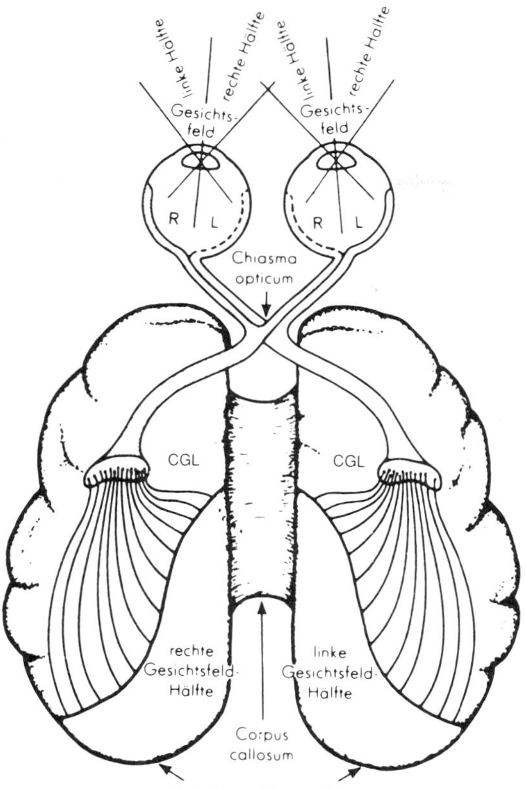

Abb. 3-6. Schema der visuellen Bahnen, das die linke und die rechte Hälfte des Gesichtsfeldes mit den retinalen Bildern und der teilweisen Kreuzung im Chiasma opticum zeigt. Nach Umschaltung im Corpus geniculatum laterale (CGL) gelangt die rechte Hälfte des Gesichtsfeldes beider Augen zur linken Sehrinde und entsprechend die linke Hälfte des Gesichtsfeldes zur rechten Sehrinde. Popper, K.R., Eccles, J.C.: Das Ich und sein Gehirn. München: Piper 1982

deshalb, weil sie von dem, was er als Realität annimmt, abweichen. In bestimmten Situationen werden Auge und Gehirn verwechselt und erzeugen so Täuschungen. Täuschungen können bloße Irrtümer sein; oder sie können beängstigende oder faszinierende wirkliche Erlebnisse sein, die die Vorstellungskraft anregen, uns der Realität zu entführen. Manche Täuschungen sind störend oder gefährlich; andere jedoch sind mindestens so interessant und vergnüglich wie die Realität.

Täuschungen kommen wahrscheinlich bei allen Sinnen vor, aber beim visuellen System sind sie am eingehendsten untersucht worden, und auf dieses wollen wir uns hier konzentrieren.

Im ersten Stadium auf dem Weg zu einer visuellen Wahrnehmung wird ein Bild der Außenwelt auf der Retina zweidimensional (2D) abgebildet (Abb. 3-6). Wegen des Abstandes der optischen Achsen der beiden Augen von 60-70 mm entsteht eine leichte Ungleichheit bei den beiden retinalen Bildern, die das Phänomen zur Folge hat, das als binokulare Parallaxe bekannt ist. Nahe Objekte werden relativ zu weiter entfernten verlagert, wie man leicht sehen kann, wenn man etwas zuerst mit einem Auge und dann mit dem anderen betrachtet. Diese Ungleichheit ist wichtig für den Aufbau der Tiefenwahrnehmung, einer dreidimensionalen Wahrnehmung, die aus den beiden leicht verschiedenen zweidimensionalen Bildern auf den Retinas entsteht (vgl. Abschn. 3.6). Tiefenwahrnehmung kann jedoch auch erfahren werden, wenn man ein Gemälde anschaut, das als zweidimensionales Objekt ohne retinale Ungleichheit aufgenommen wird; trotzdem haben wir die Illusion von Tiefe, besonders wenn das Gemälde mit nur einem Auge betrachtet wird, so daß die binokulare Information einer Null-Parallaxe nicht mit dem Aufkommen der dreidimensionalen Wahrnehmung in Konflikt gerät.

3.5.2 Klassifikation

Wir können die von Gregory (1968) vorgenommene Unterteilung der visuellen Täuschungen in drei völlig eigene Klassen annehmen:

Erstens gibt es die Täuschungen, die mit den einfachen physikalischen Gesetzen erklärt werden können und die zu den alltäglichen Erfahrungen gehören (sog. optische Täuschungen). Die gewöhnlichsten sind Lichtreflexionen in einem Spiegel. Andere Beispiele entstehen durch Lichtbrechung in einem Prisma oder einem Linsensystem; die einfachste davon ist die Vortäuschung eines Knicks in einem Stock, der über eine Wasseroberfläche hinausragt. Verwandte Täuschungen sind Trugbilder aufgrund selektiver Erwärmung, wodurch Luftschichten verschiedener Dichte erzeugt werden, oder Lichtbrechungen von Wassertropfen, die die wunderbare Illusion des Regenbogens hervorrufen. Diese Klasse visueller Täuschungen liegt gänzlich außerhalb unseres gegenwärtigen Interesses an Täuschungen im Zusammenhang mit den Wahrnehmungsmechanismen des Sehens.

Zweitens gibt es visuelle Täuschungen, die durch Verzerrungen in der Funktionsweise des mit dem Sehen befaßten physiologischen Systems entstehen. Zum Beispiel resultieren die wohlbekannten Erfahrungen der Nachbilder aus dem Bleichen von Sehpigmenten bei hellem Licht. Außerdem gibt es in der Retina ein komplexes Nervensystem, das die Signale, die als Antwort auf retinale Belichtung zum Gehirn gesandt werden, hochgradig verzerrt. Manche retinalen Ganglienzellen geben durch Impulsentladung Signale an das Gehirn, wenn die entsprechende Retinastelle belichtet wird, andere signalisieren Dunkelheit. Die meisten Ganglienzellen senden Signale am Anfang und am Ende einer retinalen Belichtung. Das retinale Nervensystem signalisiert also dem Gehirn Unterschiede in der Belichtung in Raum und Zeit. Die vielen Täuschungen, die als Kontrastphänomene erkannt werden, entstehen auf diese Weise, zum Beispiel die Mach-Bänder an einer Hell-Dunkel-Schwelle (Ratliff, 1972).

Diese verschiedenen Verzerrungen führen zu einer Weiterleitung irreführender Information in die visuellen Felder der Hirnrinde. Es kann jedoch auch im visuellen Cortex zu weiteren Veränderungen des sensorischen Inputs kommen, die durch komplexe Interaktionen im Neuronenapparat verursacht werden. Einzelne Zellen reagieren besonders auf Linien und Kanten der auf die Retina einwirkenden Lichtreize, wobei sie besonders auf die Lage und die Richtung der Bewegung im Gesichtsfeld spezialisiert sind. Jung (1973) hat einen maßgeblichen Bericht über die physiologischen Prozesse geliefert, die bei vielen dieser physiologischen Täuschungen betroffen sind; so zum Beispiel beim Hermannschen Gitter mit der Kontrasttäuschung, bei der Ehrenstein-Helligkeits-Täuschung und bei der Craik-Cornsweet-Täuschung von durch Grenzlinien bestimmter Helligkeit und Dunkelheit. Man kann eine gute Korrelation zu den beobachteten neuronalen Reaktionen feststellen; Erklärungen dazu werden insbesondere in Form von hemmenden Interaktionen corticaler Neuronen, entsprechend dem Schema der Abb. 2-2 und 2-6, gegeben. Blakemore (1973) legt ebenfalls einen gut illustrierten Bericht über visuelle Täuschungen vor, die auf solche physiologische Mechanismen im visuellen Cortex zurückgeführt werden können. Zum Beispiel kommt es bei Nachwirkungen längeren konzentrierten Schauens auf verschieden angeordnete Gitter zu faszinierenden visuellen Erlebnissen. Es werden dafür ziemlich einfache physiologische Erklärungen angeboten, die die Ermüdung der Detector-

Neuronen oder die gegenseitige Hemmung verschiedener Gruppen von Detector-Neuronen betreffen.

Drittens gibt es Wahrnehmungstäuschungen oder kognitive Täuschungen, bei denen es zu einer Fehlinterpretation oder einer mehrdeutigen Interpretation der Vorgänge im visuellen Apparat der Hirnrinde kommt. Es ist wichtig zu erkennen, daß diese Täuschungen beim Wahrnehmen des visuellen Inputs entstehen. Sie sind ausschließlich Phänomene der bewußten Erfahrung. Wir können fragen, inwieweit derartige Täuschungserfahrungen sich auf die Vorgänge im visuellen Apparat der Hirnrinde beziehen. Das Hauptinteresse, das wir für diese Täuschungen haben, besteht eigentlich darin, daß sie vielleicht Licht in das Gehirn-Geist-Problem bringen können. Einige dieser Täuschungen sind rein kognitiv, andere haben aber vielleicht sowohl eine physiologische als auch eine kognitive Grundlage. Man muß beachten, daß kognitive Täuschungen die Erfahrungen von Personen sind, die eine lange Lehrzeit im Interpretieren visueller Reize hinter sich haben. Soweit bekannt ist, werden solche Täuschungen von sehr kleinen Kindern nicht erlebt und auch nicht von Erwachsenen, denen das Augenlicht gerade erst durch eine entsprechende Operation, zum Beispiel durch Entfernen einer angeborenen Linsentrübung, gegeben werden konnte. Gregory (1972) berichtet von Behauptungen, die dahin gehen, daß man Tauben oder sogar Fische so dressieren kann, daß sie in ihren Reaktionen einfachen kognitiven Täuschungen unterliegen, die aus Beurteilungsfehlern beim Schätzen der Längen von Linien herrühren. Er ist jedoch etwas skeptisch!

3.5.3 Kognitive Täuschungen

3.5.3.1 Beurteilungsfehler

Alle diese Fehler entstehen durch die Fehlinterpretation einer Gruppe von Vorgängen im corticalen Apparat, die aufgrund eines Konflikts mit anderen Erfahrungen oder mit Erinnerungen auftritt. Es gibt Nachweise dafür (Gregory, 1972) daß physiologische Erklärungen nicht ausreichen; daher kann man vermuten, daß die Täuschungen aus einer Fehlfunktion der Gehirn-Geist-Interaktion entstehen.

(1) Die Größen-Konstanz-Täuschung (Gregory, 1972). Vertraute Objekte werden unabhängig von ihrer Entfernung zum Betrachter

als ziemlich gleich groß gesehen; im gesamten physikalischen und physiologischen Sehmechanismus ist jedoch die Größe des Bildes umgekehrt proportional zur Entfernung. Ein gutes Beispiel ist es, seine beiden Hände anzusehen, eine ganz nahe am Gesicht, die andere eine Armlänge entfernt. Sie scheinen gleich groß zu sein, doch wenn die Hand am Gesicht so bewegt wird, daß sie vor die andere geschoben wird, wächst sie an, d.h. die Größenkonstanz trotz wachsender Entfernung hängt mit einem Effekt zusammen, der bekannt ist als das Emmertsche Gesetz. Von Gregory (1968) wurde gezeigt, daß es von einem zentralen Skalierungsmechanismus abhängt, der für Veränderungen in der scheinbaren Entfernung während des Vorganges der Wahrnehmungsinterpretation der corticalen Reaktionen, die durch das retinale Bild ausgelöst werden, verantwortlich ist.

(2) Die Müller-Lyersche Täuschung. In Abb. 3-7 A sind die Mittellinien der beiden Figuren in Wirklichkeit gleich lang, doch die mit den nach innen weisenden Pfeilspitzen scheint viel länger zu sein als die mit den nach außen weisenden Spitzen. In Abb. 3-7 B bleibt die Täuschung erstaunlicherweise auch für die Pfeilspitzen allein ohne die Linien dazwischen bestehen. Nach raffinierten Untersuchungen hat Gregory (1972) verschiedene Erklärungsvorschläge zurückgewiesen. Er selbst gibt eine Erklärung auf der Basis der Perspektivenskalierung und der Größenkonstanztäuschung. Die Perspektive deutet an, daß die Figur mit den nach innen weisenden Pfeilspitzen die Innenkante eines Raumes und die Figur mit den nach außen weisenden Pfeilspitzen die Außenkante eines Raumes ist, von der man erwartet, daß sie sich näher am Betrachter befindet. Da die

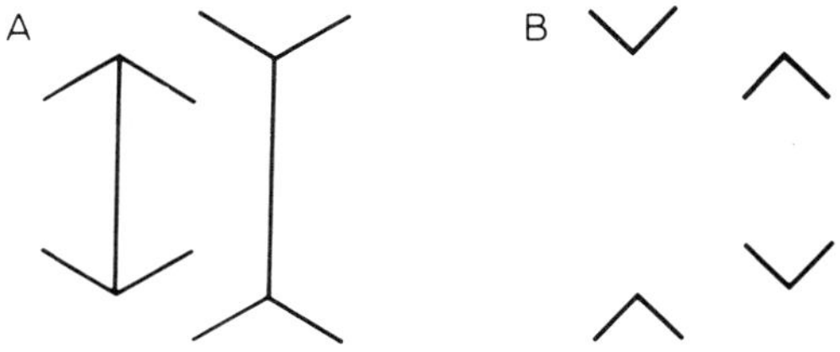

Abb. 3-7 A, B. Die Müller-Lyersche Täuschung. **A** Die Linie mit den nach außen weisenden *Pfeilspitzen* erscheint kürzer als die mit den nach innen weisenden *Pfeilspitzen*. Gregory, R.L.: Perceptual illusions and brain models. Proc. R. Soc. Lond. B *171*, 279-296 (1968). **B** Die Täuschung erscheint sogar bei Weglassen der Linien. Gregory, R.L.: Eye and brain, pp. 251. London: World University Library 1972

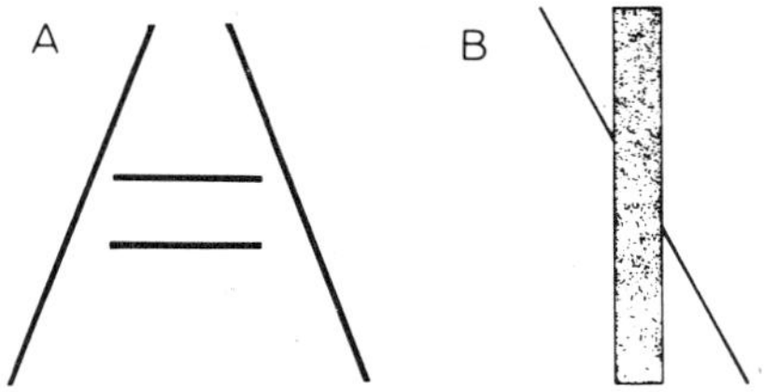

Abb. 3-8 A. Die Ponzo-Täuschung. Die obere der parallelen Linien erscheint im Verhältnis zur unteren länger. **B** Die Poggendorfsche Täuschung. Die gerade Linie, die das dunkle Rechteck durchkreuzt, erscheint versetzt. Gregory, R.L.: Perceptual illusions and brain models. Proc. R. Soc. Lond. B *171*, 279-296 (1968)

Kante mit den nach innen gerichteten Pfeilspitzen weiter entfernt ist, erwartet man von ihr, daß sie kürzer ist; daher die Vortäuschung einer größeren wahrgenommenen Länge als der der Außenkante.

(3) Die Ponzo-Täuschung (Abb. 3-8 A) kann einfach so erklärt werden, daß man die zwei schrägen Linien als sich entfernende Eisenbahngeleise sieht, wobei der obere Querbalken länger eingeschätzt wird, weil er weiter entfernt vermutet wird.

(4) Die Poggendorfsche Täuschung (Abb. 3-8 B) ist die erste bekannte geometrische Täuschung. Die schräg verlaufende Gerade scheint nach dem Durchkreuzen versetzt zu sein.

(5) Es gibt viele Täuschungen, die diesen Charakter der Linienverzerrung aufweisen, die beim Kreuzen eines Hintergrunds mit parallelen Linien erscheint. Man unterscheidet sie nach den Namen ihrer Entdecker – Hering, Wundt, Zollner, Orbison – und sie werden alle von Gregory (1972) dargestellt.

(6) Eine weitere Täuschung, die aus einem Beurteilungsfehler entsteht, ist die allgemein bekannte Täuschung über die Größe des Mondes. Der Mond scheint in seiner Größe anzuwachsen, je mehr er sich dem Horizont nähert. Eine andere Art einer solchen Täuschung kommt bei den von Ames raffiniert konstruierten Räumen vor. Diese haben Wände, Böden und Fenster, die vom rechtwinkligen Design, das wir gewöhnt sind, stark abweichen, und scheinen doch, aus einem bestimmten Blickwinkel gesehen, rechtwinklig zu sein. Die Größe von Personen, die an verschiedenen Stellen in diesen Räumen stehen, wird als stark verändert beurteilt – sogar bis zur doppelten oder halben tatsächlichen Körpergröße.

3.5.3.2 Vervollständigungs-Täuschungen

Unter Künstlern ist bekannt, daß der Betrachter bei nur minimal angedeuteten Umrißzeichnungen unterbrochene Linien schließt und so seine Wahrnehmung ausfüllt, um eine bemerkenswert reichhaltige Erfahrung zu gewinnen. Es trägt zum Vergnügen des Betrachters bei, auf diese Weise zusammen mit dem Künstler am Schaffen einer vollständigen Wahrnehmungserfahrung, die den vom Künstler vorgegebenen Umrissen entspricht, teilzuhaben. Diese Leistung ist ein Maß für den geübten Geist des Betrachters. Diese Fähigkeit der Vervollständigung kann bei den sehr einfachen Formen aus Abb. 3-9 (Gregory, 1973) gesehen werden. Wenn dem Dreieck mit Lücken (A) drei Punkte hinzugefügt werden (B), unterliegt man der Täuschung, ein weiteres, schwächeres Dreieck liege darüber. Diese Täuschung wird deutlich verstärkt, wenn die Winkel des zweiten Dreiecks angegeben werden (C). Verengt man die Spitzen (D), wird die Illusion eines Dreiecks mit konkaven Seiten erzeugt, das nicht in die Lücken in den Seiten des Grunddreiecks paßt. Diese Figuren zeigen Täuschungen, die auf der Basis minimaler Input-Reize entstehen.

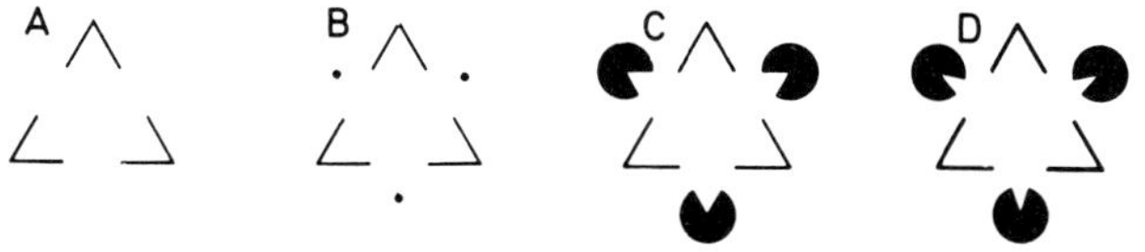

Abb. 3-9. A Dreieck mit Lücken. **B** Wenn Punkte hinzugefügt werden, wird ein schwaches, illusorisches, zweites Dreieck sichtbar. **C** Werden die Punkte durch deutliche Kennzeichnung der Dreieckspitzen ersetzt, wird die Illusion des zweiten Dreiecks verstärkt. **D** Werden engere Spitzen angedeutet, dann entwickelt das illusorische Dreieck gekrümmte Seiten. Gregory, R.L.: The confounded eye. In: Illusions in nature and art. Gregory, R.L., Gombrich, E.H. (Hrsg.) 49-95. London: Duckworth 1973

3.5.3.3 Umspringfiguren

Die berühmteste Umspringfigur ist der Neckersche Würfel (Abb. 3-10 A). Er wird immer in einer von zwei möglichen Erscheinungsformen gesehen. Die Front mit dem kleinen Kreis in der Mitte kann auf der Vorderseite oder auch auf der Rückseite des Würfels liegen. Das

Umspringen von einer Erscheinungsform in die andere scheint von selbst zu geschehen und nicht von irgendwelchen Veränderungen im Blickwinkel abhängig zu sein. Ein noch auffälligeres völliges Umkippen kommt bei der Figur vor, die sowohl eine nach oben führende Treppe als auch ein überhängendes Gesims zu sein scheint (Abb. 3-10 B). Für die meisten Betrachter ist die Treppe der vorherrschende Eindruck, vermutlich, weil Treppen viel häufiger betrachtet werden als derartige überhängende Vorsprünge. Auch hier wird kein Übergangsstadium erlebt.

Es gibt noch einige andere Umspringfiguren mit jeweils zwei alternativen Interpretationen, die ebenfalls immer umkippen: junges Mädchen oder alte Frau, Indianer oder Eskimo, Kaninchen oder Ente (vgl. Attneave, 1974; Gombrich, 1973). Die bemerkenswertesten befinden sich in den Zeichnungen von Escher, die von Marianne Teuber (1974) so eingehend besprochen wurden, bei denen er mit großem Erfindungsgeist jeweils das gesamte Bild ausfüllt. »Himmel und Hölle«, »Tag und Nacht« und »Kreislimit IV« sind faszinierende Beispiele, bei denen eine vollständige Umkehrung von Figur und Hintergrund stattfindet. Ein interessantes Beispiel einer Umspringfigur ist der Rubinsche Kelch (Abb. 3-11) (Gombrich, 1973). Wenn man sich auf die Blumen oben konzentriert, ist es eine Vase, aber wenn die Aufmerksamkeit auf die Ohren an der Seite übergeht, ergibt sich ein vollständiges Umkippen auf ein Doppelprofil. Abb. 3-12 (Attneave, 1974) zeigt eine bemerkenswerte Figur-Grund-Umkehrung, bei der mit dem Umkippen sich die Richtung des Musters um 90° verändert, was der Form seiner Einheiten entspricht.

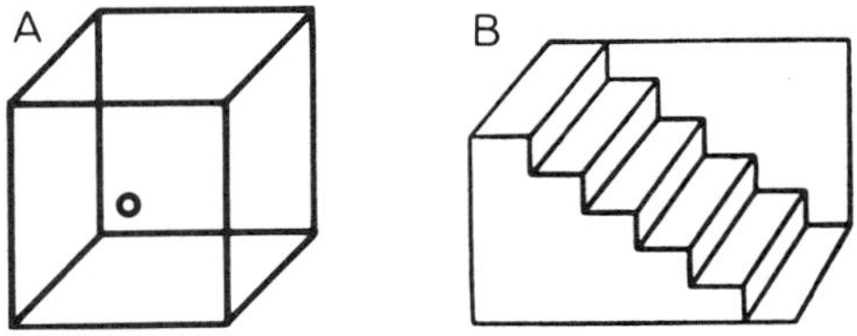

Abb. 3-10. A Der Neckersche Würfel, die bekannteste der vielen Umspringfiguren. Der Kreis in der Mitte der einen Front ist beim Identifizieren dieser Front, die sich entweder vorne oder hinten befinden kann, eine Hilfe. Gregory, R.L.: Eye and brain. S. 251. London: World University Library, 1972. **B** Die Treppen-Gesims-Umspringfigur. Ähnlich wie beim Würfel werden nahe und weiter entfernte Flächen ausgetauscht

3.5.3.4 *Erklärungsversuche zu den kognitiven Täuschungen*

3.5.3.4.1 *Einführung*

Kognitive Täuschungen lassen bei jedem Erklärungsversuch, der die Funktionsweise des Neuronenapparates mit dem bewußten Geist auf eine identistische oder parallelistische Beziehung beschränkt, große Schwierigkeiten aufkommen. Gregory (1972, 1973) versucht, einen Erklärungsansatz für kognitive Täuschungen zu formulieren, der jedoch an dem unüberwindbaren Mangel krankt, daß er nämlich seine Betrachtungen auf Zustände des Gehirns beschränkt. Er sagt zum Beispiel (Gregory, 1973, S. 91): »Wenn Gehirne die Zustände von Dingen oder die möglichen Zustände von Dingen beschreiben können, dann können diese Beschreibungen logisch unmöglich sein, obwohl die Gehirn-Mechanismen es nicht sind.«

Wenn wir anstatt »Gehirn« »Geist« einsetzen, dann kommt diese Aussage der allgemeinen Hypothese zur kognitiven Täuschung, die ich aufstellen werde, nahe. Und nochmal (Gregory, 1974, S. 52): »Der Neckersche Würfel ist das Beispiel eines Bildes, bei dem die Zweideutigkeit der Tiefenwirkung so groß ist, daß sich das Gehirn nie auf eine einzige Antwort festlegt.«

Zu den Merkmalen, die durch physiologische Mechanismen ausgewählt werden, zum Beispiel Linien und Winkel, fragt Gregory (1973) deutlich zugespitzt: »Wie sind diese ausgewählten Merkmale in ihrer neuronalen Darstellung kombiniert, um die Wahrnehmung von Objekten zu ergeben?«

Er weist ganz richtig die absurde Hypothese zurück, es gäbe einzelne Zellen, die spezifisch auf irgendein erkennbares Objekt eingestimmt sind. Aber er hat keinen Alternativvorschlag, weil er nur sagt: »Es wird allgemein angenommen, daß viele signalisierende Merkmale *irgendwie* so zusammengesetzt sind, daß sie aus den erhältlichen Daten die Wahrnehmung von Objekten aufbauen« (kursiv vom Autor) (Gregory, 1973). Gregory sagt außerdem (1974, S. 57): »Wir können uns Wahrnehmung im wesentlichen denken als ein Auswählen der zu den im Moment eingehenden sensorischen Daten am besten passenden gespeicherten Hypothesen.«

Ich bin damit völlig einverstanden, solange die Hypothese sich im Geist befindet und das Auswählen von der Suche nach Sinn geleitet ist.

In einem wunderschön ausgeführten und tiefsinnigen Aufsatz über »Illusion and Art« betont Gombrich (1973, S. 240) die Suche nach Sinn bei der Wahrnehmung:

> Die, die uns angesichts von Gemälden um unsere »Meinung« fragen, stellen sich ganz sicher die falsche Frage. Täuschungen sind keine falschen Meinungen, obgleich falsche Meinungen möglicherweise durch Täuschungen zustandekommen. Was ein Gemälde zu einem weiten Blick durch ein Fenster machen kann, ist nicht, daß dieser Blick vom Gemälde so wenig zu unterscheiden ist wie ein Faksimile vom Original; es ist die Ähnlichkeit zwischen den geistigen Vorgängen, die beide erwecken können, die Suche nach Sinn, die Überprüfung der Beständigkeit, die sich in der Bewegung der Augen und, was wichtiger ist, in der Bewegung des Geistes ausdrückt.

Die Erwähnung eines weiten Blicks durch ein Fenster erinnert an Magrittes Bild *La condition humaine*, 1933, auf dem ein Gemälde abgebildet ist, das, während es den Blick durch ein Fenster teilweise verdeckt, die genaue Wiedergabe eben dieses Blicks darstellt.

In seinem sehr gut bebilderten und begründeten Beitrag *The Perception of disorientated figures* kommt Rock (1974, S. 78) zu dem Schluß:

> Formwahrnehmung ist allgemein zu einem viel höheren Grad, als jede bestehende Theorie behauptet, auf kognitive Prozesse gegründet. ... Obwohl die Arbeit, die ich beschrieben habe, die mögliche Bedeutung des Konturen-Entdeckens als einer Grundlage der Formwahrnehmung nicht leugnet, deutet sie doch an, daß eine solche Erklärung bei weitem nicht ausreicht und daß die Formwahrnehmung von bestimmten geistigen Prozessen, wie Beschreiben und Korrigieren, abhängt. Diese Prozesse sind ihrerseits notwendig, um den nächsten Schritt beim Erkennen einer Figur zu erklären.

Attneave (1974, S. 98) kommt bei seinem Versuch, die Wahrnehmung von Umspringfiguren zu erklären, auf eine ähnliche Schlußfolgerung, in der er annimmt, daß »eine Art dreidimensionales Arbeitsmodell innerhalb des Nervensystems existiert, das durch ähnliche Vorgänge Probleme dieser Art löst«; er räumt aber ein, daß es keine neuronale Organisation gibt, die einem solchen Modell dienlich wäre. Ich werde jedoch weiter unten vertreten, daß sich dieses Modell nicht im Gehirn, sondern im Geist befindet. Diese Vorschläge von Rock und Attneave führen hin zu der Wahrnehmungshypothese, die ich nun auf der Grundlage einer dualistisch-interaktionistischen Formulierung des Gehirn-Geist-Problems entwickeln möchte.

Wir nehmen an, daß im wachen Zustand der Geist die Raum-Zeit-Muster der modulären Aktivität in der Hirnrinde fortwährend

Abb. 3-11. Der Rubinsche Kelch. Abhängig davon, ob sich die Aufmerksamkeit auf die Blumen oder auf die Ohren auf der Seite richtet, kippt das Erkennen des Bildes um. Gombrich, E.H.: Illusion and art. In: Illusion in nature and art. Gregory, R.L., Gombrich, E.H. (Hrsg.), 193-243. London: Duckworth 1973

Abb. 3-12. Bei diesem raffinierten Muster erfolgt mit dem Umkippen des Bildes eine Drehung des Blickwinkels. Wenn das stilisierte Ahornblatt-Muster zwischen schwarz und weiß umspringt, dreht es sich dabei um 90°. Attneave, F.: Multistability in perception. In: Image, object and illusion. Held R. (Hrsg.), S. 90-99. San Francisco: Freeman 1974

entsprechend seinem Interesse und seiner Aufmerksamkeit überprüft und abtastet (vgl. Abb. 1-7, 2-10). Diese Aktivität selbst wird nicht bewußt wahrgenommen, analog zu der von Helmholtz postulierten »unbewußten Inferenz«, auf die sich Jung (1978) in dem oben angeführten Zitat bezieht. Die Ergebnisse dieses Ablesens erreichen das Bewußtsein in Form von Wahrnehmungen. So wäre das stückweise Zusammensetzen der äußerst komplexen Muster des Neuronenapparates die Funktion des Geistes, der unbewußt im Einklang mit seinen Erinnerungen und seinen gegenwärtigen Interessen handelt, um in jedem einzelnen Augenblick zu einer Synthese zu kommen, die dann in die einzelnen Sequenzen der bewußten Wahrnehmung umgewandelt wird. Bei dieser unbewußten Tätigkeit wird immer nach einem Sinn gesucht. Wir sind an den mannigfaltigen Zusammensetzungen visueller Daten nicht interessiert, wenn sie keine Bedeutung oder keinen Sinn haben. Betrachtet man den evolutionären Ursprung unserer visuellen Wahrnehmung, so war es sicherlich der Sinngehalt, der für das Überleben ausschlaggebend war. Auch wenn dem Sinn ein Irrtum zugrundelag, war er dem Sinn-losen vorzuziehen. Und so haben wir hier, einfach umrissen, eine Hypothese zur Wahrnehmung, die, was die visuellen Täuschungen angeht, eine große Erklärungskraft hat. Wir können solche Täuschungen sogar als Tests für die Gültigkeit der Hypothese ansehen.

3.5.3.4.2 Beurteilungsfehler

Die Größen-Konstanz-Täuschung kann man leicht auf der Grundlage erinnerten Wissens erklären – zum Beispiel dem Wissen, daß Hände gleich groß sind oder daß Personen unabhängig von ihrer scheinbaren Verkleinerung mit der Entfernung die gleiche Körpergröße besitzen. Die Müller-Lyersche und die Ponzo-Täuschung (Abb. 3-7 A. B; 3-8 A) stehen vermutlich in Zusammenhang mit dem Assoziieren perspektivischen Sehens, wie Gregory vorgeschlagen hat, und dies würde für die Amessche Größentäuschung ebenfalls gelten. Für die Poggendorf- (Abb. 3-8 B), Hering-, Wundt- und Zollner-Täuschungen kann man keine so einfachen Erklärungen anbieten. Für sie mag es zum Teil physiologische Erklärungen geben, wie von Gregory (1972) vermutet wird. Möglicherweise entsteht die Täuschung über die Größe des Mondes aus der bekannten kognitiven Tendenz, Bilder, die sich nahe am Horizont befinden, zu vergrößern, wie sie sich auch an unserer übersteigerten Wahrnehmung entfernter Berge zeigt.

3.5.3.4.3 Vervollständigungs-Täuschungen (Abb. 3-9)

Für ein effektives Sehen unter günstigen Bedingungen versucht man immer, Objekte zu entdecken und zu identifizieren, die sich nur in Form unzureichender visueller Daten offenbaren. Das ist eine kognitive Fertigkeit von großer Bedeutung zum Beispiel bei der Jagd oder im Krieg. Der Film *Blow Up* handelte im wesentlichen davon. Popper schreibt (Popper und Eccles, 1982, S. 511):

> Vielmehr gibt es eine aus der Sinnenwelt einlaufende Fragestellung, die dann das Gehirn oder uns selbst veranlaßt, sie zu bearbeiten, zu interpretieren ... einzupassen.

Wir versuchen immer, aus einer visuellen Erfahrung mehr zu machen, als vorgegeben ist, und ihr auf diese Weise einen Sinn zu geben. Wir gehen nach Annahmen oder Vermutungen vor, die bewußt soweit wie möglich durch kritisches Urteilen und die ständige Aufnahme neuer Daten überprüft werden. Und beim Jagen, Kriegführen und in der Forschung werden diese Vermutungen auch in der Kommunikation mit anderen Beobachtern überprüft. Das alles ist eine komplexe kognitive Leistung, die zur Grundlage hat, daß die bewußten Wahrnehmungen aus den Raum-Zeit-Mustern der modulären Aktivität in Bereichen des Neocortex herausgelesen und synthetisiert werden. Darüber hinaus ist diese Interaktion von Gehirn und Geist in Abb. 1-7 als eine in beide Richtungen funktionierende Leistung zwischen Gehirn und Geist dargestellt, die ständig auf der Suche nach Sinn ist. Auf der Grundlage dieser allgemeinen Überlegungen ist es nicht schwer, eine zufriedenstellende Erklärung für Vervollständigungs-Täuschungen zu geben.

3.5.3.4.4 Umspringfiguren (Abb. 3-10, 3-11, 3-12)

Die dualistisch-interaktionistische Hypothese der Wahrnehmung ist im Hinblick auf Umspringfiguren besonders leistungsfähig. Beim Neckerschen Würfel oder der Treppe-Gesims-Täuschung zum Beispiel resultiert der visuelle Input in einem bestimmten Raum-Zeit-Muster der modulären Aktivität (Abb. 2-10). Während des Prozesses des unbewußten Herauslesens der für den bewußten Geist brauchbaren Informationen wird der Versuch gemacht, der geometrischen Konstruktion, die in kodierter Form in den Raum-Zeit-Mustern der modulären Aktivität repräsentiert ist, einen ganzheitlichen Sinn zu geben. Es gibt jedoch zwei voneinander deutlich verschiedene Sinn-Deutungen. Die Strategie einer alternierenden Interpretation wird unbewußt eingesetzt. Auf diese Weise erhalten wir, scheinbar zufällig, zuerst die eine und dann die andere Interpretation. Die beiden möglichen Sinn-Deutungen werden ganzheitlich gesehen, nie teilweise. Darüber hinaus scheint das Umspringen des Bildes von selbst zu geschehen. Eine in gewisser Weise damit zusammenhängende Stereopsis-Täuschung benötigt ungefähr 40 ms, bis sie sich entwickelt (Julesz, 1971), wie weiter unten beschrieben wird. Eine solche Verzögerungs-Regel könnte es also beim Umkippen zwischen den beiden Deutungen der Umspringfiguren geben. Eine solche Umspring-Zeit wäre für ein introspektives Aufspüren zu kurz. Die gleiche Erklärung des Herauslesens des Sinns durch den Geist wäre auch für die anderen Umspringfiguren eine zufriedenstellende Lösung (Abb. 3-11 und 3-12).

Anhänger der Identitätstheorie und des Parallelismus stehen dem ernsten Problem gegenüber, erklären zu müssen, wie die gleichen Gehirnvorgänge bei der Wahrnehmung zwei Erscheinungsformen haben können. Die oben angeführten Zitate von Gregory, Rock und Attneave zeigen das Dilemma, in das diejenigen geraten, die auf der Basis irgendeiner Version der Identitätstheorie eine Erklärung finden wollen. Nach dem dualistischen Interaktionismus wird die Dualität der Erfahrung auf die Suche nach einer sinnvollen Bedeutung und das Finden zweier mit den neuronalen Vorgängen vereinbarer Sinngehalte zurückgeführt.

3.6 Tiefenwahrnehmung

Die Wahrnehmung von Tiefe in einem Bild kann als eine Täuschung betrachtet werden, weil es auf der Retina nur ein zweidimensionales Bild gibt, das jedoch so interpretiert wird, als stamme es von einem dreidimensionalen Objekt. Wenn wir nachforschen, wie diese Täuschung entsteht, so gibt es in Anbetracht der reichhaltigen visuellen Erfahrungen aus der wahrgenommenen Welt viele mögliche Antworten. Wir werden uns zunächst auf die beim stereoskopischen Sehen auftretende Stereopsis konzentrieren, weil sie von großer Bedeutung ist und intensiv untersucht wurde.

3.6.1 Stereopsis

Wie bereits gesagt wurde, ist die Tiefenwahrnehmung im Prinzip abhängig von Ungleichheiten bei den retinalen Abbildern, die durch den 50 bis 70 mm messenden Augenabstand entstehen. Mit aus zufällig angeordneten Punkten bestehenden Stereogrammen hat Julesz (1971, 1974) eine sehr gründliche Untersuchung des zur Stereopsis, also zur Wahrnehmung von Tiefe bei abstrakten Mustern, notwendigen visuellen Inputs durchgeführt. Diese Stereogramme wurden von einem Computer erzeugt, wobei bei einem Bildteil in einem mittleren Bereich einige Punkte im Verhältnis zu dem entsprechenden Bereich des zweiten Bildteils seitlich verschoben waren. Durch ein Stereoskop oder durch »Kreuzen der Augen« wird dieser Bereich des Musters aus Abb. 3-13 als ein über dem Hintergrund schwebendes Quadrat wahrgenommen. Das zeigt, daß eine räumliche Diskrepanz der beiden retinalen Bilder für diesen stereoskopischen Effekt ausreichend ist. Die Entfernung im stereoskopischen Effekt ist von der seitlichen Verschiebung im Stereogramm abhängig. Führt man den Versuch mit umgekehrter Verschiebung durch, so erscheint der mittlere Bereich als unterhalb seiner Umgebung liegend.

Bei den einfachsten Stereogrammen und unter den günstigsten Bedingungen ist Stereopsis innerhalb 50 ms gewährleistet. Bei sehr feinen und komplexen Stereogrammen jedoch kann es mehrere Sekunden oder sogar Minuten dauern, bevor Stereopsis erreicht wird;

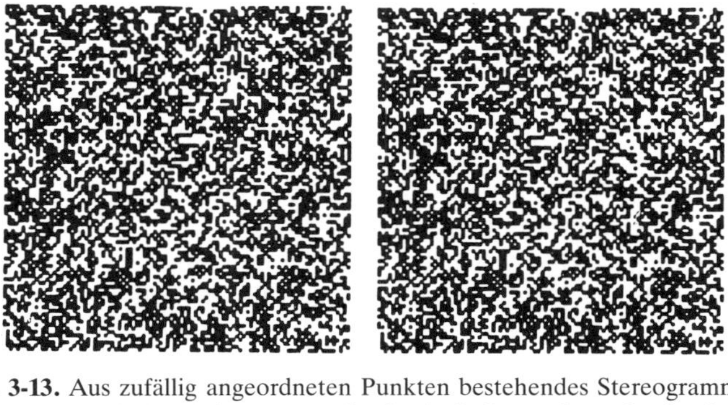

Abb. 3-13. Aus zufällig angeordneten Punkten bestehendes Stereogramm, das beim stereoskopischen Sehen – entweder durch ein Stereoskop oder durch ‚Überkreuzen der Augen' – in der Mitte ein hervortretendes Quadrat zeigt. Julesz, B.: Foundations of cyclopean perception, S. 406. Chicago University of Chicago Press 1971

der Lohn können wunderbare, fast magische Tiefeneindrücke sein. Es ist interessant, daß, wenn Stereopsis erst einmal mit einem schwierigen Stereogramm erreicht ist, sie bei späteren Darbietungen viel leichter wieder aufgebaut werden kann, was als Lerneffekt zu sehen ist. Auch verbale Beschreibungen des mit Tiefenwirkung wahrzunehmenden Bildes sind zu seinem Erkennen hilfreich.

Eine subtile Technik wurde 1965 von Julesz entwickelt, der das Nachbild der ersten Darbietung eines aufblitzenden Stereogramms durch ein zweites solches überlagerte; dieses zweite war dem ersten ähnlich mit Ausnahme seiner zweideutigen Eigenschaften, bedingt durch die Verschiebung in beiden Richtungen. Er fand heraus, daß Stereopsis gesichert war, wenn der Zeitraum zwischen den beiden Darbietungen nur 40 ms betrug, was als minimale Wahrnehmungszeit für Stereopsis angesehen werden kann. Später (Julesz, 1971) wurde diese Zwischenzeit unter den günstigsten Bedingungen mit nur 10 ms angegeben. Diese Zeit kann als minimale Operationszeit des neuronalen Apparates angesehen werden, in der die zur Wahrnehmung von Stereopsis notwendige kodierte Information geliefert werden kann. Eine Stereopsis-Zeit von weniger als 50 ms, sogar bis zu nur 30 ms, wird bei Zufalls-Punkt-Stereo-Filmen angegeben, die sogar mit 33 Bildern pro Sekunde eine wahrgenommene Bewegung erzeugen können (Julesz, 1971).

Beim Darbieten von Täuschungsfiguren in einer Anordnung mit zufällig verteilten Punkten konnte gezeigt werden, daß einige der Täuschungen verschwanden oder stark verringert wurden, wenn die sie bildenden Teile auf verschiedenen Ebenen wahrgenommen wurden. Das wird bei der Ponzo-, Ebbinghaus-, Poggendorf- und Zollner-Täuschung beobachtet. Die Müller-Lyersche Täuschung (Abb. 3-7 A, B) kann jedoch in einer durch zufällig angeordnete Punkte erzeugten Stereopsis noch vollständig gesehen werden, was zeigt, daß sie von einem höheren zentralen Mechanismus erzeugt wird als die anderen Beurteilungsfehler.

Untersuchungen von Zufalls-Punkt-Stereogrammen sind wichtig, weil sie zeigen, wie die Täuschung der Tiefenwahrnehmung auch beim Fehlen weiterer Anhaltspunkte erfahren wird. Das physiologische Gegenstück dazu wurde in den eleganten Untersuchungen von Bishop (1970), Barlow et al. (1967) und von Hubel und Wiesel (1970) an einzelnen Neuronen der Sehrinde gezeigt, die binokuläre Disparation signalisieren. Solche Neuronen reagieren in charakteristischer Weise auf sich überlappende visuelle Inputs der beiden Augen.

Barlow et al. (1967) haben verschiedene Abstufungen dieser Disparationsreaktion gezeigt, die als spezifisches Signalisieren von verschiedenen Graden der Tiefenwahrnehmung angesehen werden können (vgl. Poggio und Fisher, 1977). Eine raffinierte Theorie über die für das räumliche Sehen verantwortlichen Vorgänge wurde von Marr und Poggio (1979) auf der Basis von Disparationsneuronen entwickelt. In diese Theorie sind ein unablässiger, kritischer Abstimmungsprozeß und ein Gedächtnisspeicher miteinbezogen. Es ist ein befriedigender Gedanke, daß es eine so herausfordernde Entwicklung der Stereopsis-Theorie gibt, aber bis jetzt konnte sie noch nicht mit konkreten neuronalen Mechanismen in Beziehung gesetzt werden.

3.6.2 Weitere Faktoren bei der Tiefenwahrnehmung

Seit die bildenden Künstler Interesse daran bekamen, wirklichkeitsnah zu malen, standen sie dem Problem gegenüber, ein flaches Bild zu erzeugen, das dem Betrachter den Eindruck von Tiefe vermittelt. In seinen Mellon Lectures »Art and Illusion« legt Gombrich (1960) einen sehr fundierten und genauen Bericht vor, der auch ausgezeichnet illustriert ist. Von Blakemore (1973) ist eine Liste aller künstlerischen Tricks mit den entsprechenden Illustrationen zusammengestellt worden. Für meinen momentanen Zweck genügt eine Liste, da, wie Blakemore (1973) sagt, »es unmöglich ist, zu begreifen, wie die monokulare Wahrnehmung von Entfernung erreicht wird«. Er meint damit, daß es keine physiologische Erklärung für die Illusion von Tiefe gibt, die mit Hilfe der folgenden von Künstlern verwendeten Tricks erzeugt wird:

a) Die Position im Bild, ein primitives Mittel: Je entfernter ein Objekt ist, desto höher wird es im Bild angesetzt.
b) Perspektive, die spezielle Errungenschaft der Renaissance-Künstler.
c) Abgestufte Maserung, die mit der Entfernung feiner wird.
d) Schatten, die die relative Stellung der Objekte im Raum anzeigen.
e) Überschneidungen beweisen unzweifelhaft, wie die Objekte relativ zueinander stehen.
f) Der Freilichteffekt: Verschwommene und mehr blaue Einfärbung entfernter Objekte.

Es muß für die Maler entmutigend gewesen sein, zu finden, daß auch bei der größten Mühe das Bild nie die volle Tiefenwirkung der beobachteten Realszene ergab. Der Grund dafür ist natürlich, daß es dabei keine binokulare Disparation gibt; daher rührt die mächtige Gegen-Illusion, das Bild sei flach. Eine Korrektur ist einfach, auch wenn sie sehr selten angewandt wird. Wir müssen alle Bilder von räumlichen Szenen mit nur einem Auge betrachten. Es genügt, sich ein Auge zuzuhalten, um die wunderbare Verwandlung eines zweidimensionalen Bildes in eine Szene mit Tiefenwirkung zu erleben. Wie von Gombrich (1973) berichtet wird, kann das auf einfache Art geschehen, indem man das Bild mit einem Auge durch ein dickeres Rohr betrachtet. Auf diese Weise werden Parallaxen ausgeschaltet, und man kann die Wirkung der oben erwähnten sechs Strategien erkennen, die einem flachen Bild die Illusion von Tiefe verleihen.

3.6.3 Unmögliche Figuren

Eigentlich gehören diese nicht zu einem Bericht über Täuschungen. Sie sind jedoch insofern im gleichen Zusammenhang zu sehen, als sie die Herausforderung illustrieren, einen dreidimensionalen Sinn aus zweidimensionalen Zeichnungen herauszulesen, die *scheinbar* ein zweidimensionales Objekt darstellen. Zum Beispiel kann die Zeichnung in Abb. 3-14 A nicht als dreidimensionales Objekt gesehen werden und stellt somit unseren interpretierenden Geist vor ein höchst verwirrendes Problem. Bedeckt man irgendeine der Ecken, so ist das Problem verschwunden, weil sofort einer der Schenkel aus der Ebene herausragt, die durch die beiden anderen definiert ist. Eine weitere verwirrende Zeichnung in Abb. 3-14 B wird unproblematisch, wenn eines der beiden Enden zugedeckt wird. Es wird dann

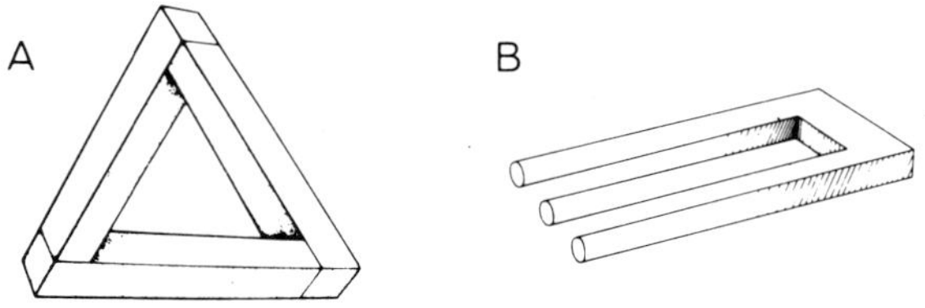

Abb. 3-14 A, B. Unmögliche Figuren. **A** Diese Zeichnung kann man nicht als dreidimensionale Struktur sehen. Gregory, R.L.: Perceptual illusions and brain models. Proc. R. Soc. *B 171*, 279-296 (1968). **B** Diese Zeichnung täuscht die Dreidimensionalität zweier miteinander nicht vereinbarer Strukturen vor. Gregory, R.L.: Eye and brain, S. 251. London: World University Library 1972

entweder zu einer gabelartigen Struktur oder zu drei Zylindern. Komplexere unmögliche Figuren wurden von Escher geschaffen: Belvedere, Konkav und Konvex sowie Relativität, alle dargestellt von Marianne Teuber (1974). Sie weist darauf hin, daß Escher leugnete, diese außergewöhnlichen Bilder von Piranesi weiterentwickelt zu haben, der im 18. Jahrhundert unmögliche Bilder konstruiert hatte.

3.6.4 Erklärungsversuche zu den Illusionen der Tiefenwahrnehmung

Obwohl es bemerkenswerte Untersuchungen über die Tiefenwahrnehmung bei der Stereopsis und über die Disparation signalisierenden Neuronen gibt, hat sich nirgends eine zusammenhängende Erklärung der Täuschung selbst ergeben. Dies ist zu erwarten; denn im materialistischen Sinn war es noch nicht möglich zu erklären, wie die ungeheure Verschiedenheit neuronaler Reaktionen, die den visuellen Input darstellen, so synthetisiert wird, daß ein wahrgenommenes Bild entsteht. Diese Unzulänglichkeit jeder Version von Identitätstheorie ist schon in der 2. Vorlesung aufgezeigt worden.

Nach der dualistisch-interaktionistischen Hypothese ist es jedoch möglich, eine allgemeine Erklärung dafür zu geben, wie die visuelle Information, die in den Raum-Zeit-Mustern der modulären Reaktionen gespeichert ist, in eine Wahrnehmung umgeformt werden kann. Man muß sehen, daß in der Welt, in der wir leben, Tiefenwahrnehmung eine gelernte Reaktion ist, die für ihre volle Entwicklung jahrelange Erfahrung benötigt (vgl. Kap. 7, Eccles, 1982). Gelernte Erfahrung ist auch beim Ableiten von Tiefenwahrnehmung bei Bildern von großer Bedeutung, wie man gut sehen kann, wenn man die dahingehenden Ausfälle bei primitiven Völkern betrachtet (Deregowski, 1973, 1974). Wie wir gesehen haben, ergibt sich Stereopsis, wenn das Zusammenschmelzen der nicht-identischen visuellen Muster, mit denen die Augen gefüttert werden, zum Teil fehlschlägt. Diese Disparation wird durch die Wahrnehmungstäuschung von Tiefe gelöst, im Einklang mit der gelernten Interpretation der von den Disparationsentdeckungsneuronen gelieferten Information. Für diese Auflösung ist auch bei den einfachsten Zufalls-Punkt-Stereogrammen Aufmerksamkeit notwendig. Die äußerst anspruchsvollen Stereogramme von Julesz (1971) erfordern eine konzentrierte geistige Anstrengung, um die beobachtete Disparation in ein einigermaßen wohlgeformtes Bild aufzulösen; dabei fehlt nicht die Begeisterung über die eigene Wahrnehmungsleistung. Ähnliche Freude empfindet ein geübter Betrachter vor einem meisterhaften Gemälde, in dem der Künstler seine Erfahrung mit dem Objekt oder der Szene so gut verkörpert hat. Dies alles soll zeigen, daß unser bewußtes Ich voll an der Umformung der kodierten Reaktionen der corticalen Moduln in visuell erlebte Bilder beteiligt ist. Der geistige Kampf geht immer um den Sinn.

Hier zeigt sich deutlich die Erklärungskraft des dualistischen Interaktionismus. Und umgekehrt ist die Frustration beim Versuch, die unmöglichen Figuren (vgl. Abb. 3-14) als dreidimensionale Objekte zu sehen, ein Nachweis dafür, wie unser bewußtes Ich damit befaßt ist, zu einer sinnvollen Auflösung zu kommen.

Es ist mir klar, daß Gregory meine Erklärung kritisieren wird; er würde das Postulat des Ablesens durch den bewußten Geist als das Äquivalent eines inneren Auges identifizieren, das die Spur erkennt und das »ein endloses Zurückgehen von Spuren und Augen erzeugt ..., das in eine unendliche Entfernung führt, ohne einen Unterschied zum Ausgangspunkt« (Gregory, 1973). Darauf würde ich antworten, daß der bewußte Geist nicht einem inneren Auge gleichgesetzt werden darf, sondern eher die Endstufe des Wahrnehmungsprozesses darstellt. Es gibt jedoch einen Weg, der zurück zu den neuronalen Vorgängen im Gehirn führt (Abb. 1-7). Wir können, zum Beispiel, durch Aufmerksamkeit (4. Vorlesung) diese Vorgänge verstärken und so die kodierte binokulare Disparation effektiver darstellen, um so der Auflösung einer schwierigen Stereopsis näherzukommen. Wie schon erwähnt, ist eine starke geistige Anstrengung wesentlich, wenn man zu einer Lösung kommen will. Auch Julesz (1971) wird kritisch sein, da er sich sehr vor der Idee eines Homunculus hütet, eines aktiven wahrnehmenden Auges in unserem Kopf, »das die gleichen Dinge sieht wie wir«. Er übernimmt die Identitätstheorie und antizipiert den Zeitpunkt, zu dem das, was beim monokularen Sehen von Stereopsis die wesentliche Information extrahiert, »tatsächlich gefunden und von Neurophysiologen und Neuroanatomen lokalisiert worden ist«. Die philosophische Position der Identitätstheorie ist bereits in der ersten Vorlesung kritisiert worden. Und natürlich ist der »Homunculus« unser selbst-bewußter Geist, der selbstverständlich »die gleichen Dinge sieht wie wir«! Also haben die dualistisch-interaktionistischen Interpretationen das letzte Wort.

4. Vorlesung

Elektrische Reaktionen des Gehirns

Vorbemerkung

Es wird zunächst ein allgemeiner Überblick über die elektrischen Reaktionen gegeben, die im Gehirn erzeugt werden und sich von der Schädeldecke des Menschen als Elektroenzephalogramme (EEG) ableiten lassen. Ihre Veränderungen unter verschiedenen experimentellen Bedingungen führen zu Erklärungen ihrer Entstehungsweise im Neocortex als Reaktion auf thalamo-corticale Interaktionen.

Besondere Arten des EEG, die *vorgangsbezogenen Potentiale (event-related potentials)*, werden als Reaktion auf periphere Nerven- oder Hautstimulation beschrieben.

Besonders von Desmedt wurden elektroenzephalographische Methoden mit hochentwickelten Mittelungs-Techniken verwendet, um die späten Phasen der vorgangsbezogenen Potentiale, die durch *Aufmerksamkeit* eingeleitet werden und zu Wahrnehmungserfahrungen führen, zeigen zu können. Auf diese Weise konnten neue Einsichten über den Einfluß gewonnen werden, den der geistige Prozeß des Aufmerksamseins auf den Neuronenapparat des Gehirns ausübt. Es wird angenommen, daß dieser Einfluß selektiv auf die Entwicklung von Raum-Zeit-Mustern modulärer Aktivität einwirkt, die zu bewußten Erfahrungen führen.

Ein weiterer geistiger Prozeß, die *Absicht*, ist für die Planung und Ausführung motorischer Handlungen verantwortlich. Die damit verbundenen Elektroenzephalogramme, die *Bereitschaftspotentiale*, werden im einzelnen sowohl im Hinblick auf ihren Ort als auch auf ihren Zeitverlauf beschrieben.

Schließlich werden diese elektrischen Reaktionen bezüglich ihrer Entstehung in der Hirnrinde unter dem Einfluß von Absicht und Aufmerksamkeit diskutiert. Es wird die Meinung vertreten, daß das Bereitschaftspotential der Kornhuber-Experimente und der verwandten Jung-Experimente einen empirischen Nachweis für das Einwirken eines bewußten Wollens auf den Neuronenapparat des Gehirns liefert. Dieser Vorschlag läßt sich mit dem vergleichen, der bereits zu

Desmedts Experimenten mit den späten vorgangsbezogenen Potentialen, die unter dem Einfluß der Aufmerksamkeit entstehen, gemacht wurde. Die allgemeine Grundlage dieser Erklärungen liegt in der Hypothese des dualistischen Interaktionismus und nicht in den materialistischen Theorien des Geistes; denn nach diesen Theorien können geistige Vorgänge *per se* Vorgänge im Gehirn nicht *effektiv* beeinflussen (vgl. 1. Vorlesung).

4.1 Das Elektroenzephalogramm beim Menschen (vgl. Jung, 1963)

Die enorme Komplexität des Gehirns, besonders des Neocortex, macht die Analyse der von der Schädeloberfläche abgeleiteten elektrischen Reaktionen zu einer beträchtlichen Aufgabe. Es ist darüber bereits früher berichtet worden, aber unser gegenwärtiges Verständnis geht zurück auf Hans Berger, der 1929 mit einer Reihe von Veröffentlichungen begann. Er beschrieb rhythmische Reaktionen mit sehr geringer Spannung und Frequenzen von ungefähr 10/s (Alpha-Rhythmus) sowie auch einen schnelleren Rhythmus von ungefähr 20/s (Beta-Rhythmus). Diese Pionierarbeit wurde einige Jahre lang nicht beachtet, die Bestätigung durch Adrian und Matthew (1943) löste jedoch dann die enorme Entwicklung der Elektroenzephalographie als klinische Methode aus. Sie konnte viele Störungen der Gehirnaktivität aufdecken, so zum Beispiel die große Anzahl verschiedener Anfallsarten, wie sie für die Epilepsie typisch sind. Dennoch werden die Art und Weise, auf die diese corticalen Potentiale erzeugt werden, und die Faktoren, die ihren Rhythmus regeln, bis heute nur teilweise verstanden.

Es scheint unbegreiflich, daß die elektrischen Reaktionen der Milliarden Neuronen, die in unvorstellbar komplexen Mustern miteinander verbunden sind, die einfache Wellenform eines Alpha-Rhythmus (vgl. Abb. 4-1 A) ergeben können. Die schichtförmige Anordnung (Abb. 2-2 und 2-6) der Oberfläche der Hirnrinde macht es möglich, daß elektrische Feldpotentiale erzeugt werden, die von der Schädeloberfläche aufgenommen werden können. Wir können uns den Cortex effektiv als elektrischen Dipol vorstellen (Jung, 1963).

Um optimale Bedingungen für die Erzeugung von sogenannten »Hirnströmen« zu erhalten, muß die Versuchsperson die Augen schließen und völlig entspannt sein. Der Alpha-Rhythmus, der von der Kopfhaut über dem Hinterhaupt (Abb. 1-1) aufgenommen wird, ist in den mit R und L gekennzeichneten Kurven in Abb. 4-1 A dargestellt. Normalerweise beträgt die Spannung nicht mehr als 50 bis 100 μV, so daß strenge Vorkehrungen getroffen werden müssen, um künstliche Verzerrungen auszuschließen. Die Scheitel- und die hinteren Schläfenlappen (Abb. 1-1) erzeugen ebenfalls Alpha-Wellen. Weiter vorne gelegene Bereiche des Gehirns liefern gewöhnlich kleine, unregelmäßige Beta-Wellen mit einer Frequenz von ungefähr 20/s. Der Frontallappen schließlich erzeugt unregelmäßige Alpha-Wellen.

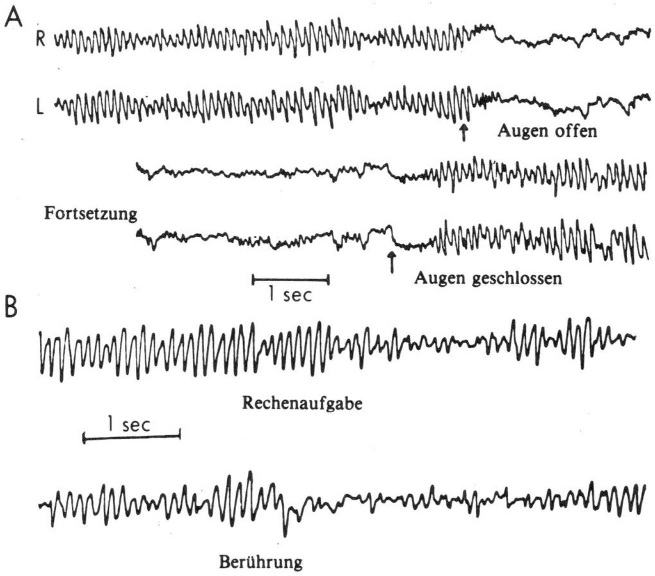

Abb. 4-1 A, B. Elektroenzephalogramme beim Menschen. A Das Öffnen der Augen bewirkt eine Unterdrückung der Alpha-Wellen, die gleichzeitig vom rechten (R) und linken (L) hinteren Pol des menschlichen Gehirns aufgenommen wurden; die Alpha-Wellen kehren beim Schließen der Augen zurück. Zu beachten sind die Ähnlichkeiten im Enzephalogramm der beiden Seiten. Penfield, W., Jasper, H.: Epilepsy and the functional anatomy of the human brain. S. 1-896. Boston: Little, Brown & Co. 1954. B Das Lösen einer Rechenaufgabe und afferente Stimulation bewirken ein vorübergehendes Nachlassen der Alpha-Wellen. Adrian, E.D., Matthews, B.H.C.: The Berger rhythm: Potential changes from the occipital lobes of man. Brain 57, 355-384 (1934)

Allgemein können wir diese Hirnströme als vom Gehirn bei minimaler geistiger Aktivität erzeugt ansehen. Vor einigen Jahren war es eine ziemliche Modeerscheinung, zu versuchen, eine Maximierung der Alpha-Wellen zu erreichen – ein harmloses Vergnügungsspiel. Abb. 4-1 A zeigt, daß das Öffnen der Augen dem Alpha-Rhythmus ein unmittelbares Ende macht. Dieser Effekt bleibt dagegen aus, wenn das Gesichtsfeld völlig leer ist und die Versuchsperson nicht »versucht, etwas zu sehen«. Etwas sehen zu wollen läßt den Rhythmus auch dann verschwinden, wenn die Augen in einem völlig verdunkelten Raum geöffnet werden. Es scheint also, daß die geistige Anstrengung der Aufmerksamkeit der Schlüsselfaktor ist und nicht der visuelle Reiz *an sich*. Es ist interessant, daß das Gehirn eines Tieres unter Narkose ebenfalls Alpha-Wellen produziert (Adrian, 1946). Beim Schließen der Augen kehrt der Alpha-Rhythmus unter der Voraussetzung geistiger Entspannung bald zurück (Abb. 4-1 A).

In Abb. 4-1 B wurden die Alpha-Wellen unterdrückt, als eine Rechenaufgabe gelöst wurde, und kamen zurück, als die Lösung gefunden war. 1934 führten Adrian und Matthews dieses Phänomen der versammelten Physiological Society vor, die sich in Cambridge traf. Ein Zuhörer schlug vor, Adrian (die Versuchsperson) solle 17 mit 26 multiplizieren. Es gab eine relativ längere und stärkere Unterdrükkung der Alpha-Wellen als in Abb. 4-1 B; dann erschien der Alpha-Rhythmus plötzlich wieder; danach war er weiter stark unterdrückt bis zu seinem endgültigen Wiederauftauchen. Adrian war dann in der Lage, die korrekte Antwort zu geben. Außerdem gab er an, daß er entdeckt hatte, daß seine erste Antwort falsch war und er die Rechnung sorgfältiger wiederholen mußte. Das war ein eindrucksvolles Beispiel für die Zerbrechlichkeit des Alpha-Rhythmus unter geistiger Anstrengung. Zu einem weiteren interessanten Beispiel zitiere ich Penfield und Jasper (1954):

> Bei Einstein wurde herausgefunden, daß er beim Lösen ziemlich schwieriger mathematischer Aufgaben, die jedoch für ihn relativ automatisch waren, ziemlich kontinuierliche Alpha-Wellen zeigte. Plötzlich fielen seine Alpha-Wellen aus und er schien ruhelos. Als er gefragt wurde, ob etwas nicht stimmte, antwortete er, er hätte in den Berechnungen, die er am Tag zuvor durchgeführt habe, einen Fehler gefunden. Er bat darum, sofort nach Princeton zu telefonieren.

Abb. 4-1 B zeigt auch die Auswirkung einer Berührung, die den bei geschlossenen Augen abgeleiteten Alpha-Rhythmus unterdrückt. Die Wirksamkeit der Berührung hängt davon ab, daß sie unerwartet

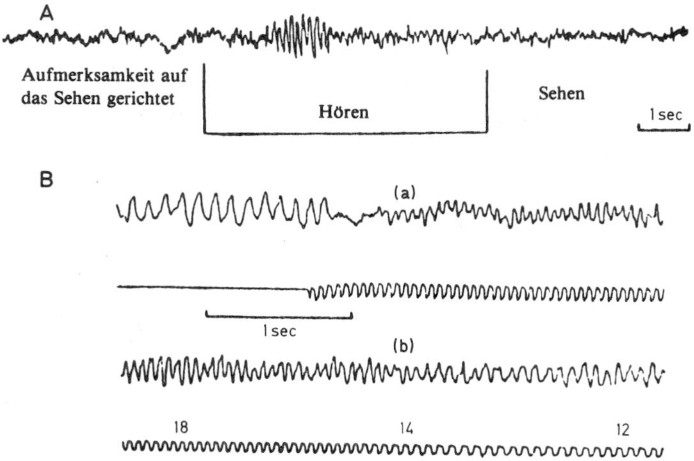

Abb. 4-2 A, B. Elektroenzephalogramm beim Menschen. A Auftreten des Rhythmus, wenn die Aufmerksamkeit vom Sehen auf das Hören verlagert wird. Das Gesichtsfeld ist durch eine 10D-Brille reizlos gemacht worden. Im mittleren Abschnitt der Aufnahme konzentrierte sich die Aufmerksamkeit auf das Ticken einer Uhr, und die Alpha-Wellen erschienen. B Ableitung vom hinteren Teil des Kopfes, die die Auswirkung von flackerndem Licht zeigt. Unter den vom Kopf abgeleiteten Kurven sind jeweils die Kurven von einer photoelektrischen Zelle gezeigt, die die Frequenz des Aufblitzens anzeigen. Bei der unteren Aufnahme wurde diese Frequenz von 18 auf 12/s reduziert, und die Hirnwellen hielten mit dem Flackern Schritt. Bei den Hirnwellen handelt es sich um Potentialänderungen in der Größenordnung von 20–30 μv. Adrian, E.D.: The physical background of perception, S. 95. Oxford: Clarendon 1946

erfolgt, insbesondere was die berührte Stelle angeht, zum Beispiel im Gesicht. Der »Überraschungswert« ist die bedeutsame Variable, nicht die Stärke der Berührung. Wenn der gleiche Reiz wiederholt wird, verliert er seinen Überraschungswert und daher auch seine unterdrückende Wirkung auf die Alpha-Wellen. Bei Abb. 4-2 A waren die Augen weit offen und die Aufmerksamkeit auf das Gesichtsfeld gerichtet, so daß der Alpha-Rhythmus unterdrückt war. Bei dem Signal versuchte die Versuchsperson das Ticken einer fast unhörbaren Uhr zu hören; die Aufmerksamkeit wurde vom Gesichtsfeld weggelenkt, und der Alpha-Rhythmus erschien wieder für etwa eine Sekunde in voller Stärke und später mit einem gedämpften Niveau, bis man die Uhr entfernte und er vom Sehen wieder vollständig unterdrückt wurde. Da die Aufnahme vom Occipitallappen gemacht wurde, hatten auditive Reize keinen direkten Einfluß.

Adrian (1946) faßt die Alpha-Rhythmus-Geschichte sehr gut zusammen:

> Man kann daher die Alpha-Wellen als einen Rhythmus-Typ ansehen, der mit dem Zustand der Unaufmerksamkeit verknüpft ist und in Gehirnregionen vorkommt, die bei der geistigen Aktivität keine Rolle spielen, weil die Aufmerksamkeit in eine andere Richtung gerichtet ist. Beim normalen Sehen gibt es immer etwas, worauf das Auge fällt, auch wenn unsere Aufmerksamkeit hauptsächlich woanders ist; und so ist der Alpha-Rhythmus normalerweise nicht vorhanden, wenn wir wach sind. Wenn wir aber schläfrig werden, ist es schwerer, aufmerksam zu bleiben, und der Rhythmus stellt sich wieder ein, auch wenn die Augen offen sind; wenn wir dann anfangen einzuschlafen, dominiert er das Gehirn einige Zeit, bis er dann später durch gelegentliche langsame Wellen ersetzt wird, wenn der Schlaf sich eingestellt hat (vgl. die oberen Kurven in Abb. 6-8).

Eine normale visuelle Erfahrung hat zur Folge, daß der Alpha-Rhythmus von einem sehr feinen unregelmäßigen Rhythmus abgelöst wird. Wir nehmen an, daß dieser Rhythmus durch das komplexe Geschehen im Neuronenapparat bei den visuellen Vorgängen entsteht (Adrian, 1946). Zu dieser Erklärung paßt die Tatsache, daß, wenn beim Öffnen der Augen der visuelle Reiz aus einem Blinklicht besteht, der occipitale Cortex über eine beträchtliche Frequenzbreite rhythmische Wellen erzeugt, die mit dem Blinklicht phasengleich sind. In Abb. 4-2 B (a) ist zum Beispiel ein ursprünglicher Alpha-Rhythmus zu sehen, der kurz durch ein 18mal pro Sekunde aufblinkendes Licht unterdrückt wird, sich dann aber bald in der Frequenz ausgleicht. In Abb. 4-2 B (b) sieht man, daß der corticale Rhythmus der Blinkfrequenz von 18 auf 14 und weiter auf 12/s folgt. Jedes Aufblitzen des Blinklichts ruft im occipitalen Cortex auf die unten in Abschnitt 4.2 beschriebene Art ein elektrisches Potential hervor.

Es wurde oft die Meinung vertreten, der Alpha-Rhythmus werde von rückwirkenden cortico-thalamischen Schaltkreisen erzeugt. Sie stützt sich auf Untersuchungen zur Wiederholungsaktivität des Thalamus. Einen ausgezeichneten Überblick über diese Literatur geben Andersen und Andersson (1968), die von einer neueren (1962 und später) analytischen Untersuchung der thalamischen Reaktionen und der simultanen corticalen Potentiale berichten. Wiederholte Reaktionen, die dem Alpha-Rhythmus ähnlich sind, können bei Tieren durch Betäubung mit Barbituraten hervorgerufen werden – ein

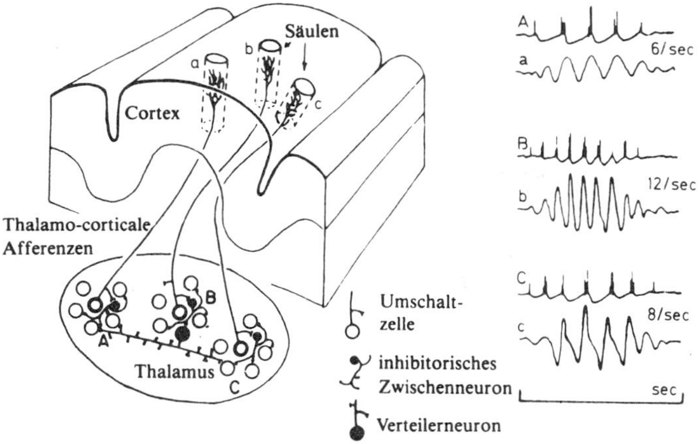

Abb. 4-3. Modell der thalamo-corticalen rhythmischen Korrespondenz. Die Neuronen der drei Kerngruppen des Thalamus, *A, B* und *C,* schicken ihre Axone in die entsprechenden Bereiche der Hirnrinde und aktivieren die Säulen *a, b* und *c.* Collateralen dieser Axone erregen inhibitorische Zwischenneurone (*schwarz*), deren reich verzweigte Axone bei einer großen Anzahl thalamischer Neurone gleichzeitig eine postsynaptische Hemmung bewirken können. Die verschiedenen Kerngruppen des Thalamus haben verschiedene Ausschlagfrequenzen, Anfangs- und Endzeiten. Die ihnen entsprechenden Merkmale der corticalen Spindeln variieren demgemäß, wie rechts gezeigt wird. Die oberen Kurven zeigen erfundene Ausschläge aus den Gruppen des Thalamus *A, B* und *C,* die unteren Kurven die entsprechenden corticalen Spindeln, wie sie demnach an den Punkten *a, b* und *c* auftreten würden. Andersen, P., Andersson, S.A.: Physiological basis of the alpha rhythm. New York: Appleton-Century-Crofts 1968

Effekt mit großem experimentellen Nutzen. Abb. 4-3 zeigt auf der rechten Seite das Verhältnis von durch Barbiturate erzeugten thalamischen Ausschlägen (A, B, C) zu den corticalen Ausschlägen (a, b, c). Es spricht vieles dafür, daß die Erzeugung der thalamischen Ausschläge auf die Wirkungsweise der thalamischen Schaltkreise, die in Abb. 4-3 gezeigt werden, zurückgeht. Die Umschaltzellen im Thalamus aktivieren über Axon-Collaterale inhibitorische Zwischenneurone. Auf diese Weise erzeugt jede Entladung vom Thalamus zum Cortex eine rückwirkende Hemmung der benachbarten Gruppe von Umschaltzellen im Thalamus, die so in einen gemeinsamen Rhythmus gebracht werden. Ein noch weiter verbreiteter Einfluß wird durch die Hemmung der Verteilerzellen ausgeübt, die im Hintergrund exzitatorisch wirken. Auf diese Weise kommt es dazu, daß eine enorme Anzahl von Umschaltzellen im Thalamus ungefähr 100 ms andauernde synchronisierte Hemmungen erfahren, die mit einer Rückschlag-Entladung von Impulsen enden, wieder mit einer weiteren hemmenden Wirkung und darauffolgendem Rückschlag, und so weiter, wie in den Kurven A, B und C in Abb. 4-3 gezeigt ist. Fast alle Inputs aus den niedrigeren Ebenen des Zentralnervensystems erreichen den Neocortex über thalamo-corticale Bahnen, die weit über alle Teile des Neocortex verteilt sind (Abb. 5-3). Die Bahnen zu drei Säulen, a, b und c, werden in Abb. 4-3 gezeigt, zusammen mit den Potentialen a, b und c, die in diesen Säulen erzeugt werden. Man wird verstehen, daß diese Hypothese der Erzeugung von Wellengipfeln (Spindeln) den thalamischen Schaltkreisen die Hauptrolle zuspricht, während die corticalen Säulen nur auf den wiederholten Antrieb vom Thalamus reagieren, der durch afferente Fasern wie die in den Abb. 2-2 und 2-6 dargestellten SPEZ.AFF. weitergeleitet wird. Die neueren Konzepte der modulären Wirkungsweise des Neocortex mit der Möglichkeit von wiedereintretenden Schlaufen machen es jedoch wahrscheinlich, daß der Neocortex aktiv dazu beiträgt, die rhythmische Aktivität, die in Form des Alpha-Rhythmus ausgedrückt wird, zu bestimmen. Die corticale Aktivität bestätigt sich selbst, wenn sie durch afferente Reizleitungen oder durch geistige Aktivität, wie die Abb. 4-1 und 4-2 B zeigen, angeregt wird.

4.2 Vorgangsbezogene Potentiale

4.2.1 Evozierte Potentiale im Neocortex

Ein einzelner Reiz auf einem afferenten Nerv produziert auf der Oberfläche der Hirnrinde (Abb. 4-4) oder auf der darüberliegenden Schädeldecke (Abb. 4-5 und 4-6) eine zunächst positive (P) und später negative (N) Welle. Diese evozierten Potentiale, wie sie genannt werden, sind durch Stimulation von afferenten Nerven verschiedener Modalitäten ausführlich untersucht worden. Die frühere Literatur dazu ist von mir in einem Überblick zusammengestellt worden (Eccles, 1951a). Es besteht allgemeine Übereinstimmung darüber, daß die positive Anfangsphase erzeugt wird, wenn die afferenten Reize die neuronalen Dendriten in Schicht IV (vgl. die Endigungen der afferenten Fasern in Abb. 2-2) synaptisch erregen. Die positive

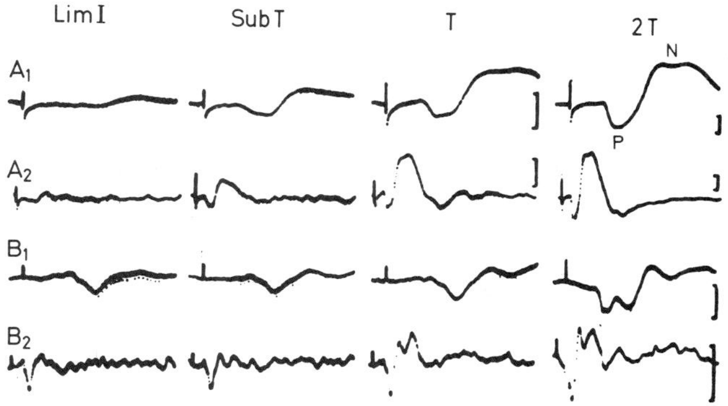

Abb. 4-4. Gemittelte evozierte Potentiale des somatosensorischen Cortex in ihrem Verhältnis zu Schwellenreizen auf der Haut. Jede Kurve ist aus 500 Reaktionen mit 1,8/s gemittelt. Die gesamte Länge der Aufzeichnung beträgt bei A_1 und B_1 125 ms und bei A_2 und B_2 500 ms. Das Auftreten eines Stimulusartefakts ist am Beginn jeder Kurve sichtbar. A und B sind verschiedene Versuchspersonen, beide Parkinsonpatienten. Spalte *T*: Die Stimuli liegen an der Wahrnehmungsschwelle, wobei die Versuchspersonen berichteten, einige der 500 Reize gar nicht gespürt zu haben. Spalte *2T*: Die Stimuli haben die doppelte Stromstärke des Schwellenwertes; alle Stimuli wurden deutlich gespürt. *SubT*: Unterschwellige Stimuli; keiner davon wurde von den Versuchspersonen gespürt; die Stromstärke lag bei Versuchsperson A ungefähr 15% und bei Versuchsperson B 25% unter dem Schwellenwert. *LimI*: Unterschwellige Stimuli mit »Schwellen-Intensität« (siehe Text), bei Versuchsperson A ungefähr 25%, bei Versuchsperson B 35-40% unter dem Schwellenwert. Polarität: In allen Kurven zeigen die positiven Ausschläge nach unten. Die senkrechten Striche bei A unter T zeigen 50 mV an, bei A_1 und entsprechend auch bei A_2; die Veränderungen sind jedoch unterschiedlich, wie bei 2T gezeigt. Bei B_1 und B_2 zeigt der Strich 20 mV an. Libet, B.: Electrical stimulation of cortex in human subjects, and conscious sensory aspects. In: Handbook of sensory physiology. Iggo, A. (Hrsg.), Band II, S. 743-790. Berlin, Heidelberg, New York: Springer 1973

Ladung der Oberfläche geht auf die Quellen des ständigen Stroms von den oberflächlichen Dendriten-Zonen zu den negativen Dendriten-Ladungen in Schicht IV zurück (vgl. Abb. 4, Eccles, 1951a). Das spätere negative Oberflächenpotential wird von sekundär erregten Neuronen erzeugt.

Diese erste zweiphasige Welle des evozierten Potentials ist jedoch nicht das neuronale Gegenstück einer bewußten sensorischen Erfahrung. Zum Beispiel wird sie unter Narkose wenig beeinflußt (Jasper, 1966). Auch die Stimuli in Abb. 4-4, die die SubT-Reaktionen zur Folge hatten, wurden von der Versuchsperson nicht wahrgenommen; erst die viel stärkeren T-Reaktionen befanden sich an der Wahrnehmungsschwelle. Wiederholte Reize jedoch, mit einer Frequenz von 60/s, riefen tatsächlich für den Bruchteil einer Sekunde eine bewußte Erfahrung hervor, auch wenn sie sich auf dem schwachen Lim I-Niveau befanden (Libet, 1973). So kann also daraus geschlossen werden, daß, um eine bewußte Erfahrung zu erhalten, dem somatosensorischen Cortex Reize über viele afferente Fasern gleichzeitig oder wiederholte Reize einer kleineren Anzahl von Fasern zugehen müssen. Der wichtigste Punkt dabei ist, daß ein beträchtlicher Aufbau neuronaler Reaktionen nötig ist, bevor die Schwelle für eine bewußte Erfahrung erreicht wird. Bei der B_2-Kurve in Abb. 4-4 erscheinen auf dem 2T-Niveau später Wellenformen, die eine weitere Ausbreitung der neuronalen Aktivität im Cortex anzeigen. Solche späten Wellen verschwinden, wenn eine Narkose bewußte Erfahrungen verhindert.

Die weite Ausbreitung des sensorischen Inputs einer Berührung über den Cortex wird dadurch angezeigt, daß der Alpha-Rhythmus einige Sekunden lang gedämpft ist (Abb. 4-1 B). Das Aufzeichnen der cerebralen Durchblutung mit der Radio-Xenon-Technik, wie in der 6. Vorlesung beschrieben wird (Ingvar, 1975a; Lassen et al., 1978), liefert eine noch augenfälligere Demonstration der weit verbreiteten cerebralen Aktivität, die aufgrund eines Berührungsreizes entsteht. Der Vergleich der Abbildungen »Ruhe« und »Berührung« in Abb. 6-2 legt dar, daß bei einer andauernden Berührung der Hand die cerebrale Durchblutung in den Frontal- und Parietallappen beträchtlich über den Ruhewert ansteigt. Auf diese Weise breitet sich die gesteigerte cerebrale Aktivität über einen Bereich aus, der, ganz wie in Abb. 3-1 und 3-2 A zu sehen ist, sich von den Feldern 3, 1, 2 auf die Felder 5, 4, 6, 7 SM und 46 ausdehnt. Diese breite Streuung geschieht über die in den Abb. 2-5 und 2-7 schematisch dargestellten Übertragungslinien zwischen den Moduln. Man kann vermuten, daß in den Experimenten von Libet (1973) die Versuchsperson so lange keine bewußte Erfahrung des Reizes erlebte, bis diese weitverbreitete Streuung und die damit verbundene Erzeugung komplexer Raum-Zeit-Muster stattgefunden hatte (Abb. 2-10). Wir werden nun sehen, daß das bewußte Aufmerksamsein diese Entwicklung stark unterstützt.

4.2.2 Aufmerksamkeit

4.2.2.1 Einführung

Adrian (1946) betont die Bedeutung der Aufmerksamkeit bei unseren Wahrnehmungen, auf die in der 3. Vorlesung bereits kurz hingewiesen wurde:

> Das Gehirn kann durchaus hellwach sein, aber wenn wir etwas Interessantes ansehen, nehmen wir möglicherweise Geräusche überhaupt nicht wahr, die aber sicherlich Botschaften in unser Hörfeld schicken. Um herauszufinden, was passiert, wenn unsere Aufmerksamkeit zuerst auf ein Gebiet und dann auf ein anderes gerichtet ist, müssen wir uns in erster Linie auf die Versuchsperson verlassen, die ihre Aufmerksamkeit mehr oder weniger willkürlich lenken kann.

Wenn man das bei sich selbst ausprobiert, ist es am besten, es mit der somatosensorischen oder der auditiven Wahrnehmung zu versuchen, weil beim Sehen die Blickrichtung die Richtung der visuellen Aufmerksamkeit bestimmt. Bei geschlossenen Augen, also unter Ausschaltung des visuellen Inputs, ist es möglich, die Aufmerksamkeit auf ein kleines Gebiet des Tastsinns, wie etwa den linken kleinen Finger oder den rechten großen Zeh, zu richten und bei eigentlichem Ausschließen aller anderen Wahrnehmungen auf die sensorische Erfahrung zu achten. Ähnlich können wir beim Hören auf einen bestimmten vorher ausgewählten Input, zum Beispiel Sprache, achten und alle anderen dabei ausschließen. Adrian (1946) sagt dazu:

> Die Richtung unserer Aufmerksamkeit scheint außerdem bestimmt zu sein von einem Ausbalancieren der Ansprüche, das in einer zentralen Region stattfinden muß und das entscheidet, welcher Teil des Cortex für den Gebrauch durch den Geist vom Alpha-Rhythmus freigegeben werden soll. Aber wie das Lenken der Aufmerksamkeit entschieden wird und wo es entschieden wird, ist ziemlich ungewiß, und im Moment können wir nur sagen, daß das Unterdrükken der einheitlichen Frequenz des Alpha-Rhythmus dafür eine Bedingung ist.

Es sollte bemerkt werden, daß sich Adrian deutlich auf das Liaison-Hirn bezieht und also auf dualistisch-interaktionistische Weise argumentiert.

Mountcastle (1978) betont die Bedeutung der Auswahl aus dem »Meer der Signale«, in dem wir uns befinden. Besondere Betonung legt er auf die Rolle der Blickrichtung beim Entstehen selektiver visueller Aufmerksamkeit, wobei es sich oft um Blick-Folgen handelt, wenn die Augen mit schnellen, sprunghaften Bewegungen von einer Blickrichtung in die andere wechseln. Wenn jedoch ein interessantes Objekt gesehen wird, dann wird der Blick aufmerksam darauf fixiert. Aufmerksamkeit wirkt nicht nur auf das Ablesen der ausgewählten modulären Operationen ein, sondern trägt auch zur Entwicklung der modulären Muster bei.

Rensch (1971) verleiht dem Charakter der Aufmerksamkeit gut Ausdruck, indem er dualistisch sagt:

> Normalerweise folgen unsere Gedanken einander nicht in einer Zufallsfolge, die einfach durch die existierenden Assoziationsketten bestimmt wird. ...Im Gegenteil, wir verfolgen bestimmte Gedankenzüge, das heißt, wir lenken unsere Aufmerksamkeit und führen unsere Gedanken durch willkürliche Prozesse in bestimmte Bahnen.

4.2.2.2 Experimentelle Untersuchungen zur Aufmerksamkeit

Es gibt viele Untersuchungen darüber, wie Aufmerksamkeit die evozierten corticalen Potentiale modifiziert, insbesondere die Potentiale, die auf die ersten P- und N-Wellen (vgl. Abb. 4-4) folgen. Diese späteren Wellen haben verschiedene Polaritäten und Latenzzeiten und entstehen vermutlich durch Übertragung von der zuerst erregten Stelle auf die benachbarten corticalen Areale und von da aus weiter. Diese späteren komplexen Wellenformen können nun durch die Mittelungs-Technik von ihrem Hintergrund abgehoben werden. Auf diese Weise können auch Potentiale von nur einigen Mikrovolt sicher ausgemacht werden.

Desmedt und Robertson (1977a, 1977b) geben eine Übersicht über eine große Anzahl von Untersuchungen zu den späteren Komplexwellen, die durch einen kurzen somatosensorischen Input ausgelöst werden. Es besteht allgemeine Übereinstimmung darüber, daß unter günstigen Bedingungen (Abb. 4-5 B und C) eine negative Welle mit einer Latenzzeit von etwa 150 ms (N 150) einer positiven Welle mit einer Latenzzeit von 300-400 ms (P 300 oder P 400) vorangeht. Durch sorgfältige Versuchsplanung waren sie in der Lage, die Bedingungen herzustellen, unter denen diese Wellen erzeugt werden, und so Licht in die cerebralen Vorgänge zu bringen, die zum bewußten Registrieren einer Berührung führen.

Bei der experimentellen Standard-Prozedur werden am Zeige-

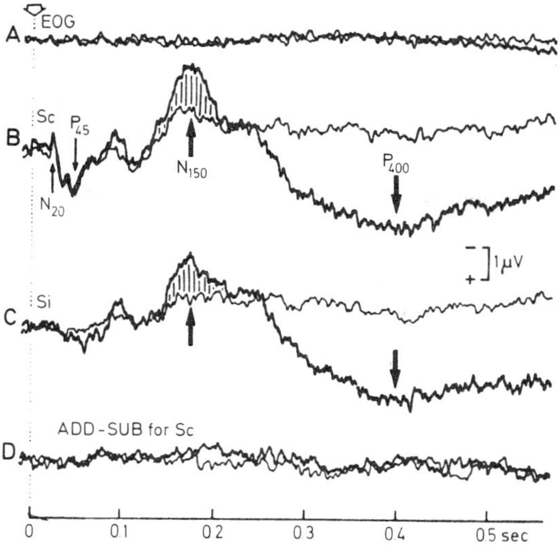

Abb. 4-5 A-D. Kognitive SEP (somatosensorische evozierte Potentiale): Komponenten N 150 und P 400 bei Ableitung über dem rechten und linken Parietallappen. A Das EOG (Elektrookulogramm) weist das Fehlen von zurückbleibenden Artefakten bei den Augenbewegungen nach. B, C. Die SEP wurden durch elektrische Stimulation mit 3,5 mA am Mittelfinger der rechten Hand erzeugt, und zwar bei Durchgängen, während denen die Versuchsperson auf diesen Finger achtete (*dickere Kurven*), und bei Durchgängen, während denen die Versuchsperson auf über Kopfhörer übertragene Klick-Geräusche achtete (*dünnere Kurven*). B Contralaterale SEP, *Sc*, aufgenommen von der Ableitung über dem Parietallappen. C Ipsilaterale SEP, *Si*, abgeleitet von der zu B symmetrisch gegenüberliegenden Stelle. D Addition-Subtraktion-Mittelwert-Stichproben, die eine mögliche Beteiligung des reaktionsunabhängigen EEG-Hintergrundes an der gemittelten SEP Reaktion feststellen sollen. Der Anstieg der N 150-Welle auf die Zielreize hin (gestrichelter Bereich) ist contralateral etwas größer (B). Die P 400-Welle, geschätzt aus dem Grundniveau vor der Stimulierung, ist praktisch auf beiden Seiten gleich. Desmedt, J.E., Robertson, D.: Search for right hemisphere asymmetries in event-related potentials to somatosensory cueing signals. In: Language and hemispheric specialization in man: cerebral event-related potentials. Desmedt, J.E. (Hrsg.) S. 172-187. Basel: Karger 1977

und Mittelfinger jeder Hand je zwei Stimulationselektroden befestigt. Die auf die Finger ausgeübten Stimuli bestehen aus kurzen Stromstößen von ungefähr 3 mA, die während des ganzen Experiments um 30-50% oberhalb der Wahrnehmungsschwelle gehalten werden. Die zeitliche Abfolge der Stromstöße wird von einem Zufallsgenerator bestimmt, der mit einer durchschnittlichen Frequenz von 150/Minute die Stromstöße abgibt, wobei die tatsächlichen zeitlichen Zwischenräume von 250 ms bis zu 570 ms variieren. Weiter ist es ebenfalls zufallsbestimmt, auf welchen der vier Finger der Stromstoß ausgeführt wird, so daß ein einzelner Finger Stimuli mit zeitlichen Intervallen von 250 ms bis zu 2280 ms erhält und die Durchschnittsfrequenz hier 37/Minute beträgt. Die in den Abb. 4-5 und 4-6 gezeigten EOG-Kurven zeigen, daß bei den gemittelten Werten keine bedeutenden Besonderheiten bei den Augenbewegungen auftreten. Auch in Abb. 4-5 D wird gezeigt, daß, wenn die durch die Fingerstimulation erzeugten Potentiale durch sukzessive Umpolung kompensiert werden, keine auf die Hintergrundaktivität zurückzuführenden Potentiale verbleiben.

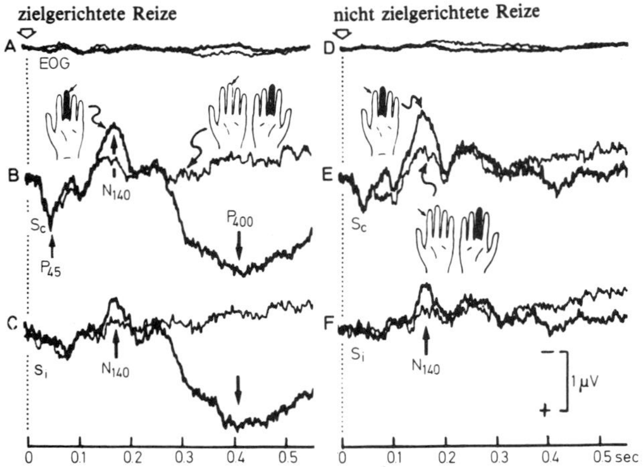

Abb. 4-6 A-F. Experiment mit zufälliger Abfolge von Reizen an vier Fingern. **A** und **D**: EOG-Kontrollkurven. **B** und **E**: SEP, aufgenommen über dem contralateralen parietalen Fokus (Sc), hervorgerufen durch Reize von 3 mA auf den linken Mittelfinger (B) und den linken Zeigefinger (E). **C** und **F**: Entsprechende Potentiale, die gleichzeitig von der symmetrischen ipsilateralen (*Si*) Elektrode abgeleitet wurden. Die Versuchsperson zählt die zielgerichteten Reize auf den Mittelfinger der linken Hand (*dicke Kurve*) bzw. der rechten Hand (*dünne Kurve*). Bei den Zeichnungen der Hände ist der Finger, auf den geachtet wird, schwarz eingezeichnet, und der *kleine Pfeil* deutet auf den Finger, von dessen Cortexareal das angegebene SEP abgeleitet wurde. N = 560. Desmedt, J.E., Robertson, D.: Differential enhancement of early and late components of the cerebral somatosensory evoked potentials during forced-paced cognitive tasks in man. J. Physiol. *271*, 761-782 (1977)

Abb. 4-6 illustriert die experimentelle Vorgehensweise. Die Versuchsperson wird instruiert, auf einen bestimmten Finger zu achten. In Abb. 4-6 B ist das zum Beispiel auf der linken Seite der linke Mittelfinger und auf der rechten Seite der rechte Mittelfinger; die entsprechenden Finger sind in der Zeichnung schwarz markiert. Bei den Abb. 4-6 B und C werden die Elektrocorticogramme aus Durchschnittswerten der Reaktionen gebildet, die von den auf den entsprechenden Finger gerichteten Reizen hervorgerufen wurden. Die Versuchsperson muß über einen Zeitraum von einigen Minuten die Reize, die an dem Finger, auf den sie achten soll, gespürt werden, zählen. Bei einer mittleren Frequenz von 37/Minute erfordert dies die ganze Konzentration der Versuchsperson. Bei einem zufriedenstellenden Durchgang erreicht die Versuchsperson etwa 95% der vom Computer angegebenen korrekten Anzahl. In Abb. 4-5 B und C wurde die im Hintergrund verlaufende dünnere Kurve aufgezeichnet, als die Versuchsperson auf akustische Klick-Geräusche achtete und nicht auf den stimulierten Finger. Im Verhältnis zu diesen Kontrollreaktionen zeigen sich in Abb. 4-5 B große N 150- und P 400-Ausschläge und in Abb. 4-6 B große Ausschläge mit N 140 und P 400. Diese Kurven heben sich deutlich von den feiner gezeichneten Kurven im Hintergrund ab, die bei Stimulation des gleichen Fingers entstanden, jedoch dann, als die Versuchsperson auf akustische Klick-Geräusche (Abb. 4-5 B und C) oder auf den gleichen Finger der anderen Hand achtete (rechts in Abb. 4-6 B), und so die Stimulation des Fingers, von dem das Elektrocorticogramm abgeleitet wurde, ignorierte. Die anfänglichen N 20- und P 45-Komponenten werden überlagert und die Latenzzeit bis zum Entstehen der späteren N-Komponente variiert bei den verschiedenen Versuchspersonen zwischen 50 und 130 ms mit einem Mittelwert von 77 ms. Man sollte beachten, daß bei Ableitungen von der Kopfhaut eine sehr kleine erste N-Komponente auftreten kann (Abb. 4-5 B), die bei der subduralen Ableitung von Abb. 4-4 nicht zu erkennen war.

Die gleiche experimentelle Vorgehensweise wurde auch bei den in den Abb. 4-5 C und 4-6 C dargestellten Aufnahmen angewandt, nur wurde hier über dem ipsilateralen Cortex abgeleitet. In Anbetracht der Tatsache, daß die Finger im Gehirn über Kreuz repräsentiert sind, war eine geringe erste P-Reaktion zu erwarten. Es war jedoch überraschend, einen großen Komplex später Potentiale zu finden, wenn der Finger, auf den die Aufmerksamkeit gerichtet war, stimuliert wurde. Die N 140- oder N 150-Komponenten waren niedriger als bei der Ableitung von der contralateralen Hemisphäre, aber die P 400-Ausschläge waren ungefähr gleich. Die Kurven E und F aus Abb. 4-6 bieten eine interessante Variante darin, daß hier die Aufmerksamkeit zwar auf den gleichen Finger gerichtet war; abgeleitet wurden jedoch Reaktionen auf die Stimulation des Zeigefingers entweder der gleichen (E) oder der anderen Hand (F). Der Vergleich der dicken mit der dahinterliegenden dünnen Kurve ergibt, daß unabhängig von der Seite, von der abgeleitet wurde, eine N 140- und eine kleine spätere P-Welle entstand. Also ist die Wirkung der Aufmerksamkeit, die auf die Stimulation eines bestimmten Fingers gerichtet ist, auch größtenteils auf die Stimulation dieses Fingers beschränkt. In Abb. 4-5 B überlagern sich die beiden Kurven der N 20- und P 45-Wellen; ebenso die P 45-Wellen in Abb. 4-6 B und E. Diese Beobachtung ist deshalb wichtig, weil sie anzeigt, daß die Aufmerksamkeit die Reizübertragung auf der Bahn von der Peripherie zum sensorischen Cortex nicht durch »Sperrung« beeinflußt hat.

Desmedt und Robertson (1977a, 1977b) haben herausgefunden, daß, wenn man große späte N- und P-Wellen erhalten will, die Aufmerksamkeit der Versuchsperson vollständig in Anspruch genommen sein muß. Sie wählten aus diesem Grund die hohe Reiz-Frequenz von 150/Minute. Bei einer Frequenz von zum Beispiel 40/Minute waren die späten Wellen viel kleiner. Die Aufmerksamkeit der Versuchsperson wurde auch dann nicht vollständig in Anspruch genommen, wenn die Reize deutlich über der Wahrnehmungsschwelle lagen. Der Trick mit dem leisen Zählen der Reize, die auf den entsprechenden Finger trafen, wurde benutzt, um Komplikationen durch Muskel-Aktionspotentiale auszuschalten, die bei Signalisierungsreaktionen der Versuchsperson auftreten würden.

Die Versuchsperson wurde zu Beginn instruiert, alle nicht das entsprechende Ziel (den entsprechenden Finger) treffenden Reize aus ihrem Bewußtsein auszuschließen, also alle Reize, die den benachbarten Finger oder die andere Hand trafen. Ihre Aufmerksamkeit war vollständig auf das Zählen der zielgerichteten Reize konzentriert, so daß wir also annehmen können, daß die anderen Reize nicht bewußt wahrgenommen wurden. Auf diese Weise führen diese Experimente zu zwei Schlußfolgerungen:

(1) Wenn die Aufmerksamkeit auf einen Finger gelenkt ist, wächst die sich ausbreitende neuronale Aktivität beträchtlich über die erste, im primären sensorischen Cortex durch die Stimulation erzeugte Aktivität hinaus.

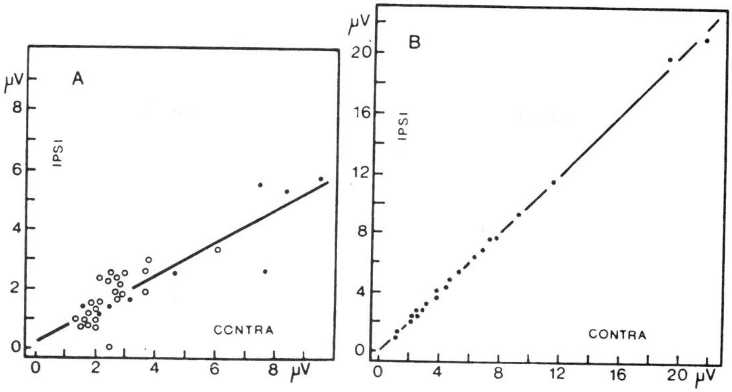

Abb. 4-7 A, B. Laterale Verteilung der SEP-Komponenten bei schnellen Vier-Finger-Beispielen. Vergleich zwischen den Spannungsgipfeln der kognitiven Komponenten N 140 (*Kreise* in A), P 100 (*Punkte* in A) und P 400 (*Punkte* in B) bei symmetrischer parietaler Ableitung mit einer Referenzelektrode am Ohrläppchen der jeweiligen Seite. Es wurden die Spannungen an den contralateralen (Abszisse) und ipsilateralen (Ordinate) parietalen Stellen verglichen. Die Spannung wird in µV auf der Grundlage des vor der Stimulation bestehenden Spannungsniveaus geschätzt. Die SEP-Komponenten P 100 und N 140 sind contralateral zur Ziel-Hand größer, unabhängig davon, ob die zielgerichteten Reize auf die rechte oder linke Hand treffen. Die P 400-Komponenten dagegen sind auf beiden Seiten gleich groß. Desmedt, J.E., Robertson, D.: Search for right hemisphere asymmetries in event-related potentials to somatosensory cueing signals. In: Language and hemisphere specialization in man: cerebral event-related potentials. Desmedt, J.E. (Hrsg.), S. 172-187. Basel: Karger 1977

(2) Diese später entstehenden Reaktionen sind mit der bewußten Wahrnehmung der Reize verbunden. Der Effekt des Aufmerksamseins auf einen Finger ist nicht absolut auf diesen Finger beschränkt, sondern beeinflußt zu einem gewissen Grad auch die Reaktionen, die durch Stimulation des benachbarten Fingers hervorgerufen werden (Abb. 4-6 E, F).

Es ist von sehr großem Interesse, daß die sich ausbreitende neuronale Aktivität, die durch die Aufmerksamkeit ausgelöst wird, schließlich beide Hemisphären gleichermaßen betrifft. So zeigt zum Beispiel ein Vergleich der N 140- oder N 150-Wellen aus Abb. 4-5 B und 4-6 B mit denen der anderen Hemisphäre aus Abb. 4-5 C und 4-6 C, daß die contralaterale Reaktion beträchtlich stärker ist. Bei der anderen Hand sind die P 400-Reaktionen gleich stark. In Abb. 4-7 ist eine große Anzahl von IPSI- und CONTRA-Reaktionen in ein Koordinatensystem eingetragen. Die in Abb. 4-7 A eingezeichneten Reaktionen schließen einige P 100-Reaktionen mit ein (Punkte). Aus einem unbekannten Grund bestand bei diesem Experiment die erste Aufmerksamkeits-Reaktion in einer positiven Welle mit einem Maximum bei ungefähr 100 ms anstelle der N 140-Welle. Bei Abb. 4-7 A sind die N 140-Reaktionen auf der contralateralen Seite stärker, während in Abb. 4-7 B die P 400-Reaktionen sehr nahe an der 45°-Linie liegen. Auf diese Weise wird die durch Aufmerksamkeit ausgelöste neuronale Aktivität weit über beide Hemisphären verbreitet. Die aufgezeichneten Wellen sind über dem Parietallappen am stärksten, jedoch auch über den benachbarten Arealen der Frontallappen noch von beträchtlicher Stärke. Jones und Powell (1970b) haben mit Degenerationstechniken die aufeinanderfolgenden Umschaltstellen für die neuronale Übertragung aus dem primären somatosensorischen Bereich gezeigt (Abb. 3-2). Zuerst findet eine starke Weiterverbreitung auf die Brodmannschen Felder 5 und 76 (Abb. 3-1) statt, später werden jedoch auch die Brodmannschen Felder 6 und 46 im Frontallappen miteinbezogen. Außerdem sind alle diese parietalen und frontalen Bereiche durch das Corpus callosum effektiv mit der contralateralen Seite verbunden.

Der Effekt der Aufmerksamkeit, eine späte positive Welle zu entwickeln, ist in Abb. 4-8 bei einem ganz anderen Versuch dargestellt (Desmedt, 1977; Desmedt und Robertson, 1977b). Der rechte Zeigefinger fiel mit Hilfe einer elektro-mechanischen Konstruktion auf den kreisförmigen Rand am Ende einer Plexiglasröhre. Die Test-Reize bestanden in einer Vertiefung in diesem Rand, die bei aufeinanderfolgenden Versuchsdurchgängen, relativ zur Versuchsperson, vier verschiedene Stellungen (jeweils um 90° gedreht) einnehmen konnte. Bei den Kontrollreizen hatte der Rand keine Vertiefungen. Abb. 4-8 zeigt ein typisches Experiment. Das »aktive Berühren« (angezeigt durch die senkrechte punktierte Linie) führt zu einer ersten positiven und einer starken negativen Welle in den evozierten Potentialen (Abb. 4-4). Dann entsteht bei B ein verlängertes positives Potential (bis zu 2 ms), das über dem rechten Parietallappen viel stärker ist als über dem linken. Wie in den Abb. 4-5 A und D und 4-6 A und D belegen die EOG- und ADD-SUB-Kontrollkurven, daß die bei B, C und E beobachteten Potentiale wirklich durch den Fingerkontakt ausgelöst wurden. Es ist höchst bedeutsam, daß über dem linken Parietallappen kein signifikanter Unterschied zwischen den Berührungen mit der glatten Oberfläche und denen mit der Vertie-

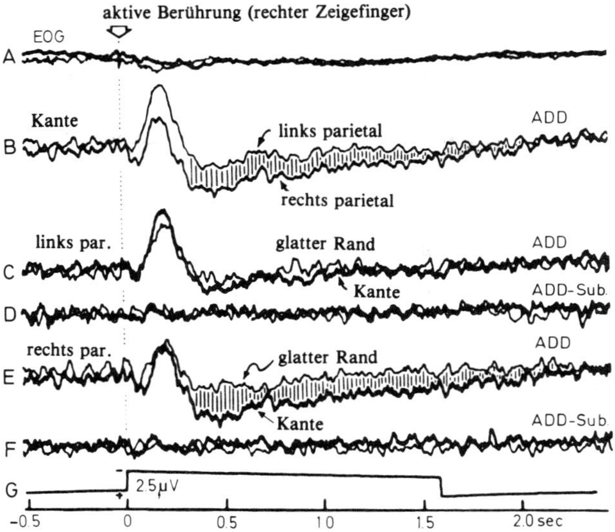

Abb. 4-8 A-G. Aktive Berührung durch den rechten Zeigefinger bei einer rechtshändigen Versuchsperson mit Sprachzentrum in der linken Hemisphäre. Der Finger fällt zu dem mit dem *Pfeil* angezeigten Zeitpunkt auf den Plexiglas-Rand. Die Kurven stellen das Mittel aus 101 Versuchen dar. **A** Elektrookulogramm-Kontrolle während der gleichen Durchgänge. **B** Ertasten des Randes; die sich überlagernden Kurven wurden gleichzeitig vom rechten (*dicke Kurve*) und vom linken parietalen Cortex aufgenommen. Die senkrechte Schraffierung zeigt das Ausmaß der positiven Elektrogenese auf der rechten Seite an. **C** Über dem linken parietalen Cortex aufgenommene Kurven von zwei verschiedenen Gruppen von Durchgängen: beim aktiven Berühren der Kante (*dicke Kurve*) und der glatten Plexiglas-Oberfläche (*dünne Kurve*). **D** Zur Kontrolle der reaktionsunabhängigen Hintergrundaktivität der Mittelung der Additions-Subtraktions-Kurven der gleichen Durchgänge wie bei C. **E** Über dem rechten Cortex bei zwei verschiedenen Arten von Versuchsdurchgängen aufgenommene Kurven, bei der aktiven Berührung der Kante (*dicke Kurve*) und einer glatten Oberfläche. **F** Gemittelte Additions-Subtraktions-Kurve von E. **G** Kalibrierende Stufenfunktion (2,5 V). Die negative Spannung der aktiven Elektrode ist nach oben angetragen. Die Referenzelektrode (passive Elektrode) befand sich auf dem Mittelscheitel, um Interferenzen aus Muskelpotentialen und aus Alpha-Wellen des Elektroenzephalogramms auf ein Minimum zu beschränken. Die bei diesem Experiment mit Ohrläppchen-Referenzelektrode aufgenommenen Ableitungen waren ähnlich. Desmedt, J.E.: Active touch exploration of extrapersonal space elicits specific electrogenesis in the right cerebral hemisphere of intact right-handed man. Proc. Natl. Acad. Sci. USA *74*, 4037-4040 (1977)

fung bestand, während bei E, über dem rechten Parietallappen, das lange positive Potential den Kontakt mit der Vertiefung von dem glatten Kontakt unterschied. Ein ähnliches spätes, langandauerndes Potential wurde auch über der rechten Hemisphäre beobachtet, wenn die aktive Berührung mit der linken Hand vollzogen wurde. Diese spezielle elektrische Reaktion der rechten Hemisphäre stimmt damit überein, daß bei rechtshändigen Versuchspersonen räumliche Diskriminationsfähigkeiten der rechten Hemisphäre zugeordnet werden, wie in der ersten Vorlesung beschrieben wurde. Ferner entsteht diese späte Reaktion, weil die Aufmerksamkeit der Versuchsperson auf die Aufgabe gerichtet ist, die Vertiefung und ihre Richtung zu identifizieren.

4.2.3 Einfluß von Aufmerksamkeit und Absicht auf den Neuronenapparat des Gehirns

Betrachten wir die Abfolge dessen, was geschieht, wenn die Aufmerksamkeit bewirkt, daß ein schwacher Finger-Stimulus erkannt wird, der sonst unbemerkt geblieben wäre, wie in den Experimenten der Abb. 4-5 und 4-6. In beiden Fällen handelt es sich um den gleichen afferenten Input zum somatosensorischen Cortex, wie die identischen N 20- und P 45-Wellen zeigen. Unter dem Einfluß der Aufmerksamkeit, die die Versuchsperson voll beansprucht, entwikkelt sich eine extensive neuronale Aktivität, die sich weit über die ipsilaterale Seite ausbreitet und dann weiter auch auf die contralaterale Seite übergreift, so daß bei 400 ms beide Seiten symmetrisch betroffen sind (vgl. Abb. 4-7 B). Ich möchte nun behaupten, daß nur in diesem späteren Stadium der sich weit ausbreitenden neuronalen Aktivität ein Herauslesen von seiten des Geistes stattfindet, welches das bewußte Erfahren des leise mitgezählten Finger-Stimulus ergibt. Diese lange Latenzzeit bis zu einem bewußten Erkennen paßt zu den experimentell gefundenen Werten, die Libet (1973) durch schwache, wiederholte Stimulation des somatosensorischen Cortex bei wachen Versuchspersonen erzeugte.

Es ist jetzt möglich, die Mechanismen der sich ausbreitenden Aktivierung im Neocortex im einzelnen näher zu erklären. Wie in der 2. Vorlesung beschrieben wurde, steht fest, daß der Assoziationscortex aus Moduln mit einem jeweiligen Durchmesser von etwa 250 μm aufgebaut ist, die sowohl beim Empfangen eingehender Reize (vgl.

Abb. 2-7) als auch beim Aussenden von ipsilateralen und contralateralen Impulsen zu anderen Moduln als Einheiten funktionieren (Abb. 2-5) (Goldman und Nauta, 1977; Szentágothai, 1978a). Wir müssen uns also vor Augen führen, daß sich unter dem Einfluß von Aufmerksamkeit ein Raum-Zeit-Muster von starker modulärer Aktivität ausbildet. Dies ist das Muster, das schließlich im Aufmerksamkeitsprozeß durch den bewußten Geist entdeckt wird. Die Kommunikation der aktivierten Moduln des Liaison-Hirns zum bewußten Geist veranschaulicht das Schema in Abb. 1-7. Weiter ist in Abb. 1-7 aber auch die Kommunikation vom Geist zu den Moduln des Gehirns dargestellt. Das ist vermutlich der Aktivitätskanal für den Einfluß dieses bewußten Prozesses der Aufmerksamkeit, über den er die Entwicklung neuronaler Aktivität vom anfänglichen Input bis zu den späteren Reaktionen im somatosensorischen Cortex beeinflußt. Der Aufmerksamkeitsprozeß erklärt beide in Abb. 1-7 gezeigte Kommunikationskanäle. So liefert er wichtige empirische Nachweise für die dualistisch-interaktionistische Hypothese von der Beziehung zwischen Gehirn und Geist (2. Vorlesung; Popper und Eccles, 1982).

Die beim Erkennen der Vertiefung in einem Ring und ihrer Lage entstehenden Potentiale hängen auf ähnliche Weise mit der Ausbreitung neuronaler Aktivität, vom ursprünglichen Input bis zum somatosensorischen Cortex, zusammen. Aber in diesem Fall resultiert die geistige Anstrengung, die Vertiefung und ihre Lage zu erkennen, darin, daß die moduläre Ausbreitung auf die rechte Hemisphäre gelenkt wird, die bei Rechtshändern speziell für räumliches Urteilen geeignet ist (Abb. 1-3). So wird uns das Konzept nähergebracht, daß die Entwicklung des modulären Musters neuronaler Aktivität nicht nur von der Aufmerksamkeit der Versuchsperson abhängig ist, sondern auch von dem Interesse, dem sensorischen Input einen Sinn abzugewinnen. Desmedt und Robertson (1977a und 1976b) haben hier ein reichhaltiges Gebiet für die Untersuchung des Gehirn-Geist-Problems aufgetan.

Abschließend sollte gesagt werden, daß, so wichtig auch diese Potentiale als Signale der neuronalen Aktivität im Neocortex sind, es immer noch keine Information darüber gibt, auf welche Weise genau die von der Kopfhaut abgeleiteten negativen und positiven Potentiale erzeugt werden.

4.2.4 Absicht

4.2.4.1 Einführung

Sherrington (1940, 1964) liefert mit seiner überragenden Einsicht den Eingangsgedanken:

> Der Höhepunkt geistiger Integration wäre dann »Aufmerksamkeit« ... Die »gewollte« Handlung ist nur eine Anhäufung von Aufmerksamkeit. Wo gibt es sonst einen Moment vollständigerer Einheitlichkeit bei einem komplizierten Organismus als bei einem Menschen, der bereit und auf einen Akt eifrigen »Wollens« konzentriert ist? – Die anthropoiden Primaten haben das nicht. Aber können wir uns den Menschen, auch den primitiven Menschen, ohne das vorstellen? Rodins Statue portraitiert den prähistorischen Menschen, aufrecht mit der Hand an der Stirn, beim Versuch abstrakten Denkens. Von ihm ist auch die andere, sitzende Statue, der »Penseur«, in tiefes Nachdenken versunken.

Beloff (1976) drückt den wesentlichen Charakter der Absicht sehr gut aus:

> Eine sich abhebende Eigenschaft des Geistes ... ist der bekannte intentionale oder zweckgerichtete Aspekt des Verhaltens, der das, was ansonsten eine bloße Abfolge von Bewegungen wäre, in eine sinnvolle Handlung umformt. Eine Maschine kann jede Bewegungsfolge ausführen, die die Leistungsfähigkeit ihrer Bauweise zuläßt, aber kein physikalisches System kann da handeln, wo Aufmerksamkeit verlangt wird. ... Die kognitiven Prozesse bei Menschen oder Tieren mit den Informationsprozessen von Computern zu vergleichen heißt, das, was nachgeahmt wird, mit seiner Nachahmung zu verwechseln.

Zum Vorprogrammieren von Handlungen sagt Jung (1980):

> Wenn wir den Blick auf ein in Gedanken bereits vorweggenommenes Objekt richten, benutzen wir zielgerichtete Aufmerksamkeit und vollführen eine vorbereitende Handlung der Antizipation eines zukünftigen Ziels. Sowohl für das aufmerksam Wahrgenommene als auch für die willkürlich geplante Handlung nehmen wir zukünftige Geschehnisse vorweg. Die Programme des antizipierenden Zwecks implizieren eine Umkehrung von Gegenwart und Zukunft, die nicht real ist und nur im Geist existieren kann. Dafür, daß das Gehirn bei dieser Antizipation miteinbezogen ist, gibt es jedoch objektive Nachweise.

Zum Beispiel zeigten Mountcastle et al. (1975) und Mountcastle (1978a), daß Neuronen des Brodmannschen Feldes 7 (Abb. 3-1) spezielle Funktionen einnehmen, wenn Affen Zielobjekte visuell fixieren und verfolgen müssen (vgl. Abb. 3-3). Diese Neuronen sind jedoch antizipatorisch ausgerichtet, denn ihre Aktivierung erfolgt nur, wenn der Affe motiviert ist, seine Aufmerksamkeit in eine bestimmte Richtung zu lenken: d.h. auf Nahrung, wenn er hungrig ist, oder auf Flüssigkeit, wenn er durstig ist. Zusätzlich gibt es in Feld 7 andere Neuronen, die ebenfalls eine antizipatorische Rolle spielen, indem sie mit dem Ausstrecken des Armes und Bewegungen der Hand befaßt sind, die zum Ziel haben, verlockende Objekte in der Umgebung zu erreichen und zu untersuchen (Abb. 3-3).

Einige allgemeine Bemerkungen von Thorpe (1966, 1974) können diese Einführung zur Aufmerksamkeit abrunden:

> Bewußtsein ist etwas der Existenz primär Gegebenes und kann als solches nicht völlig definiert werden. Die Tatsachen lassen vermuten, daß auf den niedrigeren Stufen der Evolutionsskala Bewußtsein, wenn es überhaupt vorhanden ist, von einer sehr generalisierten Art sein muß, sozusagen unstrukturiert. Und daß mit der Entwicklung zweckgerichteten Verhaltens und einer mächtigen Fähigkeit zur Aufmerksamkeit Bewußtsein, das mit Erwartung verknüpft ist, mehr und mehr lebendig und präzise wird.

4.2.4.2 Cerebrale Korrelate der Absicht

Über die elektrischen Potentiale, die durch das Beabsichtigen von Bewegungen und durch die Bewegung selbst erzeugt werden, gibt es drei Arten von Untersuchungen. Alle zeigen die Entstehung negativer Potentiale in der Hirnrinde an, die von der darüberliegenden Kopfhaut abgeleitet werden können.

A) Die *contingente negative Variation (CNV)*, beschrieben von Walter et al. (1964). In der dafür typischen Versuchssituation entsteht zwischen einem ersten (warnenden) und einem zweiten (befehlenden) Reiz, der einige Sekunden später erfolgt, eine Phase der Erwartung. Die Reize können visuell, auditiv oder taktil erfolgen. Die CNV ist eigentlich ein zufälliges Resultat einer Konditionierung nach Pawlow und wird ganz richtig eine Erwartungswelle genannt, weil sie durch das Erwarten des befehlenden Reizes erzeugt wird, wobei die CNV eine Sekunde oder länger vor dem Befehlsreiz einsetzt. Die CNV ist symmetrisch und wird am besten auf der Kopfhaut über dem frontalen Cortex abgeleitet; über dem parietalen Cortex ist sie vernachlässigbar gering. Sie ist nicht davon abhängig, ob auf den befehlenden Reiz eine motorische Reaktion folgt.

B) Als zweites gibt es das *Bereitschaftspotential (BP)*, das Kornhuber und Deecke ebenfalls 1964 entdeckt haben. Diese vorläufige Be-

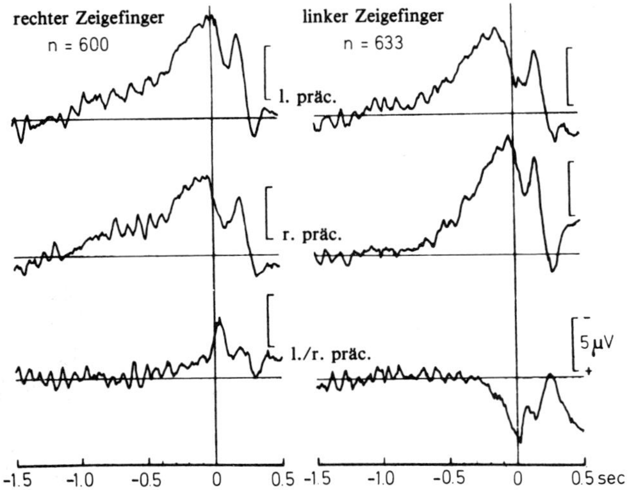

Abb. 4-9. Bereitschaftspotentiale über dem linken oder rechten parietalen Cortex in Reaktion auf kurze willkürliche Bewegungen des rechten oder linken Zeigefingers. Der Zeitpunkt Null ist der des Einsetzens des Elektromyogramms; die vorhergehenden Potentiale wurden durch Rück-Berechnung erhalten. Beim rechten Finger wurden 600, beim linken 633 Reaktionen gemittelt. Die negativen Potentiale vor der Bewegung sind in den contralateralen präcentralen Bereichen größer als in den ipsilateralen. Daher zeigt die bipolare Aufzeichnung vom linken gegen den rechten präcentralen Bereich (l./r. präc. – *untere Kurve*) einen Ausschlag nach oben vor der rechtsseitigen Bewegung und einen Ausschlag nach unten vor der linksseitigen Bewegung. Bei der linksseitigen Bewegung kann man ein besonders starkes rechtes präcentrales BP aufgrund der Linkshändigkeit der Versuchsperson feststellen. Deecke, L., Grözinger, B., Kornhuber, H.H.: Voluntary finger movements in man. Cerebral potentials and theory. Biol. Cybern. *23*, 99-119 (1976)

schreibung soll nur einen Vergleich mit der CNV ermöglichen. Eine viel ausführlichere Behandlung folgt, da das Bereitschaftspotential für unser Thema der Absicht zentral ist. Das BP ist das negative Potential (Abb. 4-9), das während der *Absicht* entsteht, eine *kurze Willkürhandlung* auszuführen. Es ist sehr wichtig, den Unterschied zwischen dem BP und der CNV zu erkennen, der darin besteht, daß das BP durch eine willkürlich beabsichtigte Handlung und nicht durch einen konditionierten Reiz erzeugt wird. Auch wird es am besten über dem parietalen und dem präcentralen Cortex (Abb. 4-9, 4-11 und 4-12) abgeleitet, nicht jedoch über dem präfrontalen Cortex, wo normalerweise ein geringes positives Potential entsteht. Es unterscheidet sich außerdem von der CNV darin, daß es leicht asymmetrisch ist. Schließlich ist die CNV nicht von der motorischen Handlung abhängig, während das BP nur registriert werden kann, wenn eine motorische Handlung den Mittelungs- und Weiterverarbeitungsvorgang in Gang setzt. Lassen et al. (1978) fanden jedoch heraus, daß wenn die Versuchsperson eine Handbewegung nur *in Gedanken* durchführte, ohne tatsächlich die Hand zu bewegen, sich die Durchblutung über dem präcentralen, dem parietalen und dem supplementären motorischen Cortex nach einem bestimmten Muster verstärkt (Abb. 6-1). Ein solches Experiment kann natürlich nicht mit Bereitschaftspotentialen durchgeführt werden. Die Muskeltätigkeit muß vorhanden sein, um im Computer die rückwärtsgerichtete Mittelung auszulösen.

C) Die dritte Bedingung, unter der negative Oberflächenpotentiale entstehen, ergibt sich bei der willkürlichen Kontrolle einer überwachten zielgerichteten Bewegung (Grünewald-Zuberbier et al., 1978). Wie man in Abb. 4-10 sieht, steht am Anfang ein typisches Bereitschaftspotential (Spalte A), aber die negative Ladung über dem parietalen und präcentralen Cortex wird während der Bewegung (Spalte B) mit ungefähr der doppelten BP-Stärke aufrechterhalten, was mehrere Sekunden dauern kann und, wie beim BP, am besten über dem präcentralen und parietalen Cortex beider Seiten abgeleitet wird.

Jung (1980) hat die wesentlichen Merkmale der drei intentionalen Prozesse sehr gut zusammengefaßt:

> Alle diese intentionalen Bewegungen und die sie begleitenden corticalen Potentiale sind verbunden mit *Aufmerksamkeit*, die A und B vorbereitet und C kontrolliert. Obwohl eine sensorisch hervorgerufene Erwartung des zweiten Stimulus, der in den Konditionierungsexperimenten (A) die motorische Reaktion auslöst, sich von einer freien Entscheidung zum Handeln unterscheidet, gibt es doch wesentliche Ähnlichkeiten. In beiden Fällen wird die Handlung vorbereitet, und beide entsprechen einer Absicht, zu handeln. Bei A ist die Aufmerksamkeit während der gespannten Erwartung des zweiten Stimulus, der die konditionierte beabsichtigte Handlung auslöst, primär auf die äußere Sinneswelt und sekundär auf die beabsichtigte Bewegung gerichtet. Bei B besteht die Aufmerksamkeit vor der frei beschlossenen Bewegung innerlich und ist nur auf die innere Welt des Entscheidens gerichtet. Die ausgelöste Handlung A unterscheidet sich von der Handlung B hauptsächlich durch ihre zeitliche Bestimmtheit durch den sensorischen Stimulus. Auch während der überwachten Handlung C ist der von Wahrnehmung und Wille gelenkte Prozeß des Fixierens und Erreichens des Ziels mit Absicht und Aufmerksamkeit

verbunden. Daher können diese negativen corticalen Oberflächenpotentiale als die *cerebralen Korrelate der beabsichtigten Entscheidungsprozesse von Willkürhandlungen* betrachtet werden. Natürlich sind die neuronalen Korrelate dieser Potentiale unbekannt.

Das Bereitschaftspotential ist von besonderem Interesse, weil es das elektrophysiologische Gegenstück der Absicht zu einer freien Willkürbewegung darstellt. Bei bestimmten, sehr geschickt geplanten Experimenten (Deecke et al., 1969; Kornhuber, 1974) wurde eine elementar einfache Bewegung von der Versuchsperson gänzlich nach ihrem eigenen Willen durchgeführt. Aber doch mußte der Zeitverlauf genau festgelegt sein, um die sehr geringen Potentiale, die von der Oberfläche der Kopfhaut aufgenommen wurden, mitteln zu können. Das Einsetzen der Aktionspotentiale des von der Bewegung betroffenen Muskels wurde benutzt, um eine Rückberechnung der aufgenommenen Potentiale bis zu 2 s vor dem Einsetzen der Bewegung auszulösen. Die in Abb. 4-9 gezeigte Bewegung war ein schnelles Beugen entweder des rechten oder des linken Zeigefingers; es sind aber auch viele andere Bewegungen untersucht worden, sogar die der Sprache (Eccles, 1982, Abb. 10-4), und die Resultate waren durchwegs ähnlich. Die Versuchsperson führt diese Bewegungen völlig willkürlich aus, in unregelmäßigen Abständen von vielen Sekunden, wobei alle auslösenden Reize äußerst sorgfältig ausgeschlossen werden. So war es möglich, 250 oder mehr Aufnahmen von den evozierten Potentialen an verschiedenen Stellen der Kopfhaut zu erhalten, wie die oberen beiden Kurven in Abb. 4-9 zeigen. Das langsam ansteigende negative Potential, das Bereitschaftspotential, wurde mit einer unipolaren Ableitung von der Kopfhaut gegen eine indifferente Ableitung, normalerweise vom Ohrläppchen, abgenommen.

Die Bereitschaftspotentiale, die über dem Parietallappen aufgenommen werden, neigen dazu, größer zu sein als die über dem präcentralen Bereich und bleiben symmetrisch, während die präcentralen Bereitschaftspotentiale contralateral zur beabsichtigten Fingerbewegung stärker sind, wie man an den gegeneinander aufgerechneten Potentialen der untersten Zeile in Abb. 4-9 sehen kann. Ungefähr 400 ms vor der tatsächlichen Bewegung beginnt eine leichte Entwicklung negativer Ladung in der linken Spalte und positiver Ladung in der rechten Spalte. Dann, etwa 50 ms vor der Bewegung, verstärkt sich diese langsame Potentialänderung stark und ist jetzt deutlich auf den Bereich über den corticalen Pyramidenzellen, die

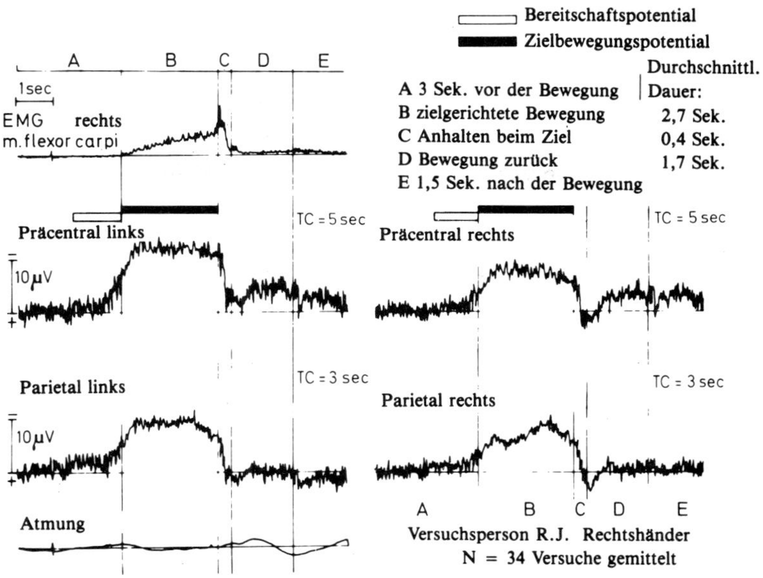

Abb. 4-10. Zielgerichtete Handbewegung mit Zielfixierung. Die experimentelle Vorgehensweise ähnelt grundsätzlich der von Abb. 4-9. Gemittelte Potentiale von präcentralen und parietalen Bereichen (34 Durchgänge, neutrale Elektrode hinter dem Ohr angebracht). Die negativen Potentiale während der zielgerichteten Bewegung (B) erreichen die doppelten Amplituden der Bereitschaftspotentiale vor der Bewegung (A). Bei B lenkt die rechte Hand den Stab zum sichtbaren Ziel, während die Zielfixierung erhalten bleibt. Die zielgerichtete Bewegung, das Anhalten und die Rückwärtsbewegung sind in ihrer Dauer genormt. Die Intervallprojektion auf die gemittelte Dauer der Willkürbewegung (B-D) variiert um ± 0,3, 0,08 und 0,4 Sek. Grünewald-Zuberbier, E., Grünewald, G., Jung, R.: Slow potentials of the human precentral and parietal cortex during goal-directed movements. (Zielbewegungspotentiale). J. Physiol. *284*, 181P-182P (1978)

für die Weitergabe der zentralen »Entscheidung« über die Pyramidenbahn (vgl. den Bereich für motorische Übertragung in Abb. 1-1) an die Motoneuronen zuständig sind, eingegrenzt; daher der Name motorisches Potential (MP) für diese Welle. Nachdem die Bewegung eingeleitet worden ist, entstehen zum Zeitpunkt der senkrechten Linie in Abb. 4-9 komplexe Potentiale, die zum Teil auf die Muskel-Aktionspotentiale zurückzuführen sind und die unsere Untersuchung der Absicht nicht betreffen.

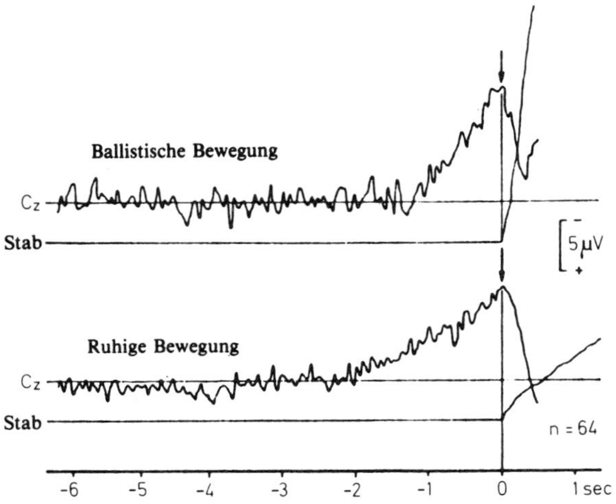

Abb. 4-11. Vergleich zwischen schnellen und langsamen Handbewegungen. Die Versuchsperson stieß in unregelmäßigen Abständen einen Stab in eine Röhre und variierte die Geschwindigkeit der Bewegung zufällig. Das Bereitschaftspotential vor langsamen (ruhigen) Bewegungen (weniger als 10 cm/s) beginnt deutlich früher und ist normalerweise stärker als das Bereitschaftspotential vor schnellen (ballistischen) Bewegungen (mehr als 100 cm/s). Becker, W., Iwase, K., Jürgens, R., Kornhuber, H.H.: Brain potentials preceding slow and rapid hand movements. In: The responsive brain. McCallum, Knott (Hrsg.), S. 99-102. Bristol: Wright 1976

Wenn die Bewegung nicht vom schnellen ballistischen Typ ist, sondern eine gemächliche, andauernde Handlung, beginnt das Bereitschaftspotential eindeutig früher (Becker et al., 1976). In Abb. 4-11 sollten die Versuchspersonen mit verschiedenen Geschwindigkeiten einen Stab in eine Röhre stoßen; abgesehen von dieser Instruktion wurde das Experiment wie das von Abb. 4-9 durchgeführt. In Abb. 4-11 gleicht das Bereitschaftspotential dem von Abb. 4-9 bei der ballistischen Bewegung mit einem Einsetzen bei -1,0 s; war die Bewegung jedoch langsam, begann das Bereitschaftspotential schon bei -2,0 s (im Durchschnitt bei -1,3 s im Vergleich zu dem Durchschnitt von -0,8 s bei der ballistischen Bewegung).

Einen interessanten pathologischen Befund zeigt Abb. 4-12. Er ist typisch für viele Experimente, die mit Patienten mit einseitiger Parkinsonkrankheit durchgeführt wurden. Solche Patienten haben

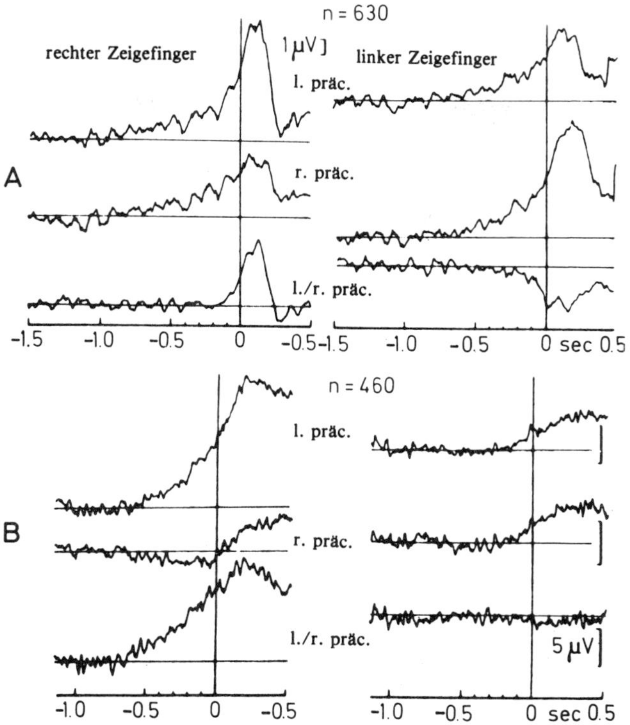

Abb. 4-12 A, B. Vergleich zwischen rechten und linken Fingerbewegungen bei einer gesunden Versuchsperson und bei einem Parkinson-Patienten. **A** Bei einer gesunden Versuchsperson ist die negative Ladung vor einer Bewegung immer in der contralateralen präcentralen Ableitung größer als in der ipsilateralen (contralaterales negatives Übergewicht). Also sind bipolare Ableitungen von rechts und links spiegelbildlich. Mittel aus 630 rechtsseitigen und 630 linksseitigen Bewegungen, die abwechselnd, in Blöcken von immer ungefähr 100, während des gleichen Experiments durchgeführt wurden. **B** Bei einem Patienten mit linksseitigem Hemiparkinsonismus wird bei der Bewegung des gesunden (rechten) Fingers das contralaterale negative Übergewicht stark erhöht, fällt jedoch völlig aus bei einer Bewegung des bewegungsgestörten (linken) Fingers. Daher fehlt der nach unten gerichtete Ausschlag von A (rechts unten), weil die intakte, also ipsilaterale Region gerade so viel Negativität produziert wie die von der Störung betroffene, contralaterale präcentrale Region. Deecke, L., Englitz, H.G., Kornhuber, H.H., Schmitt, G.: Cerebral potential preceding voluntary movement in patients with bilateral or unilateral Parkinson Akinesia. In: Attention, voluntary contraction and event-related cerebral potentials. Desmedt, J.E. (Hrsg.), S. 151-163. Basel: Karger 1977

schwere Bewegungsstörungen auf der zur Basalganglionläsion contralateralen Seite und dem damit verknüpften motorischen Cortex. Abb. 4-12 zeigt eine Kontroll-Serie mit einer gesunden Versuchsperson, etwa so wie in Abb. 4-9. Im Gegensatz dazu ergab sich in Abb. 4-12 B für den linksseitigen Parkinsonpatienten bei einer Fingerbewegung mit der rechten Hand ein ziemlich normales Bereitschaftspotential des linken präcentralen Cortex, aber eine sogar leicht positive Kurve vom rechten, pathologischen Cortex; daher das große subtrahierte Potential in der untersten Zeile. Auf der anderen Seite waren die linken, von der Bewegungsstörung betroffenen Fingerbewegungen mit niedrigen Bereitschaftspotentialen auf beiden Seiten verbunden. Somit war bei Hemiparkinsonismus-Patienten das Bereitschaftspotential sowohl einseitig in der Amplitude über dem betroffenen Cortex (Abb. 4-12 B, links die mittlere Zeile) reduziert als auch beidseitig vor der Bewegung mit dem bewegungsgestörten Finger (Abb. 4-12 B rechts). Bei beidseitigem Parkinsonismus waren alle Bereitschaftspotentiale über dem präcentralen Cortex auf beiden Seiten stark reduziert; sie waren jedoch weiter vorne über dem Vertex ziemlich hoch (Deecke und Kornhuber, 1978). Offenbar erhielt das motorische Supplementfeld noch Aktivierung, möglicherweise aus dem limbischen System, während der primäre motorische Cortex unter Inputmangel aus den zerstörten Basalganglien litt.

4.2.4.3 Neuronale Mechanismen der Absicht

Diese Experimente gewähren zumindest eine teilweise Antwort auf die Frage: Was passiert in meinem Gehirn, wenn eine beabsichtigte Handlung programmiert wird? Vermutlich findet zunächst eine symmetrische Aktivierung der Raum-Zeit-Muster der Moduln in den präcentralen und parietalen Bereichen statt, die etwa 400 ms vor der beabsichtigten Bewegung beginnt, auf die andere Hemisphäre überzugreifen (Abb. 4-9 und 4-12 A). Schließlich, ungefähr 50 ms vorher, aktiviert die moduläre Erregung dann die Pyramidenzellen im entsprechenden Areal des motorischen Cortex (Abb. 1-1), um die gewünschte Bewegung hervorzubringen. Die Art und Weise, wie sich die moduläre Aktivierung über den Neocortex beider Hemisphären ausbreitet, um Muster auszubilden, ist in den Abb. 2-5, 2-7, 2-8, 2-9 und 2-10 in stark vereinfachten Schemata gezeigt worden.

Bei unserer jetzigen Frage nach dem Charakter der Absicht ist es wichtig, zu erkennen, daß, im Gegensatz zu Reaktionen auf sensorische Reize, wie die CNV, das Bereitschaftspotential durch einen geistigen Vorgang erzeugt wird, durch einen Akt des Willens. Die Experimente sind äußerst gewissenhaft geplant worden, um alle anderen Auslöser auszuschalten. Es wird nicht behauptet, daß das gesamte Bereitschaftspotential durch einen Akt des Willens erzeugt wird. Es ist eher so, daß ein Bereitschaftspotential durch einen kleinen Anstoß in Form einer leichten Veränderung der Raum-Zeit-Muster der modulären Aktivität angeregt wird und diese, durch die in den Schemata von Abb. 2-5 und 2-7 gezeigten Verknüpfungen, die Erregung weiter aufbauen. Diese erste diffuse Aktivierung muß dann durch die freiwillige Absicht schließlich zu den richtigen motorischen Pyramidenzellen gelenkt werden. Während der langen Dauer des Bereitschaftspotentials entstehen aktivierte Schaltkreise, die die Bewegung in ihrer ganzen motorischen Komplexität sowohl zum Cerebellum (Allen und Tsukahara, 1974) als auch zu den Basalganglien (McGeer et al., 1978, Kap. 13-5) vorprogrammieren. Der erstere Schaltkreis offenbart sich darin, daß, wie man herausfand, bei Willkürbewegungen bei Primaten der cerebelläre Nucleus dentatus aktiviert wird, noch bevor die motorischen Pyramidenzellen entladen (Thach, 1970). Der letztere Schaltkreis zeigt sich in den schwerwiegenden Folgen, die Erkrankungen der Basalganglien auf das Bereitschaftspotential haben (Abb. 4-12). Die postulierte Wirkung der freien *Absicht* auf die Reaktionen der corticalen Moduln ist im Schema von Abb. 2-7 dargestellt. Auch wenn es sich um einen den Prozeß beginnenden und kontrollierenden Einfluß handelt, braucht er nur zu einem geringen Grad zum Aufbau des Bereitschaftspotentials und schließlich zu dessen Konzentration auf die richtigen Pyramidenzellen bei der motorischen Reaktion beizutragen.

MacKay (1978) kritisiert eine ähnliche Behauptung, die ich in einem neueren Buch (Popper und Eccles, 1982) aufgestellt habe, mit der Begründung, daß das Bereitschaftspotential entstehen könnte »durch Einflüsse, die gänzlich aus dem Neuronenapparat selbst stammen« und daß »sie nichts dazu tun, die Existenz einer Handlung über die Schnittstelle zwischen dem ... Geist ... und den Moduln der Hirnrinde hinweg zu errichten«. Er deutet an, daß das zurückberechnete Potential, das das Bereitschaftspotential vor der Bewegung ausmacht, »aus einer intern erzeugten Komponente des Gehirnpotentials« entstehen könnte und daß die Bewegung ausgelöst wird, wenn dieses Potential einen bestimmten Schwellenwert erreicht hat.

Dieses Kriterium für die Entstehung einer Bewegung übersieht den wesentlichen Punkt bei dem Experiment von Kornhuber, nämlich daß die Person *bewußt die Bewegung beabsichtigt*, die dann die Muskelreaktionen ergibt, welche die rückwärtsgerichtete Berechnung möglich machen, die dann das Bereitschaftspotential ergibt. *Die Bewegungen sind nach Aussage der Versuchspersonen ausschließlich freiwillig beabsichtigt.* Es ist die freie Absicht, die im Schema von Abb. 1-7 eingezeichnet ist. Die einzige Alternative wäre, zu behaupten, die Versuchspersonen würden einer Täuschung unterliegen, indem sie glauben, die Bewegung freiwillig zu verursachen, während die Bewegungen *gänzlich vom Neuronenapparat erzeugt werden.* Diese Erklärung würde mit der Identitätstheorie übereinstimmen, aber ich glaube nicht, daß MacKay sie akzeptieren würde.

Zu Experimenten mit Absicht und ihrem Verhältnis zu Zweck und Willensfreiheit sagt Jung (1980) in einer persönlichen Mitteilung:

> Der Zweck des Menschen und seine relative Willens- und Handlungsfreiheit koexistieren mit einer kausal determinierten Welt. Diese Koexistenz hat sich durch die menschliche Zivilisation hindurch auf eine verminderte Abhängigkeit des Geistes von äußeren Umständen hin entwickelt, weil der Mensch gelernt hat, kausale Beziehungen für zielgerichtetes Handeln zu nutzen und seine Kenntnisse auf dem Gebiet der Naturwissenschaft und der Technologie, d.h. in Poppers Welt 3, systematisiert hat. ... Mit den Begriffen Poppers ausgedrückt heißt das: Welt 2 ist nur dann relativ frei für Willkürhandlungen, wenn sie Informationen aus Welt 3 zum Verstehen und Handeln benutzt. Die kognitive Selektion von Wahrgenommenem auf einer höheren Ebene des Bewußtseins ist willkürlich und von Aufmerksamkeit geleitet. Gelenktes Verstehen ist analog zu gezieltem Handeln, indem es Antizipation, Zweck und Gedächtnis benutzt.

Dieser Abschnitt über Absicht kann mit Sherringtons Worten sehr passend abgeschlossen werden (1940, S. 325):

> Das Konzept des »Selbst« mit all seinen Konnotationen ist extrem weitreichend und kompliziert geworden. Doch scheint es in seinem Kern ein relativ einfaches Element zu enthalten – das Bewußtsein oder Wach-Sein jedes einzelnen von uns, das in bestimmten motorischen Handlungen zum Vorschein kommt, verbindet das Selbst mit seiner Handlung. Dieses Bewußtsein ist natürlich ein Beispiel dafür, was abstrakt Geist genannt wird.

Sherrington betont im weiteren, daß dieses, mit Absicht versehene Bewußtsein auf zwei Quellen zurückzuführen ist: Die eine ist die der Sinne, mit einer detaillierten Wahrnehmung der Handlung, die von einer Batterie von Sinnesorganen abgeleitet wird und die, zum Beispiel, räumlichen Bezug hat zu dem Körperteil, der sich bewegt; die andere ist das direkte Bewußtsein des Ichs oder des Selbst, das eine Handlung ausführt, und wird nicht von Sinnesorganen abgeleitet. Diese Willenshandlung des Selbst steht in bemerkenswertem Einklang mit der Hypothese des dualistischen Interaktionismus. Die Vertreter der materialistischen Theorien des Geistes können hier keine Erklärung anbieten.

5. Vorlesung

Das emotionale Gehirn

Vorbemerkung

Ein breites Spektrum von *Affekten* (angenehme und unangenehme subjektive Erfahrungen) wird unterschieden von ihrem Ausdruck in *Emotionen*.

Das komplexe, in der Tiefe des Gehirns liegende *limbische System* spielt bei allen Arten von Affekten und ihrem emotionalen Ausdruck eine Schlüsselrolle. Nach einem einführenden Abschnitt über seine Anatomie und seine Verschaltungen wird von Experimenten berichtet, die die Verbindung des emotionalen Ausdrucks mit dem limbischen System und dem damit verbundenen Hypothalamus bei Tieren und bei Menschen aufzeigen. Selbststimulationsversuche im Gehirn sowohl von Tieren als auch von Menschen lassen zwischen limbisch-hypothalamischen Zonen für angenehme Empfindungen und solchen für unangenehme Empfindungen unterscheiden. Zu diesen beiden Verhaltensgegensätzen bestehen pharmakologische Entsprechungen: die Katecholamine, Noradrenalin und Dopamin, für Aggressions- und Nahrungsverhalten; Serotonin für Entspannung und Schlaf.

Da Schmerz als ein Affekt, der zu emotionalem Ausdruck führt, von herausragender Bedeutung ist, wird er in seinen verschiedenen Auftretensformen eigens besprochen. Es werden zusammengefaßte Beschreibungen der Anatomie und Physiologie der nociceptiven (Schmerz-) Bahnen vom Input in der Hinterwurzel des Rückenmarks bis zum Gehirn gegeben. Es wird deutlich unterschieden zwischen der *neospinothalamischen Bahn*, die scharfstechenden Schmerz leitet, und der *paläospinothalamischen Bahn*, die die Schmerzimpulse leitet, die zu langsam-brennendem und schwer erträglichem Schmerz führen.

Die pharmakologische Behandlung von Schmerz wird besprochen. Man sieht, daß auch bei mäßigem Schmerz große Bereiche des Neocortex intensiv beteiligt sind, wie sich durch die beträchtliche Durchblutungssteigerung in den frontalen und anterioren parietalen Bereichen des Gehirns zeigt.

Die Reaktionen, die durch nociceptiven Input zum Thalamus, zur Hirnrinde und zum limbischen System entstehen, werden in bezug auf die vorläufige Entwicklung einer allgemeinen Hypothese über die an der Erzeugung von Schmerz und Leiden beteiligten cerebralen Vorgänge betrachtet. Schließlich wird kurz über einige weitere Affekte und die mit ihnen verbundenen Emotionen berichtet.

5.1 Einführung

MacLean (1970) drückt die Beziehung zwischen den Emotionen und dem Gehirn und dem wichtigen Konzept des »Affekts« sehr gut aus:

> Im allgemeinen sprechen wir von den subjektiven und ausdrucksbezogenen Aspekten der Emotion. Da der subjektive Aspekt rein privat ist, muß er durch ein Wort wie »Affekt« unterschieden werden. Nur das einzelne Individuum kann »Affekte« erfahren. Die Kommunikation nach außen über Affekte benötigt eine Form des Ausdrucks über eine Art verbales oder anderes Verhalten. Dieser verhaltensmäßige Ausdruck von Affekt wird mit der Descartesschen Bedeutung des Wortes »Emotion« angemessen bezeichnet ... Affekte unterscheiden sich von anderen Formen psychischer Information darin, daß sie in einem physischen Sinn subjektiv als angenehm oder unangenehm bewertet werden. ... Es gibt keine neutralen Affekte, weil es, emotional gesprochen, unmöglich ist, emotionslos zu fühlen.

In Tabelle 5-1 sind die *Affekte* in angenehme und unangenehme Affekte aufgeteilt und darüberhinaus nach MacLeans Vorschlag in die Kategorien grundlegend, allgemein und spezifisch eingeordnet. Nach seiner Definition sind Affekte rein subjektiv, werden aber normalerweise als angemessene Emotion ausgedrückt, zum Beispiel als Abscheu bei den unter der Rubrik unangenehm/spezifisch genannten Items. Im Ausmaß, in dem Affekte zu emotionalem Ausdruck führen, gibt es große Unterschiede. Die verschiedenen Charaktere bewegen sich in einem Bereich zwischen äußerst lebhaft und unerschütterlich. In bestimmten Situationen sind wir möglicherweise in der Lage, jeden emotionalen Ausdruck eines Affekts zu unterdrükken. Unsere Literatur ist reich mit Charakteren ausgestattet, die ihre Gefühle so verbergen, daß ihr Haß bei den arglosen Opfern zur Tragödie führt. Welches Beispiel kann besser sein als Shakespeares Jago? Das andere Extrem ist Liebe, die zum Unglück beider Seiten unausgedrückt bleibt. Und zwischen diesen beiden Extremen zeigen die Figuren unserer Literatur jeden möglichen Bereich. Der Dichter

Tab. 5-1. Die Tabelle enthält Affekte in den Spalten „Angenehm" und „Unangenehm" und den Kategorien „Grundlegend", „Allgemein" und „Spezifisch"[a]

	Angenehm	Unangenehm
Grundlegend	Erleichterung	Entbehrung von
	durch Essen	Nahrung (Hunger)
	Trinken	Flüssigkeit (Durst)
	Befriedigung	sexuelle Befriedigung (Verlangen)
Allgemein	Herzlichkeit	Haß, Feindseligkeit
	Freundlichkeit	Ärger, Zorn
	Begeisterung	Gewalt
	Liebe	Furcht
	Verehrung	Schuld
	Erregung	Angst
	Ekstase	geistiger Schmerz, Pein,
		Depression, Verzweiflung
Spezifisch	Linderung von	Schmerz
	Linderung von	Übelkeit
	Linderung von	Schwindel
	Guter Geruch	schlechter Geruch
	Guter Geschmack	schlechter Geschmack
	Angenehmes Geräusch	unangenehmes Geräusch
	Angenehmer Anblick	unangenehmer Anblick

[a] MacLean, P.D.: The triune brain, emotion, and scientific bias. In: The neurosciences. Second Study Program. Schmitt, F.O. (ed.), pp. 336–349. New York: Rockefeller University Press 1970.

bemalt sozusagen eine Leinwand mit den Affekten seiner Charaktere als seinen Ideen und ihrer miteinander verstrickten Emotionen als seiner Handlung.

Vieles in Tabelle 5-1 betrifft unsere Alltagsaffekte oder Gefühle, wie wir sie gewöhnlich nennen. Sich darüber auszubreiten ist nicht notwendig. Wenn wir Glück haben, führen sie zu Freude, nicht nur bei der Handlung selbst, sondern auch beim Erinnern an Vergangenes und beim Antizipieren von Zukünftigem. Ich spreche nicht für eine hedonistische Maximierung von Genüssen; auch nicht für eine Maximierung von Glück und Zufriedenheit. Dies würde nur zu einem seichten Leben führen. Wir müssen auch nach Ungelöstem suchen und uns davon herausfordern lassen, wie wir es zum Beispiel bei einem ungelösten Problem tun. Ich kann sogar mit solchen Schwierigkeiten glücklich sein, weil das Ringen mit einem Problem eine durch eine Teillösung erreichte Leistung antizipiert. Das liefert die wesentliche Motivation für wissenschaftliche Anstrengungen, nämlich das Definieren von Problemen auf eine Weise, daß ihre Erforschung zu einem besseren Verstehen eines natürlichen Phänomens führt.

5.2 Das limbische System

Im Mittelpunkt der Hirnstrukturen, die mit dem emotionalen Ausdruck befaßt sind, liegt eine komplexe Anordnung von Kernen und verbindenden Bahnen weit unten im Gehirn, die MacLean (1979) das limbische System nennt. Bevor wir uns experimentellen Untersuchungen über die emotionalen Reaktionen des Gehirns zuwenden, werden die wichtigsten anatomischen Merkmale beschrieben.

5.2.1 Einige anatomische Betrachtungen

In Abb. 5-1 A ist die Amygdala genannte Kern-Ansammlung (A) das Zentrum des Geschehens. Sie wird ihrer mandelartigen Form wegen so genannt. Sie ist in die innere Seite des temporalen Pols eingebettet, unter Feld 34 aus Abb. 3-1. Wie durch die Pfeile angedeutet, projiziert sie direkt und auch indirekt über die Stria terminalis zum Hypothalamus. Der Hypothalamus ist durch die senkrechte Schraffierung (H) angezeigt. Die vielen ihn bildenden Kerne sollen uns nicht betreffen. Brodals (1969) Unterteilung der Amygdala in eine corticomediale und eine baso-laterale Gruppe ist deshalb wertvoll, weil sie mit den meisten Studien, die die Auswirkungen von Stimulation und Entfernung bestimmter Teile untersuchen, im Einklang steht. Es wird auch eine Bahn von der Amygdala zu den Septumkernen gezeigt. In Abb. 5-1 A nicht gezeigt sind die Inputs zur Amygdala aus dem Bulbus olfactorius, die direkt oder über den piriformen Cortex führen (vgl. Abb. 8.14 in Eccles, 1982), und die Inputs aus verschiedenen Kernen des Thalamus und corticalen Zonen.

In Abb. 5-1 B stehen die Septumkerne im Zentrum. Von besonderer Bedeutung ist das mediale Vorderhirnbündel mit seiner Zwei-Weg-Kommunikation zum Nucleus tegmentalis und zum Hypothalamus. Außerdem gibt es noch eine weitere absteigende Bahn über die Stria medullaris zum Nucleus habenulae und von da zum Nucleus

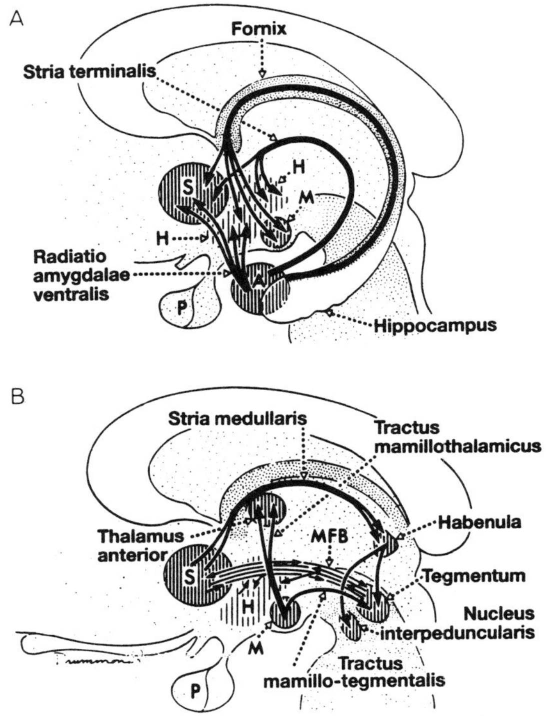

Abb. 5-1 A, B. Einige anatomische Verbindungen zwischen dem limbischen System und dem Hirnstamm. *H* = Hypothalamus; *S* = Septumregion; *M* = Corpus mamillare; *A* = Mandelkern; *P* = Hypophyse; MFB = mediales Vorderhirnbündel. **B** ist ein Sagittalschnitt in der Nähe der Mittellinie; **A** ist etwas stärker geneigt, um den Mandelkern und das Septum einzubeziehen. McGeer *et al.* 1987

tegmentalis und zum Nucleus interpeduncularis. Auf diese Weise unterhalten die Septumkerne eine gute Kommunikation zum Hirnstamm mit der Möglichkeit, allgemeine körperliche Reaktionen auszulösen. In den Abb. 5-1 A und B wird der Hypothalamus als Hintergrund gezeigt. Beim Ausdruck von Emotionen spielt er jedoch eine wesentliche Rolle als, wie er richtig genannt wird, Hauptganglion des autonomen Nervensystems, das das cardiovasculäre System und die inneren Organe kontrolliert. Der Hypothalamus kontrolliert außerdem die Sekretionen der Hypophyse, die im ganzen Körper die Rolle chemischer Boten spielen.

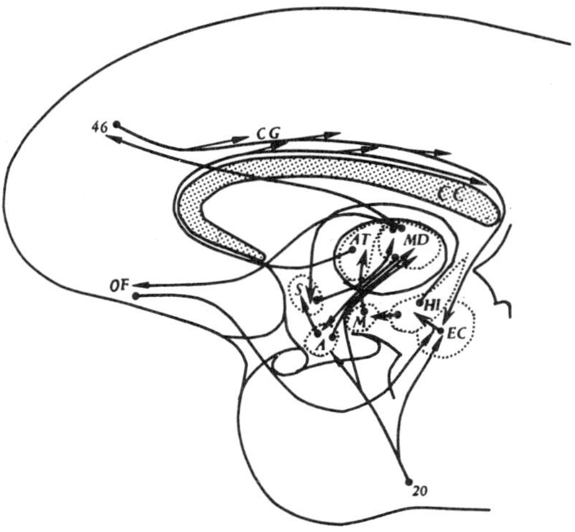

Abb. 5-2. Schematische Zeichnung der medialen Oberfläche der rechten Hirnhemisphäre, die Verschaltungen zwischen dem Neocortex und dem medio-dorsalen Thalamus (MD) und dem limbischen System zeigt. OF, Orbitalfläche des präfrontalen Cortex; HI, Hippocampus; S, Septum; CC, Corpus callosum; EC, Cortex entorhinalis; A, Amygdala; CG, Gyrus cinguli; M, Mamillarkörper; AT, vorderer Thalamus; 46 und 20 sind die Brodmannschen Felder, siehe Abb. 3-1

Es wurde fälschlicherweise angenommen, daß die Septumkerne beim Menschen atrophisch wären, da ihre Position im Septum niederer Säugetiere von einer dünnen Membran eingenommen wird, dem Septum pellucidum, die kleine Nervenzellen enthält und die lateralen Ventrikel trennt. In einer sehr genauen Vergleichsstudie haben Andy und Stephan (1968) jedoch gezeigt, daß eine ventrale Migration der Septumkerne stattgefunden hat, aufgrund deren sich das »Septum verum« gebildet hat. Der Septum-Komplex beim Menschen ist tatsächlich sehr gut entwickelt, mit einem Regressionsindex von 4,53, also fast dem doppelten im Vergleich zu Affen und Menschenaffen (2,19 bis 2,40). Der Regressionsindex ist ein Maß für die Größe, relativ zu einer Insektivorengrundform von vergleichbarem Körpergewicht.

In den Abb. 5-1 und 5-2 werden einige weitere Hauptbahnen gezeigt. Der Fornix (Abb. 5-1 A) ist eine große Bahn mit mehr als einer Million Nervenfasern. Er ist die Hauptefferenz vom Hippocampus und führt unter dem Corpus callosum herum zu den Septumkernen

(S), dem Hypothalamus (H) und den Mamillarkörpern (M). In Abb. 5-1 B projiziert der Mamillarkörper zum vorderen Thalamus, der ausgiebig zum Gyrus cinguli (Abb. 5-2 AT zu CG) und so zum Neocortex projiziert. Abb. 5-2 zeigt auch, daß Bahnen von den Septumkernen und der Amygdala zum großen mediodorsalen Thalamuskern (MD) führen und so auch zum Neocortex, hauptsächlich zum präfrontalen Bereich. In Abb. 5-2 führen mehrere Bahnen aus verschiedenen Arealen des Neocortex zum limbischen System (vgl. Abb. 3-2). Diese Bahnen sind vermutlich für den gegenseitigen Informationsaustausch zwischen dem Neocortex und dem limbischen System, das mit der Entwicklung und dem Ausdruck von Emotionen befaßt ist, von großer Bedeutung.

Dieser kurze anatomische Diskurs wird wertvoll sein bei dem Versuch, die verschiedenen Reaktionen, die durch Stimulation und auch durch Entfernung bestimmter Stellen im limbischen System hervorgerufen werden, zu erklären und sie mit den in Tabelle 5-1 aufgezählten Affekten in Beziehung zu setzen. Hierbei sind die relativ wenigen Experimente, die beim Menschen durchgeführt wurden, von besonderer Bedeutung.

5.2.2 Das limbische System und der Ausdruck von Emotionen

Die Pionierarbeit von Hess (1932) lieferte die erste systematische Studie der Auswirkungen, die bei wachen Tieren durch Stimulation von Bereichen des limbischen Systems und des Hypothalamus ausgelöst werden können. Die Stimulationselektroden waren den Tieren in einer vorhergehenden Operation unter Narkose eingepflanzt worden. Nach dem Experiment wurde sehr sorgfältig darauf geachtet, den Ort der Stimulation genau zu lokalisieren. Hess zeigte, daß es so möglich war, bei Tieren durch Stimulation emotionales Verhalten hervorzurufen, das größtenteils über das autonome Nervensystem bewirkt wurde. Es konnten Furcht, Verteidigungsreaktionen, Knurren, Zischen, Sträuben des Fells oder auch, unabhängig vom Bedürfnis, Essen und Trinken, Erbrechen, Defäkation, Miktion oder Hypersexualität ausgelöst werden. Seitdem sind umfangreiche Untersuchungen über die Auswirkungen gemacht worden, die sich durch Stimulation oder durch Entfernung von hypothalamischen oder limbischen Regionen erzeugen lassen. Oft widersprachen die

Resultate einander. Das kommt daher, daß dieser Bereich der komplexeste Teil des Gehirns ist, in dem verschiedene Kerne nahe aneinander liegen, die verschiedene und oft einander entgegengesetzte Funktionen haben. Auch bestehen beträchtliche Unterschiede zwischen verschiedenen Tierarten.

Fernandez de Molina und Hunsperger (1959) setzten die Arbeit von Hess und Brügger (1943) über die Verteidigungsreaktion der Katze fort. Sie konnten die Orte der Stimulation genau auf die dorso-mediale Zone der Amygdala, der Stria terminalis und dem damit verschalteten Hypothalamus festlegen; diese Bahn wird in Abb. 5-1 A gezeigt. Sie sagen, daß

> die affektive Reaktion, die bei schwacher Stimulation am beständigsten erhalten wurde, ein in ein defensives Verhaltensmuster integriertes Knurren war. Dieses defensive Verhalten war durch Senken des Kopfes, Zurücklegen der Ohren, Erweiterung der Pupillen und Sträuben des Fells von Rücken und Schwanz charakterisiert. Wurde die Stimulation verstärkt, dann wurde das Knurren lauter oder es war gefolgt von einem Zischen; das Verteidigungsverhalten wurde durch das Krümmen des Rückens noch verstärkt; manchmal folgte dem Knurren ein Angstschrei oder die Knurr-Reaktion führte zu plötzlicher Flucht.

Man wird zugeben, daß diese Reaktionen auffällig denen ähneln, die eine Katze zeigt, die mit einem Hund konfrontiert wird, aber daß sie nichts mit Schmerzreaktionen zu tun haben. Bei der Katze zeigte sich, daß die ventrolaterale Zone der Amygdala hauptsächlich Inputs vom Geruchssinn erhält: Die häufigsten Reaktionen hier waren Schnüffeln und Suchen (Egger und Flynn, 1967).

Indem sie die Methode dauernd eingepflanzter Elektroden anwandten, fanden Olds und Milner (1954) einen neuen Zugang zur Untersuchung von Emotionen. Wenn die Elektroden so eingepflanzt waren, daß sie die Septumkerne oder das mediale Vorderhirnbündel stimulieren (vgl. Abb. 5-1 B) und wenn die Versuchsanordnung es zuließ, daß die Ratten sich selbst stimulieren konnten, indem sie einen Hebel herunterdrückten, dann ergab sich ein äußerst ungewöhnliches Verhalten mit bis zu 7000 Selbst-Stimulationen in der Stunde! Sogar die Behavioristen mußten zugeben, daß sie es hier mit einer Reaktion zu tun hatten, die man am besten als Folge einer Stimulation eines Lust-Zentrums beschreiben könnte. So sagt Isaacson (1974), daß anstelle der restriktiven Reiz-Reaktions-Theorien des Verhaltens

> die Erfahrungen des Organismus beim Beschreiben oder Erklären von Verhalten ein Faktor werden müssen. Lust und Schmerz wurden einmal mehr als legitime Begriffe bei naturwissenschaftlichen Versuchen, die neuronale Grundlage von Verhalten zu entdecken, akzeptiert.

Diese veränderte Einstellung in bezug auf die Interpretation von Tierversuchen wurde durch Berichte von Experimenten mit Menschen, die gleich beschrieben werden, klar bestätigt. Es war bemerkenswert, daß die Ratten auf Nahrung oder sexuelle Befriedigung verzichteten, um diese Selbst-Stimulation ausführen zu können, und daß sie durch Elektroschocks an den Pfoten erzeugte Schmerzen ertrugen, um den Stimulationsapparat erreichen zu können. Andere Stellen in der limbisch-thalamischen Region waren weniger wirkungsvoll als die Zone des septal-medialen Längsbündels. An wieder anderen Stellen rief Stimulation aversive Reaktionen hervor, die das Erlernen einer Vermeidungsaufgabe motivierten. Wie bei der Katze bereits beschrieben, ergab eine Stimulation der Amygdala hauptsächlich aversive Reaktionen, aber es gab auch einen Bereich, dessen Stimulation Angriffsverhalten unterdrückte.

Die beidseitige Entfernung der Septumkerne hatte normalerweise das Gegenteil einer lusterzeugenden Stimulation zur Folge, nämlich Irritierbarkeit und Aggression. Bei Entfernung beider Amygdalae neigten die Tiere dazu, zahm zu sein und zeigten Hypersexualität in einem oft bizarren Ausmaß. Clemente und Chase (1973) berichten im einzelnen über Untersuchungen der limbisch-hypothalamischen Strukturen, die bei Tieren die Aggression steuern. Es scheint, daß das limbische System (Amygdala und Septum) die Aufgabe hat, hypothalamische Vorgänge, die Aggression erzeugen oder dämpfen, entsprechend zu modulieren.

In seltenen Fällen lieferten Patienten mit Störungen des limbischen Systems die Möglichkeit, die Auswirkungen von Stimulation oder Entfernung in diesem Bereich zu untersuchen. Diese Experimente stimmen auf zufriedenstellende Weise gut mit den Tierexperimenten überein.

Delgado (1971) berichtet über einen bemerkenswerten Fall von amygdaloider Störung bei einer 20jährigen Frau, die mit 18 Monaten an Enzephalitis erkrankt war:

> Ihr Hauptproblem in der Gesellschaft war das häufige und unvorhergesehene Auftreten von Wutanfällen, die sich mehr als ein dutzendmal in einem Überfall auf einen anderen Menschen äußerten. So stach sie zum Beispiel einem Fremden mit dem Messer in den Herzmuskel und einer Krankenschwester mit

> der Schere in die Brust. Man brachte die Patientin in eine Station für geisteskranke Verbrecher und setzte ihr in die Amygdala und den Hippocampus Elektroden ein, um dazu mögliche neurologische Abnormitäten zu entdecken ... sie zeigten ausgeprägte elektrische Abweichungen sowohl in der Amygdala als auch im Hippocampus. ... Die Tiefenforschungen zeigten, daß eine Reizung des Kontakts Nr. 3 in der rechten Amygdala Krisen des angreifenden Verhaltens auslöste, die den eigenen spontanen Ausbrüchen von Ärger der Patientin ähnelten. Eine 1,2-Milliampere-Erregung wurde nun an dieser Stelle angebracht, während sie auf einer Gitarre spielte und dazu mit Begeisterung und Geschick sang. In der siebenten Reizungssekunde warf sie die Gitarre weg, stürzte sich in einem Tobsuchtsanfall aggressiv gegen die Wand, raste einige Minuten auf dem Fußboden hin und her, beruhigte sich dann allmählich wieder und setzte ihr vorheriges freudiges Verhalten fort. Dieser Effekt wurde an zwei verschiedenen Tagen wiederholt. ... Dieser Befund war für eine anschließende Behandlung mit örtlicher Koagulation von großer klinischer Bedeutung. (S. 122 f.)

Es gibt noch mehr Berichte von vergleichbarer Art. Mark und Ervin (1970) untersuchten die Auswirkung von Amygdala-Stimulation bei zwei Patienten mit epileptischen Anfällen, die vom Temporallappen ausgingen und die mit unkontrollierbarer Gewalttätigkeit verbunden waren. Wurden die Elektroden medial eingesetzt, rief die Stimulation unkontrollierbare Gewalttätigkeit hervor, bei einer lateralen Anordnung jedoch wurden angenehme, entspannte, schwebende warme Gefühle hervorgerufen. Den beiden Patienten konnte durch eine chirurgische Entfernung der Amygdala geholfen werden.

Heath (1954, 1963) berichtete von einer großen Anzahl von Schizophrenen, bei denen Stimulation durch in die Septumkerne eingepflanzte Elektroden angenehme Gefühle mit sexueller Färbung hervorbrachte, so daß einige der Patienten sich selbst stimulierten wie bei Olds die Ratten! Delgado (1971) berichtet von drei seiner Fälle mit psychomotorischer Epilepsie. Wenn in die Amygdala, vermutlich in deren laterale Zone, Elektroden eingepflanzt waren und diese gereizt wurden, rief die Stimulation angenehme Empfindungen und ein ausgesprochen freundliches Verhalten hervor.

5.2.3 Schlußfolgerungen zum limbischen System

Zusammenfassend können wir die vereinfachte Hypothese von MacLean (1969, 1970) übernehmen, daß es im limbischen System zwei Hauptkomponenten gibt, die den angenehmen und den unangenehmen Affekten aus Tabelle 5-1 entsprechen. Die Septumkerne, das mediale Vorderhirnbündel und der damit verschaltete Hypothalamus liefern angenehme Affekte und die damit verknüpften Emotionen, die oft sexuell gefärbt sind. Tabelle 5-1 zeigt sie unter der Rubrik angenehm/allgemein. Die Amygdala (mediale Zone) mit ihren teilweise über die Stria medullaris verlaufenden Projektionen (vgl. Abb. 5-1 A) liefert die aversiven Gefühle, die auf der Tabelle 5-1 unter unangenehm/allgemein aufgeführt sind. Exzessive Aktivierung der Amygdala kann beim Patienten verheerende Folgen haben, der dann als gefährlicher Verbrecher – sogar als Mörder – eingestuft wird. Ich vermute, daß Gary Gilmour, der letzte in den Vereinigten Staaten hingerichtete Verbrecher, möglicherweise unter amygdaloiden Anfällen gelitten hat. Leider gibt es so große Vorurteile gegen die sogenannte Psychochirurgie, daß solche Fälle ohne Diagnose und Behandlung bleiben.

Bis jetzt haben wir uns auf das limbische System und die damit verschalteten Strukturen bei der Untersuchung der Affekterzeugung konzentriert, aber man muß auch erkennen, daß Affekte (MacLean, 1970) bewußte Erfahrungen sind. In Übereinstimmung mit der Hypothese des dualistischen Interaktionismus (2. Vorlesung) sind sie mit der Aktivierung von Moduln im Neocortex in einem einzigartigen Raum-Zeit-Muster verknüpft. Zum Beispiel werden in Abb. 1-7 Gefühle oder Affekte unter »Innerer Sinn« eingeordnet, und als Emotionen werden sie durch Einwirkung auf die entsprechenden Moduln ausgedrückt. Auf diese Weise stellen die Bahnen zwischen dem limbischen System und dem Neocortex ein wesentliches Bindeglied bei der Erzeugung bewußter Erfahrungen von Affekten und Emotionen dar. Abb. 5-2 zeigt grob umrissen einige dieser Bahnen. Der medio-dorsale (MD) Thalamuskern ist eine Schlüsselstruktur, da er von Amygdala und Septum Meldungen empfängt und sehr umfassend zum Neocortex, insbesondere fast zum gesamten präfrontalen Bereich weiterprojiziert (Abb. 5-3). Der vordere Thalamus (Abb. 5-1 B) ist auch von Bedeutung wegen seiner Projektion zum Gyrus cinguli (Abb. 5-2, 5-3) und von dort weiter zum Neocortex.

5.2.4 Pharmakologie des limbischen Systems und des Hypothalamus

Serotonin sowie die Katecholamine, Noradrenalin und Dopamin, sind die Transmitterstoffe, die am meisten daran beteiligt sind, Ein-

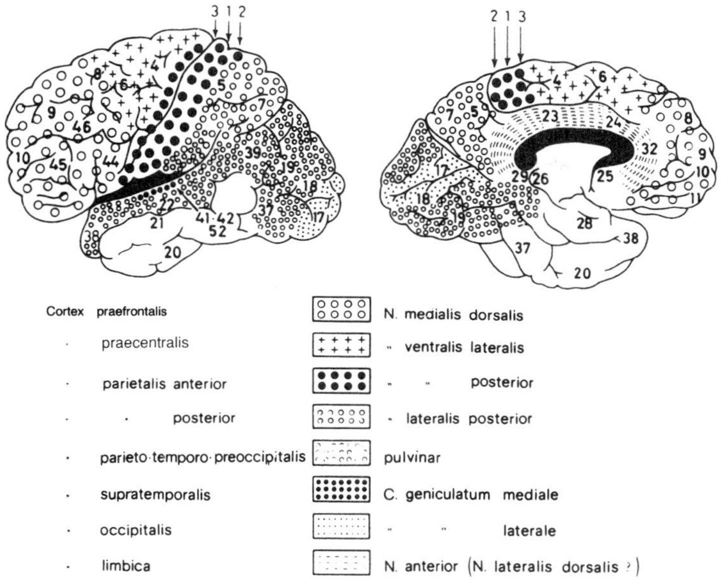

Abb. 5-3. Schematische Darstellung der örtlichen Verteilung der thalamo- corticalen Verschaltungen beim Menschen. Die beiden Diagramme zeigen eine laterale und eine mediale Ansicht der linken Hemisphäre. Die Verbindungen zwischen dem Thalamus (*rechts unten*) und dem Cortex (*links unten*) sind in der Hemisphäre (*oben*) landkartenartig eingetragen. Man muß beachten, daß die Bahnen des mediodorsalen Thalamus auf den gesamten präfrontalen Cortex verteilt sind, während der vordere Thalamus zum gesamten Gyrus cinguli projiziert. Garey, L.J.: In: Handbook of Electroencephalogr. Clin. Neurophysiol. Band 2, 2A. Rémond, A. (Hrsg.), S. 57. Amsterdam: Elsevier (1976)

fluß auf das limbische System auszuüben und damit das Verhalten zu modifizieren. Abb. 6-7 zeigt die serotonergen Bahnen, die zum limbischen System und zum Hippocampus projizieren. Eine ähnliche Projektion findet bei den Noradrenalin-Bahnen statt (vgl. Abb. 8-14, McGeer et al., 1978). Es ist eindeutig bewiesen, daß diese Amine eine wichtige Rolle beim Vermitteln von Gefühls- und Verhaltenszuständen spielen (Kety, 1970, 1972). Noradrenalin und Dopamin scheinen speziell mit Erregung, mit Aggression, Selbst-Stimulierung und Nahrungsaufnahme befaßt zu sein, während Serotonin für Entspannung und Schlaf sorgt, wie in der 6. Vorlesung beschrieben wird. Zusammenfassend sagt Kety (1972), daß

> ein Versuch, einen bestimmten emotionalen Zustand mit der Aktivität eines oder mehrerer biogener Amine zu erklären, völlig zwecklos scheint. Es scheint wahrscheinlicher, daß diese Amine einzeln oder gemeinsam an wichtigen Knotenpunkten der komplexen neuronalen Netze, die den emotionalen Zuständen zugrundeliegen, funktionieren. Obwohl dieses Wechselspiel möglicherweise einige der bekannten Merkmale oder einfachen Eigenschaften verschiedener Affekte repräsentiert, werden die besonderen Eigenschaften jedes einzelnen dieser Zustände von jenen Verzweigungen des Netzwerkes abgeleitet, die auf der Grundlage individuellen Erfahrens Wahrnehmungs- und kognitive Faktoren darstellen.

Die Wirkungsweise verschiedener Pharmaka ist mit der Wirkung dieser Transmitter verbunden. So scheint zum Beispiel die halluzinogene Wirkung von LSD mit bestimmten Serotonin-Rezeptor-Stellen in Zusammenhang zu stehen. Seine beruhigende Wirkung macht Reserpin zu einem wirkungsvollen Anti-Psychotikum, offenbar weil es Dopamin-Vorräte erschöpft. Einen detaillierten Bericht über die Pharmakologie des limbischen Systems und der Transmitter bietet McGeer et al. (1978) in Kapitel 14.

5.3 Schmerz

5.3.1 Einführung

Eine genaue Durchsicht der Tabelle 5-1 ergibt, daß von allen aufgezählten Punkten für unsere Behandlung des emotionalen Gehirns einer von herausragender Bedeutung ist. Obwohl alle diese Affekte subjektiv erfahren werden können, nimmt der Schmerz eine besondere Stellung ein. Erstens ist er der mächtigste Erzeuger emotionaler Zustände, wie man zugeben wird, wenn man sich Zustände akuter Agonie oder langen Leidens vorstellt. Zweitens ist er der einzige Affekt, der sowohl bei Versuchstieren als auch bei leidenden Patienten systematisch und sorgfältig untersucht worden ist.

Unser gegenwärtiges Interesse muß sich auf die Frage richten, wie Aktivitäten im Neuronenapparat des Gehirns dieses außergewöhnliche Spektrum unangenehmer Affekte erzeugen können. Obwohl Affekte nur subjektiv erfahren werden, besteht kein Zweifel an der Realität des Schmerzes, außer von seiten der radikalen Materialisten und Behavioristen. Man denkt an den Limerick:

There was a young lady from Deal,	(Es war eine junge Dame in Lahr,
Who said that, though pain isn't real,	die sagte, ist Schmerz auch nicht wahr,
When I sit on a pin,	wenn die Nadel mich sticht,
And it punctures my skin,	dann gefällt es mir nicht,
I dislike what I fancy I feel	was ich glaube, daß ich nehm' wahr)

Durch zwischenmenschliche Kommunikation wird die objektive Realität von Schmerz durch unseren gesamten Erfahrungsbereich hindurch von der Kindheit an gesichert. Dadurch kann Schmerz bei wachen Versuchspersonen untersucht werden, und er ist bei klinischen Untersuchungen sowohl als Symptom als auch als Anzeichen höchst wichtig. Praktische Kurse für Medizinstudenten sollten viele Arten der Schmerzuntersuchung miteinschließen. In meiner Abteilung in Dunedin gab es drei dreistündige Praktika über die verschiedenen Arten von Schmerz, die sich die Studenten dabei gegenseitig zufügten.

Bevor wir einen wissenschaftlichen Bericht über Untersuchungen zum Schmerz beginnen, ist es vielleicht gut, wenn wir den außerordentlichen Charakter des Schmerzes als einer Wahrnehmung betrachten. Alle in Abb. 1-7 aufgeführten Wahrnehmungen haben ein Gegenstück in der materiellen Welt, nur der Schmerz nicht. Zu Riechendes und zu Erkostendes haben ein Gegenstück in chemischen Substanzen, Licht und Farbe in elektromagnetischen Wellen und so weiter. Beim Schmerz ist es nicht so. Es gibt kein materielles Gegenstück als solches. Diese außergewöhnlich unangenehme Empfindung wird gänzlich von uns erzeugt. Wir können fragen: Wie kommt es, daß sie so unangenehm sein muß? Wie wird sie erzeugt, daß sie so schlimm ist? Aber die gleiche Frage nach dem Charakter der Wahrnehmung kann bei den anderen in Abb. 1-7 aufgezählten Erfahrungen gestellt werden. Zum Beispiel, wie kommt es, daß bestimmte Wellenlängen der elektromagnetischen Strahlung in Farbe und Licht verwandelt werden oder die Frequenzen von Druckwellen in Töne umgesetzt werden? Wir kommen also zu der Erkenntnis, daß die Erzeugung von Schmerz in unserer Gehirn-Geist-Interaktion nicht geheimnisvoller ist als die Erzeugung anderer Arten von Wahrnehmungen in der Spalte »Äußerer Sinn« in Abb. 1-7. Außerdem gibt es darin die gleiche grundlegende Ähnlichkeit, daß sie alle von der Stimulation spezifischer Sinnesorgane abhängig sind, die Impulsentladungen verursachen, die dann die kodierte Information entlang der Nervenfasern zum Gehirn tragen, wo die Wahrnehmungserfahrung als Resultat von nur zum Teil bekannten Prozessen (vgl. 3. Vorlesung) entsteht. Die Wahrnehmungserfahrung findet nicht im Gehirn statt, wo sich die kodierte Information befindet, sondern im bewußten Geist (Welt 2), wie in Abb. 1-7 gezeigt ist.

Man erkennt, daß mit dem bewußt erfahrenen Schmerz ein neues Phänomen in der Welt der Wahrnehmungen entstand. Aus biologischer Sicht können wir fragen, warum dies geschah. Sogar bei primitiven Nervensystemen gibt es Reaktionen, die ein Sich-Zurückziehen vor verletzenden Dingen sichern. Es ist ganz klar, daß nicht ein gefühlter Schmerz diese Reaktion bewirkt. So wird zum Beispiel bei einem spinalen Frosch der Fuß von einer verletzenden Säurelösung durch einen spinalen Beugereflex schnell zurückgezogen. Auch wir vollziehen diese automatischen Rückzugsreaktionen vor verletzenden Reizen. Die Hand oder der Fuß wird von einem scharfen oder heißen Gegenstand schnell zurückgezogen, noch bevor wir den Schmerz spüren. Warum sollte das unangenehme Gefühl des Schmerzes eine so wirksame Rückzugsreaktion noch überlagern?

Meine Vermutung geht dahin, daß ein gewaltiges Signal wichtig war, um die Aufmerksamkeit der Person auf sich zu lenken, so daß es zu einer wirksamen und besser organisierten Reaktion kommen kann und daß die Erinnerung an den schädlichen Vorfall zu seiner zukünftigen Vermeidung führen kann. Ich gebe gern zu, daß diese Erklärung unzureichend ist, da viele der Bedingungen, die große Schmerzen erzeugen, vor der Entwicklung rationaler Therapien gar nicht behandelbar waren. Was war zum Beispiel, wie Popper geistreich bemerkte, der Zweck von Zahnschmerzen, als es noch keine Zahnärzte gab? Und sogar heute können so schwere Schmerzen, wie sie im Endstadium von Krebs auftreten, nur gelindert, jedoch nicht beseitigt werden, und sie erfüllen in bezug auf den Verlauf der Krankheit keinen sinnvollen Zweck. Die beste Erklärung, die wir anbieten können, ist, Schmerz sei ein Signal, das uns veranlaßt, den verletzten Körperteil zu entspannen und ruhigzustellen, zum Beispiel ein verletztes Glied oder ein schlecht funktionierendes Herz, um so eine Wiederherstellung zu unterstützen.

Ein weiteres Beispiel für Leiden wird in Abb. 1-7 unter »Innerer Sinn« innerhalb des weiten Bereichs der »Gefühle« (vgl. die Spalte »unangenehm« in Tabelle 5-1) aufgeführt. Wie wir alle wissen, gibt es Erfahrungen geistiger Bedrängnis, die keinen Bezug zu Verletzungen des materiellen Körpers haben. Wir können sie »geistiger Schmerz« nennen, im Gegensatz zum »körperlichen Schmerz«. Beiden Arten von Leiden liegt eine tiefe Ähnlichkeit zugrunde; der Gebrauch der Wörter »Schmerz« und »Leiden« für beide ist ein Beispiel dafür. Wir wissen nicht, bis zu welchem Ausmaß Tiere solche lebhaften und traumatischen Erfahrungen bewußt erleben. Säugetiere und Vögel reagieren auf verletzende Reize sicherlich so, als fühlten sie Schmerz, und wir müssen immer danach streben, ihre vermuteten Leiden zu lindern, genauso wie wir es bei Menschen tun. Geistiges Leiden ist wirklich ein Geheimnis, eine Schöpfung des bewußten Geistes ohne unmittelbaren Bezug zum Geschehen in der materiellen Welt, aber mit engem Bezug zu Erinnerungen. Die Ähnlichkeit in der Erfahrung zwischen körperlich zugefügtem Schmerz und geistigem Schmerz führt zu der Vermutung, daß einander entsprechende Areale des Liaison-Hirns betroffen sind (vgl. Abb. 1-7).

5.3.2 Anatomie und Physiologie nociceptiver Bahnen

Diese allgemeine philosophische Einleitung führt nun weiter zur naturwissenschaftlichen Erforschung von Schmerz. Da der tatsächliche neuronale Mechanismus, der zur Erzeugung von Schmerz führt, noch nicht erklärt werden kann, wird das Adjektiv »nociceptiv« für die Nervenbahnen benutzt, von denen angenommen wird, daß sie die Information weitergeben, die dann zur Schmerzerfahrung führt. Ich werde die Beschreibung auf das Wesentliche beschränken, so daß wir die Vorgänge im Gehirn so gut wie möglich mit dem Erleben von Affekten und der emotionalen Reaktionen in Beziehung setzen können. Man wird sehen, daß die Erklärung, die gegenwärtig gegeben werden kann, äußerst unvollständig ist.

Es gibt in der Haut zwei getrennte nociceptive Systeme. Diese Trennung wird bei der Weiterleitung zum Gehirn und bei den davon abgeleiteten Wahrnehmungen beibehalten, wie man in Abb. 5-4 und 5-5 sieht. Diese Unterscheidung kann mit einem sehr einfachen Test gezeigt werden. Eine kurze Berührung einer heißen Wasserleitung oder eines anderen heißen Gegenstandes mit dem Fingerrücken hat einen scharfen, momentanen Schmerz zur Folge, auf den ein langsam entstehender und anhaltender, brennender Schmerz folgt. Die Rezeptoren, die auf noxische Einflüsse reagieren, sind bei beiden Schmerzarten sehr einfach. Offenbar handelt es sich dabei um sich verzweigende, freie Nervenendigungen. Eine genauere Erforschung würde jedoch zweifellos spezielle anatomische Merkmale dieser Nervenendigungen entdecken können. Im System für den schnel-

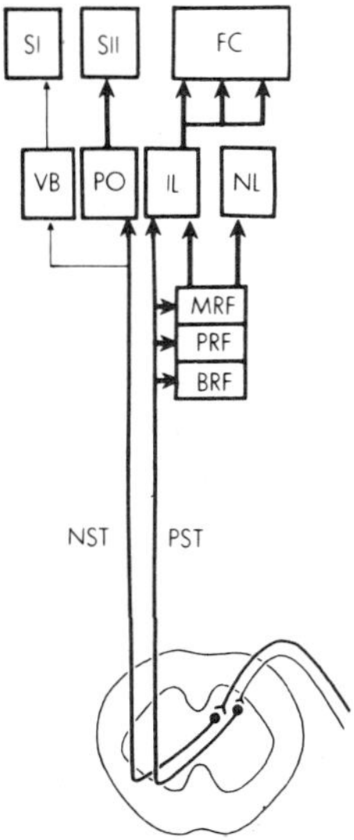

Abb. 5-4. Das Schema zeigt die neospinothalamische (NST) und die paläospinothalamische (PST) Bahn der Nociception. Der Eintritt in das Rückenmark ist mit einer dickeren myelinisierten Faser und einer dünneren unmyelinisierten Faser gezeigt; nach Umschaltung im Rückenmark steigen beide Bahnen jedoch in myelinisierten Fasern auf. Die verschiedenen Verteilungen im Hirnstamm und im Cortex sind im Text beschrieben. MRF, PRF und BRF stehen für die Formatio reticularis im Mesencephalon, im Pons und im Bulbus spinalis. VB, ventrobasaler Thalamus; PO, posteriorer Thalamuskomplex; IL, Nucleus interlaminaris; NL, Nucleus limitans; S I und S II, somatosensorische Areale I und II; FC, frontaler Cortex

len, stechenden Schmerz leiten kleine, myelinisierte Nervenfasern die Information zum Rückenmark. Bei starken Reizen kann dabei die Impulsfrequenz bis zu 100/s betragen. Im System für langsamen brennenden Schmerz wird die Information von unmyelinisierten Fasern (C-Fasern) weitergegeben, die bei einem starken Reiz ebenfalls zunächst 100 Impulse in der Sekunde abgeben können (Iggo, 1959, 1974). Strahlungshitze liefert eine bequeme Methode zur Erforschung des brennenden Schmerzes (Hardy und Stolwijk, 1966). Der langsame Schmerz resultiert jedoch auch aus der Erregung einer weiteren, völlig anderen Gruppe unmyelinisierter Fasern, deren Rezeptoren auf starke mechanische Belastung reagieren (Iggo, 1974).

Im Rückenmark sind komplexe synaptische Mechanismen dafür zuständig, die Schmerz-Information weiterzuleiten, wobei die erregten Nervenzellen in den Schichten I, IV und V des Hinterhorns liegen (Iggo, 1974; Willis et al., 1974). Wie die Abb. 5-4 und 5-5 zeigen, gibt es im Rückenmark des Menschen zwei Bahnen zum Gehirn, die nociceptive Information weitergeben. Beide befinden sich auf der contralateralen Seite in der anterolateralen Säule. Es scheint, daß die meisten Ursprungszellen dieser Bahnen in der Mitte der ipsilateralen Seite, in der Substantia intermedia, liegen, von wo

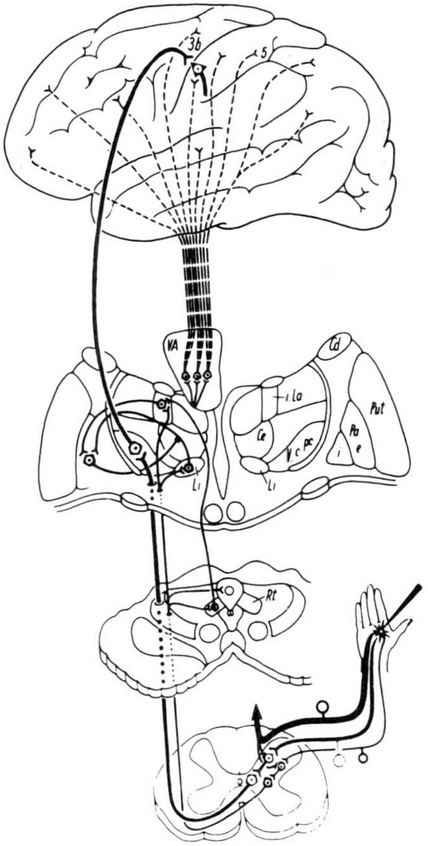

Abb. 5-5. Eine verletzende Berührung an der Hand führt zur Weiterleitung in drei Bahnen. Die *dick schwarz* gezeichnete ist für Berührung zuständig und steigt in der dorsalen Säule, wie durch den *Pfeil* angezeigt, auf. Die beiden anderen sind die in Abb. 5-4 gezeigten nociceptiven Bahnen, die neospinothalamische (*grau*) und die paläospinothalamische (*schwarz*). Die Verzweigungen dieser beiden Bahnen im Hirnstamm sind wie im Text beschrieben gezeigt: *Rt*, Formatio reticularis; *Li*, Nucleus limitans; *i.La*, Nucleus intralaminaris; *VA*, Nucleus ventralis anterior des Thalamus; *Pa.e* und *i*, externes und internes Pallidum; *Ce*, Nucleus centromedianus; *Put*, Putamen; *Cd*, Nucleus caudatus; *V.c.pc*, parvocellulärer Nucleus ventralis caudalis = *PO* aus Abb. 5-4. Zu beachten ist die Bahn von Pa.e, die unter dem Ce und dem i.La hindurchgeht und zum VA und von da umfassend zur Hirnrinde projiziert. Hassler, R.: Central interactions of the systems of rapidly and slowly conducted pain. In: Advances in neurosurgery. Penzholz, H., Brock, M., Hamer, J., Klinger, M., Spoerri, O. (Hrsg.), Band 3. S. 143-150. Berlin, Heidelberg, New York: Springer 1975

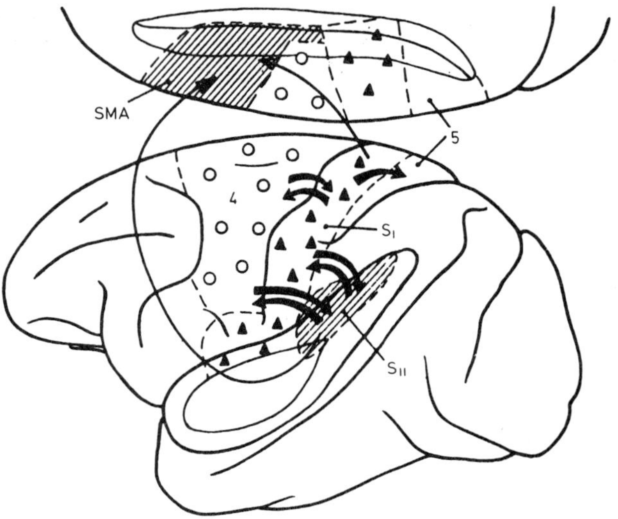

Abb. 5-6. Schematisches Diagramm, das die anatomischen Bahnen, die mit dem S I und dem S II verbunden sind, bei einem Affenhirn zeigt. Reziproke Verschaltungen verbinden S I und S II miteinander und mit Feld 4; kleine Projektionen gehen von S I und S II zum motorischen Supplementfeld (SMA), aber nur S I schickt Fasern in den parietalen Bereich, zum Feld 5. Jones, E.G., Powell, T.P.S.: Connections of the somatic sensory cortex of the rhesus monkey. I. Ipsilateral cortical connections. Brain *92*, 477-502 (1969)

aus ihre Axone sofort kreuzen und in den beiden Bahnen aufsteigen (Réthelyi und Szentágothai, 1973). Beide Bahnen bestehen aus dünnen myelinisierten Fasern, das heißt, der unmyelinisierte periphere Input wird durch eine myelinisierte Bahn weitergeleitet.

Die neospinothalamische Bahn (NST in Abb. 5-4) leitet die nociceptive Information, die zu scharfem, stechendem Schmerz führt, auch wenn nur ein Bruchteil dieser Bahn mit dieser Aufgabe befaßt ist. Sie endet größtenteils im posterioren Kernkomplex des Thalamus (PO) und zu einem kleinen Teil im ventrobasalen Kernkomplex (VB), der generell die Umschaltstelle für somatosensorische Fasern darstellt, in Abb. 5-7 der DCN-Strang. Nach synaptischer Umschaltung wird die Information, wie in Abb. 4-3 gezeigt, vorwiegend zum sekundären somatosensorischen Cortex, S II, geleitet, der ventrolateral zu dem in Abb. 1-1 allein gezeigten primären S I-Streifen liegt. Abb. 5-6 zeigt das Verhältnis der S II-Areale zu denen des S I im Ge-

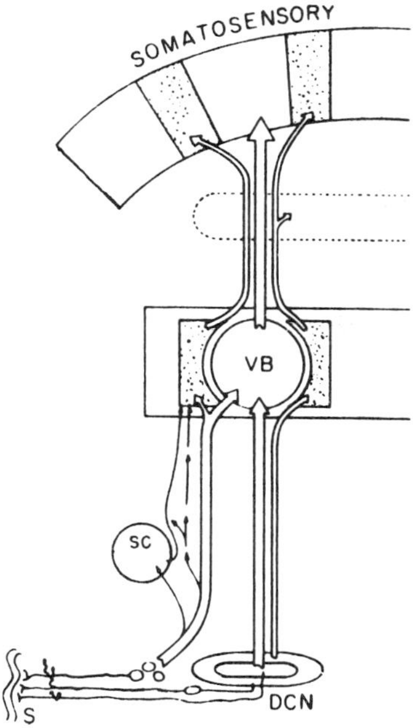

Abb. 5-7. Die aufsteigenden somatosensorischen Bahnen sind stark schematisiert gezeigt. Die unten gezeigten sensorischen Elemente aus der Haut (*S*) steigen über die Kerne der dorsalen Säule (*DCN*) zum ventrobasalen Thalamus (*VB*) auf und von da zum somatosensorischen Cortex (*breite Pfeile*). Links sind die spinothalamischen Bahnen eingezeichnet, die zum Colliculus superioris (*Sc*) und zu den Thalamusregionen aufsteigen (vgl. Abb. 5-4 und 5-5), die rechts und links vom VB *punktiert* eingezeichnet sind. Von da geht die Projektion weiter zu Arealen des somatosensorischen Cortex (*punktiert*), wobei es sich nicht um die durch die VB-Projektionen erreichten Areale 3, 1 und 2 handelt. Zu beachten ist außerdem die Projektion zu dem Bereich, der mit einer *gestrichelten Linie* eingezeichnet ist und die Basalganglien darstellt (vgl. Pa.e in Abb. 5-5). Graybiel, A.M.: Studies on the anatomical organization of posterior association cortex. In: The neurosciences. Third Study Program. Schmitt, F.O., Worden, F.G. (Hrsg.), S. 205-214. Cambridge, Mass.: MIT Press 1974

hirn eines Affen, wobei die Zentralfurche geöffnet dargestellt ist, um das gesamte Ausmaß des S II zu zeigen (Jones und Powell, 1969). Abb. 5-6 zeigt außerdem die starke reziproke Kommunikation zwischen S I und S II, zwischen S I und S II auf der einen Seite und dem primären motorischen Cortex und Feld 4 sowie die schwache Einwegkommunikation zum motorischen Supplementfeld SMA. S I, jedoch nicht S II, besitzt eine Einwegverbindung zu Feld 5, die in Abb. 3-2 dargestellt ist (Jones und Powell, 1969, 1970b).

Graybiel (1973, 1974) beschreibt bei der Katze die Projektion des PO zum caudalen Teil des S II und dem angrenzenden Cortex (Abb. 5-7) und auch zu den Basalganglien (Abb. 5-7) und den ventrolateralen Amygdala-Kernen. Abb. 5-7 kann Abb. 5-4 zugeordnet werden, wenn man berücksichtigt, daß die punktierten Flächen seitlich des VB dem PO in Abb. 5-4 entsprechen.

Poggio und Mountcastle (1960) untersuchten bei Katzen die Reaktionen der PO- und VB-Zellen der Thalamuskerne. In VB gab es keine nociceptiven Zellen, während im PO 60% der Zellen nociceptiv waren. Das hieße, daß in Abb. 5-4 der Input der neospinothalamischen Bahn zum VB keine nociceptiven Fasern enthält. Jeder nociceptive Input zum S I ist also von dem kleinen PO-Input abhängig. Tatsächlich ist oft behauptet worden, daß das S I keinen nociceptiven Input erhält und mit Schmerz gar nichts zu tun hat. Penfield und Boldrey (1937) berichteten jedoch von Schmerz als Folge einer Stimulation des S I bei 11 von 426 Patienten, und Mountcastle und Powell (1959) fanden bei Katzen 12 von 593 Zellen nociceptiv. Ähnlich fanden Carreras und Andersson (1963) 5/262 nociceptive Zellen im S I und 16/268 im S II bei Katzen. Diese verschiedenen Ergebnisse müssen im Zusammenhang mit der wichtigen Entdeckung von Whitsel et al. (1969) betrachtet werden, daß der S I bei Affen in zwei getrennte Bereiche geteilt ist, wobei ein kleiner posteriorer Streifen besonders auf noxische und auditive Reize reagiert. Das würde einer dominanten Aktivierung dieses Streifens durch die PO-Thalamuskerne entsprechen, wo eine entsprechende selektive Empfänglichkeit für noxische und auditive Reize besteht. Ein damit zusammenhängendes Resultat ist, daß beim Affen der mediale Teil des posterioren Thalamuskomplexes (PO) zum retroinsulären Cortex projiziert, der posterior zum S II liegt (Burton und Jones, 1976).

Es wird berichtet, daß eine Entfernung des S II bei Katzen und Menschen in einer Minderung der Schmerzempfindlichkeit resultiert und daß bei Patienten mit starken Schmerzen Erleichterung erreicht wird (vgl. Mountcastle, 1968). Die meisten chirurgisch durchgeführten Entfernungen waren auf den leicht zugänglichen S I beschränkt und waren, wie zu erwarten, in ihrer Wirkung enttäuschend. Stimulation der posterioren Kerne des Thalamuskomplexes, insbesondere des Nucleus limitans (vgl. Li in Abb. 5-5), bewirkten starken Schmerz (Hassler, 1960).

Die paläospinothalamische Bahn PST (vgl. Abb. 5-4 und 5-5) ist der Träger der Leitung für langsam brennenden Schmerz. Sie verläuft völlig getrennt auf der medialen Seite der neospinothalamischen Bahn. Von ihr gehen Kollaterale zur Formatio reticularis in Medulla, Pons und Mesencephalon, BRF, PRF, MRF in Abb. 5-4 (Bowsher, 1965; Albe-Fessard und Besson, 1973), bevor sie im Nucleus limitans (NL, Abb. 5-4; Li, Abb. 5-5) und in den intralaminaren Kernen (IL, Abb. 5-4; iLa, Abb. 5-5) endet. Die retikuläre Umschaltung geht ebenfalls zum Nucleus intralaminaris und zum Nucleus limitans, nachdem Kollaterale zum Hypothalamus abgezweigt sind. Vom intralaminaren Thalamus breitet sich die thalamische Projektion weit über die Hirnrinde aus (vgl. Jones und Leavitt, 1973; Graybiel, 1973). Die Formatio reticularis im Mesencephalon spielt bei der Weiterleitung der nociceptiven Impulse bei Katzen eine wichtige Rolle (Melzack et al., 1958).

In der Abb. 5-5 illustriert Hassler (1975) eine wichtige Verbindung von der paläospinothalamischen Bahn zum Neocortex. Die thalamische Umschaltung erfolgt über den Nucleus limitans (Li) und den Nucleus intralaminaris (iLa), die beide zum äußeren Pallidum (Pa.e) des Corpus striatum projizieren, das wiederum zum VA-Thalamus projiziert und von da weit über den Neocortex verbreitet wird. Wenn die neospinothalamische Bahn zum Cortex unterbrochen wird, wird der paläospinothalamische Schmerz viel stärker und tritt sogar spontan auf. Dieser sogenannte protopathische Schmerz kann chirurgisch durch Koagulation des Nucleus limitans behandelt werden (Hassler, 1975).

Man neigte immer zu der Vermutung, der Neocortex hätte mit der Schmerzwahrnehmung nichts zu tun. Alle Resultate aus noxischer Stimulation konnten als Folge gleichzeitiger Stimulation anderer Hautrezeptoren interpretiert werden. Es ist daher besonders interessant, daß die Stimulation von reinen Schmerzrezeptoren in der Zahnpulpa corticale Reaktionen im S II mit einer viel längeren Latenzzeit als bei infraorbitaler Nervenstimulation hervorruft (Vyklický et al., 1972; Andersson et al., 1973).

Als drittes Schmerzsystem sollen kurz noch die nociceptiven Bahnen erwähnt werden, die von den Eingeweiden und Muskeln einschließlich des Herzens stammen. Der durch dieses System vermittelte Schmerz entspricht stark dem langsam-brennenden Haut-Schmerz und seine Verbindungen verlaufen in der gleichen paläospinothalamischen Bahn. Es gibt häufig Konvergenz auf die gleichen projizierenden Zellen, mit der Folge, daß dieser tiefliegende Schmerz oft auf eine Hautzone bezogen wird, die den konvergierenden Leitungen entspricht.

Bei allen synaptischen Umschaltstellen in den nociceptiven Bahnen besteht die Gelegenheit zur inhibitorischen Unterdrückung der weitergeleiteten Information. Auf der Höhe der synaptischen Umschaltstellen im Rückenmark (Abb. 5-4) ist die präsynaptische Hemmung vorherrschend, aber auch die postsynaptische Hemmung ist wirksam (Schmidt, 1973). Auch beim Umschalten im Thalamus ist die Kontrolle der Weiterleitung durch postsynaptische Hemmung sehr wirkungsvoll. Es ist wichtig, daß diese Hemmung der nociceptiven Bahnen von der Hirnrinde über corticothalamische und corticospinale Bahnen ausgeht (Schmidt, 1973). Wall (1978) benutzt die verschiedenen inhibitorischen Kontrollen, die die nociceptiven Bahnen auf dem Niveau des Rückenmarks erfahren, in seiner sehr zaghaft wieder ins Leben gerufenen Theorie der »Gating«-Kontrolle.

Die inhibitorische Kontrolle der nociceptiven Bahnen stößt auf großes Interesse. Einige klinische Behandlungsmethoden aktivieren diese inhibitorischen Mechanismen, um Schmerz zu lindern. Das Vorhandensein solcher Mechanismen liefert auch eine wissenschaftliche Erklärung für die betäubende Wirkung von Akupunktur, Hypnose und Reiztherapie. Es ist bekannt, daß bei intensiver Ablenkung sogar schwere Verletzungen unbeachtet bleiben, vermutlich wegen der inhibitorischen Blockade durch absteigende Hemm-Mechanismen. Eine alternative Erklärung ist jedoch, daß die selektive Aufmerksamkeit auf etwas anderes gerichtet ist, wie in der 4. Vorlesung beschrieben wurde. Das wäre eine wichtige evolutive Errungenschaft, die in Überlebens-Situationen die Hirnrinde vor ablenkenden Inputs schützt.

5.3.3 Pharmakologische Schmerzkontrolle

Es gibt eine enorme Menge neuerer Literatur zur pharmakologischen Schmerzkontrolle, über die Kerr und Wilson (1978) und Fields (1978) Zusammenfassungen veröffentlichten. Es ist noch zu früh, um aus den vielfältigen experimentellen Befunden eine klare und verständliche Theorie abzuleiten. Es besteht jedoch allgemeine Übereinstimmung bei einem höchst bedeutenden, neueren Ergebnis.

Es konnte nachgewiesen werden, daß Morphium und verwandte Analgetika an spezifischen Rezeptorstellen auf die Membranen der Nervenzellen einwirken. Diese Opiat-Rezeptoren, wie sie von Pert und Snyder (1973) genannt werden, liegen in Bereichen, die mit den nociceptiven Bahnen verbunden sind, zum Beispiel in der Amygdala, im Hypothalamus, in Mittelhirnstrukturen wie dem zentralen Höhlengrau, der Habenula und dem Nucleus interpeduncularis (vgl. Abb. 5-1 B) sowie dem Hinterhorn des Rückenmarks (Abb. 5-5). Man nahm an, daß solche Rezeptorstellen zu einem Transmitter-System gehören, das analgetische Wirkungen hat. Sehr bald konnten zwei solche Transmitterstoffe als zwei kleine Polypeptid-Moleküle mit nur fünf Aminosäuren identifiziert werden (Hughes, 1975). Die Lokalisierung dieser Enkephaline, wie sie genannt werden, stimmt mit der ihnen zugeschriebenen physiologischen Wirkung als Transmitter überein, die auf Opiat-Rezeptor-Stellen im limbischen System, im Hypothalamus und in den Mittelhirnstrukturen einwirken. Verwirrend war, daß sich die größten Konzentrationen davon im Pallidum und im Nucleus caudatus befanden. Die hohe Konzentration im Pallidum stimmt jedoch mit der in Abb. 5-5 gezeigten Hasslerschen Bahn überein. Die Wirkung der Enkephaline geht dahin, neuronale Aktivität zu dämpfen, und man kann annehmen, daß sie die Transmitterstoffe eines inhibitorischen Systems sind, das als natürliche Kontrolle auf die nociceptiven Bahnen einwirkt. Sie bieten große Möglichkeiten für die therapeutische Schmerzkontrolle. Ihre Ursprungszellen sind noch nicht identifiziert worden.

5.3.4 Neuronale Substrate des Schmerzes?

Diese Frage ist von größter Bedeutung; doch wir können höchstens spekulative Antworten darauf geben. Man ist versucht, eine Lokalisierung in der Hirnrinde anzugeben, besonders wenn eine somatotopische Lokalisierung so genau wie beim scharfstechenden Schmerz, zum Beispiel bei einem Nadelstich oder einem Insektenbiß, vorgegeben ist. Dazu kann man aber auch sagen, daß die Lokalisierung durch die assoziierte, mechanische Stimulation vermittelt wird. Es gibt sogar die Möglichkeit, den brennenden Schmerz, der zum Beispiel von starker Strahlungshitze hervorgerufen wird, zu lokalisieren. Bei Sondierungstests wird jedoch immer der mit einer Entzündung verbundene Hautschmerz besser lokalisiert.

Bei der Wahrnehmungserfahrung einer Berührung wurde gezeigt (Libet, 1973; Libet et al., 1979), daß schon für die einfachsten sensorischen Erfahrungen eine beträchtliche, bis 0,5 s dauernde Entwicklung von Hirnreaktionen notwendig ist. Wie in der 4. Vorlesung bereits erwähnt wurde, entstehen sensorische Erfahrungen erst, wenn sich komplexe Muster neuronaler Tätigkeit entwickelt haben. Die Bahnen der Verbindungsschleifen zwischen den Arealen des Assoziationscortex sind in ihrer Anatomie besonders von Jones und Powell (1970b) und in ihrer Physiologie von Mountcastle und Mitarbeitern (Mountcastle et al., 1975) untersucht worden.

Da der Schmerz-Input aus der neospinothalamischen Bahn größtenteils zum S II geleitet wird (Abb. 5-4), besteht wenig Möglichkeit für diese weite corticale Streuung (vgl. Abb. 5-6), außer über den S I, was aber unwahrscheinlich erscheint, da der S I kaum nociceptive Neuronen enthält. Aus diesem Grund sind die in Abb. 5-7 gezeigten Bahnen wichtig, da eine Weiterleitung zu neben dem S II liegenden corticalen Feldern und auch zu den Basalganglien stattfindet. Dazu hat Graybiel (1973) noch die wichtige Entdeckung gemacht, daß die PO-Gruppe des Thalamus auf die Amygdala projiziert. Wir haben hier eine nociceptive Bahn, die ein limbisches Affekt-System von aversivem Charakter aktiviert. Darüber hinaus schlägt Graybiel (1973) vor, daß die an das S II angrenzenden corticalen Felder bei der Katze dem Sulcus temporalis superior (STS) der Primaten analog sein können, der weit in den präfrontalen Bereich und auch zum limbischen System projiziert (Abb. 3-2, STS).

Es ist sehr wichtig, nociceptive Bahnen zum präfrontalen Cortex zu finden, weil dieser Bereich des Cortex sicherlich bei der Erzeugung des »Affekts« der Schmerzwahrnehmung von größerer Bedeutung ist. Es ist besonders interessant, daß die in Abb. 5-5 gezeigte paläospinothalamische Bahn nach Umschaltungen im Thalamus (Li und iLa), im Pallidum und schließlich im VA-Thalamus weit zum Neocortex projiziert.

Bei den sehr zahlreichen und bedauerlichen klinischen Behandlungen durch präfrontale Leukotomie hat sich eine bemerkenswerte Trennung von Schmerzwahrnehmung und Affekt gezeigt. Die Patienten fühlen noch Schmerz, jedoch ohne oder mit sehr wenig Erfahrung von Affekt. Einfach gesagt: Sie registrieren den Schmerz, aber er stört sie nicht weiter. Auf ähnliche Weise befreit präfrontale Leukotomie von geistigem Schmerz. Man kann vermuten, daß die präfrontale Komponente sowohl beim physischen als auch beim geistigen Schmerz diesen Schmerzen ihre erlebensmäßige Ähnlichkeit verschafft. Eine gewisse Befreiung vom Affekt des Schmerzes kommt auch bei Läsionen des rechten Parietallappens vor, wobei die Patienten von der linken Seite ihres Körpers kaum Notiz nehmen; ein Phänomen, das Hecaen (1967) berechtigterweise »eine Pantomime massiver Nichtbeachtung« nennt.

Gehen wir jetzt näher auf die mögliche Beziehung ein, die das limbische System und der Neocortex eingehen, wenn sie aus einem nociceptiven Input eine schmerzhafte Erfahrung erzeugen. Die Projektionen der medio-dorsalen (MD) und anterioren Thalamuskerne zur Hirnrinde (Abb. 5-2 und 5-3) liefern einen mächtigen und weitgestreuten corticalen Input aus dem limbischen System, die teilweise in den Abb. 3-2 und 5-2 gezeigt sind. Diese Verbindungen könnten zwischen dem Neocortex und dem limbischen System einen sich gegenseitig verstärkenden Erregungskreis aufbauen.

Tatsächlich läßt die gewaltige Störung corticaler Funktionen, die beim Einwirken eines schweren Schmerzes auftritt, es wahrscheinlich erscheinen, daß die Hirnrinde Erregungskreise intensiv in Gang hält, die durch unterstützende Inputs aus dem limbischen System aufgebaut werden. Die weitgestreute cerebrale Aktivität, die sogar bei mäßigem Schmerz auftritt, zeigt sich gut in den Untersuchungen über cerebrale Durchblutung (Lassen et al., 1978), die wir in der nächsten Vorlesung betrachten werden. In Abb. 6-2 sieht man die durch mäßigen Schmerz erhöhte Durchblutung der frontalen und parietalen Bereiche. Eine intensive cerebrale Erregung könnte ebenfalls durch das retikuläre Aktivierungssystem herbeigeführt werden. Die paläospinothalamische Bahn aktiviert dieses System direkt (Abb. 5-4), ebenfalls der Hypothalamus. Darüber hinaus könnte, wie bereits beschrieben, vom Nucleus interlaminaris und vom Nucleus limitans des Thalamus eine diffuse Verbreitung nociceptiver Information zum äußeren Pallidum stattfinden, von wo Bahnen zu den VA- und VL-Thalamuskernen (Abb. 5-5) und so zum Cortex führen (Hassler, 1978).

Was sind dann die speziellen Eigenschaften der cerebralen Aktivität, die durch Interaktion über die Grenzzone der Abb. 1-7 hinweg die geistige Erfahrung von Schmerz erzeugen? Ich möchte dazu drei Faktoren vorschlagen: erstens eine weit gestreute, reflektierende Aktivierung der Moduln des präfrontalen und parietalen Cortex; zweitens sich selbst verstärkende Erregungskreise, die, auf der einen Seite, aversive limbische Strukturen, wie die Amygdala und damit verknüpfte hypothalamische Bereiche, und, auf der anderen Seite, die Hirnrinde miteinbeziehen (Abb. 3-2, 5-2); drittens starke Verstärkung aus dem retikulären Aktivierungssystem (vgl. Abb. 5-4). Diese Vorschläge sind mit der allgemeinen Ansicht zu vereinbaren, daß Schmerz aus höchst komplexen cerebralen Vorgängen entsteht, was die chirurgische Schmerzbefreiung enorm schwierig macht. Nach der dualistisch-interaktionistischen Theorie wird angenommen, die Erfahrung von Schmerz entstehe durch Zusammenfassen von immens verschiedenen neuronalen Vorgängen in einem großen Teil des Gehirns. Diese neuronalen Vorgänge müssen eine bestimmte dringliche Eigenschaft besitzen, vielleicht aufgrund der Intensität der modulären Vorgänge (Abb. 1-7), die durch sich verstärkende Erregungskreise aus dem limbischen System aktiviert werden.

5.4 Allgemeine Betrachtungen weiterer Affekte

Schließlich kommmen wir noch zu den anderen Affekten aus Tabelle 5-1 und den damit verbundenen Emotionen. Hunger und Durst sind viel weniger untersucht worden als Schmerz, und sie liefern auch keine besonderen Informationen, die für unseren allgemeinen Zweck, nämlich das emotionale Gehirn zu verstehen, interessant wären. Gerade wie beim Schmerz sind wir weit davon enfernt, zu verstehen, wie die beobachtete Hirnaktivität den erlebten Affekt ergibt. Diese Lücke wird besonders bei den allgemeinen Affekten sichtbar. Das ist der Punkt, an dem unser Wissen über das emotionale Gehirn so unzulänglich ist.

Nehmen wir zum Beispiel einen extremen Fall, der uns allen bekannt ist. Was können wir über die Geschehnisse in unserem Gehirn sagen, wenn wir verliebt sind? Wir würden, so hoffe ich, übereinstimmen, daß Liebe von Sexualität in ihren anatomischen, physiologischen und psychologischen Erscheinungsformen zu trennen ist, auch wenn es in diesen wenig galanten Zeiten eine bedauernswerte Tendenz gibt, beides identisch zu sehen. Ich leugne nicht, daß Liebe einen sexuellen Aspekt hat; ich sage nur, daß Liebe nicht nur Sexualität, sondern viel mehr ist. Die besten Darstellungen dieses Unterschiedes bietet die große Tradition der Literatur, die von der Liebe handelt, in Gedichten, Schauspielen und Romanen. Liebe ist eine tiefe Beziehung zwischen zwei Menschen, die erfüllt ist von Erinnerungen, Hingabe, Opferbereitschaft und Idealen. In der Literatur bleibt Liebe oft unerfüllt oder geht nach einer Zeit verzückter Erfüllung verloren. Dann kann sie zur Quelle von Sehnsucht und sogar Verzweiflung werden. Aber vielleicht haben wir das Glück, in Erinnerung und Vorstellung unsere verlorene Liebe nachzuleben und uns daran zu freuen. Denis de Rougemont (1966) hat mit tiefer Einsicht und wissenschaftlicher Genauigkeit sein großes Buch *Die Liebe und das Abendland* zum Thema Liebe geschrieben. Er entwickelt den Gedanken, daß Tristan und Isolde über die Jahrhunderte hinweg für so viel Liebesliteratur Modell gestanden haben. Aber nun nehme ich schon das Thema der 8. Vorlesung vorweg, wo Liebe als ein sehr spezieller Aspekt des Altruismus betrachtet werden soll. Bei wahrer Liebe stellt man die geliebte Person und nicht sich selbst ins Zentrum aller Betrachtung; es handelt sich also um Altruismus höherer Ordnung.

6. Vorlesung

Gehirnaktivität und Bewußtseinsstufen

Vorbemerkung

Einer allgemeinen Einführung folgt eine Beschreibung der wichtigsten Meßmethoden der Gehirnaktivität beim Menschen.

Eine höchst wichtige Technik benutzt *Radio-Xenon*, um die cerebrale Durchblutung quantitativ und in den verschiedenen Bereichen zu erfassen. Die mit dieser Methode erhaltenen Ergebnisse konnten mit *Radio-Oxygen*-Untersuchungen bei Patienten bestätigt werden. Allgemein stimmen diese neueren Beobachtungen mit älteren zum Stoffwechsel und zur Durchblutung beim gesamten Gehirn überein.

Auch die Elektroenzephalographie liefert wertvolle Daten über die verschiedenen Stufen cerebraler Aktivität.

Zunächst wird die klassische Arbeit über das *retikuläre Aktivierungssystem* geschildert, das über eine Umschaltstelle im unspezifischen Thalamus cerebrale Aktivierung erzeugt, was man am desynchronisierten EEG sehen kann. Es werden außerdem zwei weitere zur Hirnrinde führende Bahnen beschrieben, die mit dem Schlaf zusammenhängen: eine *serotonerge* Bahn, die corticale Zellen dämpft, und eine *noradrenerge* Bahn, die eher Wachsein erzeugt.

Der wichtigste und überall vorzufindende Grund für Bewußtlosigkeit ist der *Schlaf*; jedoch bleibt trotz intensiver Forschung der Zusammenhang zwischen cerebraler Aktivität und Schlaf rätselhaft. Es ist schon lange bekannt, daß der Sauerstoffverbrauch und die Durchblutung während des Schlafes nicht reduziert sind und in den Tiefschlafphasen, die *paradoxer Schlaf* genannt werden, sogar ansteigen. Es werden die EEGs bei verschiedenen Schlaftiefen und die spontane Aktivität corticaler Neurone während den Schlafphasen beschrieben.

Es gibt einige Nachweise dafür, daß Schlaf vom serotonergen System erzeugt und in Gang gehalten wird; es scheint jedoch so zu sein, daß das noradrenerge System bei den Phasen des tiefen Schlafes mit dem damit verknüpften hohen Niveau cerebraler Aktivierung eine Rolle spielt. Es müssen jedoch komplexe neuronale Systeme untersucht werden, wenn man alle Phänomene der Schlafregulierung während eines nächtlichen Zyklus erklären will. Es wird kurz auf die pathologischen Störungen verwiesen: die Narkolepsie und die Schlafsucht. Die Verbindung von Träumen mit den schnellen Augenbewegungen (rapid eye movements, REM) und das entsprechende EEG werden geschildert und auch Halluzinationen werden kurz in Betracht gezogen.

Wenn man genügend verallgemeinert, kann man sagen, daß Krampfanfälle einen Bewußtseinsverlust zur Folge haben. Der diesen Anfällen entgegengesetzte Zustand stark gedämpfter neuronaler Aktivität hat ebenfalls Bewußtlosigkeit, wie beim Koma oder bei der Narkose, zur Folge.

Nach der Hypothese des dualistischen Interaktionismus kann Bewußtlosigkeit gut mit dem niedrigen Niveau cerebraler Aktivität beim Koma und bei der Narkose und mit dem übersteigerten Grad an Aktivität bei Krampfanfällen erklärt werden. In diesen Situationen wird die Liaison zwischen dem selbst-bewußten Geist und den Raum-Zeit-Mustern der modulären Aktivität gestört und völlig ausgeschaltet und so Bewußtlosigkeit erzeugt. Die Bewußtlosigkeit beim Schlaf kann jedoch nicht so leicht erklärt werden. Möglicherweise ist dafür das veränderte zeitliche Muster der neuronalen Aktivität verantwortlich. Träume kommen vor, wenn in diesem Muster Veränderungen auftreten. Die Notwendigkeit des Schlafes bleibt ein Rätsel. Moruzzi glaubt, daß der Schlaf eine Zeit plastischer Rekonstruktion des Cortex nach der intensiven Tagesaktivität darstellt.

6.1 Einführung

Die verschiedenen Bewußtseinsstufen bieten ein höchst wichtiges Kriterium für unsere Erforschung des Verhältnisses zwischen corticaler Aktivität und Bewußtsein. Allgemein formuliert lautet die Frage: Wie weit kann man die neuronale Aktivität im Gehirn den verschiedenen Bewußtseinsstufen zuordnen? Die Untersuchung dieser Frage kann unter Berücksichtigung der vielfältigen cerebralen Aktivitäten und der gesamten klinisch meßbaren Bandbreite der Bewußtseinsstufen betrieben werden.

Man kann mehrere Kriterien ansetzen, um das Niveau der neuronalen Aktivität zu messen, und es besteht, alles in allem, zwischen diesen Kriterien eine vernünftige Übereinstimmung. Man muß dabei jedoch bedenken, daß unsere Methoden immer noch sehr unzulänglich sind, besonders was die detaillierte Erfassung der Aktivitätsmuster der corticalen Neuronen angeht. Im besten Fall können wir durch gleichzeitige Ableitung die Impulsentladungen von ein paar einzelnen Neuronen aufnehmen, was zu unzulänglichen Daten über die Aktivitätsmuster führt; diese sind jedoch vermutlich die ausschlaggebenden Faktoren. In jedem Fall beträgt die gesamte Anzahl der cerebralen Neuronen, die auf angemessene Art untersucht worden sind, beim Säugetiergehirn nur einige tausend. Sicher ist es *nicht* so, daß, je höher das Niveau neuronaler Aktivität steigt, um so höher auch der Bewußtseinszustand liegt. Es scheint ratsam, mit den ziemlich einfachen Kriterien für die Gehirnaktivität, die durch Untersuchungen des Stoffwechselniveaus und der damit zusammenhängenden cerebralen Durchblutung geliefert werden, zu beginnen, bevor wir uns mit den komplexeren Phänomenen der elektrophysiologischen Vorgänge befassen.

6.2 Stufen der Stoffwechselaktivität im Gehirn

Unsere Untersuchungen befassen sich nicht mit den enorm komplexen chemischen Vorgängen im Gehirn. Für unseren momentanen Zweck genügt es, wenn wir das, was sich aus diesen Stoffwechselaktivitäten bei den verschiedenen cerebralen Aktivierungsstufen als Ergebnis zeigt, untersuchen, was durch Messen des Sauerstoffverbrauchs und der daraus resultierenden Veränderungen der Durchblutung geschieht.

Die bahnbrechende Untersuchung des Sauerstoffverbrauchs im menschlichen Gehirn benutzte eine Inhalationsmethode mit Lachgas. Der Mittelwert von 5,4 ml 0_2/100 g Gehirn/Min. stimmt gut überein mit dem jetzt von Ingvar (1975a) gefundenen Mittelwert für die Durchblutung von 52 ml/100 g/Min. Tabelle 6-1 zeigt, daß unter pathologischen Bedingungen der Sauerstoffverbrauch reduziert wird, sogar bis zur Hälfte. Ingvar (1975b) berichtet von Durchblutungswerten bei geschädigten Gehirnen, die nur 35 ml/100g/Min. betrugen. Andererseits kann die cerebrale Durchblutung bei Emotionen, geistiger Betätigung oder Stimulation mit afferenten Inputs zum Gehirn um 20% ansteigen (Ingvar, 1975a). Kety (1961) berichtet von einem cerebralen Durchblutungsanstieg während des Schlafes (vgl. weiter unten) von 20%, wobei aber der cerebrale Sauerstoffverbrauch nicht wesentlich verändert war. Ein Ansteigen der

Tab. 6-1. Sauerstoffverbrauch im gesamten Gehirn unter Bedingungen eingeschränkten Bewußtseins[a]

	% des normalen Wertes	% des normalen Wertes
Wach, bewußt	100	64 Narkose
Alterspsychose	82	58 Insulinkoma
Diabetes-Azidose	82	52 Zuckerkoma
Insulinschock	79	49 Alkoholkoma
Künstliche Hyperthermie	67	

[a]Kety, S.S.: Sleep and the energy metabolism of the brain. In: The Nature of Sleep. Ciba Foundation Symposium. Wolstenholme, G.E.W., O'Connor, M. (eds.), pp. 375-385. London: Churchill 1961

cerebralen Durchblutung um sogar 50% wurde beim paradoxen Schlaf gefunden (genauer bei Seylaz et al., 1975). Die spektakulärsten Anstiege kommen bei epileptischen Anfällen vor, wo es bei Ratten zu einem zwei- bis fünffachen Anwachsen des Gehirnstoffwechsels und einem Durchblutungsanstieg auf die bis zu siebenfache Stärke kommen kann (Plum und Duffy, 1975). Ingvar (1975a, in *Brain Work*, S. 230) berichtet von einer Radio-Xenon-Untersuchung bei einem Patienten, wo die cerebrale Durchblutungsrate von 40-50ml/100g/Min. in dem von dem Anfall betroffenen Bereich auf 100ml/100g/Min. anstieg.

Diese Messungen am gesamten Gehirn zeigen eine insgesamt gute Korrelation des Gehirnstoffwechsels, wie er mit dem Sauerstoffverbrauch gemessen wird, mit der Gehirndurchblutung. Es ist daher von großem Interesse, daß Ingvar, Lassen und andere (Ingvar, 1975a, 1975b; Lassen et al., 1978) eine Markierungstechnik vervollkommnet haben, bei der radioaktives Xenon in den Gehirnkreislauf injiziert wird. Auf diese Weise kann mit einer großen Batterie von Strahlungsdetektoren, die auf der Kopfhaut angebracht werden, die Durchblutung in bis zu 254 verschiedenen Arealen der menschlichen Hirnrinde unter vielfältigen Versuchsbedingungen gleichzeitig gemessen werden.

Die Abbildungen 6-1, 6-2 und 6-3 sind abgeleitet von diesen 1 cm^2 großen Arealen, in denen die Durchblutungsrate im ursprünglichen Raster gemessen wurde. Die lokalen Durchblutungsraten sind anhand einer Größenskala, die unter Abb. 6-1 gezeigt ist, in der Abbildung sichtbar; Ansteigen und Abfallen der Durchblutungsrate sind entsprechend durch ausgefüllte und offene Kreise dargestellt. Das

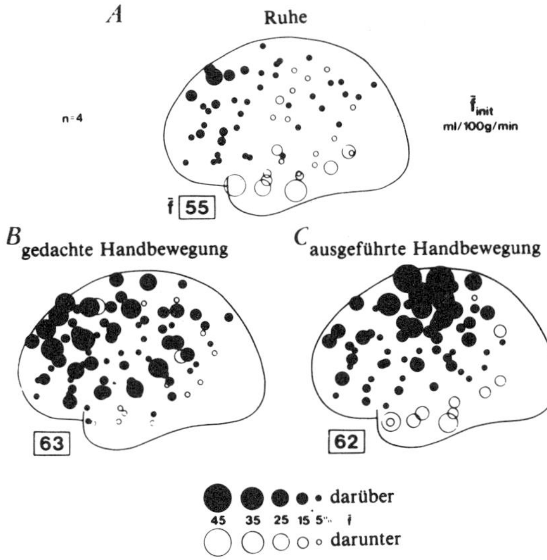

Abb. 6-1 A-C. Auswirkung der Absicht und der Ausführung von Handbewegungen auf die regionale cerebrale Durchblutung (RCD). Die RCD wurde mit radioaktivem Xenon bestimmt, wie im Text beschrieben. In einer Zeichnung der linken Hemisphäre sind die Ergebnisse bei vier Versuchspersonen graphisch dargestellt. Im Ruhezustand zeigen einige Bereiche im Vergleich zum Gesamtmittelwert eine stärkere (*ausgefüllte Kreise* im frontalen Bereich) und einige eine schwächere (*leere Kreise* im temporalen Bereich) Durchblutung. Die Prozentwerte der entsprechenden Unterschiede werden durch die Größenskala unter der Zeichnung angegeben. Die Durchblutungsrate des Gehirns im Ruhezustand beträgt 55ml/100g/Min. und sie steigt in den beiden anderen Zeichnungen auf 63 bzw. 62 an. Ingvar, D.H., persönliche Mitteilung, 1979

Ruhemuster zeigt Anstieg oder Abfall im Vergleich zum Gesamtmittelwert, während bei den anderen Zeichnungen in den Abb. 6-1, 6-2 und 6-3 die Größe relativ zum betreffenden Ruhemittelwert gezeigt ist, d.h. relativ zur jeweiligen Grundlinie in der Abbildung des Ruhemusters. Man kann sehen, daß im Ruhezustand die Durchblutung der frontalen Bereiche oberhalb des Durchschnittsniveaus des gesamten Gehirns (ausgefüllte Kreise) und in den temporalen und parietalen Bereichen darunter (offene Kreise) liegt.

Abbildung 6-1 B ist höchst interessant, weil sie einen beträchtlichen Durchblutungsanstieg im frontalen Bereich zeigt, wenn die

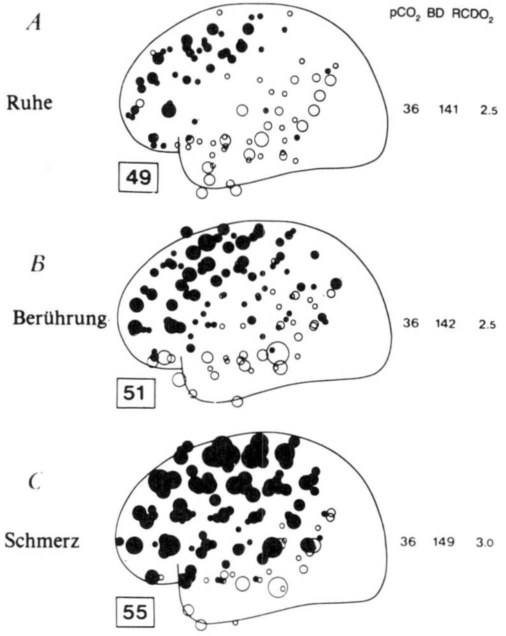

Abb. 6-2 A-C. Auswirkung von Berührung und Schmerz auf die RCD. Die Berührung fand mit der doppelten Stärke der Wahrnehmungsschwelle am linken Daumen statt. Der Schmerz wurde durch eine Stimulation mit hoher Intensität verursacht, die unangenehm und schmerzhaft ist. Zu beachten ist der Anstieg der cerebralen Durchblutung von 49 auf 51 und auf 55ml/100g/Min. Die Zahlen auf der rechten Seite sind die Werte für den Kohlendioxiddruck der alveolaren Luft (pCO_2), den Blutdruck (BD) und für den regionalen Sauerstoffverbrauch (RCD O_2) in ml/100g/Min. Ingvar, D.H., persönliche Mitteilung, 1979

Versuchsperson an eine Handbewegung denkt, ohne die Hand tatsächlich zu bewegen. Wenn die Handbewegung tatsächlich ausgeführt wurde, ergab sich ein starker Anstieg über dem für die Hand zuständigen motorischen Feld (Abb. 6-1 C). In Abb. 6-2 B ergab sich durch einen leichten Reiz am Daumen bei der präcentralen Durchblutung in der Nähe des Daumen-Feldes (vgl. Abb. 1-1) ein starker Anstieg über das Ruheniveau. Bei C verursachte ein starker Stimulus, der ein wenig schmerzte, einen starken Durchblutungsanstieg über dem gesamten frontalen Cortex und ebenfalls zu den vorderen parietalen Bereichen; die Durchblutung blieb jedoch niedrig in den

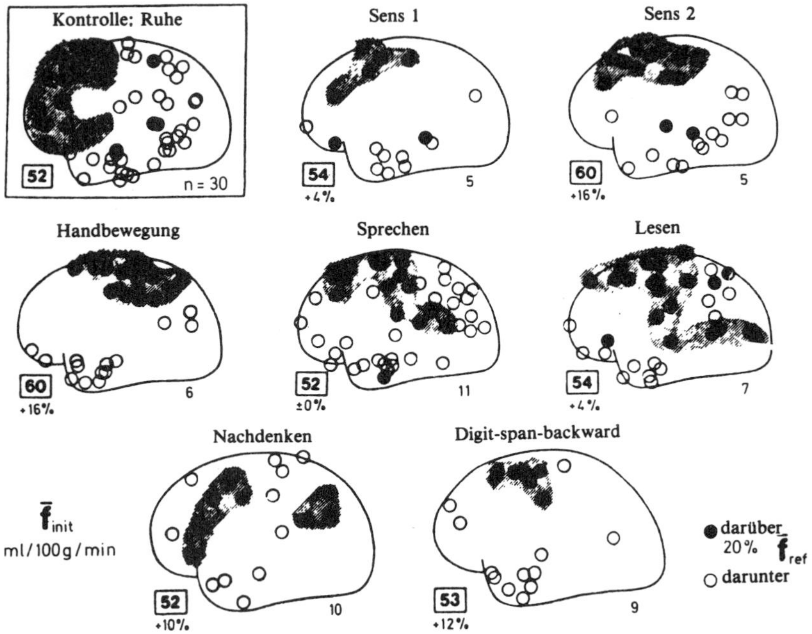

Abb. 6-3. Muster der Gehirnaktivität. Zusammenfassendes Schema von sieben Bedingungen, unter denen die Abweichungen von 20% nach oben oder nach unten vom Hemisphärenmittelwert angezeichnet sind. Die Werte in den Kästchen stehen für die Blutzufuhr zum Gehirn in ml/100g/Min. Die Prozentwerte unter den Kästen geben den mittleren Anstieg über den Ruhewert an. Größere Veränderungen ganzer Regionen sind durch Schraffierung hervorgehoben und werden unten beschrieben: Im Ruhezustand ist die RCD-Verteilung deutlich ‚hyperfrontal'; bei leichten und starken contralateralen Hautstimulationen (Sens 1, Sens 2) ergibt sich eine Aktivierung der präcentralen Durchblutung, die mit der Intensität des Reizes ansteigt; bei contralateraler willkürlicher Handbewegung findet der Durchblutungsanstieg hauptsächlich über den rolandischen und parietalen Bereichen statt; beim Sprechen und Lesen wird über der prämotorischen, rolandischen und sylvianischen Region ein Z-förmiges Aktivierungsmuster ausgelöst. Beim Lesen ist der untere Teil dieses Z besonders betont; Aufgabenlösen, das visuelle Aktivität miteinschließt (Nachdenken), steigert die Durchblutung über dem prä- und postcentralen Assoziationscortex; beim Aufgabenlösen ohne visuelle Aktivität (digit-span-backward) ist nur eine prämotorische Aktivierung zu sehen. Ingvar, D.H.: Patterns of brain activity revealed by measurements of regional cerebral blood flow. In: Brain work. Ingvar, D.H., Lassen, N.A. (Hrsg.), S. 397-413. Kopenhagen: Munksgaard 1975

temporalen und den hinteren parietalen Bereichen. Die gesamte cerebrale Durchblutung war jetzt vom Ruheniveau von 49ml/100g/Min. auf 55ml/100g/Min. stark angestiegen. Offensichtlich bewirkt ein nociceptiver Input einen starken weitverbreiteten Anstieg der Durchblutung. Man kann annehmen, daß dies ein Zeichen für einen erhöhten corticalen Stoffwechsel ist, der mit intensiver neuronaler Aktivität verbunden ist, wie in der 5. Vorlesung vorgeschlagen wurde.

Abb. 6-3 ist ein vereinfachtes Schema, auf dem mehrere Arten von Experimenten zusammengefaßt sind (Ingvar, 1975a). Es sind nur die Bereiche optisch dargestellt, bei denen die Durchblutung 20% über (ausgefüllte Kreise) oder 20% unter (leere Kreise) der mittleren Hirnaktivität lag. Die Schraffierung hebt die am stärksten betroffenen Bereiche hervor. Wie in den Abb. 6-1 A und 6-2 A zu sehen ist, zeigt das Gehirn im Ruhezustand eine relativ zu allen anderen Bereichen erhöhte Durchblutung im präfrontalen Bereich. Die mit Sens 1 und Sens 2 bezeichneten Darstellungen stehen für Berührung und leichten Schmerz; man erkennt einen Anstieg der präcentralen Durchblutung, der sich zum präfrontalen Bereich hin ausbreitet (vgl. Abb. 6-2 B und C). Die mit »Handbewegung« bezeichnete Zeichnung (vgl. Abb. 6-1 C) zeigt, daß eine willkürliche Bewegung der Hand die Blutzufuhr zum Hand-Areal des sensomotorischen Cortex (vgl. Abb. 1-1) und zu den benachbarten präcentralen und parietalen Feldern stark ansteigen läßt. Raichle (1975) hat mit der Radio-Oxygen-Technik gezeigt, daß ein vergleichbarer Anstieg des Sauerstoffverbrauchs in diesen Bereichen stattfindet. Erwartungsgemäß erzeugt Sprechen und Lesen bei Abb. 6-3 Durchblutungsanstieg im Wernickeschen Feld (vgl. Abb. 1-1) und, beim Lesen, auch in den visuellen, occipitalen Bereichen. Es ist interessant, daß Nachdenken (Problemlösen) die Durchblutung sowohl in den parietalen als auch in den frontalen Bereichen steigert, während Gedächtnisaufgaben (digit-span-backward) nur den präcentralen Bereich beeinflussen.

Die Abb. 6-1, 6-2 und 6-3 sind Beispiele für die außergewöhnliche Art, wie neuronale Vorgänge in spezifischen Bereichen die Durchblutung steigern. Diese Tatsache wird uns dann sehr wertvoll sein, wenn wir die neuronalen Vorgänge betrachten, die mit geistigen Vorgängen verbunden sind. Es ist außerdem sehr interessant, daß beim Ruhezustand im präfrontalen Bereich die Durchblutung stärker ist als im restlichen Gehirn. Ein Mangel dieser Oberflächen-Aufzeichnungs-Technik ist, daß wichtige Teile des menschlichen Gehirns nicht zugänglich sind; dazu gehört die gesamte mediale Fläche (vgl. Abb. 3-1) und auch der präfrontale Orbitalbereich, die Insel und das gesamte limbische System.

Man nimmt allgemein an, daß die Aktivität eines neuronalen Systems sich hauptsächlich in den Impulsentladungen der dieses System bildenden Neurone widerspiegelt. Creutzfeldt (1975) hat eine interessante Berechnung der gesamten Wärmeproduktion und somit auch des Sauerstoffverbrauchs eines Areals des menschlichen Cortex aufgestellt, die den Impulsentladungen der entsprechenden Neurone zugeordnet werden kann. Er hat vernünftige Werte für die Menge und die Größe der Neurone, für die durchschnittliche Impulsfrequenz (10/s) und für die pro Impuls erzeugte Wärme angenommen. Die Berechnung zeigt, daß auf diese Weise nur 2-3% der Wärmeproduktion und des Sauerstoffverbrauchs (4,5ml/100g/Min.) erklärt werden kann. Das ist keine Überraschung; denn es ist zu erwarten, daß der größere Teil der Energienutzung damit befaßt ist, die Stoffwechselmaschinerie der Nervenzelle in Gang zu halten. Und in jedem Fall steht dieser berechnete Energie-Wert nur für die ursprüngliche Energieerzeugung durch den Impuls und nicht durch den Wiederaufladungsprozeß. Nicht einmal die synaptischen Mechanismen werden in Betracht gezogen. Trotzdem sind diese Berechnungen von Interesse, weil sie zeigen, wie die Impulserzeugung bei Nervenzellen mit dem Sauerstoffverbrauch zusammenhängt.

6.3 Elektroenzephalographische Untersuchungen neuronaler Systeme, die die Hirnaktivität modifizieren

6.3.1 Einführung

Abb. 6-4 zeigt Musterelektroenzephalogramme unter verschiedenen mit Bewußtlosigkeit verbundenen Bedingungen. Man sollte sie mit Abb. 4-1 vergleichen, die einen Alpha-Rhythmus im entspannten Zustand und die desynchronisierte Reaktion auf verschiedene Störungen zeigt, die zu einem höheren Niveau cerebraler Aktivität führen. Es wird noch weiter auf diese Bedingungen verwiesen werden. Im Augenblick jedoch soll unser Interesse auf die ziemlich gute Übereinstimmung der elektrischen Wellenformen (vgl. Abb. 6-4) mit dem cerebralen Stoffwechsel gerichtet sein. Wie Tabelle 6-1

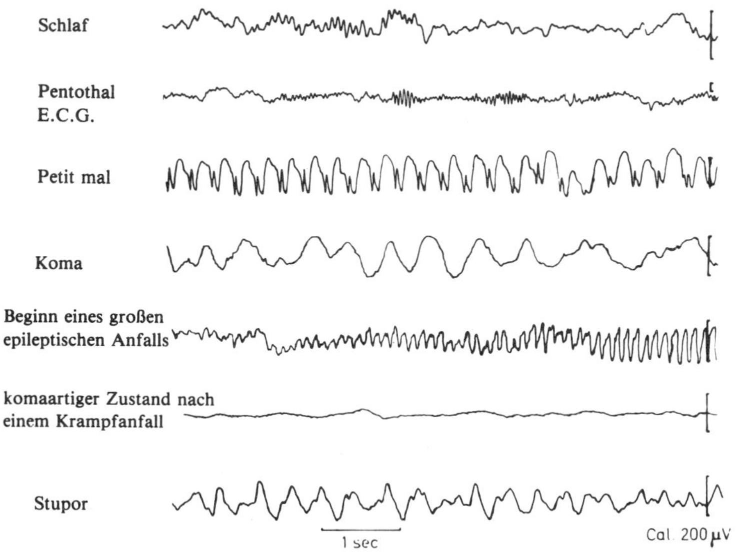

Abb. 6-4. Beispiele für elektroenzephalographische Muster beim Menschen während verschiedener Zustände der Bewußtlosigkeit mit unterschiedlichen Ursachen. In allen Fällen sind alle Bereiche der Hirnrinde in beiden Hemisphären betroffen, mit regionalen Unterschieden in Form von Abnormalitäten in einigen Fällen. Jasper, H.H.: Pathophysiological studies of brain mechanisms in different states of consciousness. In: Brain and conscious experience. Eccles, J.C. (Hrsg.), S. 256-282. Berlin, Heidelberg, New York: Springer 1966

zeigt, findet man unter den in Abb. 6-4 aufgeführten Bedingungen mit langsamen Wellenformen (Koma und komaartiger Zustand nach epileptischen Anfällen) und ebenfalls bei der starken Reduzierung neuronaler Impulsentladungen unter Narkose (Abb. 6-15) einen niedrigen Sauerstoffverbrauch vor. Auf der anderen Seite zeigen sich bei den antriebsstarken Rhythmen epileptischer Anfälle vom Petit-mal-Typ (Abb. 6-4 und 6-12) und bei großen Anfällen (Abb. 6-4, 5. Zeile) eine starke neuronale Aktivierung (Abb. 6-14) und entsprechend hohe Werte für den Sauerstoffverbrauch und für die Durchblutung, sogar das Mehrfache der normalen Werte.

Das Verhältnis der Impulse zu den verschiedenen Bewußtseinsstufen und zu Bewußtlosigkeit wird am Ende dieser Vorlesung behandelt werden. Bevor wir nun den Schlaf betrachten, den wichtigsten Zustand von Bewußtlosigkeit, sollten die für die Regulierung der verschiedenen Stufen des Wachseins und des Erregtseins verantwortlichen Mechanismen erklärt werden.

6.3.2 Das retikuläre Aktivierungssystem

1949 fanden Moruzzi und Magoun heraus, daß durch Stimulation des Nucleus reticularis im Mittelhirn (die mit TEG bezeichnete Region in Abb. 6-5) der Alpha-Rhythmus des Elektroenzephalogramms (EEG) sich in eine feine schnelle Kurvenform verwandelte, die für das Wachsein charakteristisch ist. Dieser Effekt wird Desynchronisation genannt. Diese desynchronisierende Wirkung der retikulären Stimulation veranschaulicht die Kontrollkurve in der Mitte von Abb. 6-6. Die Desynchronisierung dauert noch lange nach der Beendigung des Stimulation an. Diese Desynchronisierung ist ähnlich der, die durch sensorische Stimulation oder durch das Stellen einer Aufgabe ausgelöst wird (Abb. 4-1). Wie in der 4. Vorlesung vertreten wurde, zeigen beim Alpha-Rhythmus die corticalen Neurone die Tendenz, im gleichen Rhythmus zu feuern, wahrscheinlich durch thalamo-corticale Interaktion (vgl. Abb. 4-3). Diese ziemlich instabile Synchronisierung wird gestört, wenn die thalamo-corticale Übertragungs-Reaktion von einem neuen aktivierenden Prozeß überlagert wird, wie bei Abb. 4-1 und Abb. 6-6. In der oberen Zeile von Abb. 6-6 hatte ein Geruchsreiz eine sehr wirkungsvolle Desynchronisierung zur Folge. Bei Einzelzellableitungen zeigt sich, daß die Desynchronisierung auch häufig von einem Anstieg der durchschnittlichen Entladungsfrequenz begleitet ist.

In Abb. 6-6 wurden beide desynchronisierende Einflüsse durch einen bestimmten Grad an Betäubung, die den Alpha-Rhythmus nicht weiter beeinträchtigte, fast ausgeschaltet. Wie in der untersten Zeile von Abb. 6-6 gezeigt ist, konnte ein Verdoppeln der Reizstärke den desynchronisierenden Einfluß der retikulären Stimulation wiederherstellen. Die dämpfende Wirkung der Betäubung auf die Desynchronisierung läßt vermuten, daß sich auf der retikulären Bahn zum Neocortex eine synaptische Umschaltstelle befindet, was tatsächlich der Fall ist. Die synaptischen Umschaltstellen befinden sich in den unspezifischen Thalamuskernen, von denen einige in Abb. 6-5 gezeigt sind (CM, LP, MD, A) und die ihrerseits ausgedehnt zum Neocortex projizieren, wie sehr anschaulich ebenfalls in Abb. 6-5 ge-

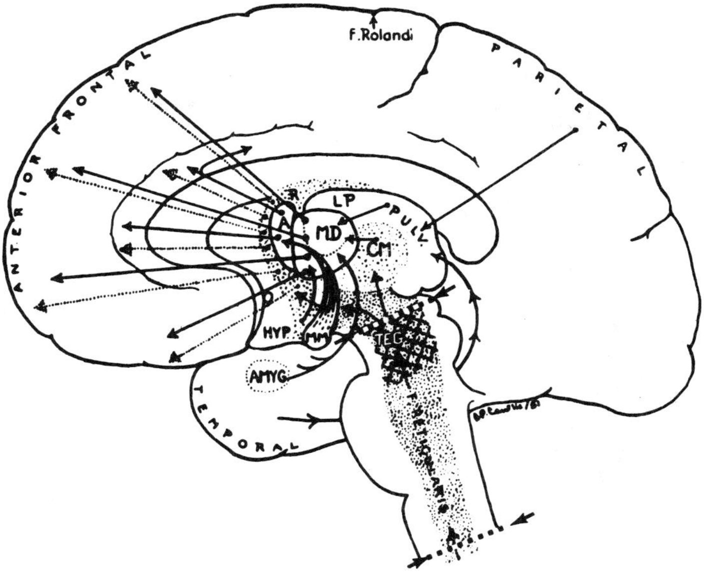

Abb. 6-5. Schematische Darstellung einiger der wichtigsten afferenten Projektionen zum frontalen und vorderen cingulären Cortex (direkte Verbindungen zum Hypothalamus sind ausgelassen worden). A, Vorderer Thalamuskern; MD, Nucleus medialis dorsalis; CM, Centrum medianum; MM, Mamillarkörper. Der *gepunktete Bereich* bezeichnet das aufsteigende retikuläre System mit unspezifischen Projektionen, die durch *punktierte Linien* gekennzeichnet sind. Der schraffierte Bereich mit der Bezeichnung TEG ist der Nucleus reticularis des Mittelhirns mit aufsteigenden Verbindungen zu den Thalamuskernen (*Pfeile*). Es sind auch einige Verbindungen der Amygdala (AMYG), des Hypothalamus (HYP) und des Mamillarkörpers gezeigt (vgl. Abb. 5-1). TEG, Tegmentum; LP, lateraler posteriorer Thalamus; PULV, Pulvinar. Die mit Pfeilen gekennzeichneten punktierten Linien zeigen die Höhen der im Text beschriebenen Durchtrennungen an. Penfield, W., Jasper, H.H.: Epilepsy and the functional anatomy of the human brain, S. 896. Boston: Little, Brown & Co. 1954

zeigt ist. Diese breite thalamische Projektion wird in Abb. 5-3 dargestellt, wo die verschiedenen Thalamuskerne mit Abkürzungen gekennzeichnet sind.

Inubushi et al. (1978a, 1978b) haben in neuerer Zeit eine sehr sorgfältige analytische Untersuchung über die Art und Weise durchgeführt, wie die retikuläre Stimulation bei den corticalen Neuronen Wachsein hervorruft. Mit intracellulären Ableitungen wird gezeigt,

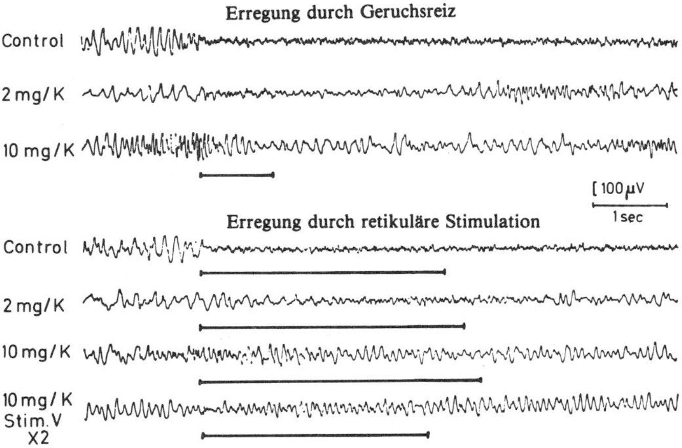

Abb. 6-6. Mit Tinte aufgezeichnete Kurven eines Elektrocorticogramms bei einem Kaninchen zeigen die Wirkung von Pentobarbital (Nembutal) (Dosierung in mg/kg Körpergewicht) auf die EEG-Wachheit, die durch afferente Stimulation (*oben*) und direkte Erregung der Formatio reticularis im Hirnstamm (*unten*) erzeugt wurde. Magoun, H.W.: The waking brain, S. 135. Springfield, Ill.: Thomas 1958

daß zuerst eine Erregung der Neuronen in Schicht II (vgl. Abb. 2-2 und 2-6) erfolgt, die später zu den Neuronen der tieferen Schichten über erregende und auch über hemmende synaptische Tätigkeit weitergeleitet wird.

Normalerweise besteht immer durch die reticulo-thalamische Bahn, die die Hirnrinde auf einem Erregungsgrundniveau hält, ein Aktivierungshintergrund in der Hirnrinde. Die Stimulationen in Abb. 6-6 überlagern diesen Hintergrund. Das Wegfallen des retikulären Einflusses durch eine entsprechende Läsion des Mittelhirns resultiert in einer starken Dämpfung der Hirnrinde. Das EEG ist reduziert wie bei einem Koma oder Stupor (Zeilen 4 und 7 in Abb. 6-4) und das Versuchstier verbleibt ständig in einem Zustand tiefen Schlafes (Magoun, 1958). Die Stelle, an der eine Läsion auf diese Weise wirkt, ist in Abb. 6-5 durch die Schraffierung angezeigt, analog zu den Läsionen in einem Affenhirn (Magoun 1958, Abb. 32). Durch Stimulation der aktivierenden Bahn im unspezifischen Thalamus kann Wachsein noch hervorgerufen werden. Die aufsteigenden, sensorischen Bahnen, die schematisch in den Abb. 5-4, 5-5 und 5-7 gezeigt sind, sollten noch genügend corticale Aktivierung zum Wachsein erzeugen können, sie sind jedoch durch die in Abb. 6-5 gezeigte Läsion stark beschädigt. Man muß festhalten, daß die paläospinothalamische Bahn (Abb. 5-4 und 5-5) zur Erregung der Formatio reticularis und so zur Wirkungsweise des retikulären Aktivierungssystems beiträgt.

Bei der Erforschung der Wirkung von Durchtrennungen auf verschiedenen Höhen des Nervensystems hat Bremer (1937, 1953, 1954) die bemerkenswerte Entdeckung gemacht, daß, wenn die Durchtrennung zwischen dem Gehirn und dem Rückenmark (die untere schräge gestrichelte Linie in Abb. 6-5) erfolgt, das Versuchstier ein normales EEG und einen normalen Schlaf-Wach-Rhythmus zeigt. Im Gegensatz dazu hat eine Durchtrennung auf der Höhe des Mesenzephalons (die obere gestrichelte Linie in Abb. 6-5) einen ständigen schlafähnlichen Zustand zur Folge. Es handelt sich um den gleichen Zustand, der bereits als Folge der Zerstörung des retikulären Aktivierungssystems durch die in Abb. 6-5 gezeigte Läsion erwähnt worden ist. Also zeigen Bremers Ergebnisse Zusammenhänge mit den Nachweisen für ein retikuläres Aktivierungssystem von Moruzzi und Magoun 1949. Ausgehend von diesen ganzen Nachweisen dafür, daß sich im Mittelhirn ein retikuläres Aktivierungssystem befindet, entstand das Konzept, der Schlaf sei ein passiver Prozeß, als Folge einer Verringerung des vom Aktivierungssystem erzeugten Wachheitsgrades. Es haben sich jedoch zu dieser angenehm einfachen Erklärung des Schlafes als Mangelzustand schwierige Fragen ergeben, die im Abschnitt über den Schlaf diskutiert werden sollen.

6.3.3 Die serotonerge Bahn

Abb. 6-7 zeigt bei einem Rattenhirn die Kerne der serotonergen Nervenzellen und die Bahnen, die sowohl mit einer Fluoreszenz-Technik als auch mit einer immunohistologischen Methode sichtbar gemacht wurden. Man nimmt an, daß dieses System mit Serotonin als synaptischem Transmitterstoff wirkt. Die Raphé-Kerne (in erster Linie B7 und B8 in Abb. 6-7) liegen nahe an der Mitte und schicken, wie man sieht, ihre Axone rostral das mediale Vorderhirnbündel entlang (vgl. Abb. 5-1 B), von wo aus eine weite Verteilung zum Neocortex stattfindet, wie in Abb. 6-7 gezeigt wird. Wie Phillis (1970) postuliert, las-

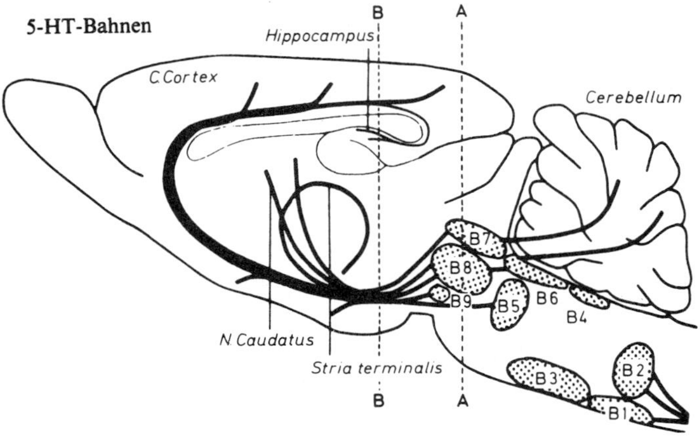

Abb. 6-7. Schema der zentralen serotonergen Zellgruppen und ihrer Projektionen im Sagittalschnitt eines Rattenhirns: Die neun Hauptgruppen von Serotonin-Zellen bei der Ratte sind mit B1 bis B9 gekennzeichnet. BB und AA zeigen die Stellen von experimentellen Durchtrennungen an. McGeer, P.L., Eccles, J.C., McGeer, E.R.: Molecular neurobiology of the mammalian brain, S. 644. New York: Plenum 1978

sen die zusammengetragenen Befunde deutlich vermuten, daß Serotonin (5-Hydroxytryptamin) ein synaptischer Transmitterstoff in der Hirnrinde ist. Appliziert man es iontophoretisch, dann dämpft Serotonin die Erregbarkeit der corticalen Pyramidenzellen, zum Beispiel in einer Versuchsreihe 89% der untersuchten 131 corticalen Neurone. Die serotonerge Bahn scheint also dafür ausgerüstet zu sein, bei der aktiven Produktion von Schlaf eine Rolle zu spielen, wie der nächste Abschnitt zeigen wird.

6.3.4 Die noradrenerge Bahn

Diese Bahn ähnelt in ihrem allgemeinen Aufbau der serotonergen Bahn, zu der sie parallel verläuft, ausgehend von ihren ursprünglichen Zellen im Locus coeruleus, der sich ungefähr auf der Höhe des Nucleus B6 in Abb. 6-7 befindet. Was die Wirkungsweise des Transmitterstoffes, Noradrenalin (Phillis, 1970; Krnjević, 1974), der von den Endigungen in der Hirnrinde freigesetzt wird, auf die cerebralen Neuronen angeht, gibt es beträchtliche Meinungsverschiedenheiten. Das Wachsein (Arousal), das eine intravenöse Injektion hervorruft, ist möglicherweise ein sekundärer Effekt nach einer erregenden Wirkung auf das retikuläre Aktivierungssystem. Viele corticale Neuronen werden durch elektrophoretisch appliziertes Noradrenalin gedämpft, aber man konnte ebenfalls eine verzögerte, lang andauernde erregende Wirkung beobachten. Bei der Erklärung des paradoxen Schlafes wird weiter auf die Wirkungsweise der noradrenergen Bahn verwiesen werden.

6.4 Schlaf

6.4.1 Einführung

Der Schlaf bringt für die Gehirn-Geist-Theoretiker außergewöhnliche Probleme mit sich, unabhängig davon, welcher philosophischen Richtung sie verbunden sind. Er wirft auch eine Unmenge neurobiologischer Probleme auf, die bis heute ungelöst sind. Es scheint komplexe interagierende Systeme im Hirnstamm, im Thalamus, in den Basalganglien und im limbischen System zu geben, die letztlich auf den Neuronenapparat der Hirnrinde einwirken. Außerdem ist Schlaf nicht einfach ein passiver Prozeß. Es gibt auch erregende Elemente in den corticalen Reaktionen, die sich nach außen als Traumerfahrungen darstellen. Es überrascht, daß der Schlaf nicht als eine Wiederaufbauphase im Sinne einer Erholung des Stoffwechsels eines erschöpften wachen Gehirns angesehen werden kann. Wir haben bereits gesehen, daß der Sauerstoffverbrauch und die Durchblutung gesteigert sein können, und entsprechend liegt auch das Niveau neuronaler Entladungen unter Umständen über dem normalen. Eine weitere Schwierigkeit besteht darin, daß die meisten Versuche an Katzen gemacht worden sind, deren Schlafverhaltensmuster vom menschlichen Tag-Nacht-Rhythmus sehr verschieden ist.

6.4.2 Die Elektrophysiologie des Schlafes

Abb. 6-8 illustriert die einzelnen Stadien der EEG-Reaktionen bei fortschreitend tieferem Schlaf. Die obere Zeile zeigt den gleichen Erregungszustand des Cortex wie in Abb. 4-1 und 4-2 A, und die zweite Zeile zeigt eine gute Alpha-Wellen-Reaktion im entspannten

Zustand vor dem Einschlafen. Die dritte Zeile zeigt das Stadium langsamer Wellen bei leichtem oder ruhigem Schlaf mit unregelmäßiger Wellenform (Frequenzen von 3 bis 5/s). Dieses Schlafstadium wird während des größten Teils der Nacht beibehalten, wobei alle 80 bis 120 Minuten Perioden des paradoxen oder aktiven Schlafes eingeschaltet werden, wie in Zeile vier von Abb. 6-8 angedeutet ist.

Diese Phasen werden so genannt, weil die langsamen Wellen des ruhigen Schlafes zu feinen Unregelmäßigkeiten desynchronisiert sind, ähnlich wie beim erregten Zustand, die noch von kurzen Ausbrüchen von hohen Frequenzen (12-15/s), Spindeln genannt, überlagert sind; zwei solche Spindeln sind in der vierten Zeile von Abb. 6-8 zu sehen. Gleichzeitig treten horizontale schnelle Augenbewegungen (rapid eye movements, REM) auf, so daß diese Art Schlaf oft auch REM-Schlaf genannt wird. Gelegentlich kommt es auch zu Körperbewegungen, aber die meiste Zeit des aktiven oder paradoxen Schlafes herrscht eine völlige Muskelentspannung vor, und es

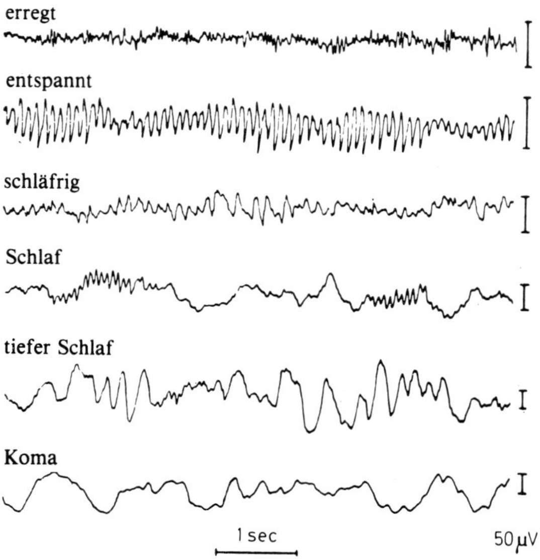

Abb. 6-8. Charakteristische Elektroenzephalogrammkurven während der verschiedenen Bewußtseinszustände und bei Bewußtlosigkeit. Penfield, W., Jasper, H.H.: Epilepsy and the functional anatomy of the human brain. S. 896. Boston: Little, Brown & Co. 1954

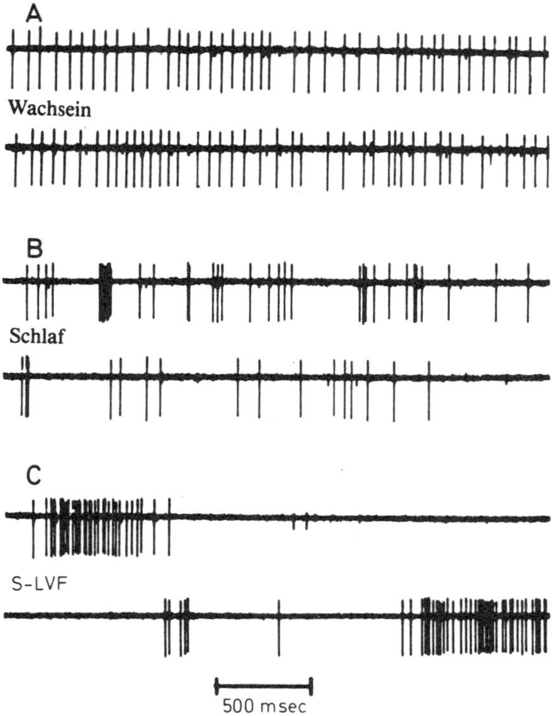

6-9 A-C. Entladungsmuster von Pyramidenbahnneuronen während des wachen Zustands und zweier verschiedener Schlafstadien. Gesundes, nicht betäubtes Versuchstier (Affe). Während des wachen Zustands (die oberen beiden Zeilen) sind die Entladungen regelmäßig ohne jede Tendenz zu zeitlich gehäuften Entladungen (**A**). Während des synchronisierten Schlafes (die mittleren beiden Zeilen) wechseln sich Entladungsausbrüche in unregelmäßigen Abständen mit Phasen relativer Inaktivität ab (**B**). Während des Schlafes mit schneller Aktivität und niedriger Spannung (= S-LVF, sleep with low voltage fast activity; die unteren beiden Zeilen) erhöht sich die Dauer sowohl der Entladungsausbrüche wie auch der dazwischenliegenden Ruhephasen; die Entladungsfrequenz steigt an (**C**). Evarts, E. V.: Temporal patterns of discharge of pyramidal tract neurones during sleep and waking in the monkey. J. Neurophysiol. *27*, 152-171 (1964)

treten Traumepisoden auf, wie später noch diskutiert wird. Die fünfte Zeile in Abb. 6-8 ist bei extrem tiefem Schlaf aufgenommen und zeigt langsame Delta-Wellen. Die drei Schlafstadien der Zeilen 3, 4 und 5 in Abb. 6-8 stellen fortschreitend tieferen Schlaf dar, gemessen an der Schwierigkeit des Aufweckens.

Untersuchungen der neuronalen Aktivität während des Schlafes haben Erkenntnisse über die Erzeugung der verschiedenen Arten von EEG-Wellen geliefert. Zum Beispiel hat Evarts (1964, 1967) herausgefunden, daß die beim wachen Zustand (Abb. 6-9 A) ziemlich regelmäßigen rhythmischen Entladungen der Pyramidenbahnneuronen beim Schlaf mit langsamen Wellen (ruhigem Schlaf) in unregelmäßige Entladungsmuster mit gelegentlichen Ausbrüchen übergehen (Abb. 6-9 B). Beim paradoxen oder aktiven Schlaf kommt es zu starken Ausbrüchen neuronaler Entladungen, die völlig ruhigen Phasen gegenüberstehen (Abb. 6-9 C). In Abb. 6-9 B wird vermutlich durch angrenzende Neurone eine Synchronisierung der unregelmäßig ausbrechenden Reaktionen herbeigeführt, die die langsame EEG-Kurve in Zeile drei von Abb. 6-8 ergibt, während bei den Reaktionen der einzelnen Neuronen eine vollständige Desynchronisation besteht, was die EEG-Kurve der vierten Zeile von Abb. 6-8 zwischen den Spindeln ergibt, die einen gewissen Grad an Synchronisation anzeigt.

Synchronisation kann durch gleichzeitiges Ableiten von zwei oder mehreren Neuronen getestet werden (Creutzfeld und Jung, 1961). Man muß festhalten, daß in Abb. 6-9 bei jeder Versuchsreihe zwei Ableitungen vom *gleichen* Neuron aufgenommen wurden. Die zwei Kurven in Abb. 6-10 A zeigen die desynchronisierte Reaktion zweier Neurone im wachen Zustand wie in Abb. 6-9 A. Wenn Schlaf einsetzt (Abb. 6-10 B), kommt es zu gelegentlichen Entladungsausbrüchen und etwas Synchronisation, entsprechend der Reaktionen aus Abb. 6-9 B. Bei tieferem Schlaf in Abb. 6-10 C gibt es synchrone Ausbrüche bei beiden Neuronen. Jeder dieser Ausbrüche ergibt eine Schlafspindel mit einer Dauer von bis zu einer Sekunde (vgl. Zeile 4 in Abb. 6-8). In Abb. 6-10 D, E und F wurde von drei Neuronen abgeleitet. Es traten kurze und lange Reihen von Einzelentladungen auf, die in der mittleren Kurve zu sehen sind. Die unterste Kurve ist das EEG, das deutliche Spindelausschläge zeigt, die mit den synchronisierten Ausbrüchen von Einzelentladungen ungefähr synchron sind. Jede Spindelwelle wird durch die annähernd synchrone Summierung vieler neuronaler Entladungen erzeugt.

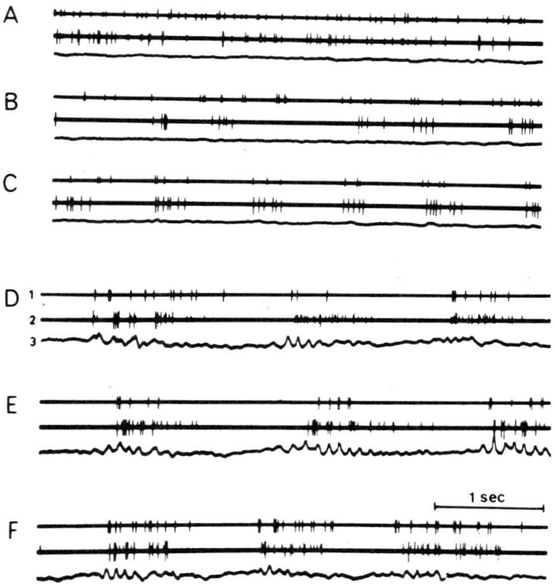

Abb. 6-10 A-F. Das Einsetzen von Schlaf, gemessen an zwei Neuronen des motorischen Cortex bei der Katze. Nach einem kurzen erregten Zustand **A** wurden die Aufzeichnungen **B** und **C** im Abstand von 2 Sekunden bei fortschreitender Schläfrigkeit und schließlich Schlaf mit ‚Schlafspindeln' von 12-13/s im EEG aufgenommen. Beide Neuronen verändern ihr Entladungsmuster während des Schlafs zu einer periodisch gesammelten Aktivität mit längeren Pausen. Beim Einschlafen verlangsamen sich ihre durchschnittlichen Entladungsfrequenzen von ca. 12/s im wachen Zustand auf 3-9/s. **D, E** und **F**: Periodisch auftretende Entladungen dreier Neuronen und das EEG vom motorischen Cortex der Katze während Spindel-Aktivität im Schlaf. Die Neurone 1 und 2 werden von zwei 1,5 mm voneinander entfernten Mikroelektroden erfaßt. Das dritte Neuron erscheint mit Entladungen kleinerer Amplitude im Hintergrund von Kanal 2. Die neuronalen Gruppenentladungen treten meistens gleichzeitig mit den 10/s-Spindeln des EEG (Kurve 3) auf, auch wenn kein strenger zeitlicher Bezug zu den Einzelwellen zu erkennen ist. Creutzfeldt, O., Jung, R.: Neuronal discharge in the cat's motor cortex during sleep and arousal. In: The nature of sleep. Wolstenholme, G.E.W., O'Connor, M. (Hrsg.), S. 129-170. London: Churchill 1961

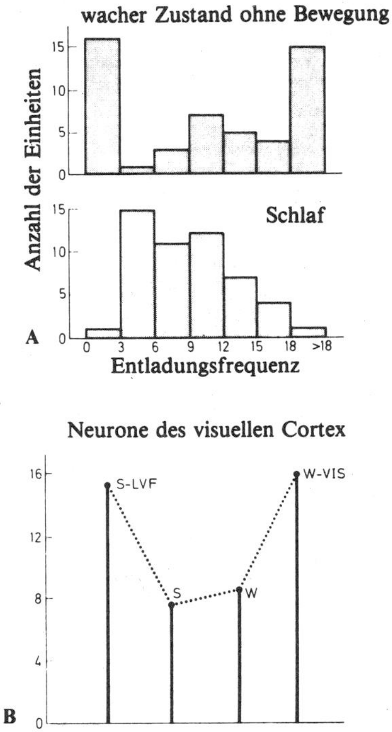

Abb. 6-11. A Verteilung der Entladungsfrequenzen bei einer Auswahl von 51 Pyramidenbahnneuronen während des wachen Zustands ohne Bewegung (W) und des Schlafs mit langsamen EEG-Wellen (S). Während W betrug die Entladungsfrequenz bei 16 von 51 Einheiten weniger als 3/s, während nur eine der 51 Einheiten bei S eine so niedrige Entladungsfrequenz aufwies. Während W gab es auch viele sehr aktive Einheiten; 15 von 51 zeigten Entladungsfrequenzen von über 18/s. Bei S hatte nur eine der 51 Einheiten eine Entladungsfrequenz von über 18/s. **B** Entladungsfrequenzen von Neuronen des visuellen Cortex. Bei ruhigem Schlaf mit langsamen Wellen (S) ist die Durchschnittsfrequenz ein wenig geringer als beim Wachzustand (W); sie ist jedoch viel höher beim paradoxen Schlaf (S-LVF), fast so hoch wie bei visueller Stimulation (W-VIS). Evarts, E.V.: Unit activity in sleep and wakefulness. In: The neurosciences. Quarton, G.C., Melnechuk, T., Schmitt, F.O. (Hrsg.), S. 545-556. New York: Rockefeller University Press 1967

Bei ruhigem Schlaf ist die Anzahl der neuronalen Entladungen eher geringer, aber beim paradoxen Schlaf ist sie so hoch wie beim normalen Ruhezustand (Evarts, 1964). Beim Affen feuern die großen motorischen Pyramidenzellen im wachen Ruhezustand langsam und beim leichten Schlaf eher schneller, während die schnell feuernden Zellen (die kleinen Zellen) während des Schlafes ihre Frequenz verlangsamen, wie Abb. 6-11 A zeigt (Evarts, 1967). Auf diese Weise entsteht während des Schlafes ein viel einheitlicherer Mittelwert der neuronalen Frequenzen.

Diese gleichen Frequenzänderungen beim Schlaf kommen auch bei Zellen des motorischen Cortex vor, die nicht zur Pyramidenbahn gehören, sowie bei anderen corticalen Neuronen. Zum Beispiel ist in Abb. 6-11 B bei Zellen des visuellen Cortex die mittlere Entladungsfrequenz ungefähr 8/s beim wachen Zustand (W) und beim ruhigen Schlaf (S); beim paradoxen Schlaf (S-LVF) beträgt die mittlere Frequenz jedoch 15/s, also fast so viel wie bei visueller Stimulation der wachen Katze (W-VIS, 16/s) (Evarts, 1967). Die Werte sind Gesamtmittelwerte und einzelne Neuronen können bei verschiedenen Schlaftiefen in ihrer Frequenz davon erheblich abweichen. Die Entladungsausbrüche beim paradoxen Schlaf und, zu einem geringen Grad, beim ruhigen Schlaf (Abb. 6-9) haben einen starken Anstieg der kurzen Entladungsintervalle, jener, die kürzer als 10 ms sind, zur Folge; Evarts (1967) nimmt an, daß diese Störung des zeitlichen Musters mit der Bewußtlosigkeit beim Schlaf in Zusammenhang steht.

Noda und Adey (1970, 1973) untersuchten die Entladungsmuster einzelner Neurone im Assoziationscortex der Katze. Wie in den motorischen und visuellen Feldern sanken die Entladungsfrequenzen beim Schlaf grundsätzlich, stiegen jedoch beim paradoxen Schlaf zu hohen Frequenzen an. Beim tiefen Schlaf und beim Spindel-Schlaf ergab sich eine hohe Korrelation zwischen den zeitlichen Mustern zweier gleichzeitig abgeleiteter Einheiten (vgl. Abb. 6-10, C, E, F). Beim wachen Zustand und beim REM-Schlaf ergab sich jedoch keine Korrelation.

6.4.3 Erklärungen der Schlafphänomene

Wir haben bereits die Rolle besprochen, die das retikuläre Aktivierungssystem beim Erwachen (Arousal) spielt, und die starke Dämpfung, die eintritt, wenn dieser aktivierende Einfluß entfernt wird. Es wurde bereits kurz auf die davon abgeleitete einfache Erklärung von Schlaf als einem passiven Prozeß verwiesen (Bremer, 1954). Es ist bemerkenswert, daß nach einer Durchtrennung der langen auf- und absteigenden Bahnen im Mittelhirn, sofern das retikuläre System intakt bleibt, die Tiere aufgeweckt werden können und in ihrem Schlaf-Wach-Rhythmus keine Abnormalitäten zeigen. Bremer nahm jedoch nicht eine einfache Einwegwirkung des retikulären Systems auf den Cortex an. Einiges spricht für eine cortico-retikuläre Bahn, so daß die Möglichkeit cortico-retikulär-corticaler usw. Schaltkreise besteht, die das Wachsein (Arousal) aufrechterhalten können, wie es Moruzzi und Mitarbeiter für die Formatio reticularis auf niedrigeren Ebenen des Hirnstammes annahmen.

Viele der Untersuchungen wurden an Katzen durchgeführt, die viel mehr zum Schlafen neigen (ungefähr 75%) als Menschen. Jouvet (1972, 1974) machte die wichtige Entdeckung, daß, neben dem passiven Prozeß der Unterdrückung des retikulären Aktivierungssystems, Schlaf auch ein aktiver inhibitorischer Prozeß ist, wobei die inhibitorische Wirkung über die Raphé-Kerne und die serotonerge Bahn entsteht (Abb. 6-7).

Jouvet hat gezeigt, daß eine Entfernung von 80 bis 90% der Raphé-Kerne Katzen bei einer Schlafreduzierung auf 10-15% praktisch schlaflos macht. Dieser wache Zustand der Katze besteht dann dauernd. Das Injizieren einer Vorform von Serotonin verringert den wachen Zustand nicht, vermutlich, weil der Mechanismus zerstört ist, der Serotonin synthetisiert. Man muß wissen, daß in den Blutkreislauf injiziertes Serotonin wirkungslos bleibt, weil es infolge der Blut-Hirn-Schranke keinen Zugang zum Gehirn findet.

Das Injizieren einer die Erzeugung von Serotonin blockierenden Substanz in den Raphé-Kern der Katze resultiert nach ungefähr 20 Stunden in einem plötzlichen Verringern sowohl des ruhigen als auch des paradoxen Schlafs, so daß nach 30 bis 40 Stunden die Katze noch mehr schlaflos ist als nach der Entfernung der Raphé-Kerne. Dies kann jedoch durch Injizieren einer Vorform von Serotonin, die so geartet ist, daß sie nicht durch die erste Injektion blockiert wird, vorübergehend (6-8 Stunden lang) wieder zu einem normalen Schlafmuster rückgängig gemacht werden (Jouvet, 1974). So faßt Jouvet (1974) zusammen: »Diese Untersuchungen zeigen, daß die Mechanismen des Schlafes manipuliert werden können, indem man nur auf die Synthese von 5 HT (Serotonin) einwirkt.«

Ein viel ernsteres Problem stellt sich mit der Frage: Was ist der

Auslöser für die Serotonin-Neurone? Der Wach-Mechanismus ist fast nicht zu ermüden, denn nach der Entfernung der Raphé-Kerne kann eine völlige Schlaflosigkeit entwickelt werden. Also muß der Serotonin-Mechanismus während der gesamten Schlafperiode wirken, und es besteht tatsächlich während des ganzen Schlafes ein hoher Serotoninspiegel im Gehirn. Jouvet (1974) vermutet, daß sich die Antwort aus Untersuchungen der Kerne in den niedrigeren Hirnstammebenen ergeben könnte, die möglicherweise die Raphé-Kerne aktivieren.

Verbunden mit der inhibitorischen Wirkungsweise von Serotonin auf corticale Neuronen ist der Effekt eines verwandten Systems, des noradrenergen, wie es oben genannt wurde. Jouvet (1974) nimmt an, daß dieses System für die Arousal-Effekte des paradoxen Schlafes, die in Zeile 4 von Abb. 6-8 gezeigt wurden, verantwortlich ist und ebenso für das Aufwachen am Ende einer Schlafperiode. Außerdem postuliert Jouvet, daß das Serotonin-System vielleicht für die Aktivierung der Noradrenalin-Freisetzung aus dem Locus coeruleus verantwortlich ist.

Noch komplizierter wird es, wenn man den postulierten kontrollierenden Einfluß auf den Schlafrhythmus durch ein bulbäres System, möglicherweise den Nucleus solitarius, betrachtet (Bremer, 1977). Aufsteigende Fasern hemmen das retikuläre Aktivierungssystem. Dieses bulbäre System überlagert das Serotonin-System (vgl. Abb. 6-7). Es werden jedoch sehr viel mehr sich gegenseitig beeinflussende Systeme angenommen. Über die Serotonin- und Noradrenalin-Systeme hat Fuxe (1972) eine nützliche Zusammenfassung vorgelegt. Weiter wies Bremer (1977) ein Schlafeinleitungs-Zentrum im präoptischen Feld nach, das verknüpft ist mit dem Hypothalamus, wobei eine reziproke, Tonus hemmende Wirkung mit dem retikulären Aktivierungssystem besteht.

Der normale 24-Stunden-Rhythmus von Schlaf und Wachsein wird von vielen Faktoren aufgebaut – Tag und Nacht, Rhythmen von Mahlzeiten und Arbeit. Es bestehen aber auch wichtige innere Kontrollen. Dies tritt bei Experimenten »ohne Zeitgebung« in Erscheinung, die in Höhlen und Bunkern durchgeführt werden (vgl. Bert et al., 1978). Unter diesen Bedingungen war es überraschend, daß die meisten Versuchspersonen sich eng an einen 24-Stunden-Rhythmus hielten, der synchron mit den Veränderungen ihrer Körpertemperatur verlief. Einige veränderten ihren Rhythmus jedoch zu einem 48-Stunden-Rhythmus, wobei sie 34 Stunden wach waren und 14 Stunden schliefen, jedoch immer noch glaubten, sie lebten nach dem normalen 24-Stunden-Rhythmus! Die innere Kontrolle von Schlaf-Wach-Rhythmen ist sehr komplex. Eine Rolle spielt dabei die Kontrolle der Hypophyse durch den Hypothalamus. Offensichtlich handelt es sich um eine Störung dieser Kontrollfunktion, die zu den unangenehmen Erscheinungen beim »Jet-lag« führt.

Narkolepsie und Schlafsucht sind bemerkenswerte Beispiele für Schlafstörungen beim Menschen. Roth (1976, 1978) veröffentlichte hervorragende Übersichtsarbeiten, auf die verwiesen werden soll, weil sie einen vollständigen Überblick über die klinischen Details geben. Bei der idiopathischen Narkolepsie gibt es kurze Stadien von unwiderstehlichem »Schlaf«, die nur in Ausnahmen bis zu 10 oder 15 Minuten lang sind. Der Patient verliert die Muskelkontrolle und kann zu Boden stürzen. Er ist unfähig, sich zu bewegen oder zu sprechen. Das Bewußtsein bleibt normalerweise erhalten, wenn vielleicht auch in getrübter Form. Bei Schlafsucht kommen während des Tagesablaufs Stadien exzessiver Schläfrigkeit vor, die ein- bis mehrstündigen Schlaf zur Folge haben, bei dem das Bewußtsein wie beim normalen Schlaf ausgeschaltet wird und während denen es sogar zu zusammenhängenden Träumen kommen kann. Es scheint, als ob Störungen des Serotonin-Mechanismus für diese Phänomene verantwortlich sind.

6.4.4 Träume

Es war ein bemerkenswerter Fortschritt, als entdeckt wurde, daß Traumphasen meistens durch schnelle Augenbewegungen (REM) und durch das aus einem »Spindel-Stadium« des EEG heraus entstehende Stadium eines tieferen Schlafes, was sich an der Schwierigkeit beim Aufwecken zeigt, gekennzeichnet sind. Nach dem Aufwecken während oder kurz nach Ende einer REM-Phase wird fast immer von Träumen berichtet (Kleitman, 1960, 1961, 1963). Die Erinnerung an den Traum ist am deutlichsten, wenn die Versuchsperson während der REM-Phase geweckt wurde. Detaillierte Erinnerungen wurden bei 46 von 54 Weck-Versuchen während der REM-Phase angegeben, nur bruchstückhafte Erinnerungen bei 9 von 11 Weck-Versuchen innerhalb 5 Minuten nach der REM-Phase, und vollständiges Vergessen bei 25 von 26 Weck-Versuchen 10 Minuten oder länger nach einer REM-Phase. Einige Leute jedoch weisen keine Verknüpfung von Traum und REM-Phase auf. Diese berichten manchmal, von einem Traum aufgewacht zu sein, wenn sie aus einer Phase des ruhigen Schlafs geweckt worden sind.

Man nimmt an, daß die Augenbewegungen darauf zurückgehen, daß das Auge die Traumbilder verfolgt, die sich meistens in horizontaler Richtung bewegen. Wie mit Aufwecken getestet wurde, träumt jeder Mensch mehrere Male während der Nacht; die meisten Traumerfahrungen gehen jedoch verloren, außer wenn sie durch Aufwekken während oder kurz nach dem Traum erinnert werden. Traumepisoden dauern 10 bis 35 Minuten. Danach folgt ein Intervall von ungefähr 90 Minuten, so daß es während einer Nacht zu etwa 4 Traumepisoden kommt, mit einer Gesamt-Traumzeit von einer bis zwei Stunden. Wenn man die Traumzeit durch Aufwecken der Versuchsperson bei Beginn der REM-Phasen um 75 bis 80% reduziert und dies über einige Nächte praktiziert, werden die Versuchspersonen ängstlich und reizbar und zeigen gesteigerten Appetit. Beendet man diese Prozedur, so folgen mehrere Nächte mit verstärktem Träumen. Diese Störungen kommen nicht vor, wenn durch das Aufwecken keine Träume unterbrochen werden. Man geht daher davon aus, daß das Träumen einen heilsamen Einfluß im Sinne einer selbstangewandten Psychoanalyse besitzt.

6.4.5 Halluzinationen

Unsere normalen Wahrnehmungserfahrungen können wir bestätigen lassen, indem wir uns über das Gesehene und Gehörte mit unseren Mitmenschen unterhalten. Bei Halluzinationen funktioniert diese Bestätigung nicht. Eine Person kann Stimmen hören oder ein »Objekt«, wie ein Ufo oder ein Gespenst, sehen und diese Erfahrungen werden nicht von anderen geteilt. Halluzinationen sind als dramatische Effekte beliebt. Bei manchen geistigen Störungen, wie der Schizophrenie, sind Halluzinationen sehr häufig. Julian Jaynes (1976) stellte die These auf, daß, bevor sich in der griechischen Philosophie das kritische Denken durchgesetzt hat, die Menschheit in einer Welt lebte, die durch Halluzinationen beherrscht wurde, insbesondere von den vernommenen Stimmen der Orakel oder bei den Priestern in den Zikkurats. Das wäre eine Erweiterung traumartiger Zustände auf das wache Leben. Natürlich kennen wir alle solche Zustände aus der Übergangsphase vom Schlafen zum Wachen, wenn wir bereits zum Teil wach sind, zum Teil aber noch träumen.

Vor zwei Tagen (am 24. Mai) zeigte die BBC im Fernsehen einen außergewöhnlichen Fall von Halluzinationen. Eine Dame beschrieb ihre Erlebnisse mit wiederauferstandenen Komponisten, die ihr jahrelang ihre neuen Kompositionen diktiert hatten. Liszt begegnete ihr zuerst in ihrer Kindheit, dann wieder viele Jahre später, zu einer Zeit, in der sie ihn erkannte. Später erschien Beethoven, und in seiner Reinkarnation war er jung und nicht taub. Sie hat inzwischen eine große Anzahl Kompositionen aus Diktaten von Liszt, Beethoven, Chopin und anderen großen Komponisten niedergeschrieben. Sie fuhr sogar während des Interviews mit ihrer neuesten Komposition fort, völlig ungestört durch die Situation. Ein Pianist spielte ganz interessante Musik, die angeblich von Chopin geliefert worden war! Am nächsten Wochenende wird in London eine Aufführung aller dieser Produkte gegeben. Sie werden mir sicher zustimmen, wenn ich sage, daß im Geist und im Gehirn vieles geheimnisvoll ist!

6.5 Krampfanfälle

Das Elektroenzephalogramm zeigt, daß während epileptischer Anfälle starke rhythmische Wellen mit etwa 3/s erzeugt werden. Bei den leichten und kurzen, »Petit mal« genannten Anfällen wird davon nur ein begrenzter Teil der Hirnrinde für kurze Zeit betroffen. In Abb. 6-12 zeigt das EEG das beträchtliche Ausmaß einer typischen Wellenform von einigen Sekunden Dauer. Die Versuchsperson verlor dabei nicht das Bewußtsein, auch wenn üblicherweise etwas geistige Verwirrung eintritt.

In Abb. 6-13 wird ein stärkerer Petit-mal-Anfall gezeigt. Der Anfall dauerte länger als 10/s, und es wurden sowohl von den frontalen als auch von den occipitalen Bereichen Wellen mit hoher Spannung und einer Frequenz von ungefähr 3/s abgeleitet. Wie man erwarten kann, wenn so große Bereiche so stark betroffen sind, verlor der Patient hier das Bewußtsein. Man muß sich darüber im klaren sein, daß es mehrere Sekunden dauert, bis vom frontalen Ausgangspunkt her auch der Occipitallappen betroffen wird. Bei diesem Patienten wurde auch die Hippocampusformation von dem Anfall miteinbezogen. Abb. 6-4, Zeile 3, zeigt ebenfalls die Aufzeichnung eines Petit-mal-Anfalls, bei dem Bewußtlosigkeit eintrat. Zeile 5 von Abb. 6-4 zeigt

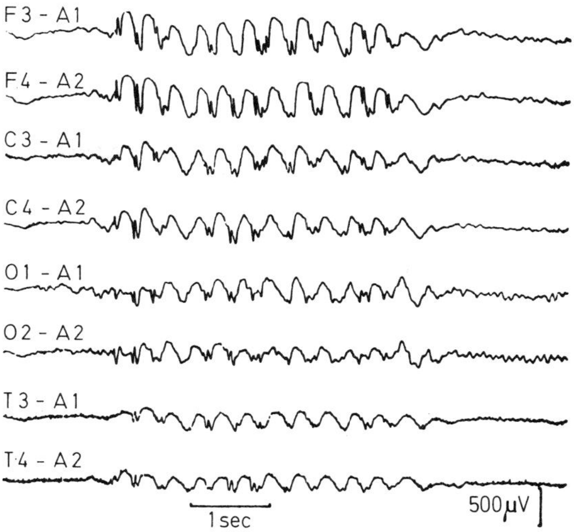

Abb. 6-12. Ein kurzer Petit-mal-Anfall. Das Elektroenzephalogramm zeigt, daß alle Bereiche des Gehirns betroffen sind, sogar bei einem solchen kleinen Anfall ohne Bewußtlosigkeit. Penfield, W., Jasper, H.H.: Epilepsy and the functional anatomy of the human brain, S. 896. Boston: Little, Brown & Co. 1954

das Einsetzen eines großen Anfalls mit schnellerem rhythmischen Schlag.

Jasper (1969) behauptet, daß die neuronale Grundlage der epileptischen Welle eine große Neuronengruppe sein muß, die mit der hohen Frequenz von 50 bis 500/s feuert, wobei eine Synchronisation der angrenzenden Neuronen stattfindet. Alle fein abgestimmten Aktivitätsmuster werden durch die starke Entladung zunichtegemacht. Bei experimenteller Epilepsie, die durch corticale Verletzung erzeugt wurde, nehmen subcorticale Strukturen, wie der Thalamus, an der epileptischen Entladung ebenfalls teil. Die Ausbreitung der Entladung im Cortex ist jedoch nicht abhängig von diesen subcorticalen Strukturen. Sie geschieht über die assoziativen und commissuralen Bahnen zwischen den Moduln (vgl. Abb. 2-5 und 2-7). Intracelluläre Ableitungen aus Pyramidenzellen (Abb. 6-14) zeigen, daß jede Oberflächenpotentialwelle durch eine starke synaptische Depolarisierung der Pyramidenzelle erzeugt wird, die eine Entladung mit hoher Frequenz hervorbringt, solange, bis diese durch die extreme De-

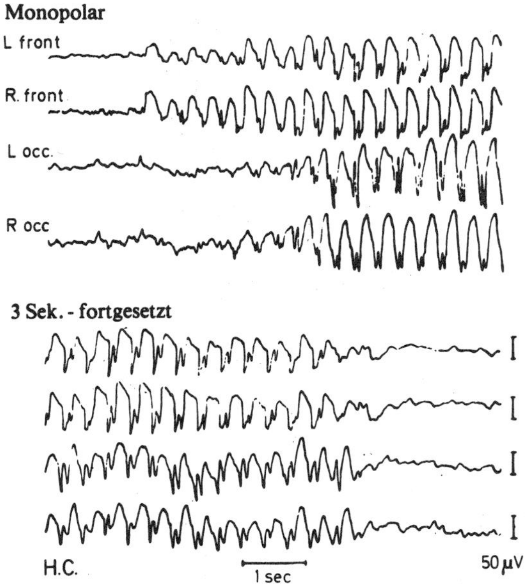

Abb. 6-13. Das Elektroenzephalogramm zeigt Wellen- und Spitzen-Entladungen bei einem Patienten mit einem Petit-mal-Anfall. Zu beachten ist, daß die Entladungen zuerst im frontalen und erst später im occipitalen Bereich einsetzen und während des Anfalls in beiden Bereichen synchron verlaufen; die Entladungen enden dagegen gleichzeitig in allen Bereichen. Penfield, W., Jasper, H.H.: Epilepsy and the functional anatomy of the human brain, S. 896. Boston: Little, Brown & Co. 1954

polarisation, die dann langsam abnimmt, ausgeschaltet wird. Man kann annehmen, daß es sich hier um einen enormen Aufbau exzitatorischer Stärke durch neuronale Interaktion innerhalb des Moduls (vgl. Abb. 2-6) und auch durch Zuleitung aus anderen Moduln handelt. Es scheint, als ob die normale inhibitorische Kontrolle unwirksam ist, was zumindest ein Faktor wäre, der zu einer Neigung zu epileptischen Anfällen beitragen könnte (vgl. Ajmone-Marsan, 1969; Creutzfeldt, 1969).

Es ist weiter oben bereits berichtet worden, daß im Einklang mit der intensiven neuronalen Aktivität bei Anfällen der Stoffwechsel und die Durchblutung im Hirnbereich des Anfalls auf das Mehrfache ihrer normalen Werte ansteigen.

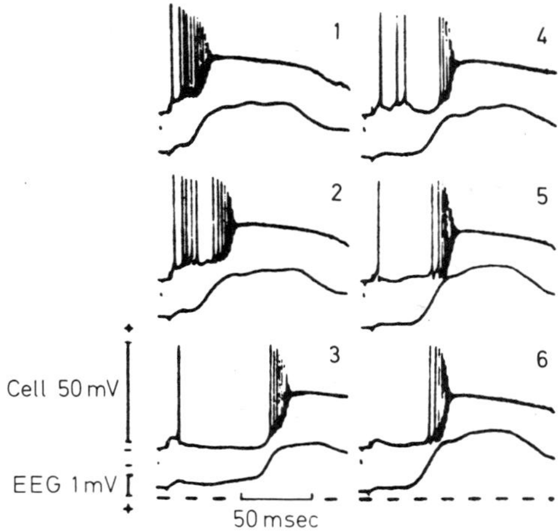

Abb. 6-14. Künstlich erzeugte Anfälle in einem Penicillin-Fokus im vorderen sigmoiden Gyrus bei der Katze. Stimulation des VL Thalamuskerns alle 2 Sekunden. Verschiedene Reizintensitäten (willkürliche Einheiten): 20 bei 1, 15 bei 2, 7 bei 3, 10 bei 4-6. Die oberen Kurven stellen intracelluläre Ableitungen dar, die unteren das EEG von der Oberfläche der benachbarten Hirnrinde. Matsumoto, H., Ayala, G.F., Gumnit, R.J.: Neuronal behavior and triggering mechanisms in cortical epileptic focus. J. Neurophysiol. *32*, 688-703 (1969)

6.6 Koma und Wachkoma

Ein Koma ist ein Zustand tiefer Bewußtlosigkeit. Das EEG kann dabei große, langsame, unregelmäßige Wellen zeigen, wie in Abb. 6-4, Zeile 4, oder in Abb. 6- 8, Zeile 6, oder fast flach sein, wie in Zeile 6 von Abb. 6-4. Entsprechend sind die neuronalen Entladungen stark gedämpft – normalerweise herrscht neuronales »Schweigen« – und der Stoffwechsel ist bis hinunter auf 58 bis 49% des Normalen aus Tabelle 6-1 abgesenkt.

Die schlimmste Form von Koma entsteht als Folge von Hirnverletzungen bei Unfällen. Die Hirnrinde kann dabei völlig unbeschädigt sein, wenn nämlich die Läsion den Hirnstamm betrifft und eine Zerstörung des retikulären Aktivierungssystems verursacht, wie Abb. 6-5 zeigt. Dieses Wachkoma, wie es genannt wird, kann über Monate oder sogar Jahre andauern; der Patient ist gelähmt und kann nicht einmal die Augen bewegen oder irgendeine Geste des Erkennens zeigen. In einigen, glücklichen Fällen kann das Koma nach ein paar Wochen von selbst verschwinden, fast nie jedoch, wenn schon Monate vergangen sind. Hasler (1978) berichtet von beträchtlichen Erfolgen bei solchen Langzeitfällen durch den Versuch, Ersatz für das retikuläre Aktivierungssystem zu finden. Nach einer Reihe andauernder Stimulationen – eine Stunde am Tag, 20 Tage lang – der unspezifischen Thalamuskerne, CM, MD und A von Abb. 6-5, zeigten Patienten mit mehrmonatigem Koma und vollständiger Lähmung eine gewisse Wiederherstellung.

6.7 Narkose

Die Bewußtlosigkeit unter Narkose ist leicht zu erklären. Die neuronale Aktivität der Hirnrinde ist stark reduziert. Der Hirnstoffwechsel ist auf 64% des in Tabelle 6-1 angenommenen Wertes gesenkt. Das EEG ist stark gedämpft (Abb. 6-4, Zeile 2). Bei Abb. 6-15 (Creutzfeld, 1975) wurde die spontane Entladungsrate der corticalen Neuronen durch die ständige Injektion von Barbituraten fortschreitend gedämpft, obwohl bei einer niedrigen Dosis auch ein vorübergehender Anstieg der Frequenzen möglich ist. Danach waren alle Neuronen gedämpft und die meisten völlig still. Dementsprechend war das in Abb. 6-15 gezeigte EEG, das in den senkrechten Zeilen oben angegeben ist, immer stärker gedämpft, bis es völlig flach war.

Noda und Adey (1973) beobachteten, daß unter Narkose die Entladungsrate der Neuronen des Assoziationscortex auf 30 bis 50% der Rate bei ruhigem Schlaf gesenkt war, also weit unter die Rate bei normalem Wachsein oder bei paradoxem Schlaf. Bei dem mit langsamen Wellen verbundenen tiefen Schlaf und unter Narkose ergaben sich ziemlich die gleichen Entladungsmuster bei den Neuronen, mit hohen Korrelationen zu den Entladungen der angrenzenden Neuronen.

6.8 Diskussion über Hirnaktivität und Bewußtseinsstufen

In dieser Vorlesung haben wir uns über die verschiedenen Stufen cerebraler Aktivität, wie sie für die beiden Extremfälle des Komas und der Krampfanfälle sowie dazwischen für die physiologischen Stufen des normalen Wachseins und des Schlafes charakteristisch sind, einen Überblick verschafft. Es ist eine Aufgabe für die Gehirn-Geist-Theorien, die beobachteten cerebralen Vorgänge mit den Bewußtseinsstufen in Beziehung zu setzen. Vorher aber ist es wichtig,

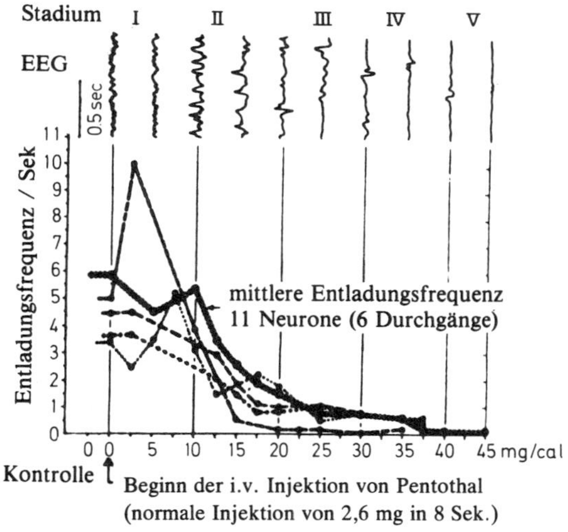

Abb. 6-15. Die Wirkung eines Barbiturats auf die spontane Entladungsrate corticaler Neuronen. 2,5 mg Thiopental (Pentothal) wurden alle 8 Sekunden injiziert (Abszisse). Die mittlere Entladungsfrequenz einer Stichprobe von 11 corticalen Neuronen aus verschiedenen Versuchen ist als *dicke Linie* eingezeichnet, die Veränderungen bei vier typischen einzelnen Neuronen als dünnere, *unterbrochene Linie*. Das in den verschiedenen Stadien abgeleitete EEG ist über der Zeichnung mit den dem momentanen Stand der Narkose entsprechenden Ziffern eingezeichnet. Man muß beachten, daß nach intravenöser Injektion von 10 mg Pentobarbital (Nembutal) pro Versuchstier einige Neurone aktiviert sein können und andere gedämpft, aber daß bei Ansteigen der Dosis alle Einheiten verminderte Entladungsraten aufweisen. Gewicht der Versuchstiere: 2,0 - 2,2 kg. Creutzfeldt, O.D.: Neurophysiological correlates of different functional states of the brain. In: Brain work: The coupling of function, metabolism and blood flow in the brain. Ingvar, D.H., Lassen, N.A. (Hrsg.), S. 21-46. Kopenhagen: Munksgaard 1975

die verschiedenen Gehirnaktivitäten im Hinblick auf die moduläre Wirkungsweise der Hirnrinde (vgl. Abb. 2-6), wie sie in der 2. Vorlesung beschrieben wurde, zu interpretieren. Dort sind wir davon ausgegangen, daß die Moduln offensichtlich als operative Einheit funktionieren und daß alles, was das Gehirn leistet, in Form von Raum-Zeit-Mustern modulärer Aktivität, wie in den Abb. 2-5, 2-7, 2-8, 2-9 und 2-10 dargestellt, vor sich geht. Es wurde das Postulat aufgestellt, daß die Beziehung zwischen Gehirn und Geist im wechselseitigen Handeln des selbst-bewußten Geistes auf der einen und der offenen Moduln auf der anderen Seite, je nach Aufmerksamkeit und Absicht, wie in der 4. Vorlesung beschrieben, besteht. Jetzt ist es meine Aufgabe, zu zeigen, wie die Hypothese des dualistischen Interaktionismus (vgl. 1. und 2. Vorlesung) Erklärungen für die Bewußtseinsstufen, die für die beobachteten cerebralen Aktivitäten charakteristisch sind, bieten kann. Man sollte ganz nebenbei bemerken, daß von den Vertretern der verschiedenen materialistischen Theorien des Geistes bis jetzt noch kein solcher Versuch gemacht worden ist.

Die Erklärung der Bewußtlosigkeit im Koma und unter Vollnarkose ist nicht schwierig. Die neuronale Aktivitätsstufe im Cortex ist so niedrig, daß keine Moduln für den selbst-bewußten Geist offen sind. Abb. 2-10 würde zum Beispiel in eine durchgängig schwarze Ansammlung von Moduln verwandelt sein. Bewußtlosigkeit ist das erwartete Resultat dieses Schließens fast aller Moduln. Beim Koma hat das Stimulieren des retikulären Aktivierungssystems und seiner thalamo- corticalen Bahnen die besten Aussichten, ein Erwachen zu bewirken. Die normalen sensorischen Bahnen scheinen viel weniger effektiv zu sein; vielleicht weil sie primär die spezifischen Thalamuskerne aktivieren, die keine weitverbreitete Streuung zur Hirnrinde haben (vgl. Abb. 5-3).

Bei Anfällen müssen wir sehen, daß ganze Moduln gewaltig aktiviert werden, wobei die einzelnen Neuronen bis zu ihrer Erschöpfung intensiv feuern, wie in der intracellulären Ableitung in Abb. 6-14 dargestellt ist. Nachdem sie sich einige hundert Millisekunden später wieder erholt haben, wiederholt sich der gesamte Zyklus und so fort, solange der Anfall andauert (vgl. Abb. 6-12 und 6-13). Man hat vermutet, daß der Zyklus von ungefähr 3/s teilweise durch sich wieder aufladende Schleifen zu den Thalamuskernen oder gänzlich innerhalb des Cortex bestimmt wird. Man kann annehmen, daß bei diesen sich abwechselnden Zuständen intensiver Entladung und Erschöpfung die Moduln nicht in der Lage sind, an der sanften, wechselseitigen Beeinflussung (vgl. Abb. 1-7), die für die Gehirn-Geist-Interaktion charakteristisch ist, wie in der 2., 3. und 4. Vorlesung und bei Eccles, 1982, 10. Vorlesung, beschrieben wird, teilzunehmen. Also wären im Schema von Abb. 2-10 die von einem Anfall betroffenen Hirnregionen wieder Ansammlungen schwarz gekennzeichneter, geschlossener Moduln. Bei kleineren Petit-mal-Anfällen jedoch (vgl. Abb. 6-12) sind sogar die Regionen des Anfalls nur zum Teil betroffen, wie sich an der niedrigen Spannung der Wellen zeigt. Auch bleibt bei diesen Anfällen ein großer Teil des Cortex verschont. Folglich weisen beträchtliche Bereiche des Cortex das normale Muster offener und geschlossener Moduln, wie in Abb. 2-10, auf, und die Gehirn-Geist-Liaison bleibt erhalten. Der wache Patient kann jedoch als Folge der gestörten Aktivität großer Bereiche des Gehirns geistig verwirrt sein.

Bei großen Krampfanfällen (Grand mal) geht das Bewußtsein erst dann verloren, wenn ein beträchtlicher Bereich des Cortex, vielleicht die Hälfte, betroffen ist. In diesem Zusammenhang gesehen ist es interessant, daß Patienten das Bewußtsein nicht verlieren, wenn unter örtlicher Betäubung die gesamte rechte Hirnhemisphäre entfernt wird (Ausin et al., 1972). Sie können tatsächlich die ganze Operation hindurch ein Gespräch aufrechterhalten!

Oft gehen bei einem epileptischen Anfall dem Bewußtseinsverlust gestörte sensorische Erfahrungen (Aura) voran. Das geschieht erwartungsgemäß dann, wenn Wahrnehmungsfelder teilweise aktiviert werden, wie es auch bei elektrischer Stimulation der Fall ist.

Die Bewußtlosigkeit beim Schlaf stellt ein viel erstaunlicheres Problem dar. Beim mit langsamen Wellen verbundenen Schlaf sind die neuronalen Entladungen etwas reduziert (Evarts, 1964, 1967), und es besteht eine Tendenz zu gelegentlichen Ausbrüchen (Abb. 6-9 B). Die normalerweise sehr stark aktiven, kleinen corticalen Zellen werden gewöhnlich beim mit langsamen Wellen verbundenen Schlaf beträchtlich langsamer (Abb. 6-11 A), während die größeren Neuronen ihre Entladungsfrequenz steigern. Es ist bezeichnend, daß beim Einsetzen von mit langsamen Wellen verbundenem oder ruhigem Schlaf der Alpha-Rhythmus verschwindet (vgl. Abb. 6-8). Es scheint, als ob die zirkelförmigen thalamo-corticalen Schaltkreise mit verminderter Effektivität funktionieren. Dies kann dem starken hemmenden Einfluß der serotonergen Bahn vom Raphé-Kern zum Thalamus zugeschrieben werden, der zusätzlich als Folge des unterdrückten retikulären Aktivierungssystems gedämpft wird. Bei den Entladungsmustern der corticalen Neuronen scheint es keine Veränderung zu geben, die ausreichen würde, die Bewußtlosigkeit beim ruhigen Schlaf zu erklären. Die einzigen Vermutungen, die es dazu gibt, schreiben diesen Effekt der Veränderung des zeitlichen neuronalen Entladungsmusters zu, besonders der Neigung zu Entladungsausbrüchen (vgl. Abb. 6-9 B) (Evarts, 1967; Creutzfeldt, 1975; Schlag, 1974).

Um den Grund für das Versagen der gegenseitigen Interaktion von Abb. 1-7 zu finden, muß man notwendigerweise die neuronalen Entladungsmuster innerhalb des Moduls erklären. Inubushi et al. (1978a, 1978b) haben bereits die Muster, mit denen die Neuronen der verschiedenen Hirnrindenschichten während eines Arousals agieren, genau untersucht.

Beim paradoxen Schlaf kann man die Bewußtlosigkeit wahrscheinlich den Aktivitäts-Ausbrüchen von Neuronen zuschreiben, die oft synchronisiert sind (Abb. 6-9 C und 6-10 D, E, F) und so die Schlafspindeln ergeben. Trotz der erhöhten durchschnittlichen neuronalen Entladungsfrequenz kann dieses gestörte Muster die Gehirn-Geist-Interaktion auf sehr effektive Weise blockieren. Ein weiteres Problem entsteht bei dem Versuch, die ungewöhnlichen, bewußten Erfahrungen der Träume zu erklären. Wir haben hier ein gestörtes Bewußtsein, das von den normalen Kontrollen und Rationalisierungen des wachen Zustands, die über die Gehirn-Geist-Grenze aus Abb. 1-7 hinweg ausgeführt werden, abgeschnitten ist.

Wir müssen uns nun einem schwer zu behandelnden Problem zuwenden und uns fragen, warum Schlaf notwendig ist. Es ist sicher nicht eine Zeit, in der sich der Stoffwechsel erschöpfter Neuronen erholt. Während des Schlafes haben die Neuronen keine Ruhepause; ihre Aktivität ist sogar gesteigert (vgl. Abb. 6-9, 6-10, 6-11). Für die cerebralen Aktivitäten, die die Atmung und die Kontrolle der Herztätigkeit betreffen, ist keine Erholung nötig. Moruzzi (1966a, 1966b) schlägt vor, daß die langsamen plastischen Prozesse, die die Verfestigung der Gedächtnisinhalte vollziehen (was in der nächsten Vorlesung beschrieben wird), möglicherweise lange Erholungsperioden benötigen und daß der Schlaf ein Mittel ist, diese subtileren Regionen des Cortex sich zusammen erholen zu lassen, was wohl besser ist, als wenn wir immer zur Hälfte schliefen und zur Hälfte wach wären!

Im Sinne dieser Annahme möchte ich postulieren, daß während des Schlafes neuronale Verknüpfungen neu gebildet werden, so daß manche für das Langzeitgedächtnis verfestigt werden. Diese Verfestigung geschieht aber nur mit einem winzigen Bruchteil der neuronalen Vorgänge des wachen Tages. Der enorme Schwall des sensorischen Inputs und die enormen, innerlich erzeugten neuronalen Aktivitäten müssen aufgelöst werden, so daß nach dem Schlaf das Gehirn neu eingerichtet und bereit ist, sich einen weiteren Tag lang intensiv mit neuen Daten und der Auswahl dessen, was im Langzeitgedächtnis verfestigt werden soll, zu befassen. Also wäre der Schlaf, wie Moruzzi vorschlägt, eine Zeit für die Erneuerung plastischer Prozesse.

7. Vorlesung

Welt 3, Gedächtnis und Kreativität

Vorbemerkung

Die *Welt 3 des objektiven Wissens* ist nach Popper die Welt der Kultur und der Zivilisation. Es gibt zwei Komponenten von Welt 3: das, was in Werken wie Büchern, Bildern, Tonbändern etc. gespeichert ist, und das, was sich in den Gedächtnisspeichern des Gehirns befindet. Welt 3 umfaßt also alles, was aus menschlicher Kreativität entsteht und aufbewahrt wird.

Die Beziehung zwischen *Welt 3* und dem Gehirn wird über die Kommunikationslinien zu und von der höchsten Ebene cerebraler Aktivität erreicht. Auf diese Weise kann das bewußte Selbst mit Hilfe des Liaison-Hirns Informationen aus Welt 3 erhalten und kann im Hinblick auf Welt 3 kreative Aufgaben erfüllen.

Als Antwort auf die Kritiken von Philosophen wird betont, daß Welt 3 eine objektive Existenz besitzt. Das wird im Hinblick sowohl auf eine naturwissenschaftliche Disziplin wie die der Chemie als auch auf Schöpfungen innerhalb der bildenden Kunst und der Musik diskutiert. Es ist wichtig, zu sehen, daß die Kenntnisse von Welt 3 auch nicht im geringsten genetisch vererbt werden. Das Gehirn jedoch ist nach genetischen Instruktionen gebaut und hat die Fähigkeit, an der Welt 3 der Kultur teilzuhaben.

Es wird von weiteren Entwicklungen der Theorie des *kognitiven Lernens*, die in der 9. Vorlesung der vorhergehenden Gifford-Reihe beschrieben wurde, berichtet. Im besonderen wird dabei auf die moduläre Struktur der Hirnrinde verwiesen. Es werden Schemata entwickelt, die zeigen sollen, wie die postulierte synaptische Hypertrophie zu Veränderungen der Raum-Zeit-Muster modulärer Aktivität führen kann. Das Ziel dieses Vorgehens ist, Modelle zu entwickeln, die das Niederlegen spezifischer Gedächtnisspuren erklären können und die am Wiederabrufen von Gedächtnisinhalten beteiligt sind, wenn die Raum-Zeit-Muster der Moduln, ganz wie in der ursprünglichen zu erinnernden Erfahrung, wiederabgespielt werden.

Den Schluß bildet ein spekulativer Erklärungsversuch der Art und Weise, auf die kreative Einsichten erhalten werden können, und der möglichen Gehirn-Geist-Interaktionen, die damit verbunden sind.

7.1 Einführung

Der Grundgedanke dieser Vorlesung rankt sich um drei eng miteinander verbundene Themen, so eng verbunden, daß es mir schwerfiel, die Reihenfolge ihrer Darstellung festzulegen. Welt 3 kann als das kulturelle Erbe der Menschheit verstanden werden. Sie ist das Produkt der kulturellen Evolution (wie in der 6. Vorlesung von Eccles, 1982, beschrieben) und jeder von uns ist durch das Eintreten in die Welt 3 der Kultur zu einem zivilisierten Menschen geworden, wie in der 7. Vorlesung von Eccles, 1982, beschrieben wurde. Das ist durch Lernen und Erinnerung erreicht worden. Und schließlich ist Welt 3 zusammengesetzt aus der Kreativität unzähliger einzelner Menschen, von prähistorischen Zeiten an bis heute, und jeder von uns hat die Aufgabe, durch eigene kreative Bemühungen einen Beitrag zu Welt 3 zu leisten. Es ist offensichtlich, daß diese drei Komponenten meiner Vorlesung eng miteinander verbunden sind.

Poppers Darlegung der Welt 3 ist für mich von herausragender Bedeutung. Sie fand ihren ersten Ausdruck in zwei Vorlesungen (Popper, 1968a, 1968b), die beide in seinem Buch *Objektive Erkenntnis* (Popper, 1973) enthalten sind. Für mich bot sie die Lösung von Problemen zur Natur und zum Status der Naturwissenschaft, die seit langem offenlagen. Die meisten Philosophen jedoch, wie zum Beispiel beim Weltkongreß der Philosophie in Düsseldorf 1978, haben sich auf zerstörerische Weise kritisch gezeigt und Poppers Theorie als ein Stück überflüssiger Metaphysik abgetan. Man hat den Verdacht, daß sie sich von der dritten Welt Platons nicht lösen können. Natürlich akzeptieren sie sie nicht, aber sie sind bei jeder Philosophie, die diesen Ausdruck verwendet, mißtrauisch, auch wenn er in einer völlig anderen Bedeutung gebraucht wird. Dieser weitverbreiteten Kritik wegen lege ich hier Poppers Welt-3-Philosophie ein weiteres Mal dar, zusammen mit einer kritischen Auswertung der Einwände von seiten der Philosophen sowohl in Düsseldorf als auch bei den Rezensionen unseres Buches (Popper und Eccles, 1982), in dem Welt 3 ausführlich in den Kapiteln P2 und P3 behandelt wurde, sowie in Teil III, wo sie in den Dialogen III und X eingehend diskutiert wurde. In neuerer Zeit hat Dawkins (1976) eine Theorie von »Memen« entwickelt, die zu einem gewissen Grad der Welt 3 entspricht. Offenbar kannte er Poppers bereits acht Jahre vorher erschienene Publikation nicht.

7.2 Welt 3

7.2.1 Erste Beschreibung

Platon ging über die Dualität von Körper und Geist hinaus, indem er eine dritte Welt der Formen oder Ideen annahm, die wahr und ewig seien und die endgültige Erklärungen, zum Beispiel für Schönheit als Teilhaben an der Idee der absoluten Schönheit, anboten. Es ist eine Theorie von Wesenheiten, die sich auf uns niederschlugen, aber göttlich sind und jenseits jedes menschlichen Einflusses liegen. Ein reizvoller Idealismus, der die Geschichte der Philosophie von da an stark beeinflußte. Es gibt viele Varianten von Platons Thema der dritten Welt, von den Stoikern über Plotinus bis Hegel und in neuerer Zeit Bolzano und Frege, wie von Popper ausgeführt wurde (1968a, 1968b). Dann, in jüngster Zeit, hat Popper selbst eine Drei-Welten-Philosophie entwickelt, die auf den zwei Welten der Materie und des Geistes eine dritte Welt objektiver Gedanken aufbaut, deren Bestandteile in der dritten Spalte von Abb. 7-1 teilweise aufgezählt sind. Diese Welt 3 Poppers ist darin so grundlegend verschieden von der dritten Welt Platons, daß sie eine menschliche und nicht eine göttliche Schöpfung darstellt.

> Sie ist die Welt der intelligiblen Dinge, oder die der *Ideen im objektiven Sinn*; sie ist die Welt möglicher Gegenstände von Gedanken: die Welt der Theorien an sich und ihrer logischen Zusammenhänge; die Welt der Argumente selbst und die der Problemsituationen selbst (Popper, 1968b).

Abb. 7-1 stellt den Versuch einer schematischen Ausdrucksweise der postulierten Inhalte der drei Welten dar, wie von Popper vorgeschlagen, auf die auch in der ersten Vorlesung kurz verwiesen worden ist. Welt 1 ist die Welt der physikalischen Objekte und Zustände, die gesamte Biologie, auch menschliche Gehirne, eingeschlossen. Es ist wichtig, daß sie auch die materiellen Substrate menschlicher Kreativität, das heißt alle Welt-3-Gegenstände, miteinschließt. Welt 2 ist die Welt der Bewußtseinszustände oder der geistigen Zustände.

Für unseren gegenwärtigen Zweck ist es nicht nötig, das Thema des Bewußtseins bei Tieren anzusprechen. Wie in den ersten beiden Vorlesungen bereits diskutiert, ist Welt 2 die Welt unserer privaten, subjektiven Erfahrungen, die anderen nur durch Schlußfolgerungen aus symbolischer Kommunikation bekannt ist. Was sie enthält, ist in der zweiten Spalte von Abb. 7-1 und, noch genauer, in Abb. 1-7 dargestellt.

WELT 1	WELT 2	WELT 3
PHYSIKALISCHE OBJEKTE UND ZUSTÄNDE	BEWUSSTSEINSZUSTÄNDE	WISSEN IM OBJEKTIVEN SINN
1. ANORGANISCH Materie und Energie des Kosmos 2. BIOLOGIE Struktur und Aktionen aller Lebewesen menschliche Gehirne 3. ARTEFAKTE Materielle Substrate menschlicher Kreativität von Werkzeugen von Maschinen von Büchern von Kunstwerken von Musik	Subjektives Wissen Erleben von Wahrnehmung Denken Gefühlen Plänen und Absichten Erinnerungen Träumen kreativer Vorstellungskraft	In materiellen Substraten kodiertes kulturelles Erbe philosophisch theologisch naturwissenschaftlich historisch literarisch künstlerisch technologisch Theoretische Systeme wissenschaftliche Probleme kritische Argumente

Abb. 7-1. Tabellarische Darstellung der drei Welten, die nach der Definition von Popper alles Existierende und alles Erfahrene umfassen. Ausführliche Erklärung im Text

Im Gegensatz dazu ist Welt 3 die Welt des Wissens im objektiven Sinn und hat als solche ein extrem weites inhaltliches Spektrum. Abb. 7-1 zeigt eine gekürzte Aufzählung davon. Sie umfaßt zum Beispiel den Ausdruck wissenschaftlicher, literarischer und künstlerischer Ideen, der in kodierter Form in Bibliotheken, Museen und allen Aufzeichnungen der menschlichen Kultur erhalten wird. Was ihre materielle Zusammensetzung aus Papier und Tinte angeht, gehören Bücher zu Welt 1; das Wissen jedoch, das sie enthalten, gehört zu Welt 3; das gleiche gilt für Bilder und andere Werke. Höchst wichtige Komponenten von Welt 3 sind die theoretischen Systeme, die wissenschaftliche Fragestellungen und kritische Argumente enthalten, die aus der Diskussion dieser Probleme entstanden sind. Zusammenfassend kann man sagen, daß Welt 3 die Aufzeichnungen der intellektuellen Bemühungen der gesamten Menschheit, durch alle Jahrhunderte bis zur Gegenwart, beinhaltet – das, was wir unser kulturelles Erbe nennen können. Wie Popper sagt (Popper und Eccles, 1982, S. 64), ist Welt 3 »die Welt der Erzeugnisse des menschlichen Geistes, wie Erzählungen, erklärende Mythen, Werkzeuge, wissenschaftliche Theorien (wahre wie falsche), wissenschaftliche Probleme, soziale Einrichtungen und Kunstwerke«.

Dank der gesamten kreativen Bemühungen der Menschheit ist

Welt 3 enorm reich und extensiv. Während seines gesamten Lebens ist es für einen einzelnen nicht möglich, mehr als nur einen winzigen Bruchteil davon zu kennen; und es ist nur selten, daß etwas wirklich Bedeutendes hinzugefügt werden kann. Die zentrale Aufgabe der Geisteswissenschaften ist, die Menschen zu verstehen, während die Naturwissenschaften zur Aufgabe haben, die Natur, einschließlich des Menschen als Teil der Natur, zu verstehen. Da in beiden Fällen das Verständnis seinen Ausdruck in der Sprache findet, können beide als Zweige der Literatur angesehen werden, und beide haben in Welt 3 einen Ehrenplatz.

7.2.2 Die objektive Existenz von Welt 3

Popper hat sich große Mühe gegeben, die objektive Existenz von Welt 3 nachzuweisen. Es ist dieser Punkt, an dem seine Kritiker den überzeugenden Charakter seiner Demonstration von Objektivität nicht einsehen konnten. So schreibt er (Popper, 1968a):

> Was ich als den wichtigsten Punkt ansehe, ist nicht die reine Autonomie oder Anonymität von Welt 3, oder etwa der zugegebenermaßen sehr wichtige Punkt, daß wir immer fast alles unseren Vorgängern und der Tradition, die sie geschaffen haben, verdanken; daß wir also der Welt 3 im besonderen unsere Rationalität verdanken – das heißt, unseren subjektiven Geist, das Praktizieren von kritischen und selbstkritischen Denkweisen und die entsprechenden Dispositionen. Wichtiger als dies alles ist meines Erachtens die Beziehung zwischen uns selbst und unserer Arbeit und das, was für uns aus dieser Beziehung gewonnen werden kann.
> Eine der Hauptfunktionen von Welt 2 ist, die Objekte aus Welt 3 zu begreifen. Dies ist etwas, das wir alle tun; es ist der wesentliche Teil davon, ein Mensch zu sein, wenn man eine Sprache lernt, und das bedeutet im wesentlichen zu lernen, *objektive Gedankeninhalte* zu begreifen ... insoweit als Sprache Information enthält, so weit sie irgend etwas aussagt oder beschreibt oder irgendeine Bedeutung oder eine bedeutsame Botschaft weitergibt, die eine andere nach sich zieht, oder die mit einer anderen übereinstimmt oder nicht übereinstimmt, gehört sie zu Welt 3. *Theorien, oder Vorschläge, oder Behauptungen sind die wichtigsten linguistischen Ganzheiten von Welt 3* (Popper, 1968b).

Popper betont die Bedeutung von Welt 3 bei unserem Versuch, das wissenschaftliche Vorgehen zu verstehen. Das erläutert er mit einem Beispiel (Popper und Eccles, 1982, Abschnitt 11, S. 64 ff.):

> Die Schaffung einer wissenschaftlichen Theorie, mit ihrer kritischen Diskussion, ihrer versuchsweisen Annahme und ihrer Anwendung, durch die das Aussehen der Erde und somit der Welt 1 verwandelt werden kann.

> Der produktive Wissenschaftler beginnt gewöhnlich mit einem *Problem*. Er versucht das Problem zu verstehen. Das ist meist eine langwierige intellektuelle Arbeit – ein Versuch der Welt 2, einen Gegenstand der Welt 3 zu erfassen. ... Darin kann eine schöpferische Anstrengung liegen: die Anstrengung, die abstrakte Problemsituation zu erfassen, vielleicht besser, als es zuvor geschah. Dann kommt er zu seiner Lösung, seiner neuen Theorie. Diese kann ... in sprachliche Form gebracht werden ... Dann untersucht er seine Theorie kritisch; und als Ergebnis der Untersuchung ändert er sie vielleicht erheblich. Dann wird sie publiziert und von anderen ... untersucht ... Und erst nach all diesen intensiven intellektuellen Bemühungen entdeckt vielleicht jemand eine weitreichende technische Anwendungsmöglichkeit, die auf Welt 1 einwirkt. ...
> Es ist ein verhängnisvoller Fehler, zu glauben, es könne eine adäquate Theorie – eine psychologische, eine behavioristische, eine soziologische oder eine historische – vom Verhalten der Wissenschaftler geben, die nicht dem wissenschaftlichen Status von Welt 3 voll Rechnung trüge. Das ist ein wichtiger Punkt, über den sich viele nicht im klaren sind.
> Ich halte diese Überlegungen für entscheidend. Sie begründen die Objektivität von Welt 3 und deren (partielle) Autonomie. Und da der Einfluß wissenschaftlicher Theorien auf Welt 1 offenkundig ist, begründen sie auch die Wirklichkeit der Gegenstände von Welt 3.

Alle diese Argumente waren den materialistischen Philosophen, die in Düsseldorf Poppers Welt 3 zurückwiesen, nicht bekannt oder wurden von ihnen nicht anerkannt. Wir werden auf diesen Punkt zurückkommen, wenn wir Welt 3 im Verhältnis zu Welt 1 und Welt 2 in den Aktivitäten des menschlichen Gehirns betrachtet haben.

7.2.3 Beziehungen zwischen dem Gehirn und Welt 3

Abb. 7-2 stellt einen Versuch dar, die für den Informationsfluß wichtigsten Bahnen bei einem einzelnen Menschen ungefähr anzugeben. Der Körper wurde von der übrigen Welt 1 getrennt und ist als kleiner, an der Basis liegender Teil mit Kommunikationswegen in den afferenten und efferenten Bahnen vom und zum Gehirn dargestellt. So gesehen, ist Abb. 7-2 eine vereinfachte Form von Abb. 1-2, besonders was das Gehirn und die Verbindung zwischen Gehirn und Geist betrifft. Das neue Merkmal ist die Beziehung zu Welt 3. Oben im Schema ist ein Teil von Welt 3 gezeigt, der in einer besonderen Komponente von Welt 1 gespeichert ist. Ein Vergleich mit Abb. 7-1 ergibt, daß eine solche Komponente von Welt 1 als »materielle Substrate der menschlichen Kreativität« aufgeführt ist. Das könnte zum

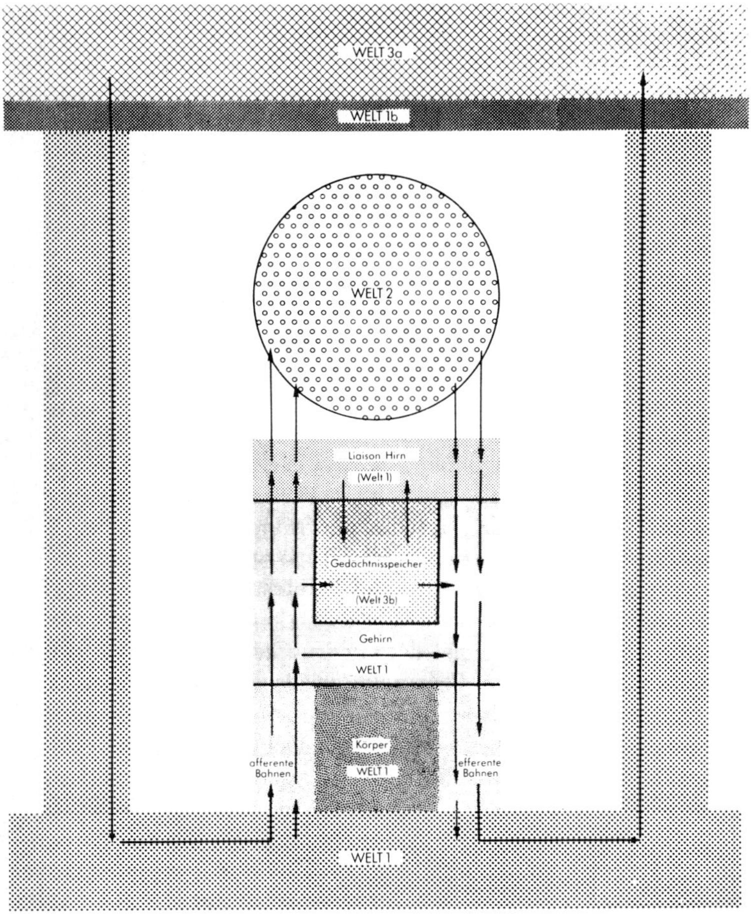

Abb. 7-2. Schema des Informationsflusses, das die verschiedenen Arten von Wechselwirkungen zwischen den drei Welten über die durch *Pfeile* gekennzeichneten Wege darstellt. Man muß beachten, daß, ausgenommen die Verbindung zwischen dem Gehirn und Welt 2, alle Information im Materie-Energie-System von Welt 1 stattfindet. So wird zum Beispiel beim Lesen eines Buches die Kommunikation zwischen dem Buch und den Rezeptormechanismen des Auges durch Strahlung im Bereich des sichtbaren Lichts bewerkstelligt. Es versteht sich, daß jedes Individuum willkürlich seine Beziehung zu Welt 3 weit ausdehnen kann. Weitere Beschreibung im Text

Beispiel ein gedrucktes Buch sein, wobei Papier und Tinte Welt 1 angehören (der Kategorie 1b von Welt 1). Die Kommunikationskanäle, die durch den senkrechten Pfeil links gezeigt sind, wären dann der optische Weg vom sichtbaren Buch zum Auge für die Speicherung und Weitergabe an das Gehirn (vgl. Abb. 3-6). Entsprechend wäre dann der senkrechte Pfeil rechts die Kommunikationsleitung, die in Anspruch genommen wird, wenn man Ideen in einem Buch schriftlich niederlegt. Also zeigt Abb. 7-2 in stark schematisierter Form, wie wir aus Welt 3 Objekte erhalten, die auf einer Welt-1-Grundlage gespeichert sind und in denen wir den Ausdruck einer Idee (Welt 2) in Form einer Kodierung (Welt 3a) in einem materiellen Substrat (Welt 1b) erreichen.

Es schien notwendig, noch eine weitere Schwierigkeit in das Gehirn von Abb. 7-2 einzubauen, nämlich die gespeicherten Gedächtnisinhalte, die eigentlich als zu Welt 3 gehörig betrachtet werden können und die als ein in der Abbildung so bezeichneter (Welt 3b) Teil des Gehirns gezeigt sind. Die beweiskräftigsten Beispiele für Gedächtnisinhalte wären die Homerischen Epen oder die isländischen Sagen, die jahrhundertelang nacheinander in den Gedächtnisspeichern der Barden behalten wurden, bis ihnen durch ihre Niederschrift ein kodierter Ausdruck gegeben wurde. Aber auch bei gewöhnlichen akademischen Treffen werden natürlich viele Welt-3-Elemente nicht aus geschriebenen Manuskripten, sondern aus den Gedächtnisspeichern der Teilnehmer abgerufen. Diese Elemente können für die Kommunikation genauso wirkungsvoll objektiviert werden, als wenn sie schon vorher durch Niederschreiben objektiviert worden wären. Dieser Gedächtnisspeicher für Welt-3-Elemente im Gehirn wird von den in materiellen Substraten gespeicherten Welt-3-Elementen dadurch unterschieden, daß er in Abb. 7-2 mit Welt 3b, im Gegensatz zu Welt 3a, bezeichnet wird. Welt-3a-Elemente, die außerhalb des Gehirns gespeichert sind, benötigen eine Weiterleitung über Welt-1-Bahnen, damit sie subjektiv erfahren werden können; das heißt, der Weg verläuft von Welt 3a zu Welt 1 zu Welt 2, wie in Abb. 7-2 gezeigt ist. Bei Elementen von Welt 3b ist kein spezieller Welt-1-Weg notwendig. Popper (Popper u. Eccles, 1982) sagt:

> ... geht meine These nicht nur dahin, daß Welt 2 Gegenstände der Welt 3 erfassen kann, sondern daß sie das direkt tun kann; das heißt, obwohl gleichzeitig Vorgänge der Welt 1 ablaufen (auf epiphänomenale Weise), stellen sie keine physikalische oder Welt 1 gemäße Repräsentation solcher Gegenstände der Welt 3 dar, die wir zu erfassen versuchen.

Er veranschaulicht dies mit dem Lehrsatz von Euklid, nach dem es unendlich viele Primzahlen gibt. Euklids Satz lag ein intuitives Erfassen der Welt-3-Situation zugrunde – der unendlichen Folge natürlicher Zahlen.

7.2.4 Künstlerische Kreativität und Welt 3

Bis jetzt hat sich die Diskussion von Welt 3 auf wissenschaftliche Fragen und deren Antworten konzentriert. Es ist daher wichtig, Beispiele für das künstlerische Schaffen von Welt-3-Elementen zu geben. Im Dialog XI von *Das Ich und sein Gehirn* (Popper und Eccles, 1982, S. 648 f.) sagt Popper:

> Ich glaube, daß das, was wir beim Betrachten einer Figur von Michelangelo sehen, einmal natürlich insofern ein Gegenstand der Welt 1 ist, als es ein Stück Marmor ist. Zum anderen wird selbst das Materielle daran, etwa die Härte des Marmors, nicht unerheblich für die zu Welt 2 gehörende Wertschätzung dieses Gegenstandes der Welt 3 sein, der in einem Substrat aus Welt 1 verschlüsselt ist; denn es ist das Ringen des Künstlers mit dem Material und die Überwindung des Widerstandes des Materials durch den Künstler, was einen Teil des Reizes und des Sinns dieses Gegenstandes der Welt 3 ausmacht. Ich will also nicht grundsätzlich den Aspekt der Welt 1 bei einem verschlüsselten Gegenstand der Welt 3 zu einem Epiphänomen herunterspielen, doch manchmal ist er das. Wenn wir ein Buch haben, das recht ordentlich, aber nicht sonderlich gut gedruckt ist – also keine Prachtausgabe –, dann kann der Gesichtspunkt von Welt 1 dieses Buches völlig unwichtig und in gewissem Sinn nicht viel mehr als ein Epiphänomen sein, ein uninteressantes Anhängsel des Gehaltes von Welt 3 des Buches. Doch das, womit wir – unsere Welt 2, unser bewußtes Ich – sowohl im Falle der Figur Michelangelos als auch bei dem Buch wirklich in Berührung kommen, ist der Gegenstand der Welt 3. Im Falle der Statue ist der Gesichtspunkt von Welt 1 wichtig; aber er ist nur wichtig wegen der Leistung von Welt 3, die in der Veränderung und Gestaltung des Gegenstandes der Welt 1 besteht. Was wir in beiden Fällen wirklich anschauen, bewundern und verstehen, ist nicht so sehr der materialisierte Gegenstand der Welt 3, sondern die verschiedenen Aspekte der Welt 3, ungeachtet ihrer Materialisierung.

Dieses Argument Poppers ist eine aussagekräftige Antwort auf die Kritik von Passmore (1975) an der Welt 3, der bezüglich der Arbeit eines großen Architekten sagt: »Sollten wir das ein materielles Substrat nennen, dieses wunderschöne Gebäude, oder eine Idee? Es gibt Ideen, die in den Substraten liegen; man kann diese Sprache, die Substrat und Idee zu Gegensätzen macht, nicht gebrauchen.«

Im Fall einer musikalischen Komposition ist die Welt-3-Beziehung tatsächlich sehr subtil und anspruchsvoll. Aber sollte man das in Anbetracht der Wunder musikalischer Kreativität nicht erwarten können? Im Dialog III von Popper und Eccles (1982, S. 533 f.) sagt Popper:

> Eine musikalische Komposition hat eine sehr eigentümliche Daseinsweise. Zuerst existiert sie sicherlich verschlüsselt im Kopf des Musikers, doch sie existiert wahrscheinlich nicht einmal dort als Ganzheit, sondern eher als eine Folge von Anstrengungen oder Versuchen; ... So entsteht hier bereits ein Problem. Wir wollen das Problem folgendermaßen darstellen. Mozarts Jupiter-Symphonie ist offenbar weder die Partitur, die er niedergeschrieben hat und die nur eine Art konventioneller und willkürlich verschlüsselter Festlegung der Symphonie ist; noch ist sie die Gesamtsumme der imaginierten akustischen Erlebnisse, die Mozart während der Niederschrift der Symphonie hatte. Sie ist auch nicht eine der Aufführungen und auch nicht alle Aufführungen zusammen oder die Klasse aller möglichen Aufführungen. Das ergibt sich daraus, daß Aufführungen gut oder weniger gut sein können, daß aber keine Aufführung wirklich als ideal bezeichnet werden kann. Irgendwie ist die Symphonie das, was durch Aufführungen interpretiert werden kann; sie ist etwas, bei dem die Möglichkeit besteht, durch eine Aufführung interpretiert zu werden. Man kann sogar sagen, daß die ganze Tiefe dieses Gegenstandes der Welt 3 nicht durch eine einzige Aufführung ausgelotet werden kann, sondern nur dadurch, daß man ihn immer wieder in verschiedenen Interpretationen hört. In diesem Sinne ist der Gegenstand der Welt 3 ein wirklicher idealer Gegenstand, den es wohl gibt, der aber nirgendwo da ist, und dessen Dasein irgendwie die Potentialität seines wiederholten Interpretiert-Werdens durch den Geist des Menschen ist. So ist er zuerst das Werk eines menschlichen Geistes oder des Geistes mehrerer; und zweitens besitzt er die Potentialität, aufs neue durch den Geist des Menschen erfaßt zu werden – wenn auch vielleicht nur teilweise. In gewissem Sinne ist Welt 3 eine Art platonischer Ideenwelt, eine Welt, die nirgends existiert, die aber doch ein Dasein hat und die vor allen Dingen mit dem Bewußtsein der Menschen in Wechselwirkung tritt – natürlich auf der Grundlage menschlicher Tätigkeit.

Die Beziehung von Welt 3 zu Büchern ist offensichtlicher, wenn auch nicht ohne Feinheiten, wie sie in der folgenden erfundenen Unterhaltung gezeigt werden:

Mit einem Buch in der Hand fragt der eine:

»Haben Sie dieses Buch schon gelesen?«

Worauf er die seltsame Antwort bekommt:

»Nein, ich habe *dieses* Buch noch nicht gelesen, aber ich habe eine Ausgabe des gleichen Buches gelesen, die ich zu Hause habe.«

Diese Antwort zeigt die Vermischung von materiellem Substrat (Papier und Druckerschwärze) mit dem Welt-3-Gehalt. Die Frage betraf Welt 3, die Antwort bezog sich auf Welt 1. Sogar bei Übersetzungen betrachten wir den Welt-3-Inhalt des Buches, und die normale Antwort auf die oben zitierte Frage wäre zum Beispiel: »Ja, aber in der deutschen Übersetzung.«

7.2.5 Kritik an der objektiven Existenz von Welt 3

Armstrong (1978) sieht in Welt 3 nicht mehr als

> eine vornehme Metapher, die auf der relativen Unabhängigkeit unserer kulturellen Leistungen (und Fehlschläge) von dem einen oder dem anderen individuellen Geist gründet.

Er räumt ein, daß

> eine Theorie mehr oder weniger vollständig begriffen werden muß, wenn sie auf einen Geist und damit indirekt auf die Welt einwirken soll.

Und er diskutiert weiter:

> zwei Physiker mit dem gleichen intellektuellen Verständnis für die gleiche physikalische Theorie ... Wenn man aber voraussetzt, daß die Verschlüsselung *desselben Gedankens* bei verschiedenen Personen vielleicht verschieden ist, warum sollten wir dann glauben, daß beide Verschlüsselungen, jede auf ihre Weise, ein Welt-3-Objekt widerspiegeln? Die Verschlüsselungen werden kausal alles Notwendige bewirken. Jede Verschlüsselung *desselben Gedankens* wird die anderen widerspiegeln. ... Es scheint keine Notwendigkeit zu geben, zusätzlich ein Welt-3-Objekt zu postulieren, das über allen Verschlüsselungen steht (kursiv vom Autor).

Als Kritik dieser Behauptung betont Roger James (1978), daß die Wendung »desselben Gedankens«, die von Armstrong gebraucht wird, genau ein Welt-3-Objekt nach der Definition von Popper darstellt. Er sagt weiter:

> Es scheint, als sage Armstrong, wenn man voraussetzen könne, daß jeder von uns Englisch auf seine eigene, etwas andere Art spricht, warum sollen wir vorgeben, es gäbe so etwas wie die englische Sprache?

Das ist ein wichtiges Argument im Hinblick auf die Objektivität von Welt 3, weil einer der wichtigsten Bestandteile von Welt 3 die beschreibenden und argumentativen Komponenten der Sprache sind. Sie kann als die größte kulturelle Leistung betrachtet werden; zunächst gab es gesprochene Sprachen und dann, vor ungefähr 5000 Jahren, wurde das Umsetzen in symbolische Repräsentation erfunden (vgl. 6. Vorlesung, Eccles, 1982).

In Düsseldorf (Weltkongreß der Philosophie, 1978) stritten die materialistischen Philosophen der Welt 3 einen objektiven Status ab. Zum Beispiel wurde von J.J.C. Smart gesagt, daß Chemie nichts weiter wäre als Chemiker, die chemische Dinge tun, einschließlich der Äußerung ihrer Meinung. Die oben angeführten Zitate von Popper (Abschnitt 11, Popper und Eccles, 1982) zeigen die Fehlerhaftigkeit dieser Ansicht von Wissenschaft, und sie wird von Popper in Form eines imaginären Dialogs (Abschnitt 21, Popper und Eccles, 1982) ausführlich behandelt. Auf eine seltsam ironische Weise haben diese materialistischen Philosophen der Wissenschaft einen subjektiven Status verliehen – und daraus abgeleitete Annahmen und Lehrmeinungen. Sie tun das gern, weil nach der Identitätstheorie des Gehirn-Geist-Problems alle geistigen Phänomene mit materialistischen Gehirn-Zuständen »identisch« sind. Die Objektivität von Welt 3 kann nicht zugegeben werden, weil sie nicht-materiell ist und nicht durch irgendeine »Identitäts«-Beziehung zu materiellen Objekten wegerklärt werden kann.

Gegen diese materialistischen Philosophen kann gesagt werden, daß die Chemie als solche ein enormes Welt-3-Objekt darstellt, das durch die kritischen Bemühungen von Chemikern erschaffen worden ist. Es ist nicht festgelegt und ewig wie eine platonische Idee, sondern unterliegt immer der Umformung durch kritische Bewertungen und experimentelle Untersuchungen. Es ist in Sprache, in chemischen Formeln, in chemischen Tabellen, in Schemata und in mathematischen Gleichungen verschlüsselt und besitzt so eine objektive Existenz (in der Welt 3), die unabhängig ist von der Menge der Chemiker. Wenn durch eine Atomkatastrophe alle Chemiker ausgelöscht würden, die Welt-3-Aufzeichnungen aber überlebten, könnten die Überlebenden nach und nach lernen, aus diesen Welt-3-Aufzeichnungen die Chemie als Disziplin wiederherzustellen. Dieses phantastische Gedankenexperiment (vgl. Popper, 1968a) reicht aus, um den Status der Chemie als Welt-3-Objekt zu beweisen. Und Ähnliches gilt für alle anderen Wissenschaften. Man sollte sich daran erinnern, daß die griechische Wissenschaft auf die gleiche Weise durch überlebende Welt-3-Dokumente wiederentdeckt wurde.

Bis jetzt haben wir nur eine Einführung in Welt 3 gegeben. Welt 3 wird für den Rest dieser Vorlesung grundlegend sein, und darüber hinaus sind die folgenden Vorlesungen auf eine Welt-3-Philosophie aufgebaut. *Es ist wichtig zu sehen, daß Welt 3 nicht einmal zu einem sehr geringen Grad genetisch gespeichert ist.* Genetisch Gespeichertes trägt jedoch ganz wesentlich zum Aufbau der Gehirne bei, die die Fähigkeit haben, in verschiedenem Ausmaß an den vielfältigen Aspekten von Welt 3, der Kultur, teilzunehmen. Aber diese Teilnahme muß erst als das Resultat einer Lern- und Gedächtnisbemühung geleistet werden. Und so führt uns unser Thema im nächsten Abschnitt zum Gedächtnis.

7.3 Gedächtnis

7.3.1 Einführung

Zu einem großen Ausmaß betreffen unsere Erinnerungen Welt-3-Objekte; von der Kindheit angefangen, wo das Erlernen der Sprache von herausragender Bedeutung ist, und dann weiter unser ganzes Leben lang. Zum Beispiel kann ich die lange Disziplin meines akademischen Lebens anführen – davon, daß sie immer noch andauert, zeugt die intensive Bemühung bei der Vorbereitung dieser Vorlesungen. Es ist nicht nur die Herausforderung, sich so viel neues Material zu merken, sondern auch die Aufgabe, diese Gedächtnisinhalte zu zusammenhängenden Geschichten zu verbinden und auch durch kreative Vorstellungskraft – das Schlußthema dieser Vorlesung – nach neuen Einsichten zu streben.

Üblicherweise wird das Gedächtnis in ein motorisches und ein kognitives Gedächtnis unterteilt, weil zu einem beträchtlichen Ausmaß verschiedene neuronale Mechanismen betroffen sind (vgl. 9. Vorlesung, Eccles, 1982). Unser momentanes Interesse gilt nur dem kognitiven Gedächtnis, da wir uns ja in den Naturwissenschaften und in den Geisteswissenschaften mit den Gedanken und Ideen befassen. In meinen letztjährigen Gifford Lectures widmete ich dem Lernen und dem Gedächtnis eine ganze Vorlesung (9. Vorlesung, Eccles, 1982). Diese Vorlesung beschäftigte sich besonders mit den strukturellen und funktionellen synaptischen Veränderungen, die möglicherweise zum Gedächtnis in einer Beziehung stehen, und mit den Nachweisen neuronaler Schaltkreise, die beim Abspeichern des Langzeitgedächtnisses eine Rolle spielen. Kornhuber (1973) erhielt durch Amnesiefälle nach klinischen Läsionen wertvolle Informationen darüber, daß sich vom Assoziationscortex zum Hippocampus und von da durch den MD-Thalamus wieder zum frontalen Assoziationscortex Schaltkreise aufbauen. Dieser grundlegende Schaltkreis

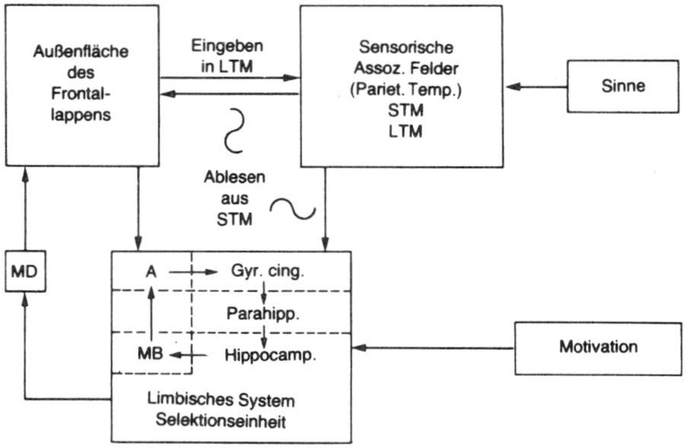

Abb. 7-3. Schema der anatomischen Strukturen, die bei der Informationsauswahl zwischen dem Kurzzeitgedächtnis (STM) und dem Langzeitgedächtnis (LTM) beteiligt sind. MB, Mamillarkörper; A, vorderer Thalamuskern; MD, medio-dorsaler Thalamuskern. Kornhuber, H.H.: Neural control of input into long-term memory: limbic system and amnestic syndrome in man. In: Memory and transfer of information. Zippel, H.P. (Hrsg.), S. 1-22. New York: Plenum 1973

(Abb. 7-3) wurde zu einer Hypothese weiterentwickelt, die das Lernen auf eine spezifische synaptische Potenzierung zurückführt (Eccles, 1978, 1982), welche durch die selektive Einwirkung auf die Synapsen der Hirnrinde hervorgerufen wird. Sie stimmt mit der Konjunktions-Hypothese von Marr (1969 und 1970) zur Erklärung des Lernens im Groß- und Kleinhirn überein.

Diese Selektionstheorie des corticalen Lernens baut auf bekannten anatomischen Verknüpfungen (vgl. Abb. 7-3), auf detaillierten synaptischen strukturellen Anordnungen im Hippocampus und im Neocortex sowie auf Amnesie hervorrufenden, klinischen Läsionen auf. Die physiologischen Befunde sind jedoch sehr unzulänglich, außer für die Hippocampussynapsen in den postulierten Lern-Schaltkreisen, die tatsächlich verlängerte Potenzierungen aufweisen (Bliss und Lomo, 1973; Misgeld et al., 1979). Diese Potenzierungen korrelieren gut mit den im Elektronenmikroskop sichtbaren synaptischen Hypertrophien (Fifková und van Harreveld, 1977), wie kürzlich bereits beschrieben wurde (Eccles, 1982).

Vermutlich wegen der immensen Komplexität der möglichen Schaltkreise sind sehr wenige Theorien über die Art und Weise, wie neuronale Strukturen am kognitiven Lernen beteiligt sind, formuliert worden. Meine vorläufigen Ideen (Eccles, 1978, 1982, 1979b) konzentrierten sich auf die Vorgänge während des Niederlegens von Erinnerungen und deren Speicherung; das Abrufen von Gedächtnisinhalten wurde dagegen nur allgemein diskutiert. Die moduläre Funktionsweise des Neocortex (vgl. 2. Vorlesung), die Szentágothai (1978a) auf der Grundlage der radioaktiven Markierungsversuche von Goldman und Nauta (1977) postuliert hat, wurde bis heute noch nicht voll anerkannt. Hier soll jetzt der Versuch gemacht werden, die moduläre Funktionsweise des Neocortex an die bereits entwickelte Selektionstheorie des kognitiven Lernens (Eccles, 1978, 1982) anzupassen. Auf dieser Basis wird gezeigt werden, daß die synaptischen Modifikationen, die während des Lernprozesses niedergelegt werden, eine einfache und logische Grundlage für das Wiederabrufen von Gedächtnisinhalten bilden. Es wird klar werden, daß wir zum erstenmal für das Niederlegen und das Wiederabrufen von Gedächtnisinhalten eine Erklärung haben in Form einer Hypothese, die auf der Funktionsweise des Neuronenapparates des Gehirns aufbaut.

Nebenbei soll bemerkt werden, daß ich der experimentellen Disziplin des kognitiven Lernens, wie sie von vielen Psychologen gepflegt wird, keine besondere Aufmerksamkeit schenke, da dort keinerlei Korrelation mit der Funktionsweise des Neuronenapparates des Gehirns angestrebt wird, der im wesentlichen als »Black Box« angesehen wird. Diese Kritik gilt jedoch nicht den Zweigen der psychologischen Forschung, die sich auf die Gehirntätigkeit konzentrieren, wie es zum Beispiel Milner, Weiskrantz und Zangwill tun.

7.3.2 Die Rolle der Moduln beim cerebralen Lernen

Zuerst müssen notwendigerweise einige besondere Merkmale der Hirnrinde, die als wesentliche Strukturen mit dem postulierten Lernprozeß befaßt sind, beschrieben werden. In Abb. 2-6 gabelt sich die im Modul zentrale cortico-corticale Afferenz in Schicht I und bildet zwei waagrecht verlaufende Fasern, die weit über das Bild hinausreichen, tatsächlich einige Millimeter. Sie sind in Abb. 7-4 hervorgehoben, wo sie im Modul C (ASS und COM) aufsteigen und horizontal durch die Moduln B und A laufen. Die Ursprungszelle der ASS-Faser ist eine Pyramidenzelle von einem anderen Modul, oft einem weit entfernten, während die der COM-Faser in der anderen

Hemisphäre liegt (vgl. Abb. 2-7). Im Gegensatz dazu ist die MA-Faser in Abb. 7-4 das Axon einer Martinotti-Zelle, die tief unten im gleichen Modul liegt (vgl. Zelle S6 in Abb. 8-7 der vorhergehenden Gifford Reihe, Eccles, 1982).

Diese horizontalen Fasern bilden in Schicht I ein dichtes Netzwerk (Jones und Powell, 1970a), wobei jede Faser einige Millimeter weit läuft. Von ihrem Ursprungspunkt an der Gabelung aus projizieren die horizontalen Fasern in jede Richtung auf einer zur Oberfläche parallelen Ebene, so daß das Resultat eine überall ziemlich gleichmäßige Strahlung ist, wie sie in Abb. 7-7 für die horizontalen Fasern dargestellt ist, die aus den aufsteigenden Axonen in zwei Moduln entstehen. Wie in Abb. 7-4 gezeigt wird, bilden diese horizontalen Fasern Synapsen auf den Dornfortsätzen der gegabelten, apikalen Dendriten der Pyramidenzellen und Stern-Pyramidenzellen. Es gibt 1000 bis 3000 solcher Synapsen auf den apikalen Dendriten einer einzelnen Pyramidenzelle in den Schichten I und II (Szentágothai, 1978a), aber es sind nur sehr wenige Synapsen, die auf dieser Zelle von einer einzelnen horizontalen Faser gebildet werden (2 bis 4 Synapsen in Abb. 7-4). Also besteht hier eine enorme synaptische Konvergenz von horizontalen Fasern – vielen Hunderten – auf eine Pyramidenzelle. Die Dichte der horizontalen Fasern in Schicht I ist sehr groß (Jones und Powell, 1970a), aber es gibt dafür keine quantitativen Schätzwerte. Trotzdem reicht es für unseren gegenwärtigen Zweck aus, die enorme Konvergenz auf jede Pyramidenzelle und die weite Streuung horizontaler Fasern aus Axonen, die in irgendeinem Modul an die Oberfläche kommen, zu erkennen – eine sternförmige Ausbreitung über mehrere Millimeter (vgl. Abb. 7-7).

Das zweite, für die postulierte Hypothese wichtige Merkmal ist die »Kletterfaser«-Anordnung, Patronengurt genannt, die eine Vielzahl von exzitatorischen Synapsen auf den apikalen Dendriten der Pyramidenzellen bildet (Abb. 7-4). Zwei Patronengurt-Anordnungen sind auch in Abb. 2-2 und oben rechts in Abb. 2-6 zu sehen. Das Axon, das aus der Zelle CDB in Abb. 7-4 aufsteigt, bildet die komplexen vielfachen Synapsen an zwei benachbarten Pyramidenzellen. Die Kletterfasern stammen aus der Zelle SS in Abb. 2-6, die direkt von den mit SPEC.AFF. gekennzeichneten Afferenzen aus dem Thalamus erregt wird; im Assoziationscortex kommen die Afferenzen jedoch aus den nichtspezifischen Thalamuskernen, wie dem MD- oder dem vorderen Thalamuskern (vgl. Abb. 5-3).

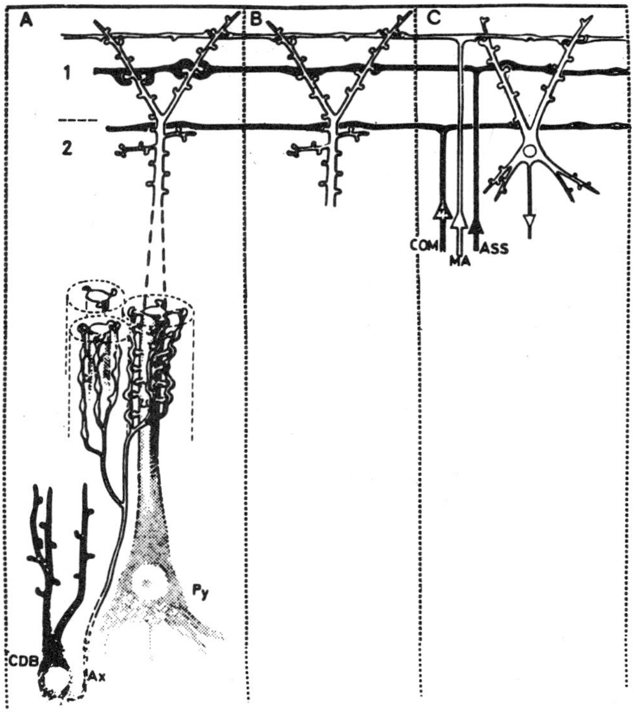

Abb. 7-4. Vereinfachtes Schema der Verknüpfungen im Neocortex, das die für die postulierte Theorie des cerebralen Lernens wichtigen Bahnen und Synapsen zeigen soll (vgl. Eccles, 1978). Das Schema zeigt drei Moduln, A, B und C. In den Schichten 1 und 2 verlaufen waagrechte Fasern, die als sich gabelnde Axone von Commissur- (COM) und Assoziations- (ASS) Fasern und ebenfalls von Martinotti-Axonen (MA) aus Modul C aufsteigen. Die horizontalen Fasern bilden Synapsen mit den apikalen Dendriten der Stern-Pyramidenzellen in den Moduln A und B. Weiter unten ist eine mit Dornen besetzte Sternzelle (CDB) eingezeichnet, deren Axon (Ax) mit den Stämmen apikaler Dendriten von Pyramidenzellen (Py) Cartridge-Synapsen bildet

Analog zur cerebellären Lernhypothese (Eccles, 1977) wurde postuliert (Eccles, 1978), daß Synapsen aus horizontalen Fasern auf den Dendriten von Pyramidenzellen hypertrophieren, wenn sie ungefähr gleichzeitig mit der Patronengurt-Anordnung der gleichen Pyramidenzelle aktiviert werden, das heißt, es besteht eine Selektion für die Hypertrophie mit dem Kriterium des ungefähren zeitlichen Zusammentreffens. Es wird angenommen, daß die Synapsen der Kletterfasern in der Patronengurt-Anordnung den Synapsen, die die Kletterfasern auf Purkinje-Zellen bilden, homolog sind und daß die horizontalen Fasern der Schichten I und II den cerebellären parallelen Fasern homolog sind.

Also bilden in Abb. 7-4 die horizontalen Fasern, die aus der axonalen Gabelung von Commisur- (COM), Assoziations- (ASS) und Martinottizellen-Fasern (MA) eines Moduls entstehen (vgl. Abb. 2-2 und 2-6), Synapsen auf den apikalen Dendriten der Pyramidenzelle (Py) eines anderen Moduls. Wenn es entlang dieser horizontalen Fasern ungefähr gleichzeitig mit der synaptischen Aktivierung des Patronengurts zu einer Impulsentladung kommt, so werden die Synapsen dieser horizontalen Fasern vermutlich selektiv hypertrophiert, wie im Schema von Abb. 7-5 gezeigt wird; dies geschieht jedoch nicht mit Synapsen auf dem gleichen apikalen Dendriten, die von COM-, ASS- und MA-Fasern aus einem zu dem Zeitpunkt nicht aktivierten Modul stammen, zum Beispiel COM und MA in Abb. 7-4. Bei der ersten Formulierung der Hypothese des cerebralen Lernens ist die Art und Weise, auf die diese selektive Hypertrophie eine gelernte cerebrale Leistung erzeugen kann, undefiniert geblieben. Diese Frage wird nun im Licht der von Goldman und Nauta (1977) gelieferten wunderbaren Demonstration der diskreten modulären Struktur des Neocortex und der davon abgeleiteten (Szentágothai, 1978a; Eccles, 1978, 1982; vgl. 2. Vorlesung oben) Entwicklung eines Konzepts der cerebralen Funktionsweise betrachtet.

Abb. 7-5 zeigt eine selektive Hypertrophie der Synapsen, die die aus einem anderen Modul (vgl. Abb. 2-5 und 2-7) zum Modul C führende ASS-Faser auf einer Pyramidenzelle (Py) des Moduls A bildet. Dieser Effekt entsteht als Folge der Gleichzeitigkeit mit der Aktivierung durch die Patronengurt-Synapsen dieser Pyramidenzelle. Wegen dieser Gleichzeitigkeit werden diese Synapsen für eine Hypertrophie ausgewählt, während es bei den Synapsen, die durch die ASS-Fasern auf der Pyramidenzelle von Modul B oder den COM- und MA-Synapsen auf einer der Pyramidenzellen gebildet werden, zu keiner solchen Hypertrophie kommt. Die Hypothese beinhaltet jedoch die Möglichkeit, daß alle diese Synapsen unter den geeigneten Bedingungen der Gleichzeitigkeit ebenfalls hypertrophiert werden können.

Vorausgesetzt, daß der Abstand zwischen den Moduln A und C nicht zu groß ist, zum Beispiel kleiner als 1 mm, projizieren horizon-

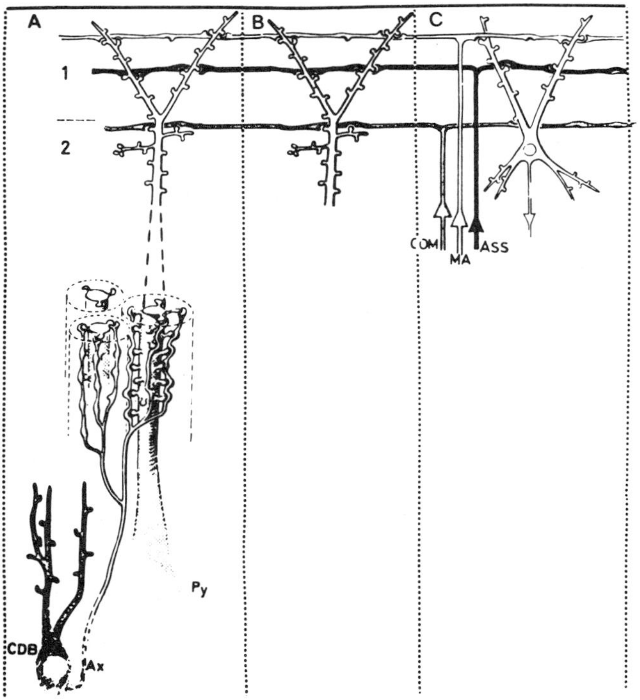

Abb. 7-5. Vereinfachtes Schema wie in Abb. 7-4. Wegen der gleichzeitigen Aktivierung der Patronengurt-Synapsen der Zelle CDB in Modul A und der von Modul C kommenden Assoziationsfaser entsteht eine selektive Hypertrophie der Synapsen auf dem apikalen Dendriten dieser Pyramidenzelle in Modul A, jedoch nicht der Synapsen der ASS-Faser auf der Pyramidenzelle in Modul B

tale Fasern vieler vom Modul C ausgehender ASS-Fasern auf ähnliche Weise durch Modul A und liefern somit die Möglichkeit einer Hypertrophie ihrer Synapsen auf den Pyramidenzellen von Modul A. In diesem Fall könnte sich, aufgrund der bei Gleichzeitigkeit entstehenden Hypertrophie, eine beträchtliche exzitatorische Verbindung zwischen den ASS-Fasern, die auf das Modul C projizieren (aus einem anderen Modul, vgl. Abb. 2-5 und 2-7), und Pyramidenzellen des Moduls A entwickeln.

Es ist allgemein angenommen worden, daß die Erinnerungen in neuronalen Verknüpfungsmustern gespeichert sind und wieder ab-

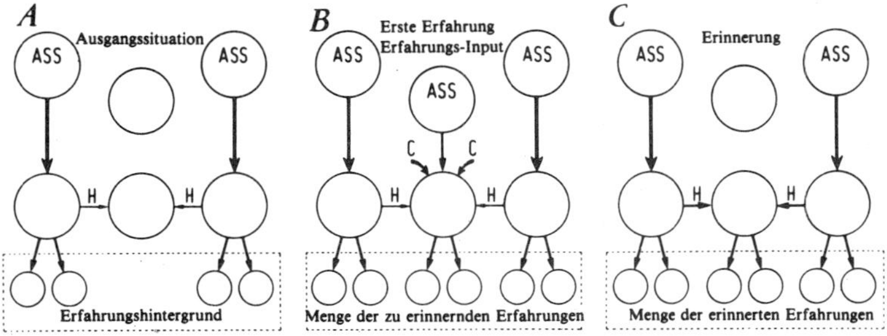

Abb. 7-6 A-C. Eine Gruppe von Moduln, gesehen von oben auf die cerebrale Oberfläche. Das Schema soll veranschaulichen, auf welche Weise synaptische Hypertrophie aufgrund von gleichzeitiger Aktivierung die Entwicklung einer wirksamen modulären Aktivierung verursachen kann. Diese könnte die Grundlage für eine spezifische Veränderung der räumlich-zeitlichen modulären Leistung, die das Speichern einer gelernten Erinnerung darstellt, bilden. Volle Beschreibung im Text

gerufen werden können, wenn das entsprechende neuronale Muster wieder aktiviert wird. Für dieses allgemeine Konzept gibt es noch keine schematische Darstellung, nicht einmal in elementaren Ansätzen, die als Grundlage für eine kritische Bewertung dienen könnte. Abb. 7-6 stellt einen Versuch dar, zu zeigen, wie Gleichzeitigkeits-Potenzierung von Synapsen horizontaler Fasern zum Speichern und Wiederabrufen eines Gedächtnisinhaltes führen kann.

Abb. 7-6 A zeigt eine Gruppe von Moduln. Inputs von Assoziationsfasern (ASS) veranlassen bei zwei Moduln eine Erregung, die ihrerseits ASS-Inputs zu zwei weiteren Moduln entladen und von da aus jeweils wieder zu zwei weiteren Moduln. Zusätzlich ist zwischen diesen beiden modulären Bahnen in enger Nachbarschaft ein Modul gezeigt, das durch die von den beiden Moduln ausgehenden horizontalen Fasern (H) schwach erregt wird (in Abb. 7-4 A bei einer ASS-Faser gezeigt). Von dieser Erregung wird angenommen, daß sie zu schwach ist, um eine Entladung von diesem mittleren Modul aus hervorzubringen. In Abb. 7-6 B ist über dem Hintergrund des Musters von Abb. 7-6 A ein Erfahrungsinput eingezeichnet, der Interesse und Aufmerksamkeit auf sich zieht. Es findet eine Aktivierung des limbischen Systems statt, insbesondere des Hippocampus, die sowohl zu einer Patronengurt-Aktivierung (Abb. 7-4, Eccles, 1978) des mittleren Moduls (geschwungene Pfeile C) als auch zu einem Input durch die Assoziationsfasern (ASS) auf dieses Modul führt. Gleichzeitig werden aber die Moduln im Hintergrund durch die ASS-Inputs vermehrt aktiviert, wobei zwischen dem Input aus den horizontalen Fasern (H) auf das mittlere Modul und dem Patronengurt-Input (C) Gleichzeitigkeit besteht. Als Folge davon entsteht eine andauernde Hypertrophie der Synapsen dieser horizontalen Fasern (dicker eingezeichnete H-Pfeile in Abb. 7-6 C) auf den Pyramidenzellen des mittleren Moduls. Aufgrund der ASS- und Patronengurt-Inputs auf das mittlere Modul entladen seine Pyramidenzellen Impulse, die zum bestehenden modulären Entladungsmuster beitragen, das, wie in Abb. 7-6 B gezeigt wird, die neuronale Grundlage der mit »Menge der zu erinnernden Erfahrungen« gekennzeichneten Erfahrung bildet.

Abb. 7-6 C zeigt die Auswirkungen der Hypertrophie der H-Synapsen auf dem mittleren Modul. Jetzt, ohne die durch eine Erfahrung hervorgerufenen Inputs aus Abb. 7-6 B, sind die ASS-Inputs aus dem Hintergrund auf die beiden modulären Systeme in der Lage, das mittlere Modul durch die andauernde Vergrößerung der synaptischen Potenz der H-Synapsen zu erregen, wie durch die dicker eingezeichneten H-Pfeile angezeigt ist. Es bleibt also das gleiche moduläre Muster bestehen wie in Abb. 7-6 B. Dieses Muster bildet die neuronale Basis für die »Menge der zu erinnernden Erfahrungen« in Abb. 7-6 C.

Man muß sehen, daß es sich bei Abb. 7-6 um ein stark vereinfachtes Schema der neuronalen Vorgänge handelt, von denen angenommen wird, daß sie für die Erinnerung einer Erfahrung notwendig sind. Wie wir in den früheren Vorlesungen gesehen haben, spricht vieles dafür, daß eine bewußte Erfahrung erst dann entsteht, wenn sich ein großes Raum-Zeit-Muster modulärer Aktivität entwickelt hat (vgl. Popper und Eccles, 1982, Kap. E2 und E7), und notwendigerweise ist dies für das Erinnern einer Erfahrung ähnlich. In Abb. 7-6 C ist das andauernde moduläre Muster (die Menge der erinnerten Erfahrungen) identisch mit dem von Abb. 7-6 B. Dies entspräche einer perfekt funktionierenden Erinnerung, was bei der korrekten Wiedergabe einer einfachen Erinnerungsaufgabe, wie einer Zahlenfolge oder eines Namens, der Fall wäre. Aber wir kennen alle auch das nicht so perfekte Erinnern auch bei einer so einfachen Aufgabe und die wiederholten Bemühungen, die wir anstellen müssen, um eine korrekte Wiedergabe zu erreichen.

Die neuronale Grundlage dieser Situation kann in Abb. 7-6 C gesehen werden. Es wird zum Beispiel gezeigt, daß die adäquate Entladung des mittleren Moduls von der Konvergenz der potenzierten H-Inputs aus zwei benachbarten Moduln abhängt, die nacheinander durch die Hintergrunds-ASS-Inputs aktiviert werden. Verläuft diese Aktivierung fehlerhaft, entstehen auch Fehler bei der modulären Aktivität, die die »Menge der erinnerten Erfahrungen« liefert. Die ASS-Inputs in Abb. 7-6 C können durch eine Hintergrunds-Erfahrung ausgelöst werden, die, wie in Abb. 7-6 A, von einem spezifischen sensorischen Input geliefert wird. Andererseits gibt es auch den Fall, daß eine Erfahrung aus dem Gedächtnis auch ohne einen solchen Hintergrund wieder abgerufen werden kann. Bei einer solchen Situation wird postuliert, daß die ASS-Inputs aus dem Hintergrund der Abb. 7-6 C durch das Einwirken des Geistes auf den modulären Apparat des Gehirns ausgelöst werden können, wie es bereits in der dualistisch-interaktionistischen Hypothese vertreten worden ist (1., 2. und 4. Vorlesung oben; Popper und Eccles, 1982, Kap. E8; Eccles, 1978, 1982, Kap. 10).

Es soll kurz darauf verwiesen werden, wie nach den Prinzipien der elementaren schematischen Darstellung von Abb. 7-6 kompliziertere moduläre Muster entwickelt werden können. In Abb. 7-7 sind die Moduln wie von der Oberfläche aus gesehen aufgezeichnet, wobei jedes Modul einen Kreis von 250 μm Durchmesser darstellt. Bei diesem Muster sind die beiden Hintergrunds-Moduln mit ASS-Inputs in einem Abstand von etwa 500 μm dargestellt, mit strahlenförmig verlaufenden horizontalen Fasern. Um beide herum befinden sich Moduln mit einer mit der Entfernung allmählich geringer werdenden Aktivierung ihrer horizontalen Fasern, wie durch die fortschreitend geringere Dichte der H-Faser-Verteilung gezeigt wird. Eine Potenzierung der H-Faser-Synapsen auf einigen Moduln, wie sie in den Abb. 7-5 A und 7-6 C gezeigt wurde, ist hier durch dickere Linien beim Durchlaufen dieser Moduln dargestellt. Man kann sehen, daß um die beiden erregten Moduln herum sich eine Konstellation von Moduln mit vermehrtem Input aus H-Fasern-Synapsen befindet, die als Folge davon beim Erinnerungsprozeß erregt werden, so daß ein Raum-Zeit-Muster modulärer Aktivität besteht wie bei der »Menge der erinnerten Erfahrungen« in Abb. 7-6 C. Goldman und Nauta (1977) fanden heraus, daß die Verteilung von radioaktiver Markierungssubstanz in den Schichten I und II (vgl. Abb. 2-4 A) besonders konzentriert und weit über das Modul hinaus verbreitet war, das durch die 250 μm-Verbindung in den Schichten III bis VI definiert war. Diese Verteilung ist den horizontalen Fasern zuzuschreiben. Nach der vorliegenden Hypothese gibt es auf einigen Moduln eine Hypertrophie der Synapsen der horizontalen Fasern, weshalb das radioaktive Verteilungsmuster sich in den Schichten I und II um das radioaktive Modul herum entsprechend fleckenförmig zeigen müßte. Mit sorgfältigen quantitativen Untersuchungen sollte es möglich sein, diese vermutete fleckenförmige Verteilung nachzuweisen.

Der Einfachheit halber wurde die Rolle der horizontalen Fasern, die bei der Gabelung der COM- (Commissur) und MA- (Martinottizellenaxone) Fasern entstehen (vgl. Abb. 7-4), vernachlässigt. Wie bereits erwähnt wurde, sind die COM-Fasern wahrscheinlich viel weniger zahlreich als die ASS-Fasern, vielleicht etwa 10% davon, aber darüber hinaus gibt es keinen zur Erklärung ihrer Rolle beim Gedächtnisprozeß besonders zu erwähnenden Unterschied. Vermutlich unterstützen sie die ASS-Fasern. Der Nachweis für ihre Wirksamkeit beim Niederlegen von Gedächtnisspuren ist dadurch gegeben, daß nach einer unilateralen Hippocampektomie solche Gedächtnisspuren immer noch für spezielle hemisphärische Funktionen auf dieser Seite gebildet werden können, wenn auch in verminderter Form (Milner, 1974). Vermutlich leiten die Commissur-Fasern diese Funktionen zur anderen Hemisphäre, zur Zusammenführung mit dem Input aus dem Hippocampus dieser Hemisphäre.

Der Beitrag der horizontalen Fasern aus den Martinottizellen ist wahrscheinlich beim Gedächtnis sehr wichtig. Jones und Powell (1970a) zum Beispiel meinen, daß horizontale Fasern hauptsächlich von Martinotti-Axonen gebildet werden. Man kann annehmen, daß Martinottizellen in einem beträchtlichen Ausmaß durch die von Assoziations- und Commissur-Fasern auf das Modul übertragenen Reize synaptisch aktiviert werden; aber auch der exzitatorische Input aus den Thalamuskernen wird in Schicht IV auf Interneurone, wie die dornenbesetzten Sternzellen und die neurogliformen Zellen, umgeschaltet, deren Axone nach weiter unten führen und die Martinottizellen in Schicht VI erregen (Szentágothai, 1978a, Abb. 10, 13). Solche Verbindungen bieten zusätzliche Gelegenheiten für Inputs aus dem Thalamus, um zur Aktivierung der horizontalen Fasern beim Niederlegen von Erinnerungen beizutragen.

In der kürzlich aufgestellten Theorie des cerebralen Lernens (Eccles, 1978) konzentriert sich die Aufmerksamkeit auf die horizontalen Fasern. Es werden keine anderen exzitatorischen Synapsen auf Pyramidenzellen erwähnt, wie sie zum Beispiel von den dornenbesetzten

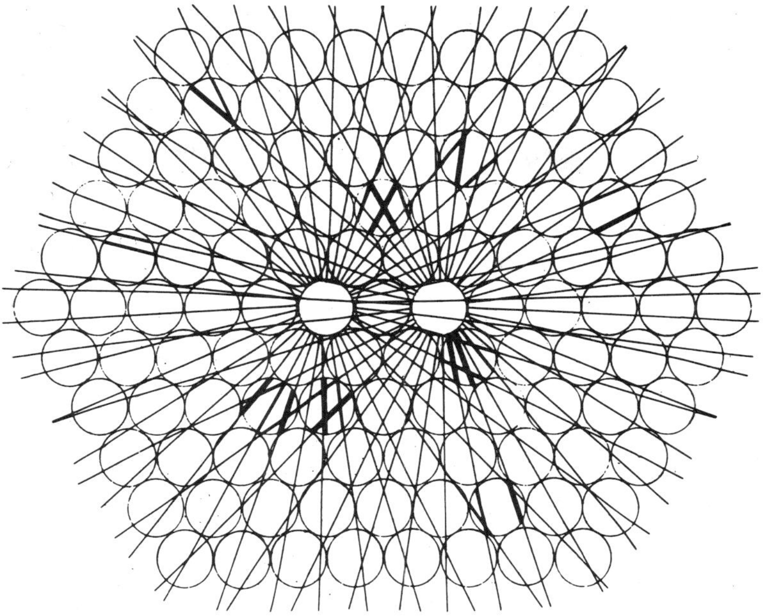

Abb. 7-7. Schema einer großen Gruppe von Moduln, von oben gesehen, wobei jedes Modul in Form eines Kreises dargestellt ist. Man sieht 38 von zwei Moduln ausgehende, sich strahlenförmig verbreitende horizontale Fasern, die weit über den dargestellten Bereich hinausführen. Jede davon gabelt sich natürlich in den Schichten I und II (vgl. Abb. 7-4), so daß die Anzahl der sich strahlenförmig verbreitenden Fasern doppelt so hoch ist wie die der Ausgangsfasern, der Assoziations-, Callosum- und Martinotti-Fasern (vgl. Abb. 7-4). Bei mehreren Moduln ist durch die durch sie hindurchlaufenden horizontalen Fasern eine Hypertrophie der Synapsen hervorgerufen worden (vgl. Abb. 7-5), was durch die dickeren Linien angezeigt ist. Weitere Beschreibung im Text

Sternzellen gebildet werden, die sowohl durch Inputs aus den ASS- und den COM-Afferenzen als auch von spezifischen Inputs aus dem Thalamus aktiviert werden. Wenn die Aktivierung der Patronengurt-Synapsen und der Synapsen, die diese Zellen auf den Pyramidenzellen bilden, gleichzeitig erfolgt, so müßte es ebenfalls zu einer Hypertrophie dieser Synapsen kommen. Vermutlich könnte die auf diese Weise erzeugte synaptische Potenzierung zur Gedächtnisspurbildung beitragen. Aus zwei Gründen wurde die Betonung auf die horizontalen Fasern gelegt. Erstens gibt es die Analogie zu den Parallelfasern bei Lernprozessen im Kleinhirn. Zweitens bietet das Horizontalfasersystem eine besondere Gelegenheit, um neue moduläre Systeme in die Raum-Zeit-Muster einzugliedern, die die neuronalen Gegenstücke des Gedächtnisses bilden.

Es bietet sich an, von Erinnerungen zu sagen, sie seien in »Datenbanken« im Neocortex verschlüsselt gespeichert. Wie können diese in bezug auf die gegenwärtige moduläre Hypothese definiert werden? Unter einer Datenbank können wir die Menge der Moduln verstehen, die dazu neigen, durch potenzierte synaptische Verbindungen in einem speziellen Raum-Zeit-Muster aktiviert zu werden und die auf diese Weise die zu erinnernde Erfahrung verschlüsseln. Wir müssen sehen, daß es das gesamte Raum-Zeit-Muster ist, das die Datenbank einrichtet, und nicht irgendein bestimmtes Modul. Jedes beliebige Modul kann an einer unbegrenzt großen Zahl verschiedener Raum-Zeit-Muster (vgl. Abb. 2-9) beteiligt sein. Auf diese Weise liegt das Fassungsvermögen für Gedächtnisinhalte in Form von Datenbanken jenseits jeder Schätzbarkeit, auch wenn es nur vier Millionen Moduln zum Verschlüsseln der Muster gibt (Eccles, 1978, 1982).

Die grundlegende Struktur modulärer Verbindungen durch Assoziations- und Commissur-Fasern wird in der ontologischen Entwicklung des Neocortex festgelegt. Beim Primaten besteht sie bereits einige Tage nach der Geburt (Goldman und Nauta, 1977). Man könnte erwarten, daß sie während des Lebens unverändert bleibt, weil es keinen Entwicklungsprozeß zur Einrichtung neuer Bahnen gibt. Diese modulären Verbindungen liefern sozusagen das Skelett des Neocortex. Plastische Veränderungen bei der cerebralen Leistung werden vermutlich als Folge von Veränderungen der bestehenden Verknüpfungen zwischen den Moduln hervorgebracht. Diese Veränderungen können durch das vermehrte synaptische Einwirken der horizontalen Fasern bewirkt werden, wie es in dieser Hypothese des cerebralen Lernens vertreten wird (Abb. 7-5; Eccles, 1978). Als Folge davon werden Bahnen eröffnet, die bis dahin wirkungslos waren. Wir könnten die in den Abb. 7-6 C und 7-7 dargestellte Situation mit dem Ausdruck »moduläres Springen« bezeichnen. Abb. 7-7 veranschaulicht die strukturierte Verteilung dieser neuen Entwicklung modulärer Verknüpfungen. Man kann sie als stark vereinfachtes Modell der für das kognitive Gedächtnis verantwortlichen Veränderungen sehen. Es hat bis jetzt noch kein Modell für das kognitive Gedächtnis gegeben, das einen Bezug zur anatomischen Struktur des Neocortex beinhaltet.

7.3.3 Schlußfolgerungen

Die Attraktivität dieser modulären Hypothese des kognitiven Gedächtnisses liegt in der Tatsache, daß sie die moduläre Aktivität zur Erklärung des Speicherns und des Wiederabrufens im gesamten Neocortex benutzt. Unser kognitives Gedächtnis erstreckt sich tatsächlich über das gesamte cerebrale Leistungsspektrum. Für das Wiederabrufen ist keine spezielle Wirkungsweise notwendig. Dies erreicht die moduläre Operationsweise mit ihren in Mustern verschlüsselten Erinnerungen, wie es Abb. 7-7 andeutet.

Die Abb. 7-6 und 7-7 ergänzen sich dahingehend, daß sie auf verschiedene Weise beide die Konvergenz von ASS-Inputs, die von zwei verschiedenen Moduln ausgehen, zeigen, die selbstverständlich nicht die Ursprungsmoduln der horizontalen Fasern sind. Wegen der synaptischen Hypertrophie sind diese konvergenten Bahnen in der Lage, das Empfängermodul ausreichend zu aktivieren, um die Entladung von Impulsen auszulösen, durch die es seinen Beitrag am Raum-Zeit-Muster der modulären Wirkungsweise leistet. Es wird also dem Muster eine neue Komponente hinzugefügt, und wie man in Abb. 7-6 sieht, ist diese Komponente ähnlich dem anfänglichen Vorkommnis beim Niederlegen der Gedächtnisspur. Natürlich ist das eine stark vereinfachte Erklärung. Wir dürfen vermuten, daß jeder einzelne kognitive Gedächtnisinhalt ein neuronales Gegenstück in der strukturierten Leistung Hunderter oder sogar Tausender von Moduln hat, die ihre Leistung den plastischen Veränderungen (Abb. 7-5, 7-7) verdanken, die im Lernprozeß eingeführt wurden und bei erneutem Abspielen am Wiederabrufen der Erinnerungen beteiligt sind. Gedächtnisinhalte können mit Hilfe des aktuellen sensorischen Inputs oder durch den geistigen Prozeß des gewollten Abrufens, also durch die Einwirkung des Geistes auf das Gehirn, wie in Abb. 1-7 angezeigt ist, wieder abgerufen werden.

7.4 Kreativität

7.4.1 Kreative Vorstellungskraft in der Wissenschaft

Hier in diesem Kontext ist Kreativität eine dem Menschen vorbehaltene Aktivität. Es ist die Kreativität des Menschen, die uns die ganze Welt 3 geschenkt hat. Jeder Aspekt von Kultur und Zivilisation kann als Frucht menschlicher Kreativität angesehen werden. Das Ausmaß ist enorm, aber hier ist es unsere besondere Aufgabe, einen Bezug zwischen dem kreativen Prozeß und den Hypothesen, die wir zum Gehirn-Geist-Problem aufgestellt haben, herzustellen. Können diese Hypothesen auch zur Kreativität Erklärungen anbieten? Mehr als eine allgemeine Behandlung dieser Frage, besonders in bezug auf wissenschaftliche Kreativität, dürfen wir nicht erwarten.

Medawar (1969) spricht vom Sich-Ausdenken einer Hypothese als vom

> erzeugenden Akt bei der naturwissenschaftlichen Entdeckung. ... »Kreativität« ist ein vager Begriff, aber dies ist genau der Zusammenhang, in dem er gebraucht werden sollte. ... Daß sich »Kreativität« jenseits jeder Analyse befindet, ist eine romantische Illusion, über die wir jetzt hinauswachsen müssen. ... Wir können uns selbst dazu bringen, daß wir Einfälle haben, durch Lesen und Diskutieren und dadurch, daß wir uns angewöhnen zu reflektieren, gelenkt von dem bekannten Satz, daß wir wahrscheinlich keine Antworten finden, wo die Fragen im Geist noch nicht formuliert sind.

Monod (1975) fragt,

> ob Sie damit übereinstimmen würden, daß Kreativität in der Naturwissenschaft ... eine sehr spezielle Art der Kreativität ist, die nicht ohne ein sehr klares Konzept grundlegender, zu respektierender Regeln auskommt; ansonsten schafft man keine wissenschaftlichen Kenntnisse. ... Wir müssen die extreme Spezifität dieser Art Kreativität erkennen.

Medawars Aussage führt zur Frage nach der kreativen Vorstellung. Nur mit einer hochentwickelten Vorstellungskraft können wir Ideen schaffen, die uns den Weg zu einer lohnenden wissenschaftlichen Untersuchung zeigen. Popper (1975) drückt dies gut aus:

> Ich glaube, daß es möglich ist, sowohl die Produktion neuer Ideen als auch die subjektive Simulation in die gleiche Kategorie einzuordnen – in die der kühnen Vorstellungskraft. ... Und Vorstellungskraft, so sollten wir betonen, wird nicht nur für das Erfinden neuer Ideen benötigt, sondern auch für deren Kritik. Man braucht Vorstellungskraft ganz besonders, um sich neue Situationen

> vorzustellen, die für unsere Ideen ungünstig sein könnten, und auch, um unsere Ideen auf diese neuen Situationen anzuwenden.

»Subjektive Simulation« war gerade durch Monod definiert worden als der Prozeß, bei dem wir subjektiv die Vorgänge um uns herum simulieren. Das Phänomen selbst und die entsprechenden Ursprünge werden innerlich dargestellt. So identifiziert sich zum Beispiel ein Physiker mit einem Elektron oder Teilchen und fragt sich, was er tun würde, wenn er dieses Teilchen wäre. Das ist ein ausgezeichnetes Beispiel für den Vorstellungsprozeß!

Bronowski (1973) bringt das sehr gut zum Ausdruck, als er Niels Bohrs Bemerkung zu Heisenberg beschreibt:

> Wenn es zu Atomen kommt, kann Sprache nur wie bei der Dichtung verwendet werden. Auch der Dichter ist nicht annähernd so sehr damit beschäftigt, Tatsachen zu beschreiben, wie er es ist, Vorstellungen zu erwecken.

Und Bronowski kommentiert:

> Das ist ein unerwarteter Gedanke; wenn es zu Atomen kommt, beschreibt die Sprache keine Tatsache, sondern sie schafft Vorstellungen. Aber es ist so. Was unterhalb der sichtbaren Welt liegt, ist immer bildhaft, im wörtlichen Sinn; ein Spiel von Bildern. Es gibt keine andere Möglichkeit, über das Unsichtbare in der Natur, in der Kunst oder in der Wissenschaft zu sprechen.

Und bei subatomaren Teilchen sind sogar die englischen Namen poetisch – strangeness, colour, charm.

Die Erfahrung eines Bildes ruft andere Bilder hervor und diese wieder andere. Wenn diese Bilder schön und feinsinnig, harmonisch aufeinander abgestimmt und in einer Sprache ausgedrückt sind – verbal, musikalisch oder bildlich –, daß sie bei anderen herausragende Erfahrungen hervorrufen, dann haben wir Kunstwerke. Kreative Vorstellungskraft ist von allen menschlichen Aktivitäten die tiefstgreifende. Sie liefert die Erleuchtung, die zu einer neuen Einsicht oder einem neuen Verständnis führt. In der Naturwissenschaft führt diese Erleuchtung zum Schaffen einer neuen Hypothese, die die älteren Hypothesen miteinschließt und über sie hinausgeht. Ein solches Werk der Vorstellung spricht in seiner Einfachheit und Tragweite unmittelbar an; es muß jedoch strenger Kritik und experimenteller Untersuchung unterworfen werden. Es gibt eine ganze Literatur über die romantischen Erfahrungen plötzlicher Einfälle, die neue bildhafte Einsichten mit sich bringen. Es geschieht uns selten, und leider werden solche Einfälle gewöhnlich im kalten Licht einer vernunftgebundenen Kritik und durch experimentelle Tests falsifiziert. Aber diese Erfahrungen tragen doch zur Begeisterung am wissenschaftlichen Leben bei.

Popper (1975) gibt den ausgezeichneten Rat:

> Das Wichtige ist, daß man sich um ein Problem *bemüht*: daß man sich in eine Problemsituation auf eine Weise hineinversetzt, daß man fast zum Teil davon wird ... um neue *und* gute Ideen zu finden, muß man erstens neue Ideen produzieren und sie zweitens kritisieren. Das ist auch der Weg, auf dem man ein Problem in den Griff bekommt. ... Wenn man viele verschiedene Lösungen des Problems produziert und keine davon ist richtig, ist das nicht nur ein Ergebnis für sich, ... sondern man ist bis dahin auch eine Art Experte auf dem Gebiet geworden und befindet sich bei der kritischen Bewertung neuer Vorschläge, der Vorschläge von anderen oder der eigenen, in einer guten Position. Das ist der Weg, auf dem man ein Problem kennenlernt und das Problem Teil von einem selbst wird.

Später, im Zusammenhang mit miteinander unvereinbaren Einstellungen, sagt Popper, daß das daraus resultierende unangenehme Gefühl das war, was zum griechischen Rationalismus geführt hat und so den Beginn der Naturwissenschaft kennzeichnet.

7.4.2 Kreative Vorstellungskraft und das Gehirn-Geist-Problem

Wir sehen uns nun der Aufgabe gegenüber, kreative Vorstellungskraft in eine Beziehung zu den entsprechenden Rollen von Gehirn und Geist zu setzen, insbesondere im Licht der modulären Theorie neocorticaler Tätigkeit. Was die moduläre Theorie angeht, so können wir vermuten, daß Kreativität von der Entwicklung neuer Raum-Zeit-Muster im neuronalen Apparat abhängig ist. Wie kann das sein? Wenn wir auf einem Gebiet zum Experten werden und uns so darin versenken, wie es oben von Popper beschrieben wird, kann man annehmen, daß das moduläre Gegenstück dazu miteinander verknüpfte Raum-Zeit-Muster sind, die auf die feinste und vielfältigste Weise interagieren. Das würde den Gedanken entsprechen, die sich uns aufdrängen, wenn wir mit dem Begreifen eines Problems kämpfen. Die Bildung der Muster wäre zum Teil von dem Lernen abhängig, das neue Möglichkeiten für die Bildung von Mustern erzeugt, wie in Abb. 7-6 und 7-7 gezeigt wird. In der Zwischenzeit kann der bewußte Geist, der sich mit dem Problem beschäftigt, die modulären Muster, wie in der 4. Vorlesung beschrieben wurde, modifizieren und diese Veränderungen erfahren, wie in der 1. und 2. Vorlesung beschrieben wurde. Danach ergibt sich möglicherweise aus dieser ganzen strukturierten modulären Aktivität ein einzigartiges Raum-Zeit-Muster, das dann bewußt als eine neue und wertvolle Idee erkannt wird. Diese Idee wird im Gedächtnis behalten oder symbolisch in Sprache ausgedrückt, sobald sie für eine solche Formulierung klar genug ist. Dann zieht der bewußte Geist Erinnertes heran, um diese neue Idee kritisch zu betrachten und sie möglicherweise über ihr moduläres Gegenstück zu modifizieren. Ein wichtiger zusätzlicher Punkt ist, daß die intensive moduläre Raum-Zeit-Aktivität auch andauern kann, wenn die bewußte Aufmerksamkeit auf etwas anderes gerichtet ist. So können wir uns das unterbewußte Entstehen von einer zumindest teilweisen Lösung erklären, die dann durch bewußtes kritisches Denken vervollständigt werden kann.

Monod (1971, S. 190) schreibt zum Thema der wissenschaftlichen Vorstellungskraft:

> Ich glaube, alle Wissenschaftler müssen sich dessen bewußt geworden sein, daß ihre innere Reflexion nicht verbal ist; sie ist ein *Gedankenexperiment*, eine eingebildete Erfahrung, mit Hilfe von Formen, Kräften und Wechselwirkungen simuliert, die nur mit Mühe ein »Bild« im visuellen Sinne ergeben.

Hier spricht Monod sicherlich mit Welt-2-Begriffen von Vorstellungen, die im inneren Sinn der Welt 2 angesiedelt sind (vgl. Abb. 1-7) und die letztlich vielleicht mit sprachlichen oder mathematischen Symbolen klarer definiert werden, wenn das Liaison-Hirn wirkungsvoll in Aktion tritt. Vorstellungskraft hat starke emotionale Anklänge; also können wir vermuten, daß die miteinander verknüpften neocorticalen Raum-Zeit-Muster starke reziproke Verbindungen zum limbischen System und Hypothalamus haben (vgl. 5. Vorlesung).

Um ein hohes Niveau einhalten zu können, muß das Gehirn eines Menschen reich mit Quellen für die moduläre Musterbildung ausgestattet sein, die bewußt kontrolliert werden können. Es muß eine hohe Fähigkeit vorhanden sein, Erinnerungen lebenslang zu speichern und abrufen zu können. Unsere Unkenntnis hinsichtlich der höheren Hirnfunktionen zeigt sich nur zu deutlich, wenn wir über die neuronale Grundlage zum Beispiel der Vorstellungskraft spekulieren. Doch es ist diese Fähigkeit des Gehirns, die von so überragender Bedeutung ist. Vorstellungskraft kann nicht gelernt werden. Sie ist eine Gabe, für die wir unendlich dankbar sein können – dies ist meine persönliche Einstellung zu meiner eigenen Begabung, die mir alles, was ich geleistet habe, erst ermöglicht hat.

Der geistige Aspekt wissenschaftlicher Kreativität wurde bereits im vorhergehenden Abschnitt behandelt. Hier können wir noch einmal auf das ständig vorantreibende Interesse, ein Problem nie ruhen zu lassen, verweisen. Darüberhinaus gibt es die wundervolle Gabe der Vorstellungskraft, von der wir annehmen, daß sie zum Teil aus einem besonderen neuronalen Muster entspringt, die jedoch Gedanken erzeugt, die die neuronale Leistung übersteigen, zusammen mit der Fähigkeit, sich mit Bestandteilen des Problems zu identifizieren, etwa bei der Identifizierung mit einem Elektron, wie es oben von Monod vorgeschlagen wurde. Intensiv erfahrene Bilder haben eine erstaunliche Lebenskraft, so daß der Mensch von ihnen besessen wird. Eine weitere geistige Eigenschaft ist der Mut, der benötigt wird, wenn man sich jenseits des Konventionellen und jenseits der etablierten Dogmen wagt. Er muß jedoch durch die Bescheidenheit gemildert sein, die beim Ausüben kritischen Verzichts auf allzu überschwengliche Kreativität notwendig ist. Und so kommen wir zum Gebiet der Werte, die das Thema der 9. Vorlesung sein werden.

8. Vorlesung

Altruismus, Pseudaltruismus und Aggression

Vorbemerkung

Es wird in dieser Vorlesung darauf hingewiesen, daß die Soziobiologen viel Verwirrung stiften, indem sie für tierisches Verhalten dort den Begriff Altruismus verwenden, wo ein Individuum zu Opfern bereit ist und auf eine Weise handelt, die *scheinbar* Sorge um andere Individuen der gleichen Art ausdrückt. Bei den sozialen Insekten ist derartiges Verhalten gänzlich instinktiv und daher von der genetischen Vererbung abhängig. Sogar bei höheren Tieren ist solches Verhalten zum größten Teil instinktiv, obwohl einzelne Aspekte davon gelernt sein können. Nur beim Menschen treffen wir auf ein völlig anderes Verhalten, das, wenn es voll entwickelt ist, in einem freiwilligen moralischen Handeln besteht, auf der Grundlage der *Sorge* um das Wohlergehen anderer und mit der *Absicht*, anderen etwas Gutes zu tun.

Um die Streitfrage etwas zuzuspitzen, wird eine kurze Einführung in die genetische Vererbung und in die Konzepte des Genotypus und des Phänotypus gegeben.

Eine Betrachtung des soziobiologischen Konzepts der *kin selection* führt zur Formulierung einer klaren Unterscheidung zwischen instinktivem Opferverhalten und echtem Altruismus. Die vorgeschlagenen Begriffe sind *Pseudaltruismus* für das erstere und *Altruismus* in der üblichen Gebrauchsweise des Begriffs für eine frei gewählte moralische Handlung. So definiert, ist Altruismus eine kreative und gelernte Reaktion und als solche nicht genetisch vererbt. Was vererbt wird, ist das Gehirn des Menschen, das mit der Fähigkeit ausgestattet ist, Altruismus zu erlernen. Es wird herausgestellt, daß dies genau analog zur Fähigkeit des Menschen, eine Sprache zu sprechen, verläuft: Der genetische Code bestimmt den Bau des Gehirns einschließlich seiner Fähigkeit, Sprache zu erlernen; die Nutzung dieser Fähigkeit ist jedoch abhängig vom tatsächlichen Lernen einer bestimmten Sprache.

Aufgrund indirekter Nachweise wird die Vermutung geäußert, daß altruistisches Verhalten wahrscheinlich bis zum postulierten

Nahrungsteilen der Australopithecinen zurückverfolgt werden kann; der älteste fossile Befund jedoch liegt in der Evolution der Hominiden sehr spät: Das erste bekannte Beispiel für mitfühlendes Verhalten wird in der 60000 Jahre alten Shanidar-Höhle offenbar.

Die Begriffe *Altruismus und Pseudaltruismus werden also auf zwei völlig verschiedene Verhaltensarten angewendet.* Wilsons Terminologie des strengen und milden Altruismus wird streng kritisiert; sie verläuft zwar etwa parallel zu Pseudaltruismus und Altruismus, führt jedoch zu höchst destruktiven und zynischen Kommentaren über die menschliche Gesellschaft.

Im Gegensatz dazu bezog sich Sherrington in seinen Gifford Lectures auf das geheimnisvolle Auftauchen von Moralbewußtsein, und somit auch Altruismus, aus dem Evolutionsprozeß.

Wenn wir uns den entgegengesetzten Verhaltensarten zuwenden, die unter den Begriffen Aggression und Gewalt laufen, finden wir mehr Gemeinsamkeiten zwischen menschlichem und tierischem Verhalten. Die Mode-Idee, der Mensch sei das seiner eigenen Art gegenüber aggressivste aller höheren Tiere, wird allgemein akzeptiert. Diese Behauptung gründet sich auf fadenscheinige Informationen, die mit menschenfeindlichen Vorurteilen interpretiert worden sind, und nicht auf die wissenschaftliche Untersuchung von Tierverhalten. Es hat sich nun ganz überraschend gezeigt, daß wir zu den friedfertigsten unter den höheren Tieren gehören.

Trotzdem besteht eine große Gefahr im Anwachsen der Aggression beim Menschen, was durch ihre ständige Zurschaustellung in den Medien Nahrung findet. Unsere Gesellschaft ist immer mehr bedroht von der Aggression des *Homo praedatorius*, der sogar tierische Aggression überbietet. Die Soziobiologie könnte wertvolle Einsichten zu diesem höchst wunden Punkt der Aggression des Menschen liefern.

8.1 Einführung

Im Verlauf unserer Erforschung der Psyche des Menschen kommen wir zu den äußerst kontroversen Themen des Altruismus und der Aggression.

Mit seiner monumentalen Abhandlung über Soziobiologie hat Wilson (1975) eine neue Wissenschaft vom Tierverhalten geschaffen, die sich in erster Linie auf die biologische Evolution und auf die genetische Erklärung der Vererbung gründet. Soziobiologen (Wilson, 1975, 1978, und Dawkins, 1976) stellen ihre streng naturwissenschaftlichen Methoden großartig zur Schau. Wilson behauptet, daß die Methodologie und die Ergebnisse der Soziobiologie auch auf das soziale Verhalten des *Homo sapiens* anwendbar sind und daß seine neue Synthese eine objektive wissenschaftliche Grundlage für die Anthropologie und die Soziologie bildet. Die erheblichen Einwände, die Wilson über sich ergehen lassen mußte, gründeten sich auf die von ihm gestellte Voraussetzung, das menschliche Verhalten sei genetisch determiniert; man kann das an seiner kritischen Diskussion mit Marvin Harris (Wilson und Harris, 1978) ersehen.

In dieser Vorlesung werde ich vertreten, daß die Soziobiologen die Natur des Menschen mißverstehen, weil sie sich auf Modelle aus dem Tierverhalten konzentrieren, die größtenteils aus Untersuchungen an sozialen Insekten abgeleitet sind. Verhaltensbegriffe wie Altruismus und Eigennützigkeit werden ohne Unterscheidung für Insekten und Menschen gebraucht. An der Quelle der Mißverständnisse liegt die Verwendung des Begriffs »Altruismus«. Wie Stent (1977) hervorgehoben hat, gibt es zwei ganz verschiedene Bedeutungen, und Stent benutzt in seiner kritischen Besprechung von Dawkins' (1976) Buch die Begriffe *Altruismus 1* und *Altruismus 2*. Altruismus 1 entspricht der üblichen Verwendung des Wortes Altruismus auf dem Gebiet der Ethik des menschlichen Verhaltens. Altruismus 2 wird für das sich selbst aufopfernde Verhalten bei Tieren, besonders bei den sozialen Insekten, verwendet. Ich möchte als eine praktische Abänderung dieser Terminologie für Altruismus 2 Pseudaltruismus vorschlagen und *Altruismus 1* in seiner traditionellen Verwendung für menschliche Handlungsweisen beibehalten. Die Vorsilbe »Pseud-« ist berechtigt, weil die Soziobiologen das Wort »Altruismus«, das in seiner Konnotation allein den Menschen betrifft, entstellt haben, indem sie es auf oberflächlich gesehen ähnliche, jedoch grundlegend andere Verhaltensweisen bei Tieren anwenden.

Die Bedeutung dieser Unterscheidung zeigt sich gut, wenn man die Sprache des Menschen betrachtet. Man ist sich darüber einig, daß, was die Menschen erben, eine in hohem Grad spezifische Fähigkeit ihrer Gehirne ist, durch Sprache miteinander zu kommunizieren (vgl. Popper und Eccles, 1982, Kap. P3 und E4; Eccles, 1982, 7. Vorlesung). Aber kein Gehirn besitzt die Eigenschaft, das Sprechen der einen oder anderen bestehenden Sprache in Gang zu setzen. Die Gehirne aller Menschenrassen sind im Hinblick auf die auf der Welt existierenden Sprachen gleichermaßen befähigt. Es wird die Sprache gelernt, die gehört wird. Sprachen sind die wichtigsten Komponenten der Kultur (Welt 3), und ihre Entwicklung und Erhaltung verdanken sie der kulturellen Evolution. Ich beziehe mich jetzt nur auf die Sprache des Menschen, nicht auf die sogenannten Tiersprachen, die ja nur Gefühlsausdrücke und Signale sind (vgl. Popper und Eccles, 1982, Kap. P3, Abschn. 17). Ein Kleinkind kann sich ohne irgendeine Form der sprachlichen Kommunikation nicht zu einem Menschen entwickeln; dies habe ich bereits in meiner früheren Gifford-Reihe vertreten (Eccles, 1982, 7. Vorlesung).

Die klare Trennung hinsichtlich der Sprache zwischen den Rollen der biologischen und der kulturellen Evolution liefert uns die Richtlinien für eine ähnliche Unterscheidung beim Altruismus. Was ich *Pseudaltruismus* nenne, würde all den Verhaltensmustern entsprechen, die im Laufe der biologischen Evolution entstanden sind. Beim Menschen sind sie erhalten als die verkümmerten Reste unserer Tier-Vorfahren. Solche Reste sind zum Beispiel die einfacheren Formen der sprachlichen Kommunikation, wie etwa Rufen oder Schreien. Später werde ich darauf kommen, daß ein großer Teil der Aggression ein weiteres solches Überbleibsel ist. Auf der anderen Seite entwickelt sich der *Altruismus* im Laufe unserer kulturellen Evolution, genauso wie die Sprache. Die Fähigkeit zum Altruismus wird als eine Eigenschaft des Neuronenapparates des menschlichen Gehirns vererbt, und diese Fähigkeit entstand in der biologischen Evolution. Altruistisches Handeln besteht in der *Absicht*, zum Wohl der anderen zu handeln. Es ist einer der Triumphe der menschlichen Kultur und muß genauso gelernt werden wie eine Sprache. Altruistisches Handeln ist nicht mehr vererbt als das Sprechen einer bestimmten Sprache.

Die emotionell aufgeladenen Konflikte um die Soziobiologie sind entstanden, weil dort dogmatisch behauptet wird, das Studium des Tierverhaltens liefere in jeder Hinsicht den Schlüssel zum Verständnis menschlichen Verhaltens. Meine Kritik hat nicht zum Ziel, die Soziobiologie unglaubwürdig zu machen, sondern zu zeigen, wie dort Behauptungen aufgestellt werden, so, als ob es sich um eine alteingesessene naturwissenschaftliche Disziplin handele, während in ihren naiven Annahmen enormes Unwissen enthalten ist.

Die Soziobiologie ist ein reizvolles Fach, das die faszinierendsten Geschichten über das Verhalten der Tiere erzählt. Die Geschichten, die Wilson (1975) in seiner großen Abhandlung *Sociobiology: The new synthesis* zusammengetragen hat, sind besser als alle Science Fiction. Die methodisch genauen und hervorragenden Beschreibungen und Illustrationen sind überwältigend. Ich teile jedoch mit Stent (1978) zum Beispiel Einwände zu der Art und Weise, wie Beobachtungen bei Tieren verwendet werden, um dogmatische Behauptungen auf den Gebieten der Psychologie und der Ethik zu stützen. Nach den kontroversen Reaktionen auf sein erstes Buch ließ Wilson diesem ein Buch folgen (1978), das besonders auf die Situation des Menschen ausgerichtet ist. Dieses Buch ist eine Weiterführung des letzten Kapitels der »Soziobiologie«; es wird uns auf dem Umschlag dazu gesagt:

> Biologie als Schicksal läßt eine neue Phase in der wichtigsten intellektuellen Kontroverse dieser Generation beginnen. Wird das Verhalten des Menschen vom biologischen Erbe seiner Art kontrolliert? Schränkt dieses Erbe die Bestimmung des Menschen ein?

Man kann von den Soziobiologen nicht gerade sagen, daß sie bescheiden sind. Dies gilt auch für eine weitere neue Misch-Wissenschaft, die Psychobiologie (Uttal, 1978). Mischwissenschaften scheinen sich einer besonderen Lebenskraft zu erfreuen!

8.2 Genetische Vererbung

Wir können davon ausgehen, daß sich jedes Tierverhalten im Verlauf der biologischen Evolution entwickelt hat. Die Soziobiologen sind jedoch zu unkritisch und zu optimistisch gewesen, als sie die Erklärungen für altruistische und egoistische Verhaltensmuster auf die Grundlage genetischer Quantifizierung gezwungen haben. Es ist daher wichtig, den Gebrauch des Wortes »Gen« kurz, nur für diese Vorlesung, abzuklären. Eine maßgebliche Erklärung findet man in einem Lehrbuch der Biologie wie zum Beispiel *Biology* von Villee (1972) oder *Biology Today* (1975).

Seit seiner Entdeckung durch Beadle und Tatum ist das Wort Gen beschränkt auf den Doppelhelixabschnitt der Nucleotid-Sequenz der DNS, der für die Synthese eines bestimmten Enzyms oder eines anderen Proteins verantwortlich ist. Im Transkriptions-Translations-Prozeß bestimmt eine Sequenz von drei Nucleotiden (Triplett) eine bestimmte Aminosäure. Dieser Triplettcode wird hintereinander für jede einzelne Aminosäure des zu synthetisierenden Proteins vom Nucleotidstrang der DNS abgelesen. Da sich in einem Protein, in kettenförmiger Anordnung, Hunderte von Aminosäuren befinden, ist ein Gen ein Abschnitt der DNS, an dem tausend oder mehr Nucleotid-Sequenzen beteiligt sind. Im menschlichen Körper gibt es mindestens 10000 verschiedene Arten von Proteinen. Die Anzahl der Gene pro Zelle wird mit mindestens einigen hunderttausend angenommen, auch wenn die große Mehrheit immer unterdrückt wird. Darüber hinaus hat nur ein Bruchteil der 3,5 Milliarden Nucleotid-Sequenzen in der menschlichen DNS eine genetische Funktion; die Funktion der übrigen ist nicht bekannt.

In jeder Zelle des Körpers befinden sich Paare ähnlicher Chromosomen (23 Paare beim Menschen). Jedes Paar setzt sich zusammen aus einem mütterlichen und einem väterlichen Chromosom. Bei der Bildung der Geschlechtszellen halbiert sich die Anzahl der Chromosomen. Diese Reduktion wird nicht durch eine einfache Teilung des Chromosomenpaars in seine mütterlichen und väterlichen Komponenten erreicht. Auf gänzlich unvorherbestimmte Weise kommt es zu Überkreuzungen (Crossover) und neuen Kombinationen, so daß jede Geschlechtszelle 23 Chromosomen mit gemischtem mütterlichen und väterlichen Erbe enthält, wie in Abb. 8-1 gezeigt ist. Auf diese Weise gibt es beim Zusammentreffen der Geschlechtszellen im Befruchtungsprozeß ungeheure Möglichkeiten genetischer Vielfalt, so viele, daß jedes einzelne Individuum eine für alle Zeiten einzigartige genetische Konstruktion besitzt. Die einzigen Ausnahmen sind eineiige Zwillinge, bei denen aus dem befruchteten Ei zwei Individuen mit identischem genetischen Erbe entstehen.

Es gibt einfache Beispiele für eine einheitliche Entsprechung zwischen einem einzelnen Gen und einem vererbten Mangel, wie zum Beispiel dem Phenylbrenztraubensäure-Schwachsinn, bei dem ein einzelnes Paar rezessiver Gene die Unfähigkeit zur Folge hat, ein Enzym zu bilden, das Phenylalanin, eine der Proteine bildenden Aminosäuren, verarbeitet. Die Folge davon ist eine fehlerhafte Entwicklung des Gehirns. Ein weiteres Beispiel ist die Sichelzellanämie, die auf einen Defekt an einem einzigen Nucleotid-Paar des Gens zurückgeht, das das Protein Hämoglobin herstellt. Sichelzell-Hämoglobin hat eine abnormale Aminosäuren-Sequenz und abnormale Eigenschaften. Solche Fälle von direkter Zuordnung sind jedoch selten. Normalerweise arbeiten bei der Entwicklung einer bestimmten Eigenschaft des Phänotypus viele Gene zusammen.

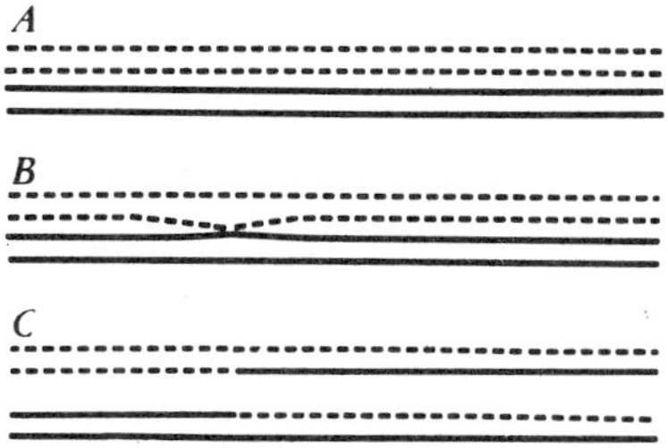

Abb. 8-1 A-C. Darstellung der Crossover-Prozesse und der genetischen Neukombinierung. Bei **A** liegen zwei homologe Chromosomen nebeneinander; jedes besteht aus zwei Chromatiden. Bei **B** treffen sich die einander gegenüberliegenden Chromatiden, eines von jedem Chromosom, und bilden ein Chiasma. Die Chromatiden brechen auf und kombinieren sich bei dem Crossover in **C** neu, um so zwei neue Gen-Anordnungen zu bilden

Das Ziel der quantitativen Vererbungsforschung durch Soziobiologen war, wissenschaftliche Erklärungen für die Art und Weise zu finden, wie die natürliche Auslese bei sozialen Tieren funktioniert. Es gibt jedoch enorme unbekannte Größen, die bei der phänotypischen Entwicklung, von den genetischen Instruktionen bis zum Instinktverhalten des Tiers, eine Rolle spielen. Zum Beispiel weiß man nicht, wie bei einem komplexen instinktiven Verhaltensmuster, wie es das Aufziehen der Jungen bei Vögeln und Säugetieren erfordert, das genetisch Vererbte (der Genotypus) den Aufbau des für das Verhalten verantwortlichen Neuronenapparates kontrolliert.

Doch es ist gerade im Hinblick auf solche komplexe Verhaltensmuster, daß die Soziobiologen über Gene für Altruismus oder Egoismus oder Boshaftigkeit reden. Tatsächlich ist *Das egoistische Gen* (Dawkins, 1978) der werbewirksame Titel eines Buches, wobei das Gen von Dawkins oberflächlich beschrieben wird, so daß er es dazu benutzen kann, sein Netz aus Argumenten und Überlegungen zu spinnen. Und diese Gene können natürlich nur in höchst abenteuerlichen Bildern dazu personifiziert werden, daß sie Verhalten an den Tag legen, das Egoismus erkennen läßt. Zugegeben, Dawkins behauptet nicht, daß sein Buch für Fachleute gedacht ist, aber er erhebt durchaus den Anspruch, keine Science Fiction zu schreiben, obwohl er sich an vielen Punkten diesem Genre stark nähert. Zum Beispiel wird dem Leser im Zusammenhang mit der Entwicklungsgeschichte der Gene schon auf dem Umschlag gesagt:

> Sie sind überall in uns; sie haben uns geschaffen, Körper und Geist; und ihre Erhaltung ist der einzige Grund für unsere Existenz. ... Auf diese Weise stellt uns Richard Dawkins uns selbst so vor, wie wir wirklich sind – Wegwerf-Überlebensmaschinen für unsere unsterblichen Gene. Der Mensch ist eine Gen-Maschine – ein Roboter, blind programmiert zur Erhaltung seiner egoistischen Gene.

Stents (1978) Kritik ist zutreffend:

> Diese gegenwärtig äußerst obskure Beziehung zwischen dem Tier und seinen Genen ist eines der versteckten Skelette im Schrank der neodarwinistischen Evolutionstheorie. Da es klar ist, daß die natürliche Auslese die äußerlichen Merkmale des Tieres auswählt, da es jedoch auch klar ist, daß, was an zukünftige Generationen weitergegeben wird, die versteckten Gene sind, müssen wir die ontogenetische Beziehung zwischen Genom und Phänom kennen, bevor wir verstehen können, wie die Evolution wirklich funktioniert. Um diesen grundlegenden Mangel im Konzept zu überdecken, definieren die Soziobiologen die Gene willkürlich als die Vererbungseinheit, die die natürliche Auslese zufällig auswählt. Aber nachdem diese Einheit gewiß nicht das ist, was ein Genetiker unter »Gen« versteht, ist das soziobiologische »egoistische Gen« weder egoistisch im moralischen Sinn, noch ist es überhaupt ein Gen im Sinn der Genetik.

Ich werde diesen Abschnitt mit einer allgemeinen Kritik an den Soziobiologen beenden, die jüngst von Campbell (1975) erhoben wurde und der ich zustimme:

> Ohne einen einzigen Persönlichkeitstest anzuwenden oder irgendeine systematische Verhaltensbeobachtung anzustellen, sind sie (die Soziobiologen) bereit, über Eigenschaften der »Art-Persönlichkeit« zu reden, wobei sie Begriffe verwenden wie *Altruismus, Schüchternheit, Bosheit, Eifersucht, Egoismus, Unehrlichkeit, Gier und Kooperationsbereitschaft*, mit der expliziten Annahme, daß es spezifische Gene gibt, die diese Wesenszüge bestimmen. ... Im Kontrast zu der experimentellen Verhaltens-Genetik der Psychologie ... nehmen diese Populationsgenetiker an, daß für jede Verhaltenstendenz Gene existieren. Da sie sich darüber bewußt sind, daß es Millionen Gene gibt, jedes mit vielfältigen Wirkungen und Interaktionen, nehmen die Populationsgenetiker an, daß eine unspezifische Untergruppe existiert, die jeden Verhaltenszug in jede Richtung beeinflussen kann. Dann, der Einfachheit halber, stellen sie ein einzelnes Gen als verantwortlich für das hypothetische Schicksal einer Population dar, zum Beispiel ein Gen, das selbstaufopfernden Altruismus bestimmt, der sich in Tapferkeit beim Verteidigen der Gruppe zeigt.

Diese kritische Bewertung durch einen angesehenen Psychologen und Philosophen bildet eine gute Einführung in das Gebiet der »kin selection«.

8.3 »Kin selection«

Die Ideologie hinter der Entwicklung der Soziobiologie stützt sich auf Darwins Konzept des Überlebens des Stärksten. Es stellen sich zwei Fragen:

Was heißt »Überleben«?

Was heißt »der Stärkste«?

Betrachtet man diese Fragen im Zusammenhang mit Tiergesellschaften, dann ist der Stärkste im darwinistischen Sinn nicht ein Individuum, sondern eine Population. Wilson (1975) entwickelte die »kin selection«-Theorie, die sich von der Tatsache ableitet, daß die Gene eines Individuums in einem gewissen Ausmaß auch unter engen Verwandten vorhanden sind – die Hälfte der Gene bei Geschwistern und Kindern, ein Viertel bei Enkeln, ein Achtel bei Cousins ersten Grades und so weiter. Und *Stärke wird am Fortpflanzungserfolg der gesamten Gruppe gemessen.*

Daher kann der Opfertod eines Individuums für das Überleben seiner Gene förderlich sein, weil infolge des Opfers ähnliche Gene in den Verwandten am Leben bleiben. Ein gutes Beispiel dafür ist der Alarmschrei bei Vögeln. Bei den sozialen Insekten gibt es dafür viele Beispiele, wie das sich aufopfernde Stechen bei der Honigbiene oder das Opfer einer Soldatenameise. Dieses Opferverhalten kann als Beitrag zur Steigerung der Gruppenstärke angesehen werden; daher wird seine genetische Bedeutung im darwinistischen Sinn verständlich. Die sich opfernden Individuen handeln instinktiv, also gehört ihr Verhalten zum Pseudaltruismus, wie ich im nächsten Abschnitt erörtern werde.

Nach Dawkins (1978) verhält sich ein Individuum oder eine Gruppe von Individuen altruistisch, wenn sein Verhalten auf Kosten seines eigenen Wohlergehens das Wohlergehen eines anderen Individuums oder einer Gruppe von Individuen steigert, wobei *Wohlergehen als Überlebenschance definiert ist.* Der Alarmschrei bei Vögeln ist ein gutes Beispiel. Auch wenn der rufende Vogel möglicherweise dem Räuber zum Opfer fällt, hat er vielleicht die Überlebenschancen seiner Verwandten im Schwarm erhöht, und diese tragen ja Kopien einiger seiner Gene in sich.

Hamilton folgend legt Dawkins (1978) die Mathematik des Gen-Überlebens dar, in einem unterhaltenden Kapitel mit der Überschrift »Genverwandtschaft«, das besagt, die Erhaltung der Gene sei der alleinige Grund für unsere Existenz! Auf der Grundlage der oben angegebenen gemeinsamen Genanteile wird postuliert, daß Tiere mehr um das Wohlergehen ihrer nächsten Verwandten besorgt sind als um das der entfernten Verwandten, und überhaupt nicht um das von Fremden, zu denen seltsamerweise auch die Geschlechtspartner gehören! Zum Beispiel sollte man eher darauf gefaßt sein, ernste Risiken bei der Lebensrettung des Bruders (1/2) einzugehen als bei der eines Cousins ersten Grades (1/8) und kaum für Cousins dritten Grades (1/128). Es ist alles für die Gene mathematisch auf einer Kosten-Nutzen-Basis ausgerechnet!

Im Zusammenhang mit der »kin selection« gibt Wilson (1975) drei Definitionen, zusammen mit einer amüsanten, anschaulichen Zeichnung (Abb. 8-2), die auf Menschen bezogen zu sein scheint, in Wirklichkeit jedoch allgemein für Tierverhalten gelten soll:

> Wenn eine Person (oder ein Tier) die Stärke eines anderen auf Kosten seiner eigenen fördert, kann man sagen, sie (es) habe eine *altruistische* Handlung vollzogen. ... Im Gegensatz dazu handelt eine Person, die ihre eigene Stärke dadurch steigert, daß sie die anderer senkt, *egoistisch.* ... Und eine Person schließlich, die ohne eigenen Gewinn oder vielleicht sogar mit einem Risiko für die eigene Stärke die Stärke einer anderen Person verringert, handelt *boshaft.*

In Abb. 8-2 ist die Sippe auf ein Individuum und seinen Bruder reduziert, der dank der gemeinsamen Abstammung die Hälfte seiner Gene mit ihm teilt, wie durch die schwarz gezeichneten Körperhälften

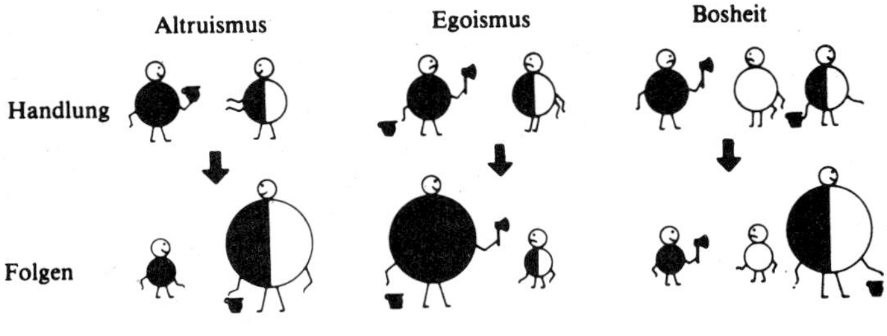

Abb. 8-2. Die notwendigen Grundbedingungen für die Evolution von Altruismus, Egoismus und Bosheit durch ‚kin selection'. Die Familie ist auf ein Individuum und seinen Bruder reduziert. Der Anteil der Gene, die der Bruder aufgrund der gemeinsamen Abstammung mit dem Individuum gemeinsam hat, ist durch die schwarze Hälfte des Körpers gezeigt. Genetische Stärke entspricht der Größe der schwarzen Felder. Weitere Beschreibung im Text. Wilson, E.O.: Sociobiology: The new synthesis, S. 697. Cambridge, Mass.: Belknap, Harvard University Press 1975

angezeigt ist. Diese Felder repräsentieren das, was mit »genetischer Stärke« bezeichnet wird. Die Symbole für Trinkgefäß und Axt sprechen für sich!

Dies erinnert uns an Campbells (1975) Kritik am Schluß des Abschnitts über die genetische Vererbung. Es ist nun wichtig, die rein instinktiven Verhaltensmuster von Tieren und die menschlichen Verhaltensweisen, bei denen instinktives Verhalten einer kulturellen Kontrolle unterliegt, auseinanderzuhalten. Der nächste Abschnitt behandelt instinktive Verhaltensweisen, die, oberflächlich gesehen, altruistischem Verhalten ähneln und für die ich die Bezeichnung »Pseudaltruismus« vorgeschlagen habe.

8.4 Pseudaltruismus

Man kann vorhersehen, daß die biologische Evolutionslehre mit der aus ihr hervorgegangenen Soziobiologie schließlich viele verschiedene Verhaltensweisen erklären wird, die bis dahin als altruistisch bezeichnet worden sind. Wie Wilson erkennt (1975), ist dieses Ergebnis jedoch von enormen Fortschritten in der Neurobiologie abhängig. Zwischen der genetischen Konstitution des befruchteten Eies und dem voll entwickelte Verhaltensweisen zeigenden Tier muß eine beträchtliche Kluft überbrückt werden.

Pseudaltruistisches Verhalten bei Tieren scheint immer instinktiv zu sein, aber es hat normalerweise nicht den Charakter eines Opfers wie in den oben zitierten Fällen der Honigbiene, der Soldatenameise und der warnenden Vögel. Zum Beispiel füttern Vögel ihre Jungen mit enormem Kraftaufwand und sichern somit die Weitergabe ihrer genetischen Ausstattung an die nächste Generation. Es gibt heute einige tragische Beispiele, bei denen, durch das Aussterben von Vogelarten, diese genetische Weitergabe mißlungen ist und die Gene dieser Art für immer verloren sind.

Ein ähnliches pseudaltruistisches Verhalten zeigt sich beim Säugen der Jungtiere durch Säugetiermütter. Der instinktive Charakter dieser Handlung zeigt sich daran, daß nach dem Entwöhnen die Fütterung der Jungen nicht gewährleistet ist. Zum Beispiel legt Bertram (1975) einen rührenden Bericht von der traurigen Lage von Löwenjungen nach der Entwöhnung vor, von denen einige so vernachlässigt werden, daß sie an Unterernährung sterben. Es ist daher einleuchtend, wenn man sagt, daß das Stillen von Babies bei Menschenmüttern ebenfalls eine instinktive, pseudaltruistische Verhaltensweise ist, die von der biologischen Evolution abhängig ist. In anspruchslosen Gesellschaften ist das Stillen so natürlich wie beim Erwachsenen das Essen, wenn er Hunger hat. Diese auch beim Menschen instinktive Handlung wird mit einem wirklich altruistischen Verhalten vermischt, das anhält in der Sorge für die Kinder nach der Entwöhnung und über die gesamte Zeit ihres Aufwachsens.

8.5 Altruismus

Es ist ein großer Fehler, wenn man Altruismus nur mit großartigen Opfertaten gleichsetzt, wie etwa das Springen in ein tückisches Meer, um unter großem Risiko einen Ertrinkenden zu retten. Diese Art von Altruismus spricht natürlich die Soziobiologen besonders an, die sich ja an den sozialen Insekten orientieren! Ich möchte diesen heroischen Altruismus nicht herabsetzen oder unterbewerten. In meiner Wahlheimat wird ihr großer Held, Arnold von Winkelried, hingebungsvoll verehrt, weil er 1386 bei der Schlacht bei Sempach »mit ausgebreiteten Armen auf sein Herz die Bündel tödlicher österreichischer Speere versammelt« und so in die dichtgeschlossenen gepanzerten österreichischen Linien eine Bresche geschlagen hat, durch die die Schweizer eindrangen und einen großen Sieg verzeichnen konnten. Solche großartigen Fälle von Altruismus gehören in die ruhmreiche Geschichte des Patriotismus. Wie können wir armen Sterblichen dagegen bestehen? Was mich selbst angeht, so hoffe ich, als gemäßigt altruistischer Mensch bestehen zu können, aber ich kann mir nicht vorstellen, daß ich in der Lage wäre, mein Leben hinzugeben, auch wenn es für die Menschen wäre, die mir am liebsten sind und mir am nächsten stehen.

Also verlagere ich die Diskussion auf eine sehr weltliche menschliche Betätigung – eine Familie, die zusammen bei einer Mahlzeit sitzt. Ein solches Beispiel für das Teilen von Nahrung ist im Reich der Tiere extrem selten. Nahrungsaufteilung wird natürlich von den sozialen Insekten wie den Bienen und Ameisen (Wilson, 1975) praktiziert, aber da ist es eine rein instinktive Leistung. Damit meine ich, daß der genetische Code das Zentralnervensystem aufbaut, das dann die stereotypen Verhaltensweisen des Nahrungsteilens bei den Mitgliedern einer Insektenkolonie programmiert. Außer dem Füttern von jungen Vögeln und Säugetieren sind die einzigen Beispiele für Nahrungsteilung, die von Ethologen (vgl. Isaac, 1978) genannt werden, das Teilen der Beute bei Wildhunden und in einem sehr beschränkten Ausmaß bei Schimpansen. Bei den letzteren kommt es im besten Fall zu einem unwilligen Aufteilen eines großen Stückes Fleisch. Es wird dem anderen jedoch nie etwas angeboten, sondern es wird nur widerwillig geduldet, daß er sich bis zu einem gewissen Maß »bedient«.

Im Gegensatz dazu liefern archäologische Daten (Isaac, 1978), die aus der genauen Untersuchung von Wohnstätten des Australopithecus vor 2 Millionen Jahren stammen, den klaren Nachweis dafür, daß die beim Jagen erbeutete Nahrung zum Wohnplatz gebracht wurde, um sie gemeinsam zu verzehren. Die erlegte Nahrung wurde nicht an dem Ort der Jagd verzehrt. Also hatten diese primitiven Hominiden bereits einen Fortschritt gemacht, weg von den egoistischen Ernährungsgewohnheiten nicht nur der anthropoiden Affen, sondern auch aller ihrer Vorfahren. Isaac meint, daß dieses Verhalten von vor etwa 2 Millionen Jahren dann wahrscheinlich mit der Aufteilung der Arbeit und dem Beginn einer Kultur verbunden wurde. Wahrscheinlich war damit der Anfang einer Sprache verknüpft, die mehr war als Tierschreie und -rufe. Sicherlich war das zu dem Zeitpunkt, als die Gehirngröße rapide anstieg, was mit großer Wahrscheinlichkeit mit der Anforderung an eine erhöhte Hirnkapazität aufgrund der wachsenden sprachlichen Leistung erklärt werden kann. Natürlich ist dieser Prozeß der Hirnentwicklung von der natürlichen Auslese abhängig, die durch die bessere Kommunikation zwischen den Mitgliedern eines Stammes auf sehr wirkungsvolle Weise gegeben war (vgl. Eccles, 1982, 5. Vorlesung). Aber dieses Ergebnis der biologischen Evolution, eine Fähigkeit zu sprechen, ist mit dem Schaffen sprachlicher Kommunikation verbunden, die ein Welt-3-Phänomen ist und zur kulturellen Evolution gehört. Es gibt keine Möglichkeit, über die vermutete sprachliche Entwicklung bei den Hominiden genaue Angaben zu erhalten, aber wir können das Nahrungsteilen als Anzeichen einer verbesserten Kommunikation zwischen den Stammesmitgliedern ansehen. Das Nahrungsteilen bei den Hominiden könnte das erste Beispiel für echtes altruistisches Verhalten in der Geschichte dieses Planeten sein.

Es überrascht, wie wenige Nachweise für altruistisches Verhalten bei Hominiden zu finden sind. Wir haben jedoch beim Neandertaler vor 80000 Jahren die ersten bekannten Beispiele für zeremonielle Bestattungen, die sicherlich altruistische Handlungen darstellen.

Der erste Nachweis für mitfühlendes Verhalten in der Vorgeschichte des Menschen (vor 60000 Jahren) wurde kürzlich von Solecki (1971) bei zwei Neandertalerskeletten entdeckt, die durch schwere Verletzungen stark geschädigt waren. Die Knochen zeigten jedoch, daß diese behinderten Wesen bis zu zwei Jahre noch am Leben erhalten wurden, was nicht hätte geschehen können, wenn nicht andere Stammesmitglieder für sie gesorgt hätten. Auf Mitgefühl kann ebenfalls aus der bemerkenswerten Entdeckung geschlossen werden, daß Begräbnisse zu jener Zeit in der Shanidar-Höhle mit Blumengaben verbunden waren, was durch Pollenanalysen festgestellt werden konnte (Solecki, 1977). Wir können also die frühesten bekannten Anzeichen für Altruismus in der Frühgeschichte des Menschen auf die Zeit von vor 60000 Jahren datieren. Man kann hoffen, daß es noch früher war; denn Neandertaler mit Gehirnen, die so groß waren wie die unseren, existierten schon vor mindestens 100000 Jahren.

Wie sollen wir, mit diesem historischen Hintergrund, Altruismus in unserer heutigen Gesellschaft identifizieren? Zunächst ist es wesentlich, eine Handlung zu *beabsichtigen*; die Folge daraus steht jedoch nicht fest. *Absicht* ist in Abb. 1-7 unter den Komponenten der Welt 2 zu finden, und sie war einer der in der 4. Vorlesung besprochenen Punkte. Zweitens muß die beabsichtigte Handlung von *Rücksicht* auf die Interessen anderer bestimmt sein, weil Altruismus nur zwischenmenschliche Beziehungen betrifft. Es ist offensichtlich, daß das alltägliche Zusammenleben sich wohlgesinnter Menschen ein Gewebe altruistischer Handlungen darstellt. Betrachten wir unser eigenes Leben in der Familie und in sozialen Gruppen. Betrachten wir sogar diese Vorlesung! Ich habe mich sehr bemüht, Ihnen als Zuhörern etwas zu bieten, und Sie handeln Ihrerseits ebenfalls altruistisch als gute Zuhörer, die keine Gegenstände nach dem Redner werfen! In jedem Punkt des sozialen Lebens wird zivilisiertes Verhalten gezeigt, indem man sich um andere kümmert. Das bedeutet keine unkritische Erniedrigung der eigenen Person. Im Gegenteil, Kritik kann und soll auf eine Weise geübt werden, die dem Kritisierten von Nutzen sein kann. Im Gegensatz zum altruistischen Verhalten steht die Aggression, die das Thema eines späteren Abschnitts sein wird.

Dieser einfachen Geschichte vom Altruismus beim Menschen widerspricht das Kapitel 7 des Buches *Biologie als Schicksal* (Wilson, 1979), in dem Wilson zwei grundlegende Formen von Altruismus unterscheidet, die er strengen und milden Altruismus nennt. Strenger Altruismus scheint die Voraussetzungen des Pseudaltruismus zu erfüllen, da er sich nach Wilson wahrscheinlich über die kin selection entwickelt hat und selektiv den nächsten Verwandten des altruistisch Handelnden nützt. Er zeigt sich in seiner reinsten Form bei den sozialen Insekten. Wilson führt an (1979, S. 151):

> Die altruistischen Handlungen der Menschen scheinen, wenn sie sich auf die engsten Verwandten beziehen, im wesentlichen einem »strengen« Altruismus zu entspringen, wenn auch in einem sehr viel geringeren Maße als bei den sozialen Insekten und den koloniebildenden Wirbellosen. Unsere sonstigen altruistischen Handlungen entspringen im wesentlichen einem »milden« Altruismus. Das absehbare Ergebnis ist ein Gemisch aus ambivalenten Einstellungen, Selbsttäuschungen und Schuldgefühlen, das den einzelnen ständig beunruhigt.

Also ist Altruismus beim Menschen größtenteils von der »milden« Art, die dem Altruismus der traditionellen Ethik entspricht. Es ist derartig empörend, Wilsons Erklärung dazu in dieser fast unglaublichen Hetzschrift zu lesen (S. 148):

> Der »milde« Altruismus ist dagegen letzten Endes egoistisch. Der »Altruist« erwartet von der Gesellschaft für sich oder seine engsten Verwandten eine Gegenleistung. Sein positives Verhalten ist oft in einer durchaus bewußten Weise berechnend, und seine Manöver sind auf die unendlich verwickelten Sanktionen und Ansprüche der Gesellschaft abgestellt. Man kann davon ausgehen, daß die Fähigkeit zum milden Altruismus sich vorwiegend durch die Auslese an Individuen entwickelt hat und stark von den Wechselfällen der kulturellen Evolution beeinflußt worden ist. Seine psychologischen Vehikel sind Lüge, Verstellung und Täuschung einschließlich der Selbsttäuschung, denn am überzeugendsten handelt derjenige, der an die Ehrlichkeit seines Auftretens glaubt.

Trotz dieses vernichtenden Angriffs sagt Wilson weiter (S. 149f):

> Die Menschen scheinen genügend egoistisch und berechnend zu sein, um zu einer sehr viel größeren Harmonie und sozialen Homöostase fähig zu sein. Das ist kein Widerspruch in sich. Durch wahren Egoismus wird man, sofern die übrigen Imperative der Säugetierbiologie beachtet werden, eher zu einem nahezu perfekten Gesellschaftsvertrag gelangen.

Man könnte meinen, daß Harvard eine anspruchsvolle soziale Hölle ist und daß man die sozialen Insekten beneiden und bewundern muß! Wilson glaubt zweifellos, das sei soziobiologischer Realismus. Ich glaube, es ist Zynismus von einer besonders anstößigen Sorte. Anstatt die anmutigste aller menschlichen Tugenden zu sein, wird

Altruismus mit Lüge, Verstellung und Täuschung besudelt, so daß er zu einer monströsen Heuchelei wird; aber im Gegensatz dazu sagt Wilson: »Unter den sozialen Insekten gibt es keine Heuchler.«

Wo Wilson das Gebiet der Soziobiologie verläßt und sich auf dogmatische Behauptungen zu ethischen Fragen einläßt, wird er für moralisch begründete Kritik angreifbar. Seine Behauptungen sind Beispiele für die grundlegend fehlerhaften Konzepte von der Natur des Menschen, die von Soziobiologen entwickelt wurden, deren Untersuchungen sich auf nicht-menschliche Wesen und besonders auf soziale Insekten beschränken.

Unter der Überschrift »Die Notwendigkeit einer epistemischen Bescheidenheit« sagt Campbell (1975) in bezug auf die Debatte um Altruismus und Egoismus:

> Die epistemische Arroganz der Verhaltens- und Sozialforscher ist vielleicht genauso sehr ein Hindernis auf dem Weg zum Verständnis dieser Dinge wie die epistemische Arroganz, die die traditionellen Religionen mit ihren Ansprüchen auf Offenbarung und absolute Gewißheit zeigen.

Mit großer Erleichterung kann ich nun diese düsteren Platitüden Wilsons über Altruismus verlassen und mich mit Freude mit einigen poetischen und vorstellungsreichen Ideen Sherringtons befassen, denen er in seinen Gifford Lectures an der Universität von Edinburgh 1937–1938 Ausdruck verliehen hat. In der letzten Vorlesung über den Menschen und seine Natur (Sherrington, 1940, Kap. XII) hat er Betrachtungen darüber angestellt, wie Altruismus in der Geschichte der Menschheit entstanden ist. Er betont (Sherrington, 1964, S. 389):

> Die Notwendigkeit des Altruismus ist die Zukunft der Menschheit. ... Der Altruismus muß wachsen. Für den Menschen ist es nicht genug, die Dinge zu beklagen. Es muß ihm lieber sein, sie zu bessern, als vor ihnen davonzulaufen. Eine positive Nächstenliebe ist erforderlich, eine passive Abkehr von der Not ist nicht genug. Es ist also ein Seelen-Wachstum nötig, das ein höheres Selbst entfalten soll. Das verlangt einen im biologischen Sinne ungewöhnlichen, ja gefährlich unnatürlichen Schritt.

Bei dieser Erklärung der Entwicklung von Altruismus wird vorausgesetzt, daß sie verbunden war mit der Entwicklung des Selbst-Bewußtseins, das heißt, mit dem Erkennen von sich selbst und anderen als bewußten Wesen. Dieser Erkenntnis entspringt dann die Sorge für andere Lebende und die Sorge für die Toten in der Form zeremonieller Bestattungsbräuche, wie sie zuerst vom Neandertaler vor etwa 80000 Jahren praktiziert worden sind (Hawkes, 1965). Das Gehirn des Neandertalers hatte am Ende einer erstaunlich schnellen Entwicklung von ungefähr 3 Millionen Jahren die dreifache Größe, was einen fast unglaublich schnellen Evolutionsfortschritt bedeutet. Zweifellos war diese cerebrale Kapazität für die sprachlichen Leistungen erforderlich, die beim Zusammenschweißen eines Stammes bei der Jagd und im Krieg von größter Bedeutung waren, genau wie für den sozialen Zusammenhalt. Das Auftauchen von Selbst-Bewußtheit erfolgte jedoch offenbar viel später, nachdem das Gehirn vor ungefähr 100000 Jahren zu einer unseren heutigen Gehirnen entsprechenden Größe herangewachsen war. Dieser Prozeß wird von Dobzhansky (1967) mit »Transzendenz« benannt. Dann kamen die ersten Nachweise für Altruismus bei den zeremoniellen Bestattungsbräuchen, auch wenn es Altruismus vielleicht schon viel früher beim Nahrungsteilen der Hominiden, wie oben beschrieben, gegeben hat.

Sherrington (1940) bezieht sich in dramatischer Form auf den geheimnisvollen Ursprung von Moral und somit von Altruismus. Die Mutter Natur, wie sie sich in der biologischen Evolution zeigt, wendet sich an die Menschheit (1964, S. 403f.):

> Du hieltest mich für moralisch; jetzt weißt du, daß ich keine Moral habe. Wie kann ich moralisch sein, wenn ich, wie du sagst, blinde Notwendigkeit, ein Mechanismus bin. Aber zuletzt habe ich dich hervorgebracht, der du moralisch bist. Ja, du bist das einzige moralische Wesen in der Welt, und daher das einzige unmoralische. Du hieltest die Natur für klug, sogar für weise. Jetzt weißt du, daß sie keine Vernunft hat, zum größten Teil nicht einmal Empfindung. Wie kann sie Vernunft oder eine Absicht haben, da sie ein reiner Mechanismus ist? Aber schließlich machte sie dich mit deiner Vernunft. Wenn du mit deiner Vernunft etwas nachdenkst, wird dir das klar sein. Du bist das einzige vernunftbegabte Wesen in deiner ganzen Welt und daher das einzige verrückte. ... Du bist mein Kind. Erwarte nicht, daß ich dich liebe. Wie kann ich lieben – ich, die ich blinde Notwendigkeit bin? Ich kann weder lieben noch hassen. Aber jetzt, da ich dich und deine Art hervorgebracht habe, denke daran, daß du eine neue Welt für deine eigene Gattung bist, eine Welt, die eben durch dich Liebe und Haß, Vernunft und Wahnsinn, Moralisches und Unmoralisches, Gutes und Böses enthält. Deine Pflicht ist es, zu lieben, wo Liebe gefühlt werden kann. Das heißt: Euch untereinander zu lieben.
>
> Bedenke auch, daß, wenn du mich kennst, du vielleicht nur das Mittel einer höheren Absicht kennst, das Werkzeug einer Macht, die zu groß ist, als daß deine jetzige Einsicht an sie heranreicht. Versuche also, deine Einsicht wachsen zu lassen.

Ich kann meinem alten Lehrer Sherrington seine tief ergreifende Botschaft gut nachfühlen. Ich glaube, daß die biologische Evolution nicht einfach Zufall und Notwendigkeit ist. Das hätte nie uns mit unseren Werten hervorbringen können. Ich kann es mit ihm fühlen, daß die Evolution vielleicht das Instrument einer höheren Absicht ist, die es jenseits von Zufall und Notwendigkeit zumindest in die Transzendenz erhebt, die menschliche Lebewesen hervorgebracht hat, die mit Selbst-Bewußtsein ausgestattet sind. Diese kulturelle Evolution löst dann die biologische Evolution ab und wird bald bei der natürlichen Auslese wesentlich, nicht nur wegen der Reichhaltigkeit technischer Neuerungen, sondern auch des Schaffens und Weiterentwickelns von Werten wegen. Zum Beispiel ist Altruismus eine gute moralische Grundlage für eine Gesellschaft, die sich dem Wohlergehen ihrer Mitglieder widmet.

In unserer modernen Welt gibt es bemerkenswerte persönliche Beispiele für Altruismus und Mitgefühl. Ich möchte Dr. Albert Schweitzer in Lambarene, Mutter Theresa in Kalkutta und Dr. Giuseppe Maggi in Kamerun nennen. Sie alle haben ihr Leben der Sorge um andere gewidmet, die dringend Hilfe brauchen. Als ganze Völker haben wir die vielen Nationen, die die vor der Brutalität in Vietnam flüchtenden »Boat people« aufnehmen. Auch gewähren viele Länder einzelnen Personen Asyl, die aus den Sklavenstaaten des kommunistischen Machtbereichs flüchten.

An dieser Stelle in meiner Vorlesung muß ich mich jedoch der wirklich schrecklichen Bedrohung durch Aggression zuwenden. Sie hat ihren Ursprung in der biologischen Evolution, und die Fähigkeit dazu ist im Neuronenapparat unseres Gehirns eingebaut, wie in der 5. Vorlesung betrachtet wurde.

8.6 Aggression

Eingangs ist es wichtig, mit Thorpe (1974) zwischen Aggression und Gewalt zu unterscheiden:

> Wir brauchen zwei Begriffe: *Aggressivität* im normalen biologischen Sinn und *Gewalt* für Verhalten, das definitiv dahin gerichtet ist, anderen zu schaden. Vor allem müssen wir den Kardinalfehler vermeiden, anzunehmen, Gruppenaggressivität sei bei den höheren Tieren und beim Menschen das notwendige und unumgängliche Resultat ihrer ererbten Konstitution.

Es ist enorm viel über Aggression beim Menschen geschrieben worden. Die Literatur darüber ist zu einer Industrie geworden! Es wird uns eine Menge Bücher präsentiert; einige davon mit ehrlichen Titeln wie Lorenz' *Das sogenannte Böse* (1963) und Storrs *Human Aggression* (1968). Andere haben »gehaltvolle« Titel, wie die von Morris, *Der nackte Affe* (1969) und *The Human Zoo* (1969), Storrs *Human Destructiveness* (1972), Tigers und Fox' *The Imperial Animal* (1971) und Ardreys *Adam und sein Revier* (1972).

Diese Doktrin von der zu einem extremen Maß angeborenen menschlichen Aggression wurde von dieser Phalanx von Autoren, die entweder absichtlich das Material ihren eigenen Ideen entsprechend einsetzen oder die das Material, das sie anerkennen, sehr knapp und einseitig halten, verbreitet. In Montagus Buch *The Nature of Human Aggression* (1976) findet man einen mächtigen Angriff auf die extreme Sichtweise dieser Doktrin von der angeborenen menschlichen Aggression. Man kann hoffen, es helfe dazu, die Dogmen, die von denen verkündet werden, die an das eigentliche Böse in der Menschheit glauben – fast jenseits von jeder Hoffnung – unglaubwürdig zu machen. Thorpe (1974) hat meine Meinung in seinem maßgeblichen Buch *Animal Nature and Human Nature* sehr gut ausgedrückt:

> Bisher haben wir den Begriff Aggression immer ziemlich locker gebraucht. Jetzt müssen wir aber genauer sein, da eine enorme Menge gefährlich lockeren, schlampigen Denkens und Vorurteilsbildung genau dieser Quelle entspringt. Es ist sehr zu bedauern, daß einiges davon durch die neuere Veröffentlichung eines sehr großen Zoologen, nämlich Dr. Konrad Lorenz, entstanden ist. In seinem Buch *Das sogenannte Böse* begeht Lorenz den Fehler, zu bereitwillig und unkritisch aus dem Verhalten niedriger Wirbeltiere wie dem von Fischen und vielen Vögeln auf das Verhalten höherer Tiere und sogar auf den Menschen selbst zu schließen. Lorenz betrachtet Aggression als etwas Spontanes, das unweigerlich seinen Ausdruck in Gewalt findet, unabhängig von äußeren Reizen. ... Wenn aber Aggression nicht so ist, dann nehmen wir vielleicht einen unangebracht pessimistischen Standpunkt ein und resignieren angesichts der Unvermeidbarkeit der extremen Form von Aggression, nämlich des Krieges, obwohl eine solche Unvermeidbarkeit gar nicht existiert.

Ein von den Anhängern der angeborenen Aggression verkündeter Mythos ist, der Mensch tue sich unter allen anderen Säugetieren dadurch hervor, daß er zu gewaltsamen Konflikten neigt und zum Tod führendes Verhalten an den Tag legt. Ethologen haben inzwischen berichtet, daß die Aggressivität bei einigen Säugetierarten größer ist. Wilson (1975) sagt zum Beispiel:

> Im Gegenteil, Mord ist bei vielen Wirbeltierarten bei weitem üblicher und also eher »normal« als beim Menschen. Es hat mich beeindruckt, wie oft sich solches Verhalten zeigt, wenn nur die Beobachtungszeit, die einer Art gewidmet wird, die Tausend-Stunden-Grenze übersteigt. Aber auch nur ein Mord in tausend Stunden pro Beobachter ist nach menschlichen Maßstäben immer noch eine große Portion Gewalt. Wenn man sich vorstellt, ein Zoologe vom Mars besuchte die Erde und beobachtete den Menschen einfach als eine weitere Spezies über einen längeren Zeitraum, würde er wohl zu dem Schluß kommen, daß wir zu den eher friedfertigen Säugetieren gehören, gemessen an den ernsthaften Angriffen oder Morden pro Individuum und Zeiteinheit, auch wenn unsere episodisch auftretenden Kriege in den Durchschnittswert miteingingen.

Ein weiterer Mythos von der Aggression ist der, daß unsere primitiven Vorfahren, die Australopithecinen, gewaltsame Konflikte austrugen, so daß die meisten mit gebrochenen Schädeln starben (Dart, 1953, 1959; Ardrey, 1961). Aber, wie Montagu (1976, Kap. 6) gezeigt hat, handelt es sich hier um zweifelhafte Befunde von fossilen Schädeln, die aus natürlichen Gründen beschädigt sein konnten. Dieselbe Kritik gilt auch für die vermeintliche Gewalt bei Konflikten unter den späteren Hominiden bis zum Neandertaler. Zweifellos gab es viel Gewalt, aber die primitiven Jäger-Sammler-Völker von heute zeigen sehr wenig Aggression und leben meistens in Harmonie mit ihren Nachbarn (Montagu, Kap. 7).

Es gibt auch heute Beispiele für Völker, die offensichtlich nicht aggressiv sind. Die Eskimos bilden ein solches bemerkenswertes Beispiel. Ein weiteres, erst neuerdings entdecktes Beispiel ist die kleine, isolierte Familie der Tasaday auf Mindanao in den Philippinen. Sie zählt insgesamt 26 Mitglieder, 13 davon sind Kinder. Ich fürchte, sie sind seit ihrer Entdeckung im Jahre 1971 zu anthropologischen Ausstellungsstücken geworden. Ihre einfache, isolierte Existenz können sie nun nicht mehr aufrechterhalten. Ich muß dabei an den australischen Witz denken, der von einem primitiven Stamm im Hochland von Neuguinea sagt, die typische Familie bestünde aus Vater, Mutter, drei Kindern und einem Anthropologen!

Natürlich ist die Geschichte der Menschheit angefüllt mit Kämpfen und Töten, aber wir neigen dazu, die nicht verzeichneten Leben der großen Masse von Leuten, die unter der Oberfläche dieser kriegerischen Gewalt lebten (vgl. Eileen Powers Buch *Medieval People*, 1951), zu übersehen. Die wunderbare Architektur von der romanischen Zeit an bis zur Renaissance ist ein Beweis für die harte Arbeit und die Kreativität der damaligen Menschen, trotz der widrigen

Umstände gewaltvoller Zeiten. Chaucers *Canterbury Tales* geben ein gutes Beispiel für die Humanität im letzten Teil des 14. Jahrhunderts. Sie sind voll von gutmütigem Spaß und rauhen Sitten, jedoch nicht von Gewalt.

In der 5. Vorlesung behandelte ich einige Strukturen im Gehirn, die mit aggressivem Verhalten zu tun haben: Hypothalamus, Amygdala und Stria terminalis. Wie das übrige Gehirn sind auch diese Strukturen nach Instruktionen des genetischen Codes aufgebaut, die auf das Milieu des Embryos einwirken. Sie sind schon kurz nach der Geburt voll ausgebildet. Die vollständige funktionelle Leistung entsteht jedoch erst nach und nach während der Adoleszenz. Die Befürworter von angeborener Aggression glauben, daß diese Strukturen eine dominante Wirkung auf das menschliche Verhalten ausüben, indem sie die Antriebe für Aggression und Gewalt liefern, wie auch für Sexualität, Nahrungsaufnahme und andere mit Genuß verbundene gewohnheitsmäßige Handlungen. Populäre Autoren (vgl. Sagan, 1977) bezeichnen diese Strukturen nachlässig als Reptiliengehirn, wobei sie der irrigen Analogie unterliegen, das Verhalten von Reptilien wäre vorherrschend aggressiv. Es ist zu leicht, einfach an den Tyrannosaurus, die Kiefer des Alligators oder Schlangengift zu denken. Die enorme Mehrheit der 5000 Reptilienarten ist jedoch, abgesehen von der Nahrungsbeschaffung, nicht aggressiv. Denken wir also an Land- und Wasserschildkröten oder Eidechsen und glauben wir nicht länger an den Mythos vom Reptiliengehirn als der Wurzel menschlicher Aggression!

Ich möchte jetzt, von allgemeinen Gesetzmäßigkeiten ausgehend, die Aggression beim Menschen betrachten. Im wesentlichen handelt es sich in diesem Fall um die Vererbung-Umwelt-Debatte. Unser Gehirn ist mit den vererbten genetischen Instruktionen ausgestattet, aber daneben auch empfänglich für jede Art sekundären Einflusses während des Entwicklungsprozesses. Dies kann nur als allgemeines Prinzip gelten. Die Details sind uns unbekannt. Von der Geburt an unterliegt der *Mensch* allen kulturellen Umwelteinflüssen und wird so zu einer *Person*. Die Bedeutung des Umwelteinflusses kann nicht überschätzt werden, wie ich schon in der 7. Vorlesung meiner ersten Gifford-Reihe (Eccles, 1982) ausgeführt habe. Unter dem Einfluß einer gestörten häuslichen Atmosphäre und eines Gefühls der Ablehnung kann ein Kind entfremdet und von Gruppen angezogen werden, die ungebändigte, sich in Gewalt äußernde Aggression ausleben.

Spektakuläre Gewalt hat wahrscheinlich immer schon eine Art hypnotische Anziehungskraft ausgeübt. Mit Entsetzen lese ich von den römischen Gladiatorenkämpfen, einer Form menschlicher Aggression, die sich heute, weniger extrem, in der Form von Boxkämpfen fortsetzt. Aber nun haben wir Horror-Filme und Horror-Fernsehsendungen, die beliebte Attraktionen darstellen. Zum Beispiel behauptet Kubrick, der den schrecklich gewalttätigen sadistischen Film *Clockwork Orange* gemacht hat, zynisch:

> Mich interessiert die brutale und gewalttätige Natur des Menschen, weil sie ein wahres Bild von ihm ist. Der Mensch ist kein edler Wilder; er ist ein unedler Wilder. Er ist irrational, brutal, schwach, dumm ... jeder Versuch, soziale Institutionen auf einer falschen Sicht der menschlichen Natur aufzubauen, ist wahrscheinlich zum Fehlschlagen verdammt.

Alles, woran Kubrick interessiert ist, ist der Profit aus der Darbietung von Brutalität, Bösem und Verderbtheit.

Hayek (1978) formuliert zutreffend:

> Es ist die Ernte jener Saat, die wir nun erhalten. Diese nichtdomestizierten Wilden, die sich selbst darstellen als entfremdet von etwas, das sie nie gekannt haben ... sind das notwendige Produkt einer nachgiebigen Erziehung, der es nicht gelingt, die Bürde der Kultur weiterzugeben und die auf die *natürlichen Instinkte, die die Instinkte der Wilden sind*, vertraut.

Fernsehen, Kino und auch die Trivialliteratur müssen für die Aggression und Gewalt in unserer heutigen Gesellschaft verantwortlich gemacht werden. Ich stimme Thorpe (1974) zu, daß die Pornographie der Gewalt eine größere Gefahr darstellt als die »Pornographie« der Sexualität, wenn sie ohne Gewalt und Perversion dargeboten wird. Weil jedoch ein schöner menschlicher Körper nackt gezeigt wird, wird ein Film von der Zensur für Minderjährige verboten, während die Pornographie der Gewalt an alle Altersklassen herankommt.

Es ist ein bemerkenswerter Tribut an die Menschlichkeit, daß sogar bei derartig schrecklichen Einflüssen an Gewalt unsere Gesellschaft so friedfertig ist. Die akademischen Mandarine, die diese Bücher über die Verderbtheit der Menschheit schreiben, scheinen die eigentliche Anständigkeit der einfachen Leute, wie ich sie nennen möchte, nicht zu sehen. Am 14. August letzten Jahres, als ich vor einem Lokal in dem kleinen Badeort Capo San Vito auf Sizilien beim Abendessen saß, hatte ich folgendes Erlebnis. Fast zwei Stunden lang promenierten, anläßlich des Festes Mariä Himmelfahrt, die

Einwohner wie auf einer Bühne dicht gedrängt auf der Straße, Hunderte von Familien, die alle ihre besten Kleider angezogen hatten, mit ihren Kindern und Kinderwagen. Beim Auf- und Abgehen – die Straße war für den Verkehr gesperrt – grüßten sie sich gegenseitig, unterhielten sich und lachten fröhlich. Die jungen Leute fanden sich in Gruppen zusammen. Die einzige unglückliche Person war der Polizist, weil er nichts zu tun hatte! Das ist ein Beispiel aus unserer zivilisierten Gesellschaft, das zu den Geschichten von den einfachen Jäger-Sammler-Völkern paßt.

Ich vertrete daher die These, daß die Menschen mit der Fähigkeit geboren werden, kultivierte Personen zu werden, die mit ihren Mitmenschen in Harmonie leben. Ein gutes Elternhaus und positive Einflüsse durch die Schulkameraden vorausgesetzt, bleiben sie von den Schrecknissen eines großen Teils der sogenannten Unterhaltungsindustrie und von der subversiven Literatur von Morris, Ardrey, Dart, Tiger und Fox und ihren Nachfolgern relativ unberührt. Natürlich erben wir alle ein Gehirn, das mit dem Neuronenapparat, der für aggressive Handlungen geeignet ist, ausgestattet ist, genauso wie wir einen Neuronenapparat für sprachliche Äußerungen haben. Sprechen jedoch ist abhängig von einem Lernprozeß, und dasselbe gilt für aggressives Verhalten und Gewalt. Wir können die Kontrolle lernen; das ist die Funktion unseres großartigen Neocortex. Wie Wilson (1979, S. 115) sagt,

> ... müssen wir ganz bewußt jene schwierigen und kaum betretenen Wege der psychologischen Entwicklung beschreiten, die zur Beherrschung und Verminderung der tiefsitzenden menschlichen Tendenz führen, Gewalttätigkeit zu erlernen.

Natürlich stimme ich dem zu, aber die »kaum betretenen Wege« bestehen darin, was jede Mutter in jeder guten Familie leistet.

Ich möchte hinzufügen, daß beim Erlernen der Kontrolle »Sublimation« höchst wichtig ist. So können wir unsere aggressiven Tendenzen zum Guten wenden. Ohne eine Fähigkeit zur Aggression würde ich nicht so nach einer Leistung streben, die meinen Hoffnungen entspricht. Beim Verfassen dieser Vorlesungen, zum Beispiel, wurde ich von meiner angeborenen Aggression dazu getrieben, ein großes Gebiet an Literatur kritisch zu untersuchen, um es zu bedeutungshaltigen Aussagen zusammenzufassen und kritisch angreifen zu können!

Es gibt jedoch auch eine dunkle Seite in der Zukunft der menschlichen Gesellschaft. Wie Sherrington (1940) in seiner letzten Gifford-Vorlesung so gut erkannte, besteht immer die Bedrohung durch den *Homo praedatorius*, der in vielen Masken auftreten kann:

> Feld um Feld der zivilisierten menschlichen Aktivität wird zum Schauplatz von Konflikten, die kaum weniger mörderisch sind als der Krieg. Der Krieg der Wirtschaft und des Handels sowie der Klassenkampf sind für den Homo praedatorius symptomatisch. Leibeigenschaft und Sklaverei sind mit seiner Herrschaft verbunden, wenn auch nicht im wörtlichen Sinn. Unter seiner Herrschaft werden die zu Opfern gemachten Klassen im Staat mit Schande und Verbannung gestraft. Er ist grausam zu Tieren wie zu Menschen. Die Gesetze des Raubtier-Menschen schädigen die Lebensorganisation der sozialen Menschheit an ihrer Wurzel.

Es besteht immer die heimtückische Bedrohung von seiten derer, die gierig nach Machtpositionen streben und denen es eher um ihr eigenes Weiterkommen geht als um das altruistische Motiv, den besten Beitrag zur Kultur und zum Wohlergehen der Gesellschaft zu leisten. Heute ist jede freie Gesellschaft, mehr als je zuvor, vom internationalen Bandenterrorismus bedroht. Terroristen können sich hinter politischen Masken verbergen, wie zum Beispiel hinter der Idee, die »verdorbene« Gesellschaft, in der sie leben, zerstören zu müssen, um eine tausendjährige Zukunft zu erlangen. Viele aus der »liberalen Linken« sind diesen Gefahren gegenüber blind gewesen. Aber die kriminellen Schrecknisse ihrer – der Terroristen – Morde, ihrer Menschen- und Flugzeugentführungen offenbaren, was sie wirklich sind: kriminelle Meuchelmörder, die triumphierend zerstören und töten und denen jede konstruktive Ideologie völlig fehlt. Am Ende wird erkannt, daß man mit diesen Kriminellen, die eine besonders bösartige Form des Homo praedatorius vorstellen, nicht verhandeln kann. Sie müssen bis auf den Tod bekämpft werden. Conor Cruise O'Brien schließt in seinem Artikel »Liberty and Terror« (Encounter, Oktober 1977): »Wie lange es auch dauern mag, der demokratische Kampf gegen die Terroristenreiche im Untergrund, was sie auch immer für Wahlsprüche haben mögen, ist ein Kampf für die wahre Freiheit der wirklichen Menschen.«

In der Zwischenzeit muß einiges an Freiheit beschnitten werden, um unsere Gesellschaft mit ihren Werten zu erhalten, was zum Thema der nächsten Vorlesung führt, der Suche nach Sinn und Werten.

9. Vorlesung

Die Suche nach Werten und Sinn

Vorbemerkung

Eine einfache Definition von Werten führt zur Betrachtung ihres Ursprungs und ihrer Entwicklung innerhalb der kulturellen Evolution. Die große griechische Tradition wird besonders erwähnt. Obwohl *absolute Werte* jenseits unseres Kenntnisbereichs liegen, wird vertreten, daß in den Natur- und Geisteswissenschaften unser höchstes Streben der Suche nach absoluten Werten gewidmet ist, zum Beispiel der Suche nach wissenschaftlicher Wahrheit und idealer Schönheit.

In der modernen Welt wird Werten oft eine materielle Konnotation zugeteilt – Marktwerte. Der Begriff »angeborene Werte«, mit dem Gehirn als einem von Werten gelenkten Entscheidungssystem, ist dem Begriff »Pseudaltruismus« vergleichbar.

Das Thema Naturwissenschaft und Werte beinhaltet eine kritische Beurteilung von Monods Behauptung, daß »objektives Wissen die einzige authentische Quelle der Wahrheit« sei. Diese Behauptung ist mit einem bösen Angriff auf alle traditionellen Werte und einem Leugnen jeden Zwecks in der Natur verbunden. Ich werde argumentieren, daß Monods Dogmatismus auf einer Vermischung von naturwissenschaftlichem Denken und einer emotionellen Reaktion gegen das, was er die »animistische Tradition« nennt, beruht. Gegen Monod werden die weisen und tiefsinnigen Aussagen Heisenbergs und Eddingtons über Werte angeführt, und es wird auf Zitate von Popper und Planck verwiesen.

Es wird gezeigt, daß die allgemeine Meinung, die Naturwissenschaften behandelten Tatsachen und die Geisteswissenschaften Werte, oberflächlich und unrichtig ist. *Naturwissenschaft ist durchdrungen von Werten, ethischen Werten bei der Suche nach Wahrheit und ästhetischen Werten bei der konzeptuellen Beurteilung von Hypothesen.*

Die Vorlesung schließt mit einer Betrachtung zweier eng miteinander verbundener Themen: dem Zweck und dem Sinn des Lebens. Neuere Bücher von Thorpe und Granit sind zweckbetonenden Konzepten in der Biologie gewidmet. Anpassungsfähigkeit, die ein zweckgerichtetes Verhalten bewirkt hat, wird als der große Höhepunkt der Evolution gepriesen – *der Zweck ist in eine Zufallswelt eingetreten.* Ihre gesunden Ansichten stehen im Kontrast zu den dogmatischen, wissenschaftsgläubigen Behauptungen im letzten Kapitel von Monods Buch.

Die Frage des Sinns wird in bezug auf die gegenwärtig vorherrschende Philosophie, daß Fragen nach dem Sinn nicht gestellt – oder beantwortet – werden sollten, betrachtet. Viktor Frankl verleiht der dringenden Notwendigkeit und der Bedeutung der Suche nach Sinn in dieser Zeit deutlich Ausdruck. Die letzte Vorlesung wird einer Beantwortung dieser Aufgabe gewidmet sein.

9.1 Der Ursprung der Werte

Werte können sehr einfach als das angesehen werden, was wir hoch einschätzen. Sie stehen am Grund unserer Urteile und unserer Entscheidungen, das eine oder das andere zu tun. Jeder von uns besitzt eine Wertskala oder ein Wertesystem, das zwar vielleicht nicht bewußt wahrgenommen wird, dennoch aber die Grundlage unserer Entscheidungen liefert; natürlich besteht seine Rolle eher im Geneigtmachen als im Bestimmen. Solche Verhaltensregeln werden genauso erlernt wie die Sprache. Das Gehirn enthält in seinem Aufbau die Fähigkeit zur Sprache. In der biologischen Evolution haben sich große Sprachfelder im Neocortex entwickelt, und sie sind von Geburt an vorgeformt, noch bevor sie für diejenige Sprache, die gehört wird, benutzt werden. Auf die gleiche Weise ist das Gehirn auch mit der Fähigkeit, nach einem Wertesystem ausgerichtetes Verhalten zu zeigen, ausgerüstet, und das zuerst gelernte Wertesystem ist das der uns umgebenden Kultur. Wie die Sprache sind auch Wertesysteme wichtige Komponenten von Welt 3.

Wie es auch rudimentäre Kommunikation bei Tieren gibt, so gibt es auch rudimentäre Wertesysteme, wie man an der sozialen Organisation bei Tieren sehen kann, die vielleicht nicht rein instinktiv ist; oder vielleicht auch an den seltenen altruistischen Handlungen des Nahrungsteilens, wie es in der 8. Vorlesung erwähnt wurde. Über die Entwicklung der Kultur früher Hominiden (vgl. Isaac, 1978) können wir höchstens Spekulationen anstellen. Sie war verbunden mit der Entwicklung eines sozialen Zusammenhalts, Nahrungsteilen, Sprache und Werkzeugherstellung. Auf diese Weise entwickelten sich wohl auch Werte, zum Beispiel für die Produkte der Werkzeugherstellung, die über Hunderttausende von Jahren hinweg zunehmend besser wurden. Wir können aber vermuten, daß sich, was noch wichtiger war, auch die sprachliche Kommunikation und die gesellschaftliche Organisation allmählich verbessert hat.

Im Zusammenhang mit der Herkunft des Menschen sagt Sherrington (1964, S. 383 f.):

> Wir denken mit Grausen an jenen uralten biologischen vormenschlichen Schauplatz, von dem, wie wir gelernt haben, wir herkamen; dort war kein Leben eine geheiligte Sache. Dort verstrichen Millionen Jahre von Leiden ohne einen Augenblick von Mitleid, geschweige von Gnade. Dort war das Leben, das mit der angeborenen Lust zu leben begabt ist, noch in eine Lage versetzt, die es oft gezwungen hat, zu töten oder zu sterben. Für den Menschen, der sich zum Teil von diesen Umständen befreite, hat sich die Lage geändert. ... In ihm selbst liegt die Veränderung. Woher sind seine »Werte« gekommen? Alle diese anderen Geschöpfe, sogar die ihm ähnlichsten, scheinen keine »Werte« zu kennen. Für ihn erwächst ein Dilemma und ein Widerspruch. Im Gegensatz dazu gewinnt er langsam die Einsicht, daß Altruismus, Nächstenliebe, als Pflicht dem denkenden Leben auferlegt sind. Daß ein Ziel bewußter Lebensführung Selbstlosigkeit sein muß. Aber das bedeutet, gerade die Mittel und Wege, die ihn bis hierher gebracht haben und ihn erhalten, zu mißbilligen. Von allen seinen neugefundenen Werten wird sich vielleicht der Altruismus am schwersten durchsetzen. Hat doch so lange Zeit das »Selbst« sich nur um sich als Zweck und Ziel gekümmert. ... Wenn er sich mit seinen neugefundenen »Werten« abmüht, hat er dabei doch keine Erfahrung als seine eigene, ... keinen Rat als seinen eigenen.

Hayek (1978) sagt dazu kurz:

> Der Mensch hat sicherlich öfter gelernt, das Richtige zu tun, als er begriffen hatte, warum es das Richtige war, und es ist ihm immer noch oft besser damit gedient, dem Brauch nachzugehen als dem Verständnis. ... So begann eine Tradition von Verhaltensregeln, außerhalb irgendeines Individuums, das sie gelernt hatte, das menschliche Leben zu leiten.

In der 6. Vorlesung der letzten Gifford-Reihe (Eccles, 1982) umriß ich die kulturelle Geschichte der Menschheit bis zur ersten großen Zivilisation – der der Sumerer. Damals gab es schon das erste Dokument der Menschenrechte, den Kodex von Ur-Nammu ungefähr 2100 v. Chr., und außerdem ausgezeichnete künstlerische, literarische und technische Entwicklungen. Den Vorsitz über die komplexe, kreative Gesellschaft eines sumerischen Stadtstaates hatte die priesterliche Verwaltung des Zikkurat, die ihre Autorität von Gott oder von einem Göttersystem ableitete, deren Weisungen von Priestern, entsprechend den Problemen der Untertanen, zu Verhaltensregeln umgedeutet wurden. Neuerdings wird von Julian Jaynes (1976) vertreten, daß die Priester des Zikkurat keine Scharlatane waren, sondern daß sie in einem halluzinatorischen Trancezustand Stimmen hörten, von denen sie wirklich glaubten, sie wären die Stimme des jeweiligen Gottes!

Im Rückblick können wir erkennen, daß die Gesellschaften der frühen Zivilisationen von Wertesystemen geleitet wurden, die aus Verhaltens- und Entscheidungsvorschriften bestanden. Darüber hinaus entwickelten sich diese Systeme langsam weiter und waren, genau wie heute, in den verschiedenen Kulturen – bei den Ägyptern, Sumerern, Assyrern, Indern und Chinesen – sehr verschieden. Im Hinblick auf die kulturelle Evolution sagt Hayek (1978):

> Wenn wir sie verstehen sollen, müssen wir unsere Aufmerksamkeit auf jenen Prozeß des Heraussiebens von Handlungsweisen richten, den die Soziobiologie systematisch vernachlässigt. Er ist ... die wichtigste Quelle dessen, was ... ich menschliche Werte genannt habe.

Es scheint, als ob dieses überall vorhandene kulturelle Milieu ohne kritische Überprüfung unbewußt akzeptiert wurde. Das bewußte Erkennen von Werten scheint mit Sokrates begonnen zu haben, der immer wieder neue Fragen zum Wert des Wissens, zum Zweck von Wissenschaft, Politik, der Künste und sogar des Laufs der Natur gestellt hat. Diese Fragen führten zu der Annahme, daß alles einen Wert habe, also zum allgemeinen Begriff des Wertes. Susanne Langer (1965, S. 15 ff.) sagt treffend:

> Daß alles einen Wert hatte, war zu selbstverständlich, als daß es der besonderen Feststellung bedurft hätte. Es war so selbstverständlich, daß die Ionier es überhaupt nicht bedacht hatten, und an der bloßen Feststellung war Sokrates nichts gelegen. Seine Fragen drehten sich vielmehr darum, *welchen* Wert die Dinge hatten – ob sie gut oder böse waren, an sich oder in ihren Beziehungen zu anderen Dingen, für alle Menschen oder für wenige oder nur für die Götter. Im Lichte dieses neu aufgenommenen alten Begriffes Wert tat sich eine ganze Welt neuer Fragen auf. ... was ist das höchste Gut des Menschen, des Universums? Auf welchen spezifischen Prinzipien beruhen Kunst, Erziehung, Regierung, Heilkunde? ... Warum haben wir Leidenschaften und eine Ahnung von der Wahrheit? Warum leben wir? Warum sterben wir?

Vor diesem Hintergrund entwickelte Platon seine Vorstellungen über die Ideen oder Ideale, von denen die wichtigsten sind: das Gute, das Schöne, das Wahre. Sie wurden als ewig aufgefaßt, von göttlichem Ursprung und als absolute Werte, mit denen alle Werte verglichen wurden. Man muß sehen, daß diese dritte Welt Platons völlig verschieden ist von der Welt 3 Poppers (7. Vorlesung), da sie nach Platon göttlichen Ursprungs ist, während Poppers Welt 3 gänzlich menschlichen Ursprungs ist. Außerdem besteht, was ihre Absolutheit angeht, ein Unterschied. Wenn nach Platon irgend etwas außerhalb der Idee der absoluten Schönheit schön ist, dann ist es schön *aus dem einzigen Grund*, daß es einen Anteil an der Idee der absoluten Schönheit hat. *Und diese Erklärungsweise gilt für alles* (vgl. Popper, 1972). Diese idealistische Dreiheit absoluter Werte lebt in den idealistischen Philosophien neuerer Zeiten weiter. Eine hübsche Variante davon bietet die letzte Zeile von Keats' »Ode an eine griechische Urne«:

> Schönheit ist Wahrheit, Wahrheit Schönheit – nichts
> Ist sonst auf Erden, was wir wissen müssen.

Auch wenn die Welt 3 Poppers gänzlich menschlichen Ursprungs ist, kann sie sich absoluten Werten nähern. Popper (1972) sagt, zum Beispiel, im Hinblick auf die Methodologie der Wissenschaft:

> So führt das Eliminieren von Fehlern zum objektiven Anwachsen unseres Wissens – von Wissen im objektiven Sinn. Es führt zum Anwachsen objektiver Wahrscheinlichkeit; es macht eine Annäherung an die (absolute) Wahrheit möglich.

Popper betrachtet Wissenschaft als *Suche* nach der absoluten Wahrheit, die, wenn auch unerreichbar, das Ziel und Kriterium unserer Bemühungen ist. Im Gegensatz dazu muß der hegelianische Relativismus abgelehnt werden, weil er zu falschen wissenschaftlichen Wahrheiten führt, die auf Ideologien, wie dem Marxismus, gegründet sind. Popper betont die Rolle der Tradition:

> Die Rationalität der Wissenschaft besteht in der Forderung, eine neue Theorie müsse über ihre Vorgänger hinausgehen und deren Erfolge aufrechterhalten. Meine These ist daher, daß Wissenschaft streng und wesentlich auf Tradition gegründet ist; daß es eine Tradition auf zwei Ebenen gibt – eine konservative und eine revolutionäre. Die kritische Tradition ist also zweistöckig aufgebaut; die Tradition erster Ordnung besteht aus dem, was unsere Vorgänger gesagt haben, aus allen ihren verschiedenen Theorien; die Tradition zweiter Ordnung besteht darin, die Tradition erster Ordnung kritisch zu betrachten. ... Die Ethik der Wissenschaft muß in einer Tradition begründet sein, und ich glaube, daß der Verlust dieser Tradition das tatsächliche Ende unserer Zivilisation bedeuten würde. Unter den vielen verschiedenen Elementen, aus denen sich die Ethik der Wissenschaft zusammensetzt, sind die Achtung vor der Wahrheit

> und die Achtung vor dem ursprünglichen Charakter einer kritischen Beurteilung.

Der große Physiker Max Planck (1938) bekräftigte eindrucksvoll seinen Glauben an absolute Werte:

> Ich betone, daß ich immer die Suche nach dem Absoluten als die edelste und lohnendste Aufgabe der Wissenschaft betrachtet habe. ... Diese absoluten Werte in Wissenschaft und Ethik sind die, nach denen zu streben die wahre Aufgabe jedes intellektuell wachen und aktiven Menschen ist. ... Diese Aufgabe ist nie ganz erfüllt – das ist allein durch den Umstand gewährleistet, daß grundlegende wirkliche Fragen ... immer wieder in endlos neuer Form auftauchen und aktiven Menschen ständig neue Aufgaben stellen. Denn die Arbeit ist der günstigste Wind, der das Schiff des menschlichen Lebens auf hoher See steuert, und was die Beurteilung des Wertes dieser Arbeit angeht, so gibt es ein unfehlbares, durch die Zeit bestätigtes Maß, einen Ausspruch, der für alle Zeit das letztendliche Urteil ausdrückt: *An ihren Früchten sollt ihr sie erkennen.*

9.2 Werte in der modernen Welt

In dem umfassenden Symposium *Values and the Future* (Baier und Renscher, 1969) kann man eine stark veränderte Einstellung gegenüber Werten erkennen. Diese selektive Untersuchung von Werten konzentrierte sich auf Themen der Wirtschaft, der Technologie und der Politik, da diese für die »zum Aufbau einer Wissenschaft erforderliche Meßbarkeit« besser geeignet sind. Ich gehe kurz darauf ein, da sie die Grenzen, die in der modernen Welt für Werte gelegt werden, veranschaulicht. Zum Beispiel sagt Baier:

> Daß ich etwas glaube oder hoch einschätze, *besteht darin*, daß ich eine bestimmte Einstellung oder Verhaltensdisposition habe. Ich bin so disponiert, nach dieser meiner Meinung zu handeln, zum Schutz dessen, was ich hoch einschätze. ... *Was* ich jedoch glaube oder hoch einschätze, ist abhängig von der jeweiligen Bewertung. ... Ich schätze Dinge nicht hoch ein, für deren Wertlosigkeit ich schlagende Beweise habe.

Mit diesem Konzept verbunden ist auch seine frühere Aussage:

> Das Konzept des Wertes, gebraucht im Sinne von »der Wert einer Sache«, ist für die traditionelle ökonomische Wert-Theorie zentral. Der Wert, der hier untersucht wird, ist natürlich der sogenannte Tausch- oder Marktwert einer Ware.

Wenn wir den Wert von Besitztümern einschätzen, beugen wir uns den »Marktwerten«, die eine Grundlage der freien Wirtschaft sind.

Eine allgemeine Betrachtung von Werten findet sich bei Pugh (1978) in einer ausführlichen und anspruchsvollen Schrift mit dem Titel: *The Biological Origin of Human Values.* Entsprechend dem angeborenen Altruismus der Soziobiologen, den ich in der 8. Vorlesung Pseudaltruismus genannt habe, wird von Pugh vertreten, daß es angeborene Werte gibt, die Produkte des evolutionären Bauplans und »in die Bauelemente der Gehirne der heutigen Menschen eingebaut sind, … ein Erzeugnis von Evolution und Genetik«.

Die Liste der angeborenen Werte schließt die unangenehmen – Schmerz, Hunger, Durst, Trauer, Scham, Furcht, Ärger – und die angenehmen – Trost, angenehme Berührung, guter Geschmack, guter Geruch, Freude, Stolz und sexuelle Erfahrung – mit ein. Das ist ganz sicher ein gut gemischtes Sortiment, und es würde auf einen modernen Schimpansen genauso zutreffen wie auf einen modernen Menschen! Wie erwartet, ist Pugh ein Anhänger der Soziobiologie. Mein Kommentar dazu ist, daß der Begriff »angeborener Wert« einen falschen Gebrauch des Konzepts »Wert« darstellt. *Für die wesentlichen Werte im Leben der Menschen gibt es keine Gene. Diese Werte entwikkeln sich im Laufe unserer kulturellen Evolution, wobei die biologische Evolution dazu beiträgt, indem sie das Gehirn mit den entsprechenden Fähigkeiten ausstattet.* Die Verwirklichung dieser Möglichkeiten ist vom Erziehungsprozeß abhängig.

Im größeren Teil seines Buches spricht Pugh von Werten aus der Perspektive der Entscheidungstheorie. Das Gehirn des Menschen ist ein von Werten gelenktes Entscheidungssystem, das sich in der biologischen Evolution entwickelt hat. Dieses Buch soll »die Untersuchung von Werten zum erstenmal auf einer festen, naturwissenschaftlichen Grundlage« vornehmen. Diese Aussagen gelten natürlich für die angeborenen Werte, die für mich mit dem Pseudaltruismus (vgl. 8. Vorlesung) auf einer Linie liegen. Glücklicherweise ist sich Pugh nicht sicher, inwieweit intellektuelle Werte der Kategorie »angeboren« angehören. Er zweifelt zum Beispiel daran, ob es mit der Wahrheit verknüpfte angeborene Werte gibt, obwohl er glaubt, daß »instinktive Werte« unsere Beurteilung von Kunst beeinflussen.

Im letzten Teil seiner Schrift bezieht sich Pugh auf Werte, wie sie gewöhnlich gesehen werden, nämlich als »sekundäre Werte, die die Produkte rationalen Denkens sind und daher auch aufgrund des rationalen Denkens Veränderungen unterliegen«. In diesem Abschnitt geht er von seiner nüchternen Systemtheorie mit angeborenen Werten ab und schreibt über Werte wie ein echter Humanist:

> Einige der wichtigsten menschlichen Werte sind eher emotional als rational. Wenn wir in unserem persönlichen Leben zu eng intellektuell und analytisch werden, besteht das Risiko, daß Emotionen gehemmt werden und der Lebenseifer betäubt wird. Um den vollen Nutzen aus der Theorie als einem sozialen Konzept und einer persönlichen Philosophie zu gewinnen, ist es notwendig, die symbolische und emotionale Seite der Theorie zu erforschen. Dieser endgültige Perspektivenwechsel kann nicht auf wissenschaftliche Weise geschehen. Man braucht emotionale und künstlerische Methoden, und es ist eine Aufgabe für freischaffende Künstler, Schriftsteller, Musiker und geistig-moralische Führer ... Wir dürfen den wissenschaftlichen Antworten nicht erlauben, die philosophischen Fragen zu verderben. Aus einer subjektiven und emotionalen Perspektive heraus verbleiben die grundlegenden Geheimnisse der menschlichen Existenz ein tiefgreifendes persönliches Rätsel – mit dem Ergebnis, daß wir die Mehrdeutigkeit und Rätselhaftigkeit literarischer und poetischer Spekulationen genießen. ... Die Betonung der wissenschaftlichen Methode in der modernen Erziehung, verbunden mit der Aufhebung der Betonung der Bedeutung geistiger, religiöser und philosophischer Konzepte, hat in unserer Kultur eine Verzerrung bewirkt, bei der die »rationalen« materialistischen Werte überbetont und die geistigen und emotionalen Werte größtenteils ignoriert oder vom »rationalen« Verstand unterdrückt werden.

Pugh ist ein Denker mit großem Anliegen und Mut. Ich glaube, daß er den Ansatz über angeborene Wertsysteme im ersten Abschnitt seines Buches überbetont hat, was seiner Bemühung entspricht, einen radikal neuen Zugang zum Thema Werte zu finden. Seine Kritik an den gängigen Erziehungspraktiken ist höchst aktuell. Das Weitergeben moralischer Werte an die Jugend wird oft als Indoktrinieren oder gar als Gehirnwäsche verspottet. Würden diese Kritiker das gleiche vom Weitergeben einer Sprache sagen? Ich möchte behaupten, daß es Kindern gegenüber ein Verbrechen wäre, sie beim Erlernen einer Sprache ihren eigenen Möglichkeiten zu überlassen. Sie würden daraus einen lebenslangen Mangel erleiden. Die wunderbaren genetisch eingeplanten Möglichkeiten im Gehirn für jegliche menschliche Ausdrucksweise in Form von Sprache verfallen, wenn sie nicht in den prägenden Jahren intensiv entwickelt werden. Dasselbe gilt für die moralische Erziehung. Das für Eindrücke empfängliche Gehirn des Kindes muß moralische Instruktionen erhalten, wenn es nicht zu einem Erwachsenen werden soll, der in seinen menschlichen Qualitäten lebenslänglich verstümmelt oder gestört ist. Die Vernachlässigung der Moralerziehung ist ebenso ein Verbrechen, wie wenn man Kinder mit einer unzulänglichen sprachlichen Leistungsfähigkeit heranwachsen ließe.

9.3 Wissenschaft und Werte

Leider hat Monod seine großen wissenschaftlichen Leistungen und die ausgezeichneten wissenschaftlichen Kapitel seines Buches *Zufall und Notwendigkeit* durch eine übertriebene Ideologie verwirrt und mit ihr verwoben. Als Naturwissenschaftler muß man den bösen Angriff Monods auf alle Wertsysteme zur Kenntnis nehmen. Er sagt (1971, S. 30):

> Grundpfeiler der wissenschaftlichen Methode ist das Postulat der Objektivität der Natur. Das bedeutet die *systematische* Absage an jede Erwägung, es könne zu einer »wahren« Erkenntnis führen, wenn man die Erscheinungen durch eine Endursache, d.h. durch ein »Projekt«, deutet.

Diese Deutung bezeichnet er verächtlich als »Animismus«. Sein Dogmatismus wird später noch kritisiert werden. Diese Argumentationsweise setzt er mit Vehemenz in seinem apokalyptischen letzten Kapitel fort, das passend überschrieben ist mit »Das Reich und die Finsternis«. Ich muß diese fast unglaublichen Tiraden gegen jede Art moderner Gesellschaft einschließlich der liberalen und der marxistischen ausführlich zitieren (S. 209f.):

> In den primitiven wie in den klassischen Kulturen fielen die Quellen der Erkenntnis und der Wertvorstellungen in der animistischen Überlieferung zusammen. Zum erstenmal in der Geschichte soll eine Zivilisation entstehen, die auf den überlieferten Animismus als Quelle der Erkenntnis, als Ursprung der *Wahrheit* verzichtet, aber in der Begründung ihrer Wertvorstellungen hoffnungslos an ihn gebunden bleibt. Die »liberalen« Gesellschaften des Westens verkünden als Grundlage ihrer Moral nach außen immer noch eine abstoßende Mischung aus jüdisch-christlicher Religiosität, »wissenschaftlicher« Fortschrittsgläubigkeit, »natürlichen« Menschenrechten und utilitaristischem Pragmatismus. ... Ungeachtet dessen lassen sich alle diese im Animismus verwurzelten Systeme nicht mit der objektiven Erkenntnis und der Wahrheit vereinbaren; sie stehen der Wissenschaft gleichgültig und schließlich sogar *feindselig* gegenüber: sie wollen sich die Wissenschaft zunutze machen, aber sie wollen sie nicht respektieren und ihr dienen. So groß ist die Kluft und so offenkundig die Lüge, daß es das Gewissen eines jeden Menschen quält und zerreißt, der über einige Kultur und Intelligenz verfügt und von jener moralischen Angst nicht losgelassen wird, die die Ursache allen Schaffens ist. ... Die Absage richtet sich deutlich gegen die wichtigste Botschaft der Wissenschaft. Man fürchtet sich vor dem Sakrileg, vor dem Anschlag auf die Wertvorstellungen. Diese Furcht ist völlig gerechtfertigt. Es ist schon richtig, daß die Wissenschaft die Wertvorstellungen antastet. Nicht direkt zwar, denn sie gibt keine Urteile über sie ab und *soll* sie auch ignorieren; aber sie zerstört alle mythischen oder philosophischen Ontogenien, auf denen für die animistische Tradi-

tion – von den australischen Ureinwohnern bis zu den materialistischen Dialektikern – die Werte, die Moral, die Pflichten, Rechte und Verbote beruhen sollten.

Es darf nebenbei bemerkt werden, daß Monod, nachdem er Werte und Moral »verflucht« hat, es wagt, an das »Gewissen« und die »moralische Angst« zu appellieren! Nachdem er so die Werte jeder möglichen Gesellschaft abgeschafft hat, da sie ja alle von Animismus gefärbt sind, versucht er auf der letzten Seite von »Das Reich und die Finsternis« sein Dogma, daß »objektives Wissen die einzige authentische Quelle der Wahrheit ist«, mit den sich widersprechenden Argumenten auf Seite 214 f. noch zu retten. Er argumentiert:

> ... um sie [die wahre Erkenntnis] zu begründen, bedarf es eines Werturteils. ... Die Aufstellung des Objektivitätspostulats als Bedingung wahrer Erkenntnis stellt offensichtlich *eine ethische Entscheidung und nicht ein Erkenntnisurteil* dar, denn *dem Postulat zufolge konnte es vor dieser unausweichlichen Entscheidung keine »wahre« Erkenntnis geben. ...* wird *die Erkenntnis durch die ethische Entscheidung für einen grundlegenden Wert begründet.*

So muß bei dieser erstaunlichen Taktik für die unausweichliche Entscheidung der wahren Erkenntnis schnell das ethische Werturteil eingeführt werden; kurz vorher wird uns jedoch gesagt: »Ethik [ist] für immer vom Objektbereich der Erkenntnis ausgeschlossen.« (S. 212)

In seiner Besprechung von *Zufall und Notwendigkeit* in *The Times* (11. Mai 1972) stellt Thorpe diese logische Unstimmigkeit heraus und sagt, er fühle »sich von einem vagen Hirngespinst, zusammengesetzt aus Teilhard de Chardin, D.H. Lawrence und J.P. Sartre bedroht«.

Thorpe (1978) kommentiert außerdem:

> Monod und ich gingen eingestandenermaßen von der gleichen grundlegenden Meinung aus, daß sich ein Versuch, die Natur zu verstehen, auf die Art, wie er von der Naturwissenschaft unternommen wird, von der Sache her lohnt ... wir glauben, daß die Ergebnisse, wenn sie durch strenges, zwingendes Denken erreicht wurden, ihren eigenen inneren Wert für die Menschheit haben. Dieser »Wert« beinhaltet, was ich »natürliche Religion« oder eine »Metaphysik« nenne, auch wenn Monod keinen dieser Begriffe verwenden würde.

Ich möchte nun die folgende dogmatische Behauptung Monods kritisieren:

> Naturwissenschaft, wie wir sie heute verstehen ... setzt die unbeugsame strenge Kritik, die im Objektivitätspostulat enthalten ist, voraus – hart, rein, für

immer unzeigbar ... das *Nicht-Existieren* – nirgends in der Natur – eines Zwecks, eines verfolgten Ziels.

Man muß sich dabei fragen, wie dieser Dogmatismus vertreten werden kann im Angesicht der vielen Gegenbeispiele, die von großen Wissenschaftlern im 20. Jahrhundert geschaffen wurden; sie schienen in der Naturwissenschaft ganz gut weiterzukommen, trotz ihres Glaubens an einen Sinn oder Zweck des Lebens, und besonders in der Biologie und beim menschlichen Leben, und sie glaubten an Werte und ethische Grundsätze. Ich führe hier eine Liste von Publikationen zu diesem Thema an; detaillierten Bezug auf einzelne davon habe ich in der 1. Vorlesung der ersten Gifford-Reihe genommen (Eccles, 1982) und ich werde später in dieser Vorlesung und in der nächsten noch auf einige zurückkommen: Planck (1937, 1950); Schrödinger (1958); Heisenberg (1971); Eddington (1939); Hinshelwood (1961); Polanyi und Prosch (1975); Sherrington (1940); Thorpe (1962, 1974, 1978); Wigner (1964, 1969); Sperry (1975, 1976).

Monod scheint die veröffentlichten Zeugnisse dieser großen Naturwissenschaftler nicht zu kennen. Sie praktizierten Naturwissenschaft, ohne »das Nicht-Existieren – nirgends in der Natur – eines Zwecks, eines verfolgten Ziels« zu erkennen, das Monod zum Grundstock seiner wissenschaftlichen Methode macht. Das ist Beweis genug, seine dogmatische Behauptung zurückzuweisen. Einige dieser Schriften sind erst nach *Zufall und Notwendigkeit* entstanden; alle Autoren hatten jedoch schon früher publiziert.

Cournand und Meyer (1976) greifen Monod ernsthaft mit der Begründung an, er habe mit seiner Besessenheit von der Objektivität viele grundlegende Verpflichtungen eines Naturwissenschaftlers vernachlässigt. Sie führen weiter an, daß Monods

Argument, wenn man es akzeptiert, nicht die Notwendigkeit mit sich bringt, »animistische« Werte aufzugeben, sondern nur, zu erkennen, daß sie nicht aus naturwissenschaftlichen Kenntnissen abgeleitet werden können. Er hat nicht gezeigt, daß sie mit der Naturwissenschaft unvereinbar und ihr gegenüber feindlich sind.

Für diese Sätze bin ich dankbar, da Monod bei verschiedenen Gelegenheiten so freundlich war, mir vorzuwerfen, ich sei ein Animist!

Skolimowski (1974) kritisierte die Unstimmigkeit von Monods Position im Hinblick auf seine Einschränkung der Wissenschaft durch das Prinzip der Objektivität und stellt heraus, wie große Naturwissenschaftler in der Vergangenheit an einen »Master Plan« geglaubt haben – zum Beispiel Kopernikus und Newton. Über Monods eingeschränkte Verwendung des Begriffs Objektivität (vgl. Monod, 1974) hat es einige Verwirrung gegeben. Um weitere solche Verwirrungen zu vermeiden, möchte ich versuchen, Objektivität in ihrer üblichen philosophischen Bedeutung mit einer prägnanten Aussage von Popper (1972) wieder zu klären:

> Nur objektives Wissen ist kritisierbar; subjektives Wissen wird nur dann kritisierbar, wenn es objektiv wird. Und es wird objektiv, wenn wir *sagen*, was wir denken; und mehr noch, wenn wir es *niederschreiben* oder *drucken*.

Kehren wir nun zu demselben traditionellen Werteverständnis zurück, das wir in den frühen Zitaten von Popper (1972, 1975) und Planck (1950) kennengelernt haben. Heisenberg (1971) hat über Werte weise und tiefsinnig gesprochen:

> Die Frage der Werte ist nichts weiter als die Frage unserer Handlungen, Ziele und Moralvorstellungen. Sie betrifft den Kompaß, mit dessen Hilfe wir unser Schiff steuern müssen, wenn wir auf einem ehrlichen Kurs durchs Leben gelangen wollen. Dieser Kompaß selbst ist verschieden benannt worden in den verschiedenen Religionen und Philosophien: Glück, Gottes Wille, der Sinn des Lebens, um nur ein paar zu nennen. Die Unterschiede in den Bezeichnungen sind die äußeren Zeichen grundlegender Unterschiede im Bewußtsein der verschiedenen Menschen. Ich möchte diese Unterschiede nicht schmälern, aber ich habe den deutlichen Eindruck, daß solche Formulierungen nur versuchen, den Bezug des Menschen auf eine zentrale Ordnung auszudrücken. ... bei einer endgültigen Analyse muß sich die zentrale Ordnung, die »eine«, wie sie genannt zu werden pflegt und mit der wir in der Sprache der Religion kommunizieren, durchsetzen. Und wenn die Menschen nach Werten suchen, dann suchen sie wahrscheinlich nach den Handlungen, die sich mit der zentralen Ordnung im Einklang befinden und so frei von den Verwirrungen sind, die den geteilten Unterordnungen entspringen. Die Macht der »einen« kann an der Tatsache selbst abgelesen werden, daß wir das Ordentliche gut und das Verwirrende und Chaotische schlecht empfinden.

Der große Philosoph und Physiker Eddington (1939) hat Ansichten dargelegt, die denen von Heisenberg vergleichbar sind. Die Möglichkeit der Beliebigkeit der vom menschlichen Bewußtsein abgeleiteten Werte führte ihn zu einem Glauben an absolute Werte und daran, daß wir »optimistisch darauf vertrauen können, daß unsere Werte eine blasse Reflektion jener des Absoluten Bewerters sind«.

Zum Thema Wissenschaft und Werte ist es noch wichtig, den weitverbreiteten Glauben, Wissenschaft sei wertfrei, zu nennen und zu widerlegen. »Naturwissenschaft beschäftigt sich mit Tatsachen, Geisteswissenschaft mit Werten.« Das ist eine grundlegend falsche Sichtweise der Naturwissenschaft, die ja den großen Versuch darstellt, alle natürlichen Phänomene zu verstehen – anorganische, biologische und psychologische. Naturwissenschaftliche Theorien sind keine Tatsachen. Sie gehören zu Welt 3. Streng genommen haben die Tatsachen in der Naturwissenschaft ihre Aufgaben beim Überprüfen von Theorien und als Hintergrund für die Entwicklung neuer Theorien (Popper, 1959). Wie in der 1. Vorlesung erwähnt wurde, hat Sperry viele Jahre lang die Auffassung von einer gegenseitigen Interaktion von bewußten Phänomenen und Gehirn-Prozessen vertreten, wobei die geistigen Prozesse über die physiologischen hinausgehen. Sperry (1975) sagt dazu:

> Subjektive Werte jeder Art, sogar ästhetische, geistige und irrationale, erweisen sich als kausale Kontrollelemente beim Entscheidungsprozeß im Gehirn – zusammen mit allen anderen Komponenten der Welt der inneren Erfahrungen. ... alle geistigen Phänomene, einschließlich der Erzeugung von Werten, können bei der Entscheidungsbildung als kausal einwirkende Faktoren angesehen werden. ... Wenn Urteile über Falsch und Richtig auf der Grundlage dessen, was wahr ist, unter Vermeidung dessen, was unwahr ist, am ehesten erreicht werden, so scheint auch die Naturwissenschaft eine führende Rolle bei der Bestimmung ethischer Werte zu verdienen, anstatt dafür disqualifiziert zu werden.

Er schließt dann ab mit dem Satz: Naturwissenschaft beschäftigt sich genauso mit Werten wie mit Tatsachen.

9.4 Schlußfolgerungen zum Thema Werte

Eine Zusammenfassung der oben angeführten verschiedenen Ansichten oder Beurteilungen ist unmöglich. Aber ich will versuchen, daraus meine philosophische Position zu entwickeln, die sich auf das traditionelle Verständnis von Werten, die zu einem bestimmten Grad am absoluten Ideal teilhaben, gründet, das sich, wie wir an den Zitaten gesehen haben, durch Sherrington, Popper, Planck, Heisenberg und Eddington im 20. Jahrhundert fortsetzt.

Die kulturellen Errungenschaften der Menschheit zeugen von der Suche nach absoluten Werten, die alle großen kreativen Geister motiviert und inspiriert hat. Man kann sagen, daß absolute Werte, symbolisch gesehen, wegweisende Lichter waren. Man kann das verstehen, wenn man die wissenschaftlichen Bemühungen von Kepler,

Newton und Einstein zum Verständnis der Natur betrachtet. Daß große Geister auf diese Weise geleitet werden, können wir auch auf anderen Gebieten kultureller Leistungen feststellen: bei der Philosophie, der Religion, der Literatur, Geschichte und der Kunst. Das Denken und Trachten der Menschheit zum Wahren, Guten und Schönen haben zur Suche nach Gerechtigkeit und zur Suche nach ethischen Richtlinien in der Gesellschaftsordnung geführt. Die traditionellen Werte des Wahren, des Guten und des Schönen sind mit den großen kulturellen Errungenschaften verwoben und werden als Urteilskriterien verwendet. Man sollte nicht den Anspruch erheben, durch irgendein menschliches Tun könnten absolute Werte erreicht werden. So ist es zum Beispiel das Ziel des Naturwissenschaftlers, ein tieferes und breiteres Verständnis der Phänomene der Natur durch Hypothesen größtmöglicher Allgemeinheit zu erhalten, aber man darf nicht behaupten, daß irgendeine Hypothese eine absolute Wahrheit darstellt. Was wir bis jetzt erreicht haben, ist nur die weitestmögliche Annäherung an die Wahrheit, und diese Annäherung wird zweifellos noch übertroffen werden. In diesem Sinn kann wissenschaftliches Vorgehen als eine Suche nach absoluten Werten betrachtet werden, nicht nur nach der Wahrheit, sondern auch nach der Schönheit. Erkennen wir nicht die Schönheit einer wunderbaren neuen Einsicht von großer Allgemeingültigkeit und Einfachheit genauso wie ihre Wahrheit, wie zum Beispiel der Doppelhelix des genetischen Codes?

Es ist wichtig zu sehen, daß Wissenschaft nicht auf meßbare Phänomene beschränkt ist. Im Gegenteil, das wesentliche Merkmal der Wissenschaft ist, daß sie auf kreativer Vorstellungskraft und vernünftiger Kritik beruht. Die Harmonie unter den Wissenschaften leitet sich aus ihren gemeinsamen metaphysischen Prinzipien ab, daß nämlich bei dem Versuch, Hypothesen zu entwickeln, die mit bestehenden Kenntnissen übereinstimmen und die auf die Herausforderung durch neue, in der Forschung entdeckte Nachweise warten, kreative Vorstellungskraft erforderlich ist. Das Ziel ist immer, sich der absoluten Wahrheit mehr und mehr zu nähern.

Wissenschaft ist durchdrungen von Werten – von ethischen Werten bei unseren kritischen Bemühungen, die Wahrheit zu erkennen, und von ästhetischen Werten bei unseren konzeptuellen Vorstellungen und bei der Beurteilung unserer Hypothesen. Wenn wir der Menschheit ein Verständnis von Wissenschaft als einem menschlichen Unterfangen, die Natur und uns selbst zu verstehen, vermitteln könnten, dann würde die Wissenschaft als eine große und edle menschliche Errungenschaft anerkannt werden. Stattdessen läuft sie Gefahr, zu einem großen Monster zu werden, das gefürchtet und vielleicht auch verehrt wird, das aber die Gefahr der Zerstörung der Menschheit in sich trägt.

9.5 Sinn und Zweck des Lebens

Diese beiden Begriffe sind eng miteinander verwandt. »Sinn« enthält einen besonderen Bezug auf die Bedeutung und auf die Werte des Lebens, während »Zweck« spezifischer ist, insbesondere im Zusammenhang mit dem Funktionieren von Organismen. In Zeiten, in denen die materialistisch-behavioristische Philosophie die Biologie beherrschte, wurde jeder Hinweis auf einen Zweck als Anreicherung der Teleologie und ihrer verbotenen Implikationen, das Leben sei im Hinblick auf finale Gründe zweckgerichtet, zurückgewiesen. Sogar Monod (1971) mußte sich durch Verwendung des Begriffs »Teleonomie« anstelle von Teleologie gegen diese Einschränkung auflehnen. Und neuerdings gibt es zwei Bücher von angesehenen Biologen, die den Begriff »Zweck« (purpose) im Titel haben – *The Purposive Brain* von Granit (1977) und *Purpose in a World of Chance* von Thorpe (1978).

Granit (1977) kommentiert weise und geistreich:

> Ich bin mit der Zweckgerichtetheit ganz zufrieden, weil, wie wir sehen werden, viele neuronale Vorgänge definitiv einen Zweck haben. ... Natürlich ist es oft möglich und erwünscht, die Zweckgerichtetheit bei der Erforschung bekannter neuronaler Vorgänge vom physikalisch-chemischen Gesichtspunkt aus zu vernachlässigen. Es kann schon geschehen, daß der Zweck vorübergehend verschwindet, wie die grinsende Cheshire-Katze. Wenn dann jedoch einer versucht, die Einzelteile zu einem Ganzen zusammenzufügen, es aber auf teleologisch unlogische Art tut, materialisiert sich die Katze wieder und grinst den Pfuscher höhnisch an, der den wesentlichen Punkt ausläßt. Bei der Annäherung an den gleichen neuronalen Vorgang haben wir es eigentlich mit zwei Wegen zu tun – dem Warum und dem Wie.

Es ist hier von Relevanz, auf den Teil eines Zitats von Sherrington (1964), das ich in der 8. Vorlesung anführte, zurückzukommen. Er sprach von der Mutter Natur als dem »Mittel einer höheren Absicht ... [dem] Werkzeug einer Macht, die zu groß ist, als daß deine jetzige Einsicht an sie heranreicht. Versuche also deine Einsicht wachsen zu lassen«.

Monod (1971, S. 219) versucht, in seine existentialistische Welt der Naturwissenschaft mit ihrem authentischen, sich auf die »Ethik des Wissens« stützenden Diskurs einen Sinn zu bringen:

> ... und hier würde er [der Mensch], von materiellen Zwängen wie auch von der Knechtschaft der animistischen Lüge immer mehr befreit, endlich sein wahres Leben entfalten können; er würde von Institutionen geschützt, ... die ihm in seinem einmaligen, unwiederbringlichen Wesen dienen müßten.
> Das ist vielleicht eine Utopie, ... Der Alte Bund ist zerbrochen; der Mensch weiß endlich, daß er in der teilnahmslosen Unermeßlichkeit des Universums allein ist, aus dem er zufällig hervortrat. Nicht nur sein Los, auch seine Pflicht steht nirgendwo geschrieben. Es ist an ihm, zwischen dem Reich und der Finsternis zu wählen.

Das messianische Motiv des »Reichs« beunruhigt mich. Es klingt wie ein elitäres Reich, wo gewöhnliche Leute weder Platz noch Sinn haben. Starke Abneigung jedoch wird bei mir geweckt durch diesen durchdringenden Dogmatismus. Ich würde das Recht fordern, weder Monods »Reich« noch den »anderen Ort« wählen zu müssen! Es scheint, daß »die Knechtschaft der animistischen Lüge« mit ihren Möglichkeiten der Erfüllung in Liebe, Freundschaft, Kunst, Musik und Literatur viel attraktiver ist, und ebenso mit der Hoffnung, daß es nicht »zufällig« ist, sondern daß wir an einem großen Plan mit einem transzendentalen Sinn teilhaben, was das Thema meiner letzten Gifford-Reihe – »Das Rätsel Mensch« – war. Monod hat kein wissenschaftliches Recht, zu sagen: »zufällig«. Es vertuscht nur seine Ignoranz.

Thorpe (1978) kritisiert Monods Utopie auf einer ähnlichen Ebene:

> Was er macht ... ist, zu behaupten, daß objektive naturwissenschaftliche Kenntnisse die Religion ersetzen sollen, nicht nur als Wissensquelle der Welt, sondern auch als Quelle der Autorität, die das gesamte Sein des Menschen bestimmt, sogar seine innersten Gefühle und Strebungen.

Die Utopie wird als wissenschaftsgläubiger Alptraum bloßgestellt.

Polanyi und Prosch (1975) machen in einem Buch, das nach Polanyis Tod veröffentlicht wurde, wichtige Aussagen zum Sinn:

> Wenn wir an die Existenz einer allgemeinen Gerichtetheit hin zum Erreichen eines Sinns im Universum glauben, dann werden wir keine Art von Sinn, die vom Menschen je erreicht worden ist, als rein subjektiv oder privat erachten. ... Wir werden, im Gegenteil, jedes Erreichen irgendeiner Art von Sinn als Ausdruck der Realität betrachten; denn wir werden glauben, daß es sich um

> solche Dinge handelt, die hervorzubringen die Welt organisiert ist. ... Wir werden wünschen, in einer Gesellschaft zu leben, in der ihr Erreichen geehrt und respektiert wird. ... Wir werden zum Beispiel nicht wollen, daß sie in irgendeinem sogenannten öffentlichen Interesse kontrolliert werden.

Dubos (1970, S. 24) verleiht in seinem Buch »Der entfesselte Fortschritt« der Entfremdung der heutigen Zeit sehr gut Ausdruck:

> Das quälendste Problem unserer Zeit ist vermutlich das Gefühl des Menschen, daß das Leben seine Bedeutung verloren hat. Der alte Glaube, religiöser oder sozialer Natur, wird durch wissenschaftliche Erkenntnisse ... zerstört. Sowohl in theologischen als auch in säkularen Kreisen ist das Wort »Gott ist tot« weitverbreitet. Der Begriff »Gott« symbolisierte die Gesamtheit der Schöpfung. Der Mensch hat nun seinen Anker verloren ... Die Suche nach dem Sinn, die Formulierung neuer Bedeutungen der Wörter »Gott« und »Mensch« ist vielleicht das lohnendste Unternehmen im Zeitalter der Angst und Entfremdung.

Ich kann Dubos' Aussage gut verstehen, aber ich glaube, daß es in vielen theologischen Kreisen zu einer bedauerlichen Panik gekommen ist. Naturwissenschaftliche Erkenntnisse führen zu einer natürlichen Theologie, die große religiöse Möglichkeiten bietet. Das Universum wird in seinem einzigartigen Plan nicht nur beim anfänglichen »Urknall«, sondern auch bei der Kette der Zufälle, die zu unserer Existenz jetzt und hier geführt hat, wie ich in meiner letzten Gifford-Reihe (Eccles, 1982) beschrieben habe, als noch wunderbarer als bisher erkannt. Dieses Thema werde ich in der letzten Vorlesung ausführen.

Die Dringlichkeit und die Bedeutung von »Sinn« wurde mit zwingender Kraft und großem Einfühlungsvermögen von Dr. Viktor Frankl (1970) ausgedrückt. Er ist ein anerkannter Wiener Psychiater, der die Gefangenschaft in einem Konzentrationslager überlebt hat, während seine Familie dort umkam.

> Nun gehört es zum Wesen menschlichen Daseins, über sich selbst hinauszulangen und nach so etwas wie Sinn und Werten zu streben. Zu unserem Leidwesen erfahren wir nun von zwei der hervorragendsten amerikanischen Psychologen, Sinn und Wert seien »nichts als Abwehrmechanismen und Reaktionsbildungen«. Nun, ich muß gestehen, was mich selbst betrifft, so bin ich nicht bereit, für meine Abwehrmechanismen zu leben oder gar für meine Reaktionsbildungen zu sterben. Hinter dem Wort »nichts als« verbirgt sich, was die amerikanische Selbstkritik als »reductionism« bezeichnet, und diesen Reduktionismus halte ich wieder für die Maske, hinter der sich heute Nihilismus verbirgt. ... Die Auswirkung der reduktionistischen Indoktrination auf die junge Generation besteht darin, daß sie eine Zeiterscheinung verstärkt, die ich als

> das »existentielle Vakuum« beschrieben habe. ... Tatsächlich wenden sich immer mehr Patienten an uns Psychiater, die über das Gefühl einer inneren Leere, vor allem aber über ein abgründiges Sinnlosigkeitsgefühl klagen. (1970, S. 376)
> Das existentielle Vakuum läßt sich als die Frustration des »Willens zum Sinn« auffassen ..., den wir motivationspsychologisch in einen heuristischen Gegensatz zum Willen zur Macht bringen können, ebenso aber auch zu einem Willen zur Lust, nämlich dem Lustprinzip, wie es der Psychoanalyse zugrundeliegt. (S. 372) ... und dem Menschen geht es eigentlich nicht primär um Lust oder das sogenannte Streben nach Glück. Eigentlich ist der Mensch aufgrund seines Willens zum Sinn ausgerichtet auf einen Sinn, den es zu erfüllen gilt, oder einen anderen Menschen, dem er begegnet: das sind die Gründe, aus denen man glücklich ist. ... Wenn aber das normale Ausgerichtetsein auf einen Sinn und auf andere Menschen nicht im Vordergrund steht und durch den Willen zur Lust oder das »Streben nach Glück« ersetzt wird, stockt das Glück und fällt in sich zusammen. Mit anderen Worten: Glück muß quasi als Nebeneffekt der Sinnerfüllung erfolgen.

Diese Schlußfolgerung kann mit dem, was in der 5. Vorlesung gesagt wurde, in Zusammenhang gebracht werden. Die volle Befriedigung des emotionalen Gehirns ist dem menschlichen Geist nicht genug. Diese weisen und geistreichen Gedanken Frankls führen mich dazu, diese Vorlesung mit einigen allgemeinen Aussagen über menschliche Werte und Sinn abzuschließen. Für mich ist eines der wesentlichen ethischen Postulate, daß wir frei sein sollen. Jeder Mensch ist einmalig und hat Fähigkeiten, die in ihrer Mannigfaltigkeit wunderbar vielversprechend sind. Das Ideal für jeden Menschen ist es, die größtmögliche Freiheit zu besitzen, seine Fähigkeiten zu verwirklichen. Diese Ethik leitet sich aus meinem Glauben an einen transzendentalen Sinn des Lebens und an den Wert jedes einzelnen Lebens ab. Wir erleben zusammen das ungeheure Abenteuer eines bewußten gemeinsamen Lebens. Und hier kommen wir zu den Themen der nächsten Vorlesung, die sich besonders auf die religiöse Sichtweise des Lebens beziehen.

10. Vorlesung

Die Psyche, Freiheit, Tod und Unsterblichkeit

Vorbemerkung

Zu Beginn wird versucht, die Hauptthemen dieser Vorlesungsreihe zusammenzufassen. Es zeigt sich bei diesem großen Bereich verschiedener Phänomene wieder die große erklärende Stärke der dualistisch-interaktionistischen Hypothese.

Die Verwendung des Begriffs *Psyche* für Seele im theologischen Sinn wird unter Bezugnahme auf sokratische Aussagen im *Phaidon* und auf davon abgeleitete Kommentare von Hicks eingeführt. Dieser Dualismus der sokratisch-platonischen Philosophie führt weiter zum starken Dualismus bei Descartes in den Anfängen der modernen Philosophie. Im Licht der modernen Hirnforschung muß der Geist-Körper-Dualismus in einen Gehirn-Geist-Dualismus oder in einen *Gehirn-Psyche-Dualismus* umgeformt werden.

Die Einzigartigkeit der Psyche führt als wichtiger Punkt zu einer religiösen Sichtweise des einzelnen Menschen. Zunächst ist jede einzelne Psyche auf eine Weise einzigartig, die auf naturwissenschaftlicher Basis, auch mit den stark verfeinerten Methoden der Genetik und Neuroembryologie, nicht erklärbar ist. Das Ins-Leben-Treten jeder einzelnen erfahrenden Psyche ist voller Geheimnisse, wie Jennings schon vor langer Zeit erkannte. Wir werden also zu einer *Schöpfer-Doktrin* von der Entstehung der Psyche jedes einzelnen Menschen hingeführt. Dieses Thema wird in allen seinen Feinheiten im Hinblick auf die Hypothese des dualistischen Interaktionismus kritisch betrachtet.

Eine der alltäglichsten Erfahrungen im Leben ist die, daß wir freiwillig sogenannte Willkürhandlungen vollziehen können oder daß wir unsere Aufmerksamkeit lenken oder Gedächtnisinhalte abrufen können. Es wird die Behauptung aufgestellt, daß alle materialistischen Theorien des Geistes auf Determinismus zurückgeführt werden können (vgl. 1. Vorlesung) und daher zu einem Verleugnen von Freiheit und Vernunft des Menschen führen. Im Gegensatz dazu ist der dualistische Interaktionismus mit einem Leben in Einklang zu bringen, das mit der unaufhörlichen Suche nach den höchsten Werten – dem Wahren, dem Guten und dem Schönen –, die dem Leben Sinn und Zweck verleiht, befaßt ist und ebenso mit der Suche nach der Freiheit, die moralische Verantwortlichkeit mit sich bringt. Diese Philosophie wirft jedoch unweigerlich große ungelöste Probleme auf.

Man muß erkennen, daß die vorherrschende Meinung, die Naturwissenschaft habe die Religion zerstört, eine Fehlannahme ist. Aussprüche von Heisenberg, Hinshelwood, Torrance, Einstein und Planck widerlegen den Aberglauben, die Naturwissenschaft habe die Religion vollständig ersetzt und Gott sei »tot«.

Nach der dualistisch-interaktionistischen Hypothese existiert die Psyche als eine unabhängige Ganzheit im Kern der Welt 2, verbunden mit dem Gehirn in Welt 1. Also stellt sich letztendlich die Frage: Was geschieht beim Tod des Gehirns? Ist die Psyche dann ebenfalls völlig ausgelöscht, oder können wir hoffen, daß es dann noch eine, wenn auch gänzlich unvorstellbare, Zukunft gibt? In diesem Zusammenhang wird die Schlüsselfrage diskutiert: Kann es ein *Selbst-Erkennen nach dem Tod* geben? Jede Detailerinnerung muß verloren sein, aber wenn, wie vorgeschlagen, ein allgemeineres Gedächtnis mit der Psyche oder Welt 2 verbunden ist, dann könnte dies der Träger der Selbst-Identität sein.

Im Epilog werden noch einmal die »großen Fragen« zu *Sinn und Zweck unseres Lebens*, mit allen Wundern und Schönheiten der Natur und des menschlichen Erlebens und Schaffens, aufgegriffen. Im Zusammenhang mit der in diesen Vorlesungen entwickelten Natürlichen Theologie wird die Annahme aufgestellt, daß hinter dem großen Plan und dem großartigen Schauspiel, die sich in der Kosmologie, im Leben und der Evolution, und schließlich im Entstehen selbst-bewußter Wesen in Welt 2, die eine weitere Welt, Welt 3, geschaffen haben, offenbaren, ein *übernatürlicher Sinn* steht.

Die Vorlesungen dieser beiden Gifford-Reihen können also als ein Teil einer weitreichenden Erforschung des Lebens gesehen werden, die entdecken möchte, ob es auf einer transzendentalen Ebene Sinn und Zweck gibt.

10.1 Einführung

Zu Beginn dieser letzten Gifford Lecture möchte ich einen Überblick über einige der Hauptthemen der Vorlesungsreihe geben.

In der ersten Vorlesung wurden alle materialistischen Theorien des Geistes zurückgewiesen und eine kurze Darstellung der alternativen Theorie, des dualistischen Interaktionismus, gegeben. Diese Theorie wurde in der zweiten Vorlesung in bezug auf die neueren Erkenntnisse über die Einteilung des Assoziationscortex in anatomische Einheiten oder Moduln weiter ausgeführt. Dies war eine Erweiterung des starken dualistischen Interaktionismus, der zuerst in dem Buch von Popper und Eccles (1982) postuliert worden war. In einer detaillierten Untersuchung dieser Theorie wurde gezeigt, daß die Einteilung des Neocortex in ungefähr 4 Millionen Moduln die Kapazität schafft, eine fast unbegrenzte Anzahl von Raum-Zeit-Mustern zu erzeugen – genug sogar, um das neuronale Substrat unserer lebenslangen Erinnerungen und Erfahrungen zu bilden. Die Verbindung von Geist (Welt 2) und Gehirn in Welt 1 wird demnach durch eine wechselseitige Interaktion (vgl. Abb. 1-7) zwischen geistigen Vorgängen und den neuronalen Vorgängen in den Moduln bewirkt. Ein wesentliches Postulat dieser beweisstarken Version des dualistischen Interaktionismus ist das Existieren von einigen bewußten Erfahrungen *vor* dem Erscheinen ihrer Gegenstücke im spezifischen modulären Muster im Neocortex. Der dazwischenliegende Handlungszeitraum kann jedoch sehr kurz sein. Wäre er gleich Null, dann wäre der dualistische Interaktionismus reduzierbar auf verschiedene Parallelismus-Theorien wie die Identitätstheorie. Die geistigen Vorgänge hätten dann keine *kausale* Beziehung zu den Vorgängen im Gehirn.

Ganz im Gegensatz dazu gehen auf der Seite der Wahrnehmungen, links in Abb. 1-7, und auch bei einigen auf der rechten Seite aufgeführten Phänomenen – zum Beispiel bei Gefühlen und Träumen – die Vorgänge im Gehirn der Wahrnehmungserfahrung voran, während nach den materialistischen Theorien des Geistes Gleichzeitigkeit vorausgesetzt wird. Das zeitliche Intervall bei der Wahrnehmung ist sicherlich kleiner als 0,1 s. Die höheren Werte – bis zu 0,5 s beim Experiment von Libet (1973) – entstehen größtenteils beim Aufbauen modulärer Muster noch vor Erreichen der Wahrnehmungsschwelle. Der beste Nachweis für ein zeitliches Intervall bei der Wahrnehmung konnte beim Erkennen der Tiefenwahrnehmung erbracht werden, wo der Zeitraum bei den Experimenten von Julesz (3. Vorlesung) ungefähr 40 ms beträgt. Bei der Umschalt-Zeit beim Erfassen von Kippfiguren (3. Vorlesung) muß die Wahrnehmungszeit ebenfalls sehr kurz sein.

Bei einigen in Abb. 1-7 rechts aufgeführten Punkten erzeugt der Vorgang in Welt 2 die nachfolgenden neuronalen Vorgänge, zum Beispiel bei Absicht oder bei Aufmerksamkeit. Wie in der 4. Vorlesung beschrieben wurde, wirkt eine bewußte Entscheidung auf das Gehirn ein und veranlaßt eine moduläre Tätigkeit, die elektrische Potentiale erzeugt: bei der Aufmerksamkeit die N 140-, P 400-Wellen und bei der Absicht das Bereitschaftspotential. Die verstärkte cerebrale Aktivierung bewirkt außerdem eine erhöhte Durchblutung in den aktivierten Bereichen (Abb. 6-1, 6-3). Beim Bereitschaftspotential ist der Zeitraum, der zwischen den Handlungen von Geist und Gehirn liegt, noch nicht gemessen worden, er ist jedoch sicherlich kleiner als 0,1 s. Man muß dabei sehen, daß die Dauer des Bereitschaftspotentials von über 0,8 s (vgl. Abb. 4-9) auf die cerebralen Vorgänge bezogen ist, die der ursprünglichen Absicht *folgen*. Man kann aber annehmen, daß Absicht nicht nur ein kurzer Auslösevorgang ist, sondern daß sie für die Dauer des Bereitschaftspotentials anhält und das Ansteigen neuronaler Aktivierung, wie auch ihre Konzentration auf die entsprechenden Pyramidenzellen des Neocortex, unterstützt. Was während der zielgerichteten Bewegung die neuronalen Vorgänge bewirkt (Abb. 4-10), ist also die andauernde Absicht. Eine weitere wichtige Einwirkung des Geistes auf das Gehirn geschieht beim Entstehen einer Erinnerung. Das Signal zum Suchen einer Erinnerung in den Datenbanken des Gehirns geht von Welt 2 aus, als bewußte Entscheidung, an das Liaison-Hirn (vgl. Abb. 1-7). Die Erinnerung, die dem bewußten Geist geliefert wird, wird dann dort, durch das, was ich Wiedererkennungs-Gedächtnis genannt habe, auf ihre Richtigkeit überprüft, wie in der 7. Vorlesung beschrieben wurde.

In diesen Vorlesungen ist gezeigt worden, daß der dualistische Interaktionismus für viele Phänomene, die sonst nicht erklärt werden konnten, eine große Erklärungskraft besitzt. Zum Beispiel kann die Einheit der bewußten Erfahrung (1. Vorlesung) nicht von Gehirnaktivitäten an sich abgeleitet werden, die, wenn sie nicht in einer geistigen Synthese zusammengebracht werden, getrennte einzelne Aktivitäten bleiben. Dies ist besonders offensichtlich bei der visuellen Wahrnehmung, wo die Einheit des aufgenommenen Bildes trotz der sprunghaften Augenbewegungen (vgl. Abb. 3-5), die sonst zu einem wilden Tumult von neuronalen Vorgängen im visuellen Cortex führen würden, erhalten bleibt. Es ist noch kein Versuch gemacht worden, die Stabilität der visuellen Erfahrung mit den materialistischen Theorien des Geistes zu erklären, während im Gegensatz dazu nach der Theorie des dualistischen Interaktionismus die beständige visuelle Erfahrung der erlernten Fähigkeit des Geistes zugesprochen wird, die einzelnen unterschiedlichen cerebralen Vorgänge abzutasten und zu einer Einheit zusammenzufassen (vgl. Abb. 2-10).

In der 5. Vorlesung bot der dualistische Interaktionismus im Prinzip die Grundlage für Erklärungen von Emotionen und Schmerz in all ihren verschiedenen Erscheinungsformen. In der 6. Vorlesung war der dualistische Interaktionismus die Basis plausibler Erklärungsversuche der verschiedenen Bewußtseinsebenen, die für einen breiten Bereich cerebraler Aktivität gelten, von Krampfanfällen bis zum Koma, und auch für die Anästhesie. Die Bewußtlosigkeit beim Schlaf jedoch bleibt ein Rätsel – wie bei allen anderen Gehirn-Geist-Theorien auch. Eine Herausforderung für die Forschung der Zukunft!

In der 7. Vorlesung war die Unabhängigkeit von Welt 2 bei unseren Bemühungen, Welt 3, Erinnerung und Kreativität zu verstehen, wesentlich. Hier ließ sich ein beweiskräftiger dualistischer Interaktionismus gut mit diesen höheren Ebenen menschlicher Tätigkeit vereinbaren. Wieder offenbarte sich die große Erklärungskraft des dualistischen Interaktionismus.

In der 8. und 9. Vorlesung schließlich wurden Altruismus und Aggression, Werte und Sinn beleuchtet und so im Suchscheinwerfer des dualistischen Interaktionismus besser verständlich. In diesen Vorlesungen wurde gezeigt, daß rein materialistische Theorien des Geistes Verwirrung und Mißverständnisse zur Folge haben und speziell zwischen den deutlich menschlichen Leistungen und Leistungen von Tieren nicht in angemessener Weise zu unterscheiden vermögen.

Diese letzte Vorlesung begibt sich schließlich auf das atemberaubende Gebiet von Tod und Unsterblichkeit. Es ist wichtig zu sehen, daß bei jeder materialistischen Theorie des Geistes die Vorlesung mit dem Thema des Todes zu einem abrupten Ende käme. Das Gehirn löst sich auf mit allen seinen geistigen Fähigkeiten, die es nach den materialistischen Theorien, dem Panpsychismus, dem Epiphänomenalismus oder dem Parallelismus mit allen verschiedenen Varianten, wie sie in der ersten Vorlesung aufgezählt sind, besitzt. Lewis

(1978) nennt alle diese materialistischen Philosophien verkörperlichte Sichtweisen der Person. Bei allen überlebt kein Teil des Körpers. Das soll nicht heißen, daß die alternative Theorie des dualistischen Interaktionismus uns eine geistige Unsterblichkeit gewährleistet. Sie gibt höchstens Hoffnung, aber keine Gewißheit (Lewis, 1978; Hick, 1976; Badham, 1976). Die Behandlung dieser problematischen Situation folgt später in dieser Vorlesung.

10.2 Die Psyche (oder Seele)

Bis jetzt habe ich in dieser Vorlesungsreihe das griechische Wort »Psyche«, das in der Sprache der Religion Seele bedeutet, noch nicht eingeführt. Ich habe überhaupt das Wort Seele nicht verwendet, weil es durch Ausdrücke wie »Rette unsere Seelen« (»save our souls«), Soul-Musik, Seelennahrung usw. fast bis zum Lächerlichen entwertet worden ist. Hick (1976) begrüßt allerdings diesen Wertabfall des Wortes »Seele«, weil er meint, daß man in religiösen Diskussionen von »Personen« und nicht von »Seelen« sprechen sollte. Das Wort »Psyche« ist noch nicht so korrumpiert worden, außer vielleicht bei seiner Verwendung auf so materialistischen Gebieten wie der Psychologie und den davon abgeleiteten Wissenschaften, der Psychobiologie, der Neuropsychologie, der Psychosomatik, der Parapsychologie und der Psychopharmakologie. Es gibt jetzt jedoch Anzeichen dafür, daß der bewußte Geist oder die Psyche in einem »höflichen« wissenschaftlichen Diskurs besprochen werden kann, ohne daß dabei ein an Obszönität grenzender Frevel begangen wird! Also habe ich es gewagt, diese Vorlesungsreihe »Die Psyche des Menschen« zu nennen. Sperry (1976) beschreibt, auf welche vorsichtige Art er anfangs die Idee, daß geistige Vorgänge bei Entscheidungen eine bedeutende Rolle spielen, in eine vom Behaviorismus beherrschte Psychologie einführte (Sperry, 1952).

Das Konzept der Psyche oder Seele erscheint in einer klar definierten Form in den sokratischen Dialogen Platons, speziell im *Phaidon*, wo es mit der Frage der Unsterblichkeit verbunden ist. Ich habe die hauptsächlichen Gedanken in einer Reihe sokratischer Aussagen aus dem *Phaidon* zusammengestellt, wobei Psyche mit Seele übersetzt ist.

> Wohlan denn, sprach er [Sokrates], ist nicht von uns selbst das eine Leib und das andere Seele? ... daß die Seele, wenn sie sich des Leibes bedient, um etwas zu betrachten, es sei durch das Gesicht oder das Gehör oder irgendeinen anderen Sinn – denn das heißt vermittels des Leibes, wenn man vermittels eines Sinnes etwas betrachtet –, daß sie dann von dem Leibe gezogen wird zu dem, was sich niemals auf gleiche Weise verhält, und dann selbst schwankt und irrt ... daß, solange Leib und Seele zusammen sind, die Natur ihm gebietet, zu dienen und sich beherrschen zu lassen, ihr aber, zu herrschen und zu regieren. ... daß dem Göttlichen, Unsterblichen, Vernünftigen, Eingestaltigen, Unauflöslichen und immer einerlei und sich selbst gleich sich Verhaltenden am ähnlichsten ist die Seele, dem Menschlichen aber und Sterblichen und Unvernünftigen und Vielgestaltigen und Auflöslichen und nie einerlei und sich selbst gleich Bleibenden, diesem wiederum der Leib am ähnlichsten ist. ... Wie nun, wenn sich dieses so verhält, kommt nicht dem Leibe wohl zu, leicht aufgelöst zu werden, der Seele hingegen, ganz und gar unauflöslich zu sein oder wenigstens beinahe so?

Man muß bedenken, daß zu Sokrates' Zeiten das naturwissenschaftliche Wissen über den Körper sehr primitiv war. Hick (1976) bringt die Bedeutung dieser Dialoge gut zum Ausdruck, indem er die Bedingung für das möglichst perfekte Leben definiert:

> In Platons Dialogen sehen wir das Ende des Übergangs von den primitiven Vorstellungen von ihrer Substanz beraubter Schatten oder Geister hin zum eifrigen Wunsch nach und zum Glauben an eine Unsterblichkeit, in der die entferntesten Möglichkeiten, die man in diesem Leben erblickt, vielleicht erfüllt werden. In den Gedanken von Sokrates oder Platon sehen wir auch, daß jede solche positive Auffassung von Unsterblichkeit wesentlich vom Glauben an ein ewiges Reich oder Wesen abhängt, das in Realität und Wert unendlich ist und zu dem die Menschen eine Beziehung haben können, die ihnen erlaubt, die Ewigkeit zu teilen. In den Dialogen wird die Seele (*Psyche*), die über den Tod hinaus weiterlebt, nicht mehr als vergeistigter Körper, sondern als Geist oder inneres Selbst angesehen; sie ist kein quasi-physikalisches »Ding« mehr, sondern vielmehr der Kern des Bewußtseins und einer moralisch verantwortlichen Entscheidung. Demnach ist die wichtigste Aufgabe im Leben, das »Vervollkommnen der Seele« anzustreben. ... Wichtig ist, daß der Gedanke einer erstrebenswerten Unsterblichkeit, im Gegensatz zu einem nicht erstrebenswerten, weil sinnlosen und freudlosen Überleben, mit dem Entstehen des individuellen Selbst-Bewußtseins und als Korrelat des Glaubens an eine höhere Wirklichkeit als Quelle der Werte entstand.

Man sieht, daß die sokratisch-platonische Philosophie von der Psyche und vom Körper stark dualistisch ist. Das moderne philosophische Konzept dieses Dualismus jedoch wurde zuerst von Descartes auf seine unnachahmliche Weise formuliert. Ich zitiere aus seiner berühmten Aussage im *Discours de la méthode*, in der er herauszufinden versucht, ob alles illusorisch sei, wie in einem Traum, oder ob es irgendeine Gewißheit gibt:

> ... und entschloß mich daher zu der Fiktion, daß nichts, was mir jemals in den Kopf gekommen, wahrer wäre als die Trugbilder meiner Träume. Alsbald aber fiel mir auf, daß, während ich auf diese Weise zu denken versuchte, alles sei falsch, doch notwendig ich, der es dachte, etwas sei. Und indem ich erkannte, daß diese Wahrheit: »ich denke, also bin ich« so fest und sicher ist, daß die ausgefallensten Unterstellungen der Skeptiker sie nicht zu erschüttern vermöchten, so entschied ich, daß ich sie ohne Bedenken als ersten Grundsatz der Philosophie, die ich suchte, ansetzen könne. ... Daraus erkannte ich, daß ich eine Substanz bin, deren ganzes Wesen oder deren Natur nur darin besteht, zu denken, und die zum Sein keines Ortes bedarf, noch von irgendeinem materiellen Dinge abhängt, so daß dieses Ich, d.h. die Seele, durch die ich das bin, was ich bin, völlig verschieden ist vom Körper, ja daß sie sogar leichter zu erkennen ist als er, und daß sie, selbst wenn er nicht wäre, doch nicht aufhörte, alles das zu sein, was sie ist.

Es ist ein sehr beweiskräftiger Dualismus, den Descartes von seinem Denkmuster ableitet. Von den Materialisten ist er oft angegriffen worden, aber Badham (1976) zeigt, daß sie Descartes' Forschungsobjekt mißverstanden haben, die Gewißheit nämlich eines »denkenden Ichs«, das »Ich-Denken«. Badham sagt weiter:

> Das Wesentliche an diesem Argument ist, daß ich mich mit meinem Geist identifizieren muß, da ich es mir vorstellen kann, einen anderen Körper zu besitzen und zu benutzen. Betrachten wir Professor Kneales Beispiel:
> »Wenn ich eines Morgens beim Blick in den Spiegel feststelle, daß das Gesicht, das ich rasieren wollte, mir unbekannt ist, wäre ich tatsächlich sehr überrascht, aber ich könnte nicht sagen, daß es nicht mein Gesicht wäre, wenn ich doch gleichzeitig zugeben müßte, daß ich mit seinen Augen sehe, mit seinen Lippen spreche und allgemein das empfinde, was wir seine inneren Wahrnehmungen nennen« ... jeder von uns erkennt seinen eigenen (Körper) ... wie etwas, womit er wahrnimmt und handelt.

Extrem entstellende Verletzungen oder die Zerstörung des Gesichts durch Krebs sind Beispiele für Kneales Argument. Wir wissen, daß bei einer Tetraplegie, bei der der gesamte Körper vom Gehirn und so vom Geist getrennt ist, eine Identität der Person bestehen bleibt. Auch beeinträchtigt eine Herzverpflanzung oder die Verpflanzung eines anderen Organs nicht die Identität der Person, die ja sogar nach einer Kommissurotomie erhalten bleibt, wie in der ersten Vorlesung beschrieben wurde. Verpflanzte Gliedmaßen, die nach der Regeneration der Nerven wieder effektiv gebraucht werden können, sind eine Möglichkeit der Zukunft. Bei Primaten sind sogar schon Kopftransplantationen auf »Spender«-Körper erfolgreich durchgeführt worden, aber der so erworbene Körper und die Gliedmaßen können nicht gebraucht werden, weil die Nervenbahnen im Rückenmark nicht regenerationsfähig sind. Alle diese »Körper«-Beispiele verfehlen jedoch das Wesentliche, weil es sich bei unserer Fragestellung um das *Gehirn-Geist*-Problem und nicht um das Körper-Geist-Problem handelt. Die Frage nach einer Identität des Selbst nach dem Tod des Gehirns wird in Descartes' Denkmuster nicht beantwortet. Sie ist in bezug auf die Unsterblichkeit das Schlüsselproblem und wird später noch diskutiert werden. Dafür liefert Abb. 1-7 den schematischen Hintergrund.

10.3 Einmaligkeit der Psyche

Es kann nicht daran gezweifelt werden, daß jeder Mensch seine Einmaligkeit erkennt, und das wird als Grundlage für das gesellschaftliche Leben und die Gesetzgebung akzeptiert. Wenn wir nach der Begründung für diese Ansicht forschen, so verbietet das gerade Dargelegte eine Erklärung, die sich auf den Körper bezieht. Es gibt zwei akzeptable Alternativen: das Gehirn oder die Psyche. Materialisten müssen sich der ersten verschreiben, Anhänger des dualistischen Interaktionismus jedoch müssen die Psyche oder Welt 2 (vgl. Abb. 1-7) als das Vehikel der sich selbst erfahrenden Einmaligkeit ansehen. Das heißt natürlich nicht, daß nicht auch jedes einzelne Gehirn einmalig ist. Eine so komplexe Struktur kann *nie* bis ins kleinste Detail kopiert werden, und was zählt, ist das kleinste Detail. Das gilt sogar da, wo bei eineiigen Zwillingen genetische Identität besteht. Erinnern wir uns daran, daß praktisch unendlich viele verschiedene Raum-Zeit-Muster der Moduln gebildet werden können (2. Vorlesung) und daß diese im Gedächtnisprozeß (7. Vorlesung) modifiziert werden können. Unsere Frage betrifft jedoch die Erfahrung der Einmaligkeit, und diese kann sogar dann erhalten werden, wenn durch Operation, bei cerebralen Verletzungen und bei Degenerationserscheinungen im Gehirn tiefgreifende Veränderungen geschehen.

Als Vertreter der dualistisch-interaktionistischen Theorie (2. Vorlesung) meine ich, daß meine Erfahrung meiner eigenen Einmaligkeit nicht in der Einzigartigkeit meines Gehirns, sondern in der meiner Psyche liegt. Sie ist gebaut aus einem Gewebe höchst persönlicher Erinnerungen, angefangen von der frühesten (mit knapp unter 1 Jahr) bis zu den gegenwärtigen. Ich fand mich selbst als ein erfahrendes Wesen in den ersten Jahren dieses Jahrhunderts in Südaustralien (Victoria). Ich könnte fragen: Warum dort? und: Warum zu der Zeit? Das sind die von Pascal gestellten Fragen. Seine Antwort darauf war, daß es Gottes Wille gewesen sei.

Es ist wichtig, daß eine solipsistische Erklärung der Einmaligkeit des Selbst abgelehnt wird. Unsere direkten Erfahrungen sind natürlich subjektiv, da sie nur von unserem Gehirn und unserem Selbst abgeleitet sind. Das Existieren anderer einmaliger Personen wird in zwischenmenschlicher Kommunikation hergestellt. Also ist die Erklärung für meine von mir erfahrene Einmaligkeit offenbar die, daß sie ein Resultat meiner einzigartigen genetischen Ausstattung ist und diese dafür eine notwendige und hinreichende Bedingung darstellt. Ich werde jedoch zeigen, daß diese Lösung ihrer unvorstellbaren Unwahrscheinlichkeit wegen nicht haltbar ist.

Hinsichtlich meiner ererbten materiellen Einzigartigkeit läßt sich eine vorläufige statistische Auswertung vom Entstehungsprozeß der Samen- und Eizellen ableiten. Jede Samenzelle trägt in ihren 23 Chromosomen eine genetische Ausstattung, die ein einzigartiges Muster der 23 väterlichen Chromosomenpaare darstellt. Durch die Auswahl von 23 der ursprünglich 46 Chromosomen und durch Überkreuzung und Neukombination jedes Chromosomenpaars (Abb. 8-1) werden die väterlichen Gene durcheinandergeschüttelt, so daß jedes der etwa 400 Millionen Spermien bei einem Samenerguß eine einzigartige Zusammensetzung von Genen besitzt. Dasselbe gilt für den Meiose-Prozeß bei der mütterlichen Eireifung, von denen wiederum jedes eine einzigartige genetische Zusammensetzung hat. Das befruchtete Ei, aus dem sich unser Körper und unser Geist entwickelt hat, war das materielle Produkt einer zufälligen Befruchtung einer Eizelle durch eine der Hunderte von Millionen Samenzellen, die bei einem Geschlechtsakt ejakuliert werden.

Also war es sogar innerhalb dieses kleinsten Ausschnittes des genetischen Lotteriespiels eine unglaublich zufällige Befruchtung, der ich meine genetische Einmaligkeit zu verdanken habe. Diese einfache und begrenzte Beschreibung zeigt die Unwahrscheinlichkeit eines Treffers im genetischen Lotteriespiel auf. Und zu dieser einen kommen noch weitere Unwahrscheinlichkeiten hinzu. Vor langer Zeit hat der große Biologe H.S. Jennings (1930) das gut zum Ausdruck gebracht, wie ich schon vor vielen Jahren (Eccles, 1965, 1975) herausgestellt habe, und auch Thorpe (1974) hat Jennings zustimmend zitiert:

> Wenn *meine* Existenz also an die Bildung einer bestimmten Genkombination gebunden ist, kann man zu berechnen versuchen, mit welcher Wahrscheinlichkeit ich je existiert habe? Wie sind die Chancen, daß die Kombination, die mich produziert hat, je zustandegekommen wäre? Wenn wir vom Auftreten der genauen Genkombination abhängen, die uns so ganz selbstverständlich produziert, dann stehen die Chancen praktisch eins zu unendlich, gegen Ihre oder meine Existenz.
>
> Und wie steht es mit den Selbsts, die entstanden wären, wenn andere Genkombinationen gemacht worden wären? Wenn jede andersartige Kombination in einem anderen Selbst resultierte, dann existierten in den beiden Eltern die Möglichkeiten, die effektiven Anfänge von Tausenden von Billionen von Selbsts, von Persönlichkeiten, so verschieden wie Sie und ich. Jede existierte in einer Form, die so real wäre wie Ihre und meine Existenz, bevor unsere Keimzellen sich vereinten. Aus diesen tausend Milliarden entstehen tatsächlich nur vier oder fünf. Was geschieht mit den anderen? (aus: Eccles, 1975, S. 110)

Und natürlich wird das Problem auf noch groteskere Art phantastisch, wenn wir in unserem genetischen Stammbaum weiter zurückgehen. Eine alternative Schätzung der Unwahrscheinlichkeit kann an der Anzahl der möglichen genetischen Ausstattung eines Menschen gewonnen werden. Ich (Popper und Eccles, 1982) bin ursprünglich bei meiner Berechnung von dem sehr konservativen Schätzwert von 30000 Genen ausgegangen. In diesem Fall gibt es ungefähr $10^{10\,000}$ verschiedene genetische Kombinationsmöglichkeiten. *Wenn die Einmaligkeit meines Selbst an die genetische Einzigartigkeit gebunden ist, die mein Gehirn geschaffen hat, dann stehen die Chancen gegen meine Existenz 1 zu* $10^{10\,000}$! Deshalb muß ich diese materialistische Doktrin ablehnen. Was ist es aber dann, das die Einmaligkeit meiner Psyche bestimmt?

Nach meiner Erfahrung ist auf diese Frage eine häufige und, oberflächlich gesehen, plausible Antwort die, zu sagen, der entscheidende Faktor sei die Einmaligkeit der im Laufe des Lebens angehäuften Erfahrungen einer Person. Und man beruft sich auch auf diesen Faktor, wenn man die trotz ihrer genetischen Identität bestehende Verschiedenheit bei eineiigen Zwillingen erklärt. Ich bin bereit, zuzugeben, daß mein Verhalten, mein Charakter, meine Erinnerungen und eigentlich der gesamte Inhalt meines inneren bewußten Lebens von den während meines Lebens angesammelten Erfahrungen abhängen; aber ganz gleich, wie extrem die Veränderung ist, die die äußeren Umstände erzeugen können, ich wäre immer das gleiche Selbst, das in der Lage ist, seine Beständigkeit bis zu den frühesten Erinnerungen aus dem Alter von etwa einem Jahr im Gedächtnis zurückzuverfolgen, das gleiche Selbst in einer ganz anderen Gestalt. Also kann man sich nicht auf die im Leben angehäuften Erfahrungen als den das einmalige Selbst bestimmenden oder erzeugenden Faktor berufen, auch wenn die Erfahrungen natürlich alle Eigenschaften und Wesenszüge dieses Selbst enorm modifizieren. Die Situation ist gewissermaßen analog zur aristotelischen Klassifikation in Substanz und Akzidenz.

Jennings (1930) muß den Irrtum, die Einmaligkeit des Selbst aus der Erfahrungsgeschichte einer Person ableiten zu wollen, erkannt haben, denn er entwickelt auf der Suche nach einer Erklärung die folgenden bemerkenswerten Spekulationen:

> Um das im Detail ausarbeiten zu können, müßte man offensichtlich voraussetzen, daß das menschliche Selbst eine Einheit ist, die unabhängig von Genen und Genkombinationen existiert; sie nimmt nur von Zeit zu Zeit Verbindungen zu einem Knoten auf, der von dem lebenden Gespinst gebildet wird. Falls eine besondere Kombination oder ein besonderer Knoten nicht existierte, so ginge sie in einem anderen auf. Dann hätte jeder von uns mit ganz anderen Merkmalen, als wir sie haben, existieren können – da unsere Merkmale in der Tat anders gewesen wären, hätten wir in einer anderen Umgebung gelebt. Man könnte annehmen, daß eine beschränkte Anzahl von Selbsts existiert, die bereit sind, ihre Rolle zu spielen, so daß das bloße Auftreten zweier bestimmter Zellen, die sich vereinigen können oder auch nicht, keinen bestimmenden Wert für die Existenz dieser Selbsts hat, sondern nur ein Substrat bildet, an das sie sich aus unbekannten Gründen zeitweise binden können ... Und was für interessante Ergebnisse können von solch einer Doktrin abgeleitet werden, was die bei weitem unabhängige Existenz dieser Selbsts anbelangt, nachdem die Genkombination, an die sie gebunden waren, desintegrierte. (aus: Eccles, 1975, S. 111)

Jennings postuliert hier, offenbar ohne es zu wissen, die Schöpfer-Doktrin, nach der jede Seele eine göttliche Schöpfung ist. In diesem Zusammenhang sind Gedanken von Hick (1972, 1976) interessant:

> Von einem religiösen Standpunkt aus gesehen ist die Zufälligkeit, aus der wir entstanden sind, ein Aspekt der grundlegenden Zufälligkeit unserer Existenz. ... Unser Status der Abhängigkeit wird bei einer religiösen Denkweise auf die Abhängigkeit der gesamten natürlichen Ordnung vom schöpferischen Willen Gottes zurückgeführt. Soweit also steht unser Auftauchen aus der verwirrenden Komplexität des genetischen Prozesses im Einklang mit dem grundlegenden religiösen Konzept der äußersten Zufälligkeit des Menschen als eines geschaffenen Wesens.

So weit stimme ich dem zu, und tatsächlich hatte meine erste Gifford-Reihe verwandte Themen. Hick fährt jedoch fort, indem er die Schöpfer-Doktrin angreift, nach der *jede Seele eine eigene göttliche Schöpfung darstellt, die Gott dem wachsenden Foetus irgendwann zwischen Empfängnis und Geburt verleiht.* Er sagt:

> Wenn die Schöpfer-Doktrin irgendeine Substanz haben soll, so daß sie es wert ist, bestätigt oder abgelehnt zu werden, dann muß sie annehmen, daß es charakteristische Eigenschaften des einzelnen Selbst gibt, die weder aus dem genetischen Erbe noch aus der Interaktion mit der Umwelt stammen. Wenn die von Gott eingeflößte Seele in der Ökonomie der menschlichen Existenz eine Funktion haben soll, dann muß sie den inneren Kern der Individualität bilden, des einmaligen persönlichen Wesens eines Menschen, das schließlich die Grundlage für das Entstehen einer individuellen Person bildet. ... Dieser Gedanke von angeborenen, aber nicht ererbten Fähigkeiten ist jedoch, vorsichtig ausgedrückt, hochgradig problematisch.

Aber gerade darum geht es ja! Es ist die Gewißheit eines inneren Kerns meiner einmaligen Individualität, die die Erklärung mit der »göttlichen Schöpfung« *unvermeidlich* macht. Ich behaupte, daß keine andere Erklärung haltbar ist, weder die der genetischen Einzigartigkeit mit ihrem unmöglichen Lotteriespiel, noch die von den Unterschieden der Umwelt, die die Einmaligkeit eines Menschen nicht *determinieren*, sondern nur modifizieren. Später scheint Hick die Doktrin von der göttlichen Schöpfung mißzuverstehen, denn er bringt sie in Zusammenhang mit einer »besonderen göttlichen Bestimmung der ursprünglichen genetischen Ausstattung jedes Menschen«! Aber so lautet die Doktrin *nicht.* Die genetische Ausstattung, die in dem neugeschaffenen Leben zum Tragen kommt, ist eine Zufallsauswahl aus einer fast unendlichen Anzahl von Möglichkeiten. *Die einmalige Individualität kommt aus der eingeflößten Seele.*

Im religiösen Denken besteht eine Tendenz, über Personen oder Leute, Körper und Seele, als Subjekte zu sprechen. Ich möchte aber auf die Schemata zum dualistischen Interaktionismus in den Abb. 1-2 und 1-7 verweisen und *bestehe darauf*, daß Welt 2 (die Seele oder Psyche) *nicht* mit dem Gehirn und dem Körper aus Welt 1 vermengt werden darf. Es *gibt* eine Grenze oder Schnittstelle.

Ein ganz besonderes Problem ergibt sich bei eineiigen Zwillingen, die in ihren selbst-bewußten Erfahrungen voneinander völlig verschieden sind, auch wenn sie außenstehenden Beobachtern sehr ähnlich erscheinen. Die gleiche genetische Ausstattung muß also mit verschiedenen erfahrenden Selbsts vereinbar sein. *Offenbar ist die genetische Konstitution nicht die notwendige und hinreichende Bedingung für die erfahrene Einmaligkeit.* Popper (Popper und Eccles, 1982, Dialog X, S. 633) sagt:

> Deshalb kann man die Frage stellen, ob das Bewußtsein, die bewußten Iche identischer Zwillinge ähnlich sind, so wie sich ihre Körper ähneln, aber *nicht* die Frage, ob ihre bewußten Iche identisch sind; denn ihre Körper, so ähnlich sie sich auch sein mögen, können nicht identisch sein.

Dieser Einwand ist gültig, aber er widerspricht nicht der Erklärung, daß bei eineiigen Zwillingen die eingeflößten Seelen verschieden sind, genauso wie bei allen anderen Foeten, zum Beispiel bei zweieiigen Zwillingen.

Auch wenn die Hypothese von dem Einflößen der Seele in den Foetus, irgendwann zwischen Befruchtung und Geburt, die Einmaligkeit des erfahrenden Selbst bei der Entwicklung von Selbst-Bewußtsein und der Persönlichkeit des Menschen erklärt, bleiben noch viele verwirrende Probleme, die meistens gar nicht erst formuliert werden. Zum Beispiel: In welchem Stadium der Evolution erwarben die Hominiden Seelen? Was ist das Schicksal der Seele, wenn der Tod eintritt, bevor sie Ausdruck in Selbst-Bewußtsein und Persönlichkeit finden kann? In welchem Entwicklungsstadium erhält der Embryo eine Seele? Was geschieht, wenn der Foetus sich mit einer starken Abnormalität des Gehirns entwickelt, wie beim anencephalischen Schwachsinn oder bei einem Monster mit zwei Köpfen? Ich spekuliere auf solchen düsteren Gebieten lieber nicht; man kann dazu höchstens sagen, daß die Einflößung der Seele vielleicht nach und nach vor sich geht und daß der Zeitpunkt nicht unmittelbar nach der Befruchtung liegen kann, da wir sonst mit der Erklärung der verschiedenen Seelen eineiiger Zwillinge Schwierigkeiten hätten.

10.4 Der freie Wille

Popper (1972) sagt am Ende des in der 1. Vorlesung angeführten Zitats zum Determinismus: »Rein physikalische Bedingungen, zu denen unsere physikalische Umwelt gehört, veranlassen uns, zu sagen und zu akzeptieren, was wir sagen oder akzeptieren.«

Lucas (1970) kommt auf fast dieselbe Weise zu dem Schluß:

> Determinismus ... kann nicht wahr sein, weil, wenn er es wäre, wir die Argumente der Deterministen nicht als wirkliche Argumente, sondern nur als konditionierte Reflexe sehen müßten. Ihre Aussagen sollten nicht so gesehen wer-

> den, als beanspruchten sie, wahr zu sein, sondern nur als versuchten sie uns zu veranlassen, auf eine bestimmte von ihnen gewünschte Weise zu reagieren. Und gleichermaßen, wenn ich selbst an Determinismus glaubte, dann wäre es, weil ich einem bestimmten Druck oder Gegendruck unterliegen würde, und nicht, weil die Argumente stichhaltig oder die Schlußfolgerungen stimmig wären. Und deshalb kann ich Determinismus ... nicht ernstnehmen; denn wenn er wahr wäre, würde er die Möglichkeit zerstören, rational als solcher betrachtet und erkannt zu werden. Nur wer frei handelt, kann rational handeln. Vernünftiges Denken und daher die Wahrheit setzt Freiheit genauso voraus, wie es Nachdenken und moralische Entscheidung tun.

Hick (1976) sagt weise:

> Das Problem des freien Willens hängt nicht daran, ob wir erschaffene Wesen (d.h. das Produkt von Kräften außerhalb unseres Selbst) sind, sondern daran, ob wir als geschaffene Wesen irgendeine bedeutsame Freiheit besitzen. ... Das Prinzip, geschaffen zu sein, bedeutet *ipso facto*, unfrei zu sein, dient höchstens dazu, die Aussagekraft des persönlichen Handelns zunichtezumachen.

Es ist wesentlich, zu sehen, daß *alle* materialistischen Theorien des Geistes (vgl. 1. Vorlesung) letztlich auf Determinismus reduzierbar sind. Es ist seltsam paradox, daß Deterministen

> als rational Handelnde betrachtet werden wollen, die mit anderen rational Handelnden streiten; sie wollen, daß ihre Meinung als Meinung aufgefaßt und einer rationalen Bewertung unterzogen wird; und sie wollen sich der rationalen Zustimmung derer vergewissern, mit denen sie diskutieren, und nicht einer leeren Wiederholung beruhigenden Geplappers (Lucas, 1970).

Doch als Deterministen haben sie den »rationalen« Ast abgesägt, auf dem sie gern zu sitzen glauben. Wie lange kann diese, jeder Grundlage enthobene Vorspiegelung mit Wunschdenken aufrechterhalten werden? Aberglaube ist schwer auszurotten! Wir können vermuten, daß sich ihr Durchhalten auf ihrem Schrecken oder ihrer Angst vor dem dualistischen Interaktionismus gründet. Diese Philosophie wurde ausführlich in dem Buch *Das Ich und sein Gehirn* (Popper und Eccles, 1982) dargelegt. Es gab einige kritische Rezensionen – manche waren auf rachsüchtige Weise kritisch (vgl. Mandler, 1978) –, aber keine der Kritiken hatte wirklich Substanz, und einige waren einfach unrichtig. Zwei von Mandlers Einwänden basierten auf seinem völligen Mißverstehen der Evolutionstheorie![1] Es ist

[1] Dies war aus seiner Antwort zu ersehen, die er mir auf meine Frage nach der Begründung für seine dogmatische Ablehnung der auf den Seiten 30ff. unseres Buches vorgeschlagenen Theorie zur Sprache-Gehirn-Entwicklung gab. Meine Antwort wurde weder von der Zeitschrift *Science* abgedruckt noch von Mandler beantwortet.

seltsam, daß auf dem Gebiet der Gehirn-Geist-Philosophie ungezügeltes Verhalten nicht ungewöhnlich ist, wie es zum Beispiel bei Bunges Angriff auf mich beim Welt-Philosophie-Kongreß in Düsseldorf 1978 zu beobachten war. Das war Stoff für Überschriften auf den Titelseiten einiger deutscher Zeitungen! Wenn man nachsichtig sein will, kann man annehmen, daß es sich bei einem solchen Verhalten um ein Verdecken der Schwäche und der fehlenden Logik der deterministischen Position handelt. Die Einsicht dieser Schwäche wirkt im Unterbewußtsein vielleicht nicht auf der rationalen, sondern auf der emotionalen Ebene!

Abb. 1-7 ist das Schlüsselschema des dualistischen Interaktionismus. Es ist stark vereinfacht und muß in unserer Vorstellung auf ein enormes Maß ausgedehnt werden. Außerdem muß die Welt-2-Interaktion als dynamischer Fluß, je nach Interesse und Aufmerksamkeit, gesehen werden. Wie ich bereits in der 1. Vorlesung erwähnt habe, braucht kein Konflikt mit den thermodynamischen Gesetzen zu entstehen.

In den vorangegangenen Vorlesungen gab es viele Beispiele für Handlungen des freien Willens, die die Grenzfläche aus Abb. 1-7 überschreiten. Zum Beispiel ist Aufmerksamkeit abhängig von einer willkürlich gerichteten Einwirkung auf die Moduln des Liaison-Hirns, aufgrund deren es zu einer Modifizierung ihrer räumlich-zeitlichen Aktivitätsmuster kommt, wie die N 140- und P 400-Wellen in den Abb. 4-5 und 4-7 offenbaren. Bei der Absicht findet ebenfalls eine Modifizierung der Modul-Aktivität statt, wie durch die Potentiale in den Abb. 4-9, 4-10, 4-11 und 4-12 gezeigt wird. Es ist erstaunlich, daß bei den Abb. 6-1, 6-2 und 6-3 viele rein geistige Tätigkeiten eine erhöhte Aktivität des Neuronenapparates des Neocortex bewirken, wie man an der gesteigerten Durchblutung sehen kann. In der 7. Vorlesung wird das Wiederabrufen von Gedächtnisinhalten als weiteres Beispiel für ein Einwirken über die Schnittstelle der Abb. 1-7 hinweg genannt.

Bei den komplexeren und feineren menschlichen Leistungen, die in der 8. und 9. Vorlesung beschrieben wurden, wurde impliziert, daß das bewußte Selbst in der Lage ist, ein Verhaltensmuster einem anderen vorzuziehen. Diese Entscheidung des freien Willens bringt moralische Verantwortung mit sich. Sie zeigt sich zum Beispiel beim altruistischen Verhalten und bei der Kontrolle aggressiven Verhaltens (8. Vorlesung). Sie zeigt sich ebenfalls beim Ausführen aller Handlungen, die wertbestimmt sind (9. Vorlesung), wie zum Beispiel bei der Hingabe des Naturwissenschaftlers an die Suche nach der Wahrheit. Allgemeiner gesehen erscheint sie in der nicht endenden Suche nach einem Leben, das im Einklang steht mit den höchsten Werten – dem Wahren, Guten und Schönen –, die dem Leben Sinn und Zweck geben.

Abschließend können wir sagen, daß es von übergreifender Bedeutung ist, zu erkennen, daß wir durch aktives Denken die Wirkungsweise des Neuronenapparates unseres Gehirns beeinflussen können. Auf diese Weise können wir in der Welt Veränderungen zum Guten oder zum Bösen herbeiführen. Es ist eine einfache Metapher, unser bewußtes Selbst auf dem Fahrersitz zu sehen. Unser ganzes Leben kann als eine Reihe aufeinanderfolgender Entscheidungen betrachtet werden, die zu einem Gefühl der Erfüllung und damit zu dem Glücksgefühl führen können, das sich bei einem sinn- und zweckbewußten Leben einstellt (vgl. 9. Vorlesung).

10.5 Wissenschaft und Religion (vgl. Peacocke, 1971)

Es herrscht die Meinung vor, daß Religion und Wissenschaft antagonistisch zueinander stehen und daß die Religion vernichtend geschlagen wurde. Das ist ein Fehler, der sich auf Unwissen und/oder Vorurteile gründet. Doch der atheistische Materialismus ist für alle »knallharten« Materialisten Mode. Es überrascht, daß sich diese irrige Meinung verbreitet hat, obwohl einige der größten Wissenschaftler unseres Jahrhunderts die Notwendigkeit einer religiösen Einstellung zum Leben und zur Wissenschaft erkannt haben. Wenn ich nun diese Behauptung auf einem so »empfindlichen« Gebiet untermauern werde, zitiere ich dabei wörtlich, so daß kein Verdacht auf eine durch Wunschdenken meinerseits entstandene Fehlinterpretation aufkommen kann!

Mein erstes Beispiel stammt aus einem Kapitel aus Heisenbergs Buch *Physics and Beyond* (1971), das die Überschrift hat: »Positivismus, Metaphysik und Religion«. Heisenberg rekonstruiert ein Gespräch, das er 1952 mit Wolfgang Pauli führte. Pauli fragte Heisenberg unerwartet: »Glauben Sie an Gott als Person?« Heisenberg antwortet:

> »Darf ich Ihre Frage anders stellen? Ich selbst würde die folgende Formulierung vorziehen: Können Sie, oder jemand anderer, die zentrale Ordnung der

Dinge oder des Geschehens, deren Existenz kaum in Frage steht, so direkt erreichen, wie Sie die Seele eines anderen Menschen erreichen können? Ich verwende den Begriff ‚Seele' ganz absichtlich, damit man mich nicht falsch versteht. Wenn Sie Ihre Frage so stellen würden, würde ich mit ‚Ja' antworten.«
»Warum verwenden Sie den Begriff ›Seele‹ und sprechen nicht einfach von einer anderen Person?«
»Weil, um genau zu sein, das Wort ›Seele‹ sich auf die zentrale Ordnung bezieht, auf den innerlichen Kern eines Wesens, dessen äußere Erscheinungsformen sehr verschieden und jenseits unseres Verständnisses liegen können.«

Später, gegen Ende der Unterhaltung, macht Heisenberg eine sehr gehaltreiche Aussage:

Ich stimme mit Max Weber darin überein, daß der Pragmatismus seine Ethik letztlich auf den Calvinismus, d.h. das Christentum gründet. Wenn wir den westlichen Menschen danach fragen, was gut ist und was schlecht, was erstrebenswert ist und was abgelehnt werden muß, werden wir immer wieder finden, daß seine Antworten die ethischen Normen des Christentums reflektieren, auch wenn er schon lange jede Berührung mit christlichen Vorstellungen und Parabeln verloren hat. Wenn die magnetische Kraft, die diesen speziellen Kompaß geleitet hat – und was war wohl seine Quelle, wenn nicht die zentrale Ordnung? – jemals ausgelöscht werden sollte, können schreckliche Dinge mit der Menschheit geschehen, viel schrecklichere sogar als Konzentrationslager und Atombomben. Aber wir hatten nicht vor, in solche dunklen Tiefen zu blikken; hoffen wir, daß die zentrale Macht unseren Weg wieder erleuchten wird, vielleicht auf völlig unerwartete Art.

1971 nahm ich mit Heisenberg an einer Podiumsdiskussion bei der Konferenz der Nobelpreisträger in Lindau teil. Einige der an der Diskussion teilnehmenden Studenten und auch Leute aus der Zuhörerschaft versuchten Heisenberg zu einer atheistischen Stellungnahme zu drängen. Er widersetzte sich mit großer Beständigkeit in einer tief ergreifenden Ansprache und brachte seine Diskussionsgegner wirkungsvoll zum Schweigen. Was er sagte, war in ungefähr das oben Zitierte.

In seiner Eddington Lecture »The Vision of Nature« verknüpfte Hinshelwood (1961) naturwissenschaftliche und religiöse Sichtweisen in einem sehr gefühlvollen Abschnitt:

Es gibt einen tiefen menschlichen Instinkt, hinter den Geschehnissen in der Natur etwas Personales zu suchen; und die Menschen werden sowohl auf intellektuellen als auch auf emotionellen Wegen zur Betrachtung religiöser Fragen geführt. So weit wie der Mensch versucht, seine eigene persönliche Welt mit dem unpersönlichen Element in der Außenwelt zu verschmelzen, verfolgt er die Vision der Natur; in seinem Verlangen nach Vereinigung mit dem Universalen und dem Personalen verfolgt er das, was meiner Meinung nach in allen Zeiten mit der Vision von Gott gemeint war.

In seiner Ansprache anläßlich der Verleihung des Templeton-Preises im letzten Jahr machte Professor Torrance, der sowohl in der Theologie als auch in der Naturwissenschaft zu Hause ist, eine sehr wichtige prophetische Aussage über die zukünftige Beziehung zwischen Naturwissenschaft und Theologie:

> Es scheint mir klar zu sein, daß die alte Denkweise in den Gegensätzen Zufall und Notwendigkeit, Ungewißheit und Determinismus jetzt von einer neuen spontanen Denkweise mit einer offenen Struktur ersetzt werden muß; denn es wird uns eine erstaunliche Spontaneität in der Natur offenbart, die eine dynamische Ordnung mit einer unbestimmten Reichweite des Begreifens schafft, die jenseits des uns durch unsere naturwissenschaftliche Forschung bekannten Universums nach Vervollkommnung ruft. Theologisch gesprochen, ist das, womit wir hier befaßt sind, das Verständnis der Spontaneität und der Freiheit Gottes des Schöpfers. Hier stützen sich die Naturwissenschaften und die theologische Wissenschaft an ihren Grenzbedingungen stark aufeinander und was benötigt wird, ist eine adäquatere Lehre von der Schöpfung, in die sich Kenntnisse von beiden Seiten jener Grenzbedingungen einfügen lassen.

Ich stimme dem höchst enthusiastisch zu und wage zu hoffen, daß meine Gifford Lectures vielleicht etwas Licht auf diesen Weg in die Zukunft werfen.

Anläßlich der Einstein-Hundertjahrfeier hat Gunter Stent (1979) über Einsteins Glauben geschrieben. Einsteins direkteste Aussage dazu war im Jahr 1929 die Antwort auf ein Telegramm von Rabbi Goldstein aus New York: »Glauben Sie an Gott?« Einstein telegrafierte zurück: »Ich glaube an den Gott Spinozas, der sich in der Harmonie allen Lebens offenbart, nicht an einen Gott, der sich mit dem Schicksal und den Taten der Menschen befaßt.« Stent schreibt weiter:

> Da nach der monotheistischen Überlieferung Gott den Menschen nach seinem Vorbild erschaffen hat, liefert die rationale Ähnlichkeit des Menschen mit Gott dem Wissenschaftler die vernünftige Erwartung, letztlich nach Gottes Plan zu arbeiten. Daß Einstein die Rolle des Wissenschaftlers genau in diesem Licht sah, wird durch seine in wissenschaftlichen Diskussionen nicht seltenen Verweise auf »den Gott Spinozas« bestätigt, von welchen der Aphorismus, Gott sei kein Würfelspieler, nur der berühmteste ist. Wenn ihm zum Beispiel eine Theorie eigenwillig oder gezwungen erschien, kommentierte er etwa »Gott tut so etwas nicht« oder »Gott ist listig, aber nicht heimtückisch«. Und als er gefragt wurde, wie er reagiert hätte, wenn die bei der Sonnenfin-

> sternis 1919 gewonnenen Ergebnisse seine Relativitätstheorie nicht bestätigt hätten, antwortete er: »Dann hätte mir der liebe Gott leid getan.« Daß fast alle Bemerkungen über Gott einen humorvollen Klang haben, verringert nicht ihren Wert als Zeugnisse von Einsteins im wesentlichen monotheistischer Weltanschauung.

Ich möchte Stents Kommentar zustimmen. Einstein hat sein Leben mit dem Versuch verbracht, den Plan der Schöpfung zu verstehen, also konnte er auch so fühlen und reden, als ob er sich mit Gott dem Schöpfer auf vertrautem Fuß befände!

Ich schließe diesen Abschnitt mit einigen Zitaten von Max Planck ab, dessen wissenschaftliche Größe durchaus an die von Einstein heranreicht. Planck war zutiefst religiös, wie man aus diesen Zitaten aus seiner Vorlesung über »Religion und Naturwissenschaft« ersehen kann (Planck, 1938, S. 29ff.):

> ... ist für den Naturforscher das einzig primär Gegebene der Inhalt seiner Sinneswahrnehmungen und der daraus abgeleiteten Messungen. Von da aus sucht er sich auf dem Wege der induktiven Forschung Gott und seiner Weltordnung als dem höchsten, ewig unerreichbaren Ziele nach Möglichkeit anzunähern. Wenn also beide, Religion und Naturwissenschaft, zu ihrer Betätigung des Glaubens an Gott bedürfen, so steht Gott für die eine am Anfang, für die andere am Ende alles Denkens. Der einen bedeutet er das Fundament, der anderen die Krone des Aufbaus jeglicher weltanschaulicher Betrachtung. ...
> ... Religion und Naturwissenschaft – sie schließen sich nicht aus, wie manche heutzutage glauben oder fürchten, sondern sie ergänzen und bedingen einander. Wohl den unmittelbarsten Beweis für die Verträglichkeit von Religion und Naturwissenschaft auch bei gründlich-kritischer Betrachtung bildet die historische Tatsache, daß gerade die größten Naturforscher aller Zeiten, Männer wie Kepler, Newton und Leibniz von tiefer Religiosität durchdrungen waren.
> ...
> Es ist der stetig fortgesetzte, nie erlahmende Kampf gegen Skeptizismus und gegen Dogmatismus, gegen Unglaube und gegen Aberglaube, den Religion und Naturwissenschaft gemeinsam führen, und das richtungsweisende Losungswort in diesem Kampf lautet von jeher und in alle Zukunft: Hin zu Gott!

In diesen Gifford Lectures über natürliche Theologie freue ich mich, aus den Schriften dieser großen Wissenschaftler zitieren zu können, um den Aberglauben (vgl. Planck oben), daß zwischen Naturwissenschaft und Religion ein ständiger Krieg geführt werde, abbauen zu können. Es gibt natürlich Wissenschaftler, die als Atheisten bekannt sind, und einige davon befinden sich an der Spitze der Wissenschaft, zum Beispiel Monod. Der antireligiöse Standpunkt vieler Naturwissenschaftler ist erklärlich, da die Anforderungen der Naturwissenschaft so hoch sind, daß keine Zeit bleibt, sich tiefergehend mit philosophischen und religiösen Fragen zu beschäftigen. Als Folge davon wird oft eine bequeme agnostische Position eingenommen. Ich hoffe, daß diese Vorlesungen über natürliche Theologie Naturwissenschaftlern, Philosophen und Theologen die Gelegenheit geben, die Grundlage ihrer Anschauung hinsichtlich Naturwissenschaft und Religion zu erweitern. Die Attacke von seiten der Naturwissenschaft war so stark, daß viele Vertreter der Religion demoralisiert wurden; und mit dem defätistischen Slogan »Gott ist tot« wenden sie sich liberal-linken Aktivitäten – guten Werken – zu, um ihren Glauben an Gott zu ersetzen. Das hat höchst verderbliche Folgen für unsere Gesellschaft, die jetzt mit der unglücklich gewählten Bezeichnung »nach-christlich« benannt wird. Ich erinnere an Heisenbergs oben zitierte Voraussage, daß, wenn der Glaube an »die zentrale Ordnung« als Führung der Menschheit ausgelöscht wird, Schreckliches passieren kann.

10.6 Tod und Unsterblichkeit

Wir setzen nun wieder bei der 6. Vorlesung an, die eine kurze Beschreibung der tiefen Bewußtlosigkeit oder des Komas enthält. Ein solcher Zustand kann Monate oder Jahre andauern, ohne daß eine Hoffnung auf Genesung besteht. Es ist wesentlich, sich klarzumachen, daß der Tod heute ganz richtig mit dem *Gehirntod* gleichgesetzt wird. Mit modernen Überlebenstechniken kann der Körper monatelang »am Leben« gehalten werden, obwohl das Gehirn tot ist, was man mit Sicherheit an einem andauernd »flachen« EEG (vgl. Abb. 6-4) erkennen kann. Diese tragische Situation des Gehirntods kann aufgrund einer zu lange andauernden Kreislaufunterbrechung bei einem Herzversagen oder aufgrund eines vorübergehenden Sauerstoffmangels bei fehlender Atmung, zum Beispiel beim Ertrinken, entstehen. Bei vielen Wachkoma-Fällen jedoch ist der Neocortex nicht tot, sondern nur stark gedämpft, weil das retikuläre Aktivierungssystem versagt (vgl. 6. Vorlesung).

Wie bereits gesagt wurde, kann es gemäß allen materialistischen Theorien des Geistes nach dem Hirntod kein Bewußtsein irgendeiner Art geben. Die Frage nach Unsterblichkeit ist keine Frage. Beim dualistischen Interaktionismus jedoch kann man aus dem Standardschema (Abb. 1-7) sehen, daß der Tod des Gehirns nicht die Zerstörung der zentralen Komponente von Welt 2 zur Folge haben muß. Was man folgern kann, ist nur, daß Welt 2 keine Beziehung zum Gehirn mehr aufrechterhält und ihr daher jede sensorische Information und jede motorische Ausdrucksmöglichkeit fehlen. Es ist nicht die Rede von einer schattenhaften oder geisterähnlichen Existenz mit irgendeiner Beziehung zur materiellen Welt, wie sie von einigen spiritistischen Glaubensrichtungen vertreten wird. Was können wir also sagen?

Der Glaube an ein Leben nach dem Tod entstand in der Menschheit sehr früh, wie man an den zeremoniellen Bestattungsbräuchen beim Neandertaler sehen kann. In unseren frühesten Aufzeichnungen vom Glauben an ein Leben nach dem Tod war dieses höchst unangenehm. Man kann das im Gilgamesch-Epos, in den Gedichten Homers oder beim hebräischen Glauben vom Scheol sehen. Hick (1976) weist darauf hin, daß das Elend und das Unglücklichsein, von dem geglaubt wurde, daß es das Leben nach dem Tod begleitet, eine sehr starke Widerlegung der Erklärung sind, solche Anschauungen seien aus Wunschdenken entstanden.

Die Vorstellung eines attraktiveren Lebens nach dem Tod ist ein besonderes Merkmal der Sokrates-Dialoge, das sich aus den Orpheusmysterien ableitet, wie bereits in den Zitaten aus dem *Phaidon* und von Hick (1976) bemerkt wurde. Im *Phaidon* gibt es eine besonders klare Bejahung der Unsterblichkeit durch Sokrates kurz vor seinem Tod (Platon, 1958, S. 57 und 64):

> ... – wenn die Seele unsterblich ist, sie auch der Sorgfalt bedarf nicht für diese Zeit allein, welche wir das Leben nennen, sondern für die ganze Zeit. ... Nun aber diese [die Seele] sich als unsterblich zeigt, kann es ja für sie keine andere Sicherheit vor dem Übel geben und kein Heil als nur, wenn sie so gut und vernünftig geworden ist als möglich. Denn nichts anderes kann sie doch mit sich haben, wenn sie in die Unterwelt kommt, als nur ihre Bildung und Nahrung...
>
> ... sagte Kriton. Aber auf welche Weise sollen wir dich begraben? – Wie ihr wollt, sprach er, wenn ihr mich nur wirklich haben werdet, und ich euch nicht entwischt bin. Dabei lächelte er still und sagte, indem er uns ansah: Diesen Kriton, ihr Männer, überzeuge ich nicht, daß ich dieser Sokrates bin, der jetzt mit euch redet und euch das Gesagte einzeln vorlegt, sondern er glaubt, ich sei jener, den er nun bald tot sehen wird, und fragt mich deshalb, wie er mich begraben soll. Daß ich aber schon so lange eine große Rede darüber gehalten habe, daß, wenn ich den Trank genommen habe, ich dann nicht länger bei euch bleiben, sondern fortgehen werde zu irgendwelchen Herrlichkeiten der Seligen, das, meint er wohl, sage ich alles nur so, um euch zu beruhigen und mich mit.

Auf die scharfsinnige Einfachheit der Botschaft des Sokrates vor seinem Tod hin ist es eine interessante Erfahrung, die vielen Arten von Unsterblichkeit zu betrachten, die zum Gegenstand der Spekulation wurden. Durch die vielen Versuche, schon bei den frühesten Religionen, eine sich auf die Denkweise der jeweiligen Zeit gründende Erklärung zu liefern, ist die Vorstellung von Unsterblichkeit befleckt und sogar widerwärtig gemacht worden. So fühlen sich die Intellektuellen heute von diesen archaischen Versuchen, das Leben nach dem Tod zu beschreiben und darzustellen, abgestoßen. Mich stößt das ebenfalls ab. Es ist in diesen Vorlesungen nicht meine Aufgabe, derartigen theologischen Problemen nachzugehen; ich möchte jedoch auf Bücher verweisen, die ich gelesen habe. Die Geschichten von den Gedanken des Menschen über seine letzte Bestimmung im Tod sind von Choron (1963, 1964) zu zwei gelehrten Büchern gesammelt worden. Theologische und philosophische Erörterungen finden sich in den Büchern von Hügel (1913), Fosdick (1918), Baillie (1934), Dixon (1937), D'Arcy (1942) und Pelikan (1962); in neuerer Zeit in den Büchern, auf die ich bereits verwiesen habe: Hick (1976), Lewis (1978) und Badham (1976).

In diesen neueren Büchern wird viel über die Wiederauferstehung des Körpers diskutiert, besonders bei Hick, da allgemein angenommen wird, daß die Seele nur in Beziehung zu irgendeiner Art von Körper funktionieren kann. In diesem Zusammenhang wird das seltsame Konzept des »Astralleibs« diskutiert, das ich völlig inakzeptabel finde. Ich würde meinen, daß es sich nicht lohnt, über dieses »Körper«-Seele-Problem nach dem Tod zu spekulieren. Das ist während des Lebens verwirrend genug! Selbst-Erkennen und Kommunikation sind für die Psyche vielleicht auf eine Art möglich, die jenseits unserer Vorstellungskraft liegt.

Eine interessantere und sinnvollere Diskussion betrifft die Selbsterkenntnis nach dem Tod. Normalerweise haben wir Körper und Gehirn, die uns unsere Identität sichern, aber bei der Trennung der Psyche vom Körper und vom Gehirn im Tod sind ihr keine dieser Anhaltspunkte mehr zugänglich. Jedes Detailgedächtnis wird verlorengehen. Wenn wir uns wieder Abb. 1-7 zuwenden, sehen wir, daß das Gedächtnis sich ebenfalls in Welt 2 befindet. Dieses ist wohl ein allgemeineres Gedächtnis, das auf unsere Selbst-Identität, unser Gefühlsleben, unser persönliches Leben und unsere in den Wertvorstellungen eingeschlossenen Ideale bezogen ist. Das alles zusammen sollte für die Selbst-Identität ausreichen. Man sollte es im Zusammenhang mit der Diskussion über die Erschaffung der Psyche durch Einflößen in den sich entwickelnden Embryo sehen. *Diese von Gott geschaffene Psyche sollte der Mittelpunkt aller Überlegungen zur Unsterblichkeit und zum Selbst-Erkennen sein* (vgl. Lewis, 1978).

Ein weiteres Thema für Spekulationen betrifft das Vermeiden von Langeweile in der endlosen Zeit der Ewigkeit. Lemberg (1980) gibt dazu einen wichtigen Kommentar:

> Ich glaube, daß, obwohl es sehr wesentlich ist, allgemein vernachlässigt wird, zwischen der Idee der Unsterblichkeit und dem Konzept der Ewigkeit zu unterscheiden. Die meisten Leute, ob Naturwissenschaftler, Laien oder Religiöse, treffen diese Unterscheidung nicht. Für sie sind die beiden Begriffe synonym. Das ist jedoch eine gründliche Fehlauffassung von »Ewigkeit«. Plotinus betonte etwa 250 n. Chr., daß die Ewigkeit vor der Zeit liege und im »ewigen Sein« vor jeder Schöpfung des Universums und der Zeit vorhanden war.

Erinnern wir uns in diesem Zusammenhang an die Beschreibung des Urknalls in der 2. Vorlesung meiner ersten Gifford-Reihe (Eccles, 1982).

Hick (1976) verleiht sehr feinsinnigen Vorstellungen von der Umwandlung des Selbst in das Leben nach dem Tod folgendermaßen Ausdruck:

> Die Unterscheidung zwischen dem Selbst als Ich und dem Selbst als Person läßt vermuten, daß, indem der einzelne Mensch sich vervollkommnet, er immer mehr zu einer Person wird und immer weniger ein Ich ist. Da Persönlichkeit etwas im wesentlichen nach außen Gerichtetes ist, wie eine Beziehung zu anderen Personen, während das Ich eine Grenze bildet, die das wahre personale Leben begrenzt, wird das fertige Individuum eine Persönlichkeit ohne Ichsein geworden sein, ein lebendes Bewußtsein, das dem anderen Bewußtsein, mit dem zusammen es in einer völligen Gemeinschaft der Liebe lebt, sichtbar ist. So haben wir das Bild von einer Vielzahl personaler Zentren ohne voneinander getrennte Peripherien. Sie werden aufgehört haben, sich gegenseitig auszuschließen, werden sich gegenseitig einschließen und in einem äußerst komplexen gemeinsamen Bewußtsein einander gegenüber offen sein. Die Barriere zwischen ihrem gemeinsamen unbewußten Leben und ihrem individuellen bewußten Leben wird verschwunden sein, so daß sie eine Intimität persönlicher Gemeinschaft erfahren, die wir uns gegenwärtig kaum vorstellen können.

Man kann diese Formulierung Hicks neben den religiösen Glauben an die Vereinigung der Seelen stellen. Brauchen wir noch weitere Spekulationen anzustellen? Kurz bevor er starb, schrieb der große

Biochemiker Lemberg (1980) sehr bewegend über seinen kommenden Tod:

> Ich kann nur für mich selbst sprechen, aber ich bin damit zufrieden, das Urteil darüber, was mein Leben hier auf der Erde gewesen ist, in die Hände des Ewigen zu legen, wobei ich erkenne, daß durch die Gnade Gottes mir nicht so viel Unrecht in meinem Leben geschehen ist, daß, obwohl ich das Schicksal eines Flüchtlings erlitten habe, ich im Jenseits Lohn zu erwarten hätte. Ob es ein Leben nach dem Tod für irgendeinen Mann oder eine Frau überhaupt gibt, weiß ich nicht und kann ich nicht wissen.

Die bekannte Schriftstellerin Freya Stark (1948) schrieb höchst bewegende Worte über das Altern, den Tod und das Leben danach:

> Unser eigener Zugriff läßt nach und läßt uns als Erben unbegrenzter Liebe in einer gemeinsamen Welt zurück, wo jede Freude ein Teil unserer persönlichen Freude ist. Während unser Griff sich lockert und wir zurückkehren zum willenlosen Annehmen, bereiten wir uns im Vorzimmer auf eine Dunkelheit vor, in der sogar dieser letzte personale Funke verglimmt und alles, was geschieht, allein in der Hand des Spenders liegt.

10.7 Epilog

Das Thema meiner früheren Gifford Lectures war »Das Rätsel Mensch«. Unser Leben hier auf dieser Erde und in diesem Kosmos liegt hinsichtlich der großen Fragen jenseits unseres Verstehens. Wir müssen offen sein für eine tiefe, dramatische Bedeutung, die in diesem unserem irdischen Leben liegt und sich vielleicht nach der Transformation des Todes offenbart. Wir können fragen: Was bedeutet dieses Leben? Wir finden uns hier in dieser wunderbar reichen und lebhaften bewußten Erfahrung, und sie hält das Leben lang an; aber ist das das Ende? Unser selbst-bewußter Geist hat diese geheimnisvolle Beziehung zum Gehirn, und infolgedessen erfährt er von menschlicher Liebe und Freundschaft, von den wunderbaren Naturschönheiten, von der geistigen Aufregung und Freude, die wir aus der Wertschätzung und dem Verständnis unseres kulturellen Erbes gewinnen. Soll dieses gegenwärtige Leben mit dem Tod zu Ende sein, oder dürfen wir hoffen, daß es noch mehr Sinn zu entdecken gibt? Im Rahmen der Natürlichen Theologie kann ich nur sagen, daß die Zukunft in völligem Dunkel liegt; aber wir kamen aus Dunkelheit. Ist es so, daß dieses unser Leben eine Bewußtseinsperiode zwischen zwei Vergessenheitsperioden ist, oder gibt es irgendeine weiterreichende transzendente Erfahrung, von der wir nichts wissen können, bevor sie uns zuteil wird?

Der Mensch ist in dieser Zeit ideologisch vom Weg abgekommen. Man hat diesen Zustand als die Gefährdung der Menschheit bezeichnet. Ich glaube, daß die Wissenschaft zu weit gegangen ist, als sie den Glauben des Menschen an seine geistige Größe, wie sie sich in den großartigen Errungenschaften von Welt 3 äußert, zerstört hat und ihm statt dessen die Überzeugung einflößte, er sei nur ein bedeutungsloses Tier, das auf einem bedeutungslosen, in der großen kosmischen Unendlichkeit verlorenen Planeten durch Zufall und Notwendigkeit entstanden ist. Das ist die Botschaft von Monods Zitaten in der 9. Vorlesung. Ich glaube, daß die hauptsächliche Schwierigkeit der Menschheit heute darin liegt, daß ihre geistigen Führer in ihrem Eigendünkel zu arrogant sind. Wir müssen uns darüber klar sein, daß es beim materiellen Aufbau und der Wirkungsweise unseres Gehirns, beim Verhältnis zwischen Gehirn und Geist und bei unserer kreativen Vorstellungskraft große unbekannte Faktoren gibt. Wenn wir an diese unbekannten Faktoren denken würden und vor allem auch an das Geheimnis unseres Entstehens, dann wären wir sehr viel bescheidener. Die unvorstellbare Zukunft, die die unsere sein könnte, wäre die Erfüllung dieses gegenwärtigen Lebens, und wir sollten bereit sein, ihre Möglichkeit als größtes Geschenk anzunehmen. Durch das Annehmen dieses wunderbaren Geschenks von Leben und Tod müssen wir nicht auf die Unvermeidbarkeit einer anderen Existenzform vorbereitet sein, sondern dürfen auf eine solche Möglichkeit hoffen.

Das ist die Botschaft, die wir den Schriften Penfields (1975) und Thorpes (1963) entnehmen können; auch ich selbst glaube fest daran, daß wir für die Zukunft offen sein müssen. Dieser ganze Kosmos wird nicht in Gang gehalten und läuft nicht ab ohne jeden Sinn. Im Rahmen der Natürlichen Theologie komme ich dazu, zu glauben, daß wir Geschöpfe mit einem übernatürlichen Sinn sind, der bis jetzt nur unzureichend definiert ist. Wir können nur annehmen, daß wir alle Teil eines großen Plans sind, was das Thema meiner ersten Gifford-Reihe war (Eccles, 1982). Jeder von uns kann glauben, in einem unvorstellbaren übernatürlichen Schauspiel mitzuspielen. Um unsere Rolle zu erfüllen, sollten wir unser Bestes geben. Und dann warten wir heiter und freudig darauf, daß uns die Zukunft offenbart, was sie für uns nach dem Tod bereithält.

Es ist nicht meine Aufgabe, im Rahmen der Natürlichen Theologie, mehr zu sagen oder besonders auf die höchsten religiösen Glaubensformen, wie sie im Christentum bewahrt sind, zu verweisen. Ich möchte aber behaupten, daß alle meine Überlegungen zur Natürlichen Theologie in diesen zwei Reihen von Gifford Lectures nicht gegen das Christentum sprechen, dem ich angehöre.

Literaturverzeichnis

Adrian, E.D.: The physical background of perception. Oxford: Clarendon 1946

Adrian, E.D., Matthews, B.H.C.: The Berger rhythm: Potential changes from the occipital lobes of man. Brain 57, 355–384 (1934)

Ajmone-Marsan, C.: Acute effects of topical epileptogenic agents. In: Basic mechanisms of the epilepsies. Jasper, H.H., Ward, A.A., Pope, A. (eds.), pp. 299–319. Boston: Little, Brown & Co. 1969

Albe-Fessard, D., Besson, J.M.: Convergent thalamic and cortical projections. The non-specific system. In: Somatosensory system. Iggo, A. (ed.), pp. 489–560. Berlin, Heidelberg, New York: Springer 1973

Allen, G.I., Tsukahara, N.: Cerebrocerebellar communication systems. Physiol. Rev. *54*, 957–1006 (1974)

Amsterdam, B.: Mirror self-image reactions before the age of two. Dev. Psychobiol. *5*, 297–305 (1972)

Andersen, P., Andersson, S.A.: Physiological basis of the alpha rhythm. New York: Appleton-Centruy-Crofts 1968

Andersson, S.A., Keller, O., Vyklický, L.: Cortical activity evoked from tooth pulp afferents. Brain Res. *50*, 473–475 (1973)

Andy, O.J., Stephan, H.: The septum in the human brain. J. Comp. Neurol. *133*, 383–409 (1968)

Arcy, M.C.d' siehe D'Arcy, M.C.

Ardrey, R.: African genesis. New York: Atheneum 1961

Ardrey, R.: The territorial imperative. New York: Atheneum 1966

Armstrong, D.M.: A materialist theory of the mind. London: Routledge & Kegan Paul 1968

Armstrong, D.M.: Between matter an mind. London: Times Literary Suppl. Feb. 17, 1978

Asanuma, H., Rosén, I.: Topographical organization of cortical efferent zones projecting to distal forelimb muscles in the monkey. Exp. Brain Res. *14*, 243–256 (1972)

Attneave, F.: Multistability in perception. In: Image, object and illusion. Held, R. (ed.), pp. 90–99. San Francisco: Freeman 1974

Austin, G., Hayward, W., Rouhe, S.: A note on the problem of conscious man and cerebral disconnection by hemispherectomy. In: Symposium on cerebral dysconnection. Smith, L. (ed.). Springfield, Ill.: Thomas 1972

Badham, P.: Christian beliefs about life after death. London: Society for Promotion of Christian Knowledge 1976

Baier, K.: What is value? An analysis of the concept. In: Values and the Future. Baier, K., Rescher, N. (eds.), pp. 35–67. New York: Free Press 1969

Baillie, J.: And the life everlasting. London: Oxford University Press 1934
Barlow, H.B.: Single units and sensation: A neuron doctrine for perceptual psychology? Perception *1*, 371–394 (1972)
Barlow, H.B., Blakemore, C., Pettigrew, J.D.: The neural mechanism of binocular depth discrimination. J. Physiol. (London) *193*, 327–342 (1967)
Becker, W., Iwase, K., Jürgens, R., Kornhuber, H.H.: Brain potentials preceding slow and rapid hand movements. In: The responsive brain. M'Callum, Knott (eds.), pp. 99–102. Bristol: Wright 1976
Beloff, J.: The existence of mind. London: MacGibbon & Kee 1972
Beloff, J.: Mind-body interactionism in the light of the parapsychological evidence. Theoria to Theory *10*, 125–137 (1976)
Bert, J., Balzamo, E., Vuillon-Cacciuttolo, G., Naquet, R.: Patterns of sleep in primates: phylogenetic, psychophysiologic and pathologic effects. In Cerebral correlates of conscious experience. Buser, P., Rougeul-Buser, A. (eds.), pp. 233–244. Amsterdam: North Holland 1978
Bertram, B.C.R.: The social system of lions. Sci. Am. *232/5*, 54–65 (1975)
Birch, C.: Chance, necessity and purpose. In: Studies in the philosophy of biology. Ayala, F.J., Dobzhansky, T. (eds.), pp. 225–239. London: Macmillan 1974
Bishop, P.O.: Cortical beginning of visual form and binocular depth perception. In: Neurosciences research study program. Schmitt, F.O. (ed.), pp. 471–484. New York: Rockefeller University Press 1970
Blakemore, C.: The baffled brain. In: Illusion in nature and art. Gregory, R.L., Gombrich, E.H. (eds.), pp. 9–47. London: Duckworth 1973
Blakemore, C.: Mechanics of the mind. Cambridge, London: Cambridge University Press 1977
Bliss, T.V.P., Lómo, T.: Long-lasting potentiation of synaptic transmission in the dentate area of the anaesthetized rabbit following stimulation of the perforant path. J. Physiol. (London) *232*, 331–356 (1973)
Bogen, J.E.: The other side of the brain II: An appositional mind. Bull. Los Angeles Neurol. Soc. *34*, 135–162 (1969)
Bowsher, D.: An anatomophysiological basis of somatosensory discrimination. Int. Rev. Neurobiol. *8*, 35–75 (1965)
Bremer, F.: L'activité cérébrale au cours du sommeil et de la narcose. Contribution à l'étude du méchanisme du sommeil. Bull. Acad. R. Med. Belg. *2*, 68–86 (1937)
Bremer, F.: Some problems in neurophysiology, London: Athlone 1953
Bremer, F.: The neurophysiological problem of sleep. In: Brain mechanisms and consciousness. Adrian, E.D., Jasper, H.H., Bremer F. (eds.), pp. 137–162. Springfield Ill.: Thomas 1954
Bremer, F.: Cerebral hypnogenic centers. Ann. Neurol. *2*, 1–6 (1977)
Brodal, A.: Neurological anatomy. In relation to clinical medicine. London: Oxford University Press 1969
Bronowski, J.: The ascent of man. London: British Broadcasting Corporation 1973
Bunge, M.: Emergence and the mind. Neuroscience *2*, 501–509 (1977)

Bunge, M., Llinás, R.: The mind-body problem in the light of neuroscience. 16th World Congress of Philosophy, pp. 131–133. Düsseldorf: 1978

Burton, H., Jones, E.G.: The posterior thalamic region and its cortical projection in new world and old world monkeys. J. Comp. Neurol. *168*, 249–301 (1976)

Campbell, D.T.: On the conflicts between biological and social evolution and between psychology and moral tradition. Am. Psychol. Vol. 30, 1103–1126 (1975)

Carreras, M., Andersson, S.A.: Functional properties of neurons of the anterior ectosylvian gyrus of the cat. J. Neurophysiol. *26*, 100–126 (1963)

Choron, J.: Death and western thought. London: Ballica-Macmillan 1963

Choron, J.: Modern man and mortality. New York: MacMillan 1964

Clemente, C.D., Chase, M.H.: Neurological substrates of aggressive behaviour. Annu. Rev. Physiol. *35*, 329–356 (1973)

Cournand, A., Meyer, M.: The scientist's code. Minerva: A Review of Science, Learning and Policy *14*, 79–96 (1976)

Creutzfeldt, O.D.: Neuronal mechanisms underlying the EEG. In: Brain mechanisms of the epilepsies. Jasper, H.H., Ward, A.A., Pope, A. (eds.), pp. 397–410. Boston: Little, Brown & Co. 1969

Creutzfeldt, O.D.: Neurophysiological correlates of different functional states of the brain. In: Brain work: The coupling of function metabolism and blood flow in the brain. Ingvar, D.H., Lassen, N.A. (eds.), pp. 21–46. Copenhagen: Munksgaard 1975

Creutzfeldt O.D.: Generality of the functional structure of the neocortex. Naturwissenschaften *64*, 507–517 (1977)

Creutzfeldt, O.D., Jung, R.: Neuronal discharge in the cat's motor cortex during sleep and arousal. In: The nature of sleep. Wolstenholme, G.E.W., O'Connor, M. (eds.), pp. 129–170. London: Churchill 1961

Creutzfeldt, O.D., Rager, G.: Brain mechanisms and the phenomenology of conscious experience. In: Cerebral correlates of conscious experience. Buser, P.A., Rougeul-Buser, A. (eds.), pp. 311–318. Amsterdam: North Holland 1978

D'Arcy, M.C.: Death and life. London: Longmans Green & Co. 1942

Dart, R.: Adventures with the missing link. New York: Harper & Row 1959

Dart, R.A.: The predatory transition from ape to man. Anthropol. Linguistic Rev. *1*, 201–213 (1953)

Dawkins, R.: The selfish gene. Oxford: Oxford University Press 1976

Deecke, L., Englitz, H.G., Kornhuber, H.H. Schmitt, G.: Cerebral potentials preceding voluntary movement in patients with bilateral or unilateral Parkinson akinesia. In: Progress in clinical neurophysiology, Vol. 1: Attention, voluntary contraction and event-related cerebral potentials. Desmedt, J.E. (ed.), pp. 151–163. Basel: Karger 1977

Deecke, L., Grözinger, B., Kornhuber, H.H.: Voluntary finger movements in man. Cerebral potentials and theory. Biol. Cybern. *23*, 99–119 (1976)

Deecke, L., Kornhuber, H.H.: An electrical sign of participation of the mesial 'supplementary' motor cortex in human voluntary finger movement. Brain Res. *159*, 473–476 (1978)

Deecke, L., Scheid, P., Kornhuber, H.H.: Distribution of readiness potential, premotion positivity, and motor potential of the human cerebral cortex preceding voluntary finger movements. Exp. Brain Res. 7, 158–168 (1969)

Delgado, J.M.R.: Physical control of the mind. New York: Harper & Row 1969

Deregowski, J.B.: Illusion and culture. In: Illusion in nature and art. Gregory, R.L., Gombrich, E.H. (eds.), pp. 161–191. London: Duckworth 1973

Deregowski, J.B.: Pictorial perception and culture. In: Image, object and illusion. Held, R. (ed.), pp. 79–85. San Francisco: Freeman 1974

Descartes, R.: Philosophical works. Cambridge: Cambridge University Press 1931

Desmedt, J.E.: Active touch exploration of extrapersonal space elicits specific electrogenesis in the right cerebral hemisphere of intact right-handed man. Proc. Natl. Acad. Sci. USA *74*, 4037–4040 (1977)

Desmedt, J.E., Robertson, D.: Differential enhancement of early and late components of the cerebral somatosensory evoked potentials during forced-paced cognitive tasks in man. J. Physiol. (London) *271*, 761–782 (1977a)

Desmedt, J.E., Robertson, D.: Search for right hemisphere asymmetries in event-related potentials. Desmedt, J.E. (ed.), pp. 172–187, Basel: Karger 1977b

De Witt, L.W.: Consciousness, mind and self: the implications of the split- brain studies. Br. J. Phil. Sci. *26*, 41–47 (1975)

Dixon, W.M.: The human situation: problems of life and destiny. London: Arnold 1937

Dobzhansky, T.: The biology of ultimate concern. New York: New American Library 1967

Doty, R.W.: Consciousness from neurons. Acta Neurobiol. Exp. (Warsz.) *35*, 791–804 (1975)

Dubos, R.: So human an animal. New York: Scribner's Sons 1968

Eccles, J.C.: Interpretation of action potentials evoked in the cerebral cortex. Electroencephalogr. Clin. Neurophysiol. *3*, 449–464 (1951a)

Eccles, J.C.: Hypotheses relating to the brain-mind problem. Nature *168*, 53–57 (1951b)

Eccles, J.C.: The neurophysiological basis of mind: The principles of neurophysiology. Oxford: Clarendon 1953

Eccles, J.C.: The brain and the unity of conscious experience (Eddington Lecture). London: Cambridge University Press 1965

Eccles, J.C.: Facing reality. Berlin, Heidelberg, New York: Springer 1970

Eccles, J.C.: An instruction-selection theory of learning in the cerebellar cortex. Brain Res. *127*, 327–352 (1977)

Eccles, J.C.: An instruction-selection hypothesis of cerebral learning. In: Cerebral correlates of conscious experience. Buser, P.A., Rougeul-Buser, A. (eds.), pp. 155–175. Amsterdam: North Holland 1978

Eccles, J.C.: The human mystery. Berlin, Heidelberg, New York: Springer 1979a

Eccles, J.C.: Synaptic plasticity. Naturwissenschaften *66*, 147–153 (1979b)

Eccles, J.C., Gibson, W.C.: Sherrington, his life and thought. Berlin, Heidelberg, New York: Springer 1979

Eddington, A.S.: The philosophy of physical science. London: Cambridge University Press 1939

Edelman, G.M.: Group selection and phasic reentrant signaling: A theory of higher brain function. In: The mindful brain. Schmitt, F.O., pp. 51–100. Cambridge, Mass.: MIT Press 1978

Egger, M.D., Flynn, J.P.: Further studies on the effects of amygdaloid stimulation and ablation on hypothalamically elicited attack behaviour in cats. In: Structure and function of the limbic system. Adey, W.R., Tokizane, T. (eds.), pp. 165–182. Amsterdam: Elsvier 1967

Evarts, E.V.: Temporal patterns of discharge of pyramidal tract neurons during sleep and waking in the monkey. J. Neurophysiol. *27*, 152–171 (1964)

Evarts, E.V.: Unit activity in sleep and wakefulness. In: The neurosciences. Quarton, G.C., Melnechuk, T., Schmitt, F.O. (eds.), pp. 545–556. New York: Rockefeller University Press 1967

Feigl, H.: The "mental" dnd the "physical". Minneapolis, Minn.: University of Minnesota Press 1967

Fernandez de Molina, A., Hunsperger, R.W.: Central representation of affective reactions in forebrain and brain stem: electrical stimulation of amygdala, stria terminalis, and adjacent structures. J. Physiol. (London) *145*, 251–265 (1959)

Fields, H.L., Basbaum, A.I.: Brainstem control of spinal pain-transmission neurons. Annu. Rev. Physiol. *40*, 217–248 (1978)

Fifková, E., Van Harreveld, A.: Long-lasting morphological changes in dendritic spines of dentate granular cells following stimulation of the entorhinal area. J. Neurocytol. *6*, 211–230 (1977)

Fosdick, H.E.: The accurance of immortality. London: Clarke 1918

Frankl, V.E.: Reductionism and nihilism. In: Beyond reductionism. Koestler, A., Smythies, J.R. (eds.), pp. 396–416. London: Hutchinson 1969

Fuxe, K.: The neural circuitry of sleep – Presentation. In: Perspectives in the brain sciences, Vol. 1: The sleeping brain. Chase, M.H. (ed.), pp. 122–127. Los Angeles: Brain Research Institute of California 1972

Gallup, G.G.: Self-recognition in primates. Am. Psychol. *32*, 329–338 (1977)

Gazzaniga, M.S.: The split brain in man. In: Physiological psychology. Thompson, R.R. (ed.) San Francisco: Freeman 1971, pp. 118–123

Gibson, J.J.: The senses considered as perceptual systems. London: Allen & Unwin 1966

Goldman, P.S., Nauta, W.J.H.: Columnar distribution of cortico-cortical fibers in the frontal association, limbic and motor cortex of the developing rhesus monkey. Brain Res. *122*, 393–413 (1977)

Gombrich, E.H.: Art and illusion. London: Phaidon 1960

Gombrich, E.H.: The visual image. Sci. Am. *227*, No. 3, 82–96 (1972)

Gombrich, E.H.: Illusion and art. In: Illusion in nature and art. Gregory, R.L.,

Gombrich, E.H. (Herausgeber), pp. 193 bis 243. London: Duckworth 1973
Gordon, H.W., Bogen, J.E., Sperry, R.W.: Absence of deconnexion syndrome in two patients with partial section of the neocommissures. Brain *94*, 327–336 (1971)
Granit, R.: The purposive brain. Cambridge, Mass.: MIT Press 1977
Graybiel, A.M.: The thalamo-cortical projection of the so-called posterior nuclear group: A study with anterograde degeneration methods in the cat. Brain Res. *49*, 229–244 (1973)
Graybiel, A.M.: Studies on the anatomical organization of posterior association cortex. In: the neurosciences. Schmitt, F.O., Worden, F.G. (eds.), pp. 205–215. Cambridge, Mass.: MIT Press 1974
Gregory, R.L.:Perceptual illusions and brain models. Proc. R. Soc. Lond. B *171*, 279–296 (1968)
Gregory, R.L.: Eye and brain, London: World University Library 1972
Gregory, R.L.: The confounded eye. In: Illusion in nature and art. Gregory, R.L., Gombrich, E.H. (eds.), pp. 49–95. London: Duckworth 1973
Gregory, R.L.: Visual illusions. In: Image, object and illusion. Held, R. (ed.), pp. 48–58, San Francisco: Freeman 1974
Griffin, D.R.: The question of animal awareness. New York: Rockefeller University Press 1976
Grünewald-Zuberbier, E., Grünewald, G., Jung, R.: Slow potentials of the human precentral and parietal cortex during goal-directed movements (Zielbewegungspotentiale). J. Physiol. (London) *284*, 181–182P (1978)

Hardy, J.D., Stolwijk, J.A.J.: Tissue temperature and thermal pain. In: Touch, heat and pain. Ciba Symposium. De Reuck, A.U.S., Knight, J. (eds.), pp. 27–50. London: Churchill 1966
Hassler, R.: Central interactions of the systems of rapidly and slowly conducted pain. In: Advances in neurosurgery. Penzholz, H., Brock, M., Hamer, J., Klinger, M., Spoerri, O. (eds.), Vol. 3. pp. 143–150. Berlin, Heidelberg, New York: Springer 1975
Hassler, R.: Interaction of reticular activating system for vigilance and the truncothalamic and pallidal systems for directing awareness and attention under striatal control. In: Cerebral correlates of conscious experience. Buser, P.A., Rougeul-Buser, A. (eds.), pp. 111–129. Amsterdam: North Holland 1978
Hawkes, J.: Prehistory in history of mankind. Cultural and scientific development. Vol. 1, Part. 1. Unesco, London: New English Library 1965
Hayek, F.A.: The three sources of human values. London: The London School of Economics and Political Science 1978
Heath, R.G.: Studies in schizophrenia. A multidisciplinary approach to mind brain relationship. Cambridge, Mass.: Harvard University Press 1954
Heath, R.G.: Electrical self-stimulation of the brain in man. Am. J. psychiat. *120*, 571–577 (1963)
Hecaen, H.: Brain mechanisms suggested by studies of parietal lobes. In: Brain mechanisms underlying speech and language. Milikan, C.H., Darley, F.L. (eds.), pp. 146–166. New York, London: Grune & Stratton 1967

Heisenberg, W.: Physics and beyond, encounters and conversations. London: Allen & Unwin 1971

Held, R.: Object and effigy. In: Structure in art and in science. Kepes, G. (ed.), pp. 42–54. New York: Braziller 1965

Hick, J.: Biology and the soul. Cambridge: Cambridge University Press 1972

Hick, J.: Death and eternal Life. London: Collins 1976

Hinshelwood, C.: The vision of nature. Cambridge: Cambridge University Press 1961

Hubel, D.H., Wiesel, T.N.: Shape and arrangement of columns in the cat's striate cortex. J. Physiol. (London) *165*, 559–568 (1963)

Hubel, D.H., Wiesel, T.N.: Receptive fields and functional architecture in two non-striate visual areas (18 and 19) of the cat. J. Neurophysiol. *28*, 229–289 (1965)

Hubel, D.H., Wiesel, T.N.: Stereoscopic vision in macaque monkey. Nature 225, 41–42 (1970)

Hubel, D.H., Wiesel, T.N.: Laminar and columnar distribution of geniculo- cortical fibers in the Macaque monkey. J. Comp. Neurol. *146*, 421–450 (1972)

Hubel, D.H., Wiesel, T.N.: Sequence regularity and geometry of orientation columns in the monkey striate cortex. J. Comp. Neurol. *158*, 267–294 (1974)

Hubel, D.H., Wiesel, T.N.: Functional architecture of Macaque monkey visual cortex. Proc. R. Soc. Lond. B. *198*, 1–59 (1977)

Hügel, F. von: Eternal life. A study of its implications and applications. Edinburgh: Clark 1913

Hughes, J.: Isolation of an endogenous compound from the brain with pharmacological properties similar to morphine. Brain Res. *88*, 295–308 (1975)

Iggo, A.: A single unit analysis of cutaneous receptors with C afferent fibers. In: Pain and itch: Nervous mechanisms. Ciba Foundation. Wolstenholme, G.E.W., O'Connor, M. (eds.), pp. 41–59. London: Churchill 1959

Iggo, A.: Activation of cutaneous nociceptors and their actions on dorsal horn neurons. Adv. Neurol. *4*, 1–9 (1974)

Ingvar, D.H.: Patterns of brain activity revealed by measurements of regional cerebral blood flow. In: Brain work. Ingvar, D.H., Lassen, N.A. (eds.), pp. 397–413. Copenhagen: Munksgaard 1975a

Ingvar, D.H.: Brain work in presenile dementia and in chronic schizophrenia. In: Brain work. Ingvar, D.H., Lassen, N.A. (eds.), pp. 478–492. Copenhagen: Munksgaard 1975b

Inubushi, S., Kobayashi, T., Oshima, T., Torii, S.: Intracellular recordings from the motor cortex during EEG arousal in unanaesthetized brain preparations of the cat. Jpn. J. Physiol. *28*, 669–688 (1978a)

Inubushi, S., Kabayashi, T., Oshima, T., Torii, S.: An intracellular analysis of EEG arousal in cat motor cortex. Jpn. J. Physiol. *28*, 689–708 (1978b)

Isaac, G.: The food-sharing behaviour of protohuman hominids. Sci. Am. *238/4*, 90–108 (1978)

Isaacson, R.L.: The limbic system. New York: Plenum 1974

James, R.: Mind over matter. Higher Education review, July 14th (1978)
Jasper, H.H.: Pathophysiological studies of brain mechanisms in different states of consciousness. In: Brain and conscious experience. Eccles, J.C. (ed.), pp. 256–282. Berlin, Heidelberg, New York: Springer 1966
Jasper, H.H.: Methods of propagation: Extracellular studies. In: Brain mechanisms of the epilepsies. Jasper, H.H., Ward, A.A., Pope, A. (eds.), pp. 421–440. Boston: Little, Brown 1969
Jaynes, J.: The origin of consciousness in the breakdown of the bicameral mind. Boston: Houghton Mifflin 1976
Jennings, H.S.: The biological basis of human nature. New York: Norton 1930
Jones, E.G., Leavitt, R.Y.: Demonstration of thalamo-cortical connectivity in the cat somatosensory system by retrograde axonal transport of horseradish peroxidase. Brain Res. *63*, 414–418 (1973)
Jones, E.G., Powell, T.P.S.: Connections of the somatic sensory cortex of the rhesus monkey. I. Ipsilateral cortical connections. Brain *92*, 477–502 (1969)
Jones, E.G., Powell, T.P.S.: Electron microscopy of the somatic sensory cortex of the cat. II. The fine structure of layers I and II. Philos. Trans. R. Soc. Lond. B *257*, 13–21 (1970a)
Jones, E.G., Powell, T.P.S.: An anatomical study of converging sensory pathways within the cerebral cortex of the monkey. Brain *93*, 793–820 (1970b)
Jones, E.G., Powell, T.P.S.: Anatomical organization of the somatosensory cortex. In: Handbook of sensory physiology. Iggo, A. (ed.), Vol. II., pp. 579–620. Berlin, Heidelberg, New York: Springer 1973
Jouvet, M.: Some monoaminergic mechanisms controlling sleep and waking. In: Brain and human behaviour. Karczmar, A.G., Eccles, J.C. (eds.), pp. 131–161. Berlin, Heidelberg, New York: Springer 1972
Jouvet, M.: Some monoaminergic mechanisms controlling sleep and waking. In: Brain and human behaviour. Karczmar, A.G., Eccles, J.C. (eds.), pp. 499–508. Boston, Mass.: MIT Press 1974
Julesz, B.: Foundations of cyclopean perception. Chicago: University of Chicago Press 1971
Julesz, B.: Texture and visual perception. In: Image, object and illusion. Held, R. (ed.), pp. 59–70. San Francisco: Freeman 1974
Jung, R.: Correlation of bioelectrical and autonomic phenomena with alterations of consciousness and arousal in man. In: Brain mechanisms and consciousness. Delafresnaye, J.F. (ed.), pp. 310–344. Oxford: Blackwell 1954
Jung, R.: Visual perception and neurophysiology. In: Handbook of sensory physiology. Jung, R. (ed.), Vol. II/3A, pp. 1–152. Berlin, Heidelberg, New York: Springer 1973
Jung, R.: Perception, consciousness and visual attention. In: Cerebral correlates of conscious experience. Buser, P., Rougeul-Buser, A. (eds.), pp. 15–36. Amsterdam: Elsevier 1978
Jung, R.: Perception and Action. In: Proceedings of the 28th International Congress of Physiology, Budapest. Part 10, Regulating Functions of the Central Nervous System (1980)

Kerr, F.W.L., Wilson, P.R.: Pain. Annu. Rev. Neurosci. *1*, 83–102 (1978)
Kety, S.S.: Sleep and the energy metabolism of the brain. In: The nature of sleep. Ciba Foundation Symposium. Wolstenholme, G.E.W., O'Connor, M. (eds.), pp. 375–385. London: Churchill 1961
Kety, S.S.: New perspectives in psychopharmacology. In: Beyond Reductionism. Koestler, A.A., Smythies, J.R. (eds.), pp. 334–347. London: Hutchinson (1969)
Kety, S.S.: The biogenic amines in the central nervous system: their possible roles in arousal, emotion, and learning. In: The neurosciences. Schmitt, F.O. (ed.), pp. 324–336. New York: Rockefeller University Press 1970
Kety, S.S.: Norepinephrine in the central nervous system and its correlations with behaviour. In: Brain and behaviour. Karczmar, A.G., Eccles, J.C. (eds.), pp. 115–128. Berlin, Heidelberg, New York: Springer 1972
Kleitman, N.: Patterns of dreaming. In: Frontiers of psychological research. Coopersmith, S. (ed.), pp. 236–242. San Francisco: Freeman 1960
Kleitman, N.: The nature of dreaming. In: The nature of sleep. Wolstenholme, G.E.W., O'Connor, M. (eds.), pp. 349–364. London: Churchill 1961
Kleitman, N.: Sleep and wakefulness. Chicago: University of Chicago Press 1963
Kneale, W.: On having a mind. London: Cambridge University Press 1962
Kornhuber, H.H.: Neural control of input into long term memory: limbic system and amnestic syndrome in man. In: Memory and transfer of information. Zippel, H.P. (ed.), pp. 1–22, New York: Plenum 1973
Kornhuber, H.H.: Cerebral cortex, cerebellum, and basal ganglia: An introduction to their motor functions. In: The neurosciences. Third Study Program. Schmitt, F.O., Worden, F.G. (eds.), pp. 267–280. Cambridge, Mass.: MIT Press 1974
Kornhuber, H.H.: A. reconsideration of the brain-mind problem. In: Cerebral correlates of conscious experience. Buser, P.A., Rougeul-Buser, A. (eds.), pp. 319–331. Amsterdam: North Holland 1978
Krnjević, K.: Chemical nature of synaptic transmission in vertebrates. Physiol. Rev. *54*, 418–540 (1974)

Langer, S.K.: Philosophy in a new key. Cambridge, Mass.: Harvard University Press 1951
Lassen, N.A., Ingvar, D.H., Skinhoj, E.: Patterns of activity in the human cerebral cortex graphically displayed. Sci. Am. *239/4*, 50–59 (1978)
Laszlo, E.: Introduction to systems philosophy. New York: Gordon & Breach 1972
Lemberg, R.: Complementarity of religion and science. A trialogue. Zygon 1980
Levy-Agresti, J., Sperry, R.W.: Differential perceptual capacities in major and minor hemisphere. Proc. Natl. Acad. Sci. USA *61*, 1151 (1968)
Lewis, H.D.: Persons and life after death. London: MacMillan 1978
Libet, B.: Electrical stimulation of cortex in human subjects, and conscious sensory aspects. In: Handbook of sensory physiology. Iggo, A. (ed.), vol. II, pp. 743–790. Berlin, Heidelberg, New York: Springer 1973

Libet, B., Wright, E.W., Feinstein, B.: Subjective referral of the timing for a conscious experience: a functional role for the somatosensory specific projection system in man. Brain (1979)

Lorenz, K.: On aggression. London: Methuen 1966

Lorenz, K.: Behind the mirror. London: Methuen 1977

Lucas, J.R.: The freedom of the will. London: Oxford University Press 1970

MacKay, D.M.: Selves and brains. Neurosciences *3*, 599–606 (1978)

MacLean, P.D.: The paranoid streak in man. In: Beyond reductionism. Koestler, A., Smythies, J.R. (eds.), pp. 258–278. London: Hutchinson 1969

MacLean, P.D.: The triune brain, emotion, and scientific bias. In: The neurosciences: Second study program. Schmitt, F.O. (ed.), pp. 336–349. New York: Rockefeller University Press 1970

Magoun, H.W.: The waking brain, Springfield, Ill.: Thomas 1958

Mandler, G.: An ancient conundrum. Science *200*, 1040–1041 (1978)

Marin-Padilla, M.: Prenatal and early postnatal ontogenesis of the human motor cortex: A Golgi study. II. The basket-pyramidal system. Brain Res. *23*, 185–191 (1970)

Mark, V.H., Ervin, F.R.: Violence and the brain. New York: Harper & Row 1970

Marr, D.: A theory of the cerebellar cortex. J. Physiol. (London) *202*, 437–470 (1969)

Marr, D.: A theory for cerebral neocortex. Proc. R. Soc. Lond. B *176*, 161–234 (1970)

Marr, D., Poggio, T.: A computational theory of human stereo vision. Proc. R. Soc. Lond. B *204*, 301–328 (1979)

Matsumoto, H., Ayala, G.F., Gumnit, R.J.: Neuronal behaviour and triggering mechanism in cortical epileptic focus. J. Neurophysiol. *32*, 688–703 (1969)

McGeer, P.L., Eccles, J.C., McGeer, E.R.: Molecular neurobiology of the mammalian brain. New York: Plenum 1978

Medawar, P.B.: Induction and intuition in scientific thought. London: Methuen 1969

Melzack, R., Stotler, W.A., Livingston, W.K.: Effects of discrete brainstem lesions in cats on perception of noxious stimulation. J. Neurophysiol. *21*, 353–367 (1958)

Merzenich, M.M., Brugge, J.F.: Representation of the cochlear partition on the superior temporal plane of the Macaque monkey. Brain Res. *50*, 275–296 (1973)

Merzenich, M.M., Knight, P.L., Roth, G.L.: Representation of the cochlea within primary auditory cortex in the cat. J. Neurophysiol. *38*, 231–249 (1975)

Milner, B.: Hemispheric specialization: scope and limits. In: The Neurosciences: Third study program. Schmitt, F.O., Worden, F.G. (eds.), pp. 75–89. Cambridge, Mass., London: MIT Press 1974

Misgeld, U., Sarvey, J.M., Klee, M.R.: Heterosynaptic post-activation potentiation in hippocampal CA2 neurons: Long term changes of the postsynaptic potentials. Exp. Brain Res. *37*, 217–229 (1979)

Monod, J.: Chance and necessity. New York: Knopf 1971

Monod, J.: On chance and necessity. In: Studies in the philosophy of biology. Ayala, F.J. Dobzhansky, T. (eds.), pp. 357–375. London: MacMillan 1974

Monod, J.: The analysis of scientific method and the logic of scientific discovery. In: The creative process in science and medicine. Krebs, H.A., Shelley, J.H. (eds.), pp. 3-7, 52. Amsterdam: Excerpta Medica 1975

Montagu, A.: The nature of human aggression. Oxford: Oxford University Press 1976

Morris, D.: The naked ape. New York: McGraw-Hill 1967

Morris, D.: The human zoo. New York: McGraw-Hill 1969

Moruzzi, G.: The functional significance of sleep with particular regard to the brain mechanisms underlying consciousness. In: Brain and conscious experience. Eccles, J.C. (ed.), pp. 345–388. Berlin, Heidelberg, New York: Springer 1966a

Moruzzi, G.: Brain plasticity. In: Brain and conscious experience. Eccles, J.C. (ed.), pp. 555–560. Berlin, Heidelberg, New York: Springer 1966b

Moruzzi, G., Magoun, H.W.: Brain stem reticular formation and activation of the EEG. Electroencephalogr. Clin. Neurophysiol. *1*, 455–473 (1949)

Mountcastle, V.B.: Modality and topographic properties of single neurones of cat's somatic sensory cortex. J. Neurophysiol. *20*, 408–434 (1957)

Mountcastle, V.B.: Medical physiology, Vol. 2, 12th ed. St. Louis. Mosby 1968

Mountcastle, V.B.: Some neural mechanisms for directed attention. In: Cerebral correlates of conscious experience. Buser, P.A., Rougeul-Buser, A. (eds.), pp. 37–51. Amsterdam: North Holland 1978a

Mountcastle, V.B.: An organizing principle for cerebral function: the unit module and the distributed system. In: The mindful brain, pp. 7–50. Cambridge, Mass., London: MIT Press 1978b

Mountcastle, V.P., Lynch, J.C., Georgopoulos, A., Sakata, H., Acuna, C.: Posterior parietal association cortex of the monkey: command functions for operation within extrapersonal space. J. Neurophysiol. *38*, 871–908 (1975)

Mountcastle, V.B., Powell, T.P.S.: Neural mechanisms subserving cutaneous sensibility, with special reference to the role of afferent inhibition in sensory perception and discrimination. Bull. Johns Hopkins Hosp. *105*, 201–232 (1959)

Nagel, T.: Brain bisection and the unity of consciousness. Synthese *22*, 396–413 (1971)

Nakahama, H.: Pain mechanisms in the central nervous system. Neurophysiological Basis of Anaesthesia *13*, 109–148 (1975)

Newman, J.D.: Single unit analysis of prefrontal cortex in primates. Exp. Brain Res. [Suppl.] *1*, 459–462 (1976)

Noda, H., Adey, W.R.: Firing of neuron pairs in cat association cortex during sleep and wakefulness. J. Neurophysiol. *33*, 627–684 (1970)

Noda, H., Adey, W.R.: Neuron activity in the association cortex of the cat during sleep, wakefulness and anesthesia. Brain Res. *54*, 243–259 (1973)

Olds, J., Milner, P.: Positive reinforcement produced by electrical stimulation of septal area and other regions of rat brain. J. Comp. Physiol. Psychol. *47*, 419–427 (1954)

Passmore, J.: Discussion. In: Connaissance Scientifique et Philosophie. Publications du Deuxieme Centenaire No 4, pp. 286–287. Bruxelles: Palais des Académies 1975

Peacocke, A.R.: Science and the Christian experiment. London: Oxford University Press 1971

Pelikan, J.: The shape of death: life, death and immortality in the early fathers. London: MacMillan 1962

Penfield, W.: The mystery of the mind. Princeton, N.J.: Princeton University Press 1975

Penfield, W., Boldrey, E.: Somatic motor and sensory representation in the cerebral cortex of man studied by electrical stimulation. Brain *60*, 389–443 (1937)

Penfield, W., Jasper, H.: Epilepsy and the functional anatomy of the human brain. Boston: Little, Brown & Co. 1954

Pert, C.B., Snyder, S.H.: Properties of opiate receptor binding in rat brain. Proc. Natl. Acad. Sci. USA *70*, 2243–2247 (1973)

Phillips, C.G., Porter, R.: Corticospinal neurones. London: Academic Press 1977

Phillis, J.W.: The pharmacology of synapses. Oxford: Pergamon 1970

Planck, M.: The universe in the light of modern physics. London: Allen & Unwin 1938

Planck, M.: Scientific autobiography and other papers. London: Williams & Norgate 1950

Plato: The last days of Socrates, Phaedo. London: Penguin 1954

Plum, F., Duffy, T.E.: The couple between cerebral metabolism and blood flow during seizures. In: Brain work. Ingvar, D.H., Lassen, N.A. (eds.), pp. 196–214. Copenhagen: Munksgaard 1975

Poggio, G.F., Fisher, B.: Binocular interaction and depth sensitivity of striate and prestriate cortical neurons of the behaving rhesus monkey. J. Neurophysiol. *40*, 1392–1405 (1977)

Poggio, G.F., Mountcastle, V.B.: A study of the functional contributions of the lemniscal and spinothalamic systems to somatic sensibility. Bull. Johns Hopkins Hosp. *106*, 266–316 (1960)

Polanyi, M., Prosch, H.: Meaning. Chicago: University of Chicago Press 1975

Popper, K.R.: The logic of scientific discovery. London: Hutchinson 1959

Popper, K.R.: Epistemology without a knowing subject. In: Logic, methodology and philosophy of science. III, ed. by B. van Rootselaar and Staal, J.F. Amsterdam: North Holland 1968a

Popper, K.R.: On the theory of the objective mind. In: Akten des XIV International Kongresses für Philosophie. Vol. 1, pp. 25–53. Vienna: Ed. Leo Gabriel, Verlag Herder 1968b

Popper, K.R.: Objective knowledge: An evolutionary approach. Oxford: Clarendon 1972

Popper, K.R.: The analysis of scientific method and the logic of scientific discovery. Discussion. In: the creative process in science and medicine. Krebs, H.A., Shelley, J.H. (eds.), pp. 18–19. Amsterdam: Excerpta Medica 1975

Popper, K.R., Eccles, J.C.: The self and its brain. Berlin, Heidelberg, New York: Springer 1977

Power, E.: Medieval people. Harmondworth, Middlesex: Penguin 1951

Pribram, K.H.: Languages of the brain. Englewood Cliffs: Prentice-Hall 1971

Puccetti, R.: Brain bisection and personal identity. Br. J. Philos. Sci. *24*, 339–355 (1973)

Pugh, G.E.: The biological origin of human values. London: Routledge & Kegan Paul 1978

Raichle, M.: Sensori-motor area increase of oxygen uptake and blood flow in the human brain during contralateral hand exercise; preliminary observations by the 0-15 method. In: Brain work. Ingvar, D.H., Lassen, N.A. (eds.), pp. 372–376. Copenhagen: Munksgaard 1975

Ratliff, F.: Contour and contrast. Sci. Am. *226/6*, 91–101 (1972)

Reivich, M., Sokoloff, L., Kennedy, C., DesRosiers, M.: An autoradiographic method for the measurement of local glucose metabolism in the brain. In: Brain work. Ingvar, D.H., Lassen, N.A. (eds.), pp. 377–384. Copenhagen: Munksgaard 1975

Rensch, B.: Biophilosophy. New York: Columbia University Press 1971

Rensch, B.: Polynomistic determination of biological process. In: Studies in the philosophy of biology. Ayala, F.J., Dobzhansky, T. (eds.), pp. 241–258. London: MacMillan 1974

Réthelyi, M., Szentágothai, J.: Distribution and connections of afferent fibres in the spinal cord. In: Somatosensory system. Iggo, A. (ed.), pp. 207–252. Berlin, Heidelberg, New York: Springer 1973

Rock, I.: The perception of disorientated figures. In: Image, object, and illusion. Held, R. (ed.), pp. 71–78. San Francisco: Freeman 1974

Roth, B.: Narcolepsy and hypersomnia: review and calssification of 642 personally observed cases. Schweiz, Arch. Neurol. Neurochir. Psychiatr. *119*, 31–41 (1976)

Roth, B.: Narcolepsy and hypersomnia. In: Sleep disorders: diagnosis and treatment. Williams, Karacon, (eds.), pp. 29–59. New York: Wiley & Sons 1978

Ryle, G.: The concept of mind. London: Hutchinson's University Library 1949

Sagan, C.: The dragons of Eden. New York: Ballantine 1977

Schlag, J.: Reticular influences on the thalamo-cortical activity. In: Handbook of electroencephalography and clinical neurophysiology. Rémond, A., Creutzfeldt, O. (eds.), pp. 119–135. Amsterdam: Elsevier 1974

Schmidt, R.F.: Control of the access of afferent activity to somatosensory pathways. In: Somatosensory system. Iggo, A. (ed.), pp. 151–206. Berlin, Heidelberg, New York: Springer 1973

Schrödinger, E.: Mind and matter. London: Cambridge University Press 1958

Seylaz, J., Pinard, E., Mamo, H., Goas, J.Y., Luft, A., Correze, J.L.: Human cerebral blood flow during sleep. In: Brain work. Ingvar, D.H., Lassen, N.A. (eds.), pp. 235–245. Copenhagen: Munksgaard 1975

Shapere, D.: Discussion of Rensch. In: Studies in the philosophy of biology. Ayala, F.J., Dobzhansky, T. (eds.), pp. 256–258. London: MacMillan 1974

Sherrington, C.S.: The brain and its mechanism. Cambridge: Cambridge University Press 1933

Sherrington, C.S.: Man on his nature. London: Cambridge University Press 1940

Skolimowski, H.: Problems of rationality in biology. In: Studies in the philosophy of biology. Ayala, F.J., Dobzhansky, T. (eds.), pp. 205–224. London: MacMillan 1974

Smart, J.J.C.: Philosophy and scientific realism. London: Routledge & Kegan Paul 1963

Smart, J.J.C.: Presentation at the 16th World Congress of Philosophy, Düsseldorf: 1978

Solecki, R.S.: Shanidar, New York: Knopf 1971

Solecki, R.S.: The implications of the Shanidar cave. Neanderthal flower burial. Ann. N.Y. Acad. Sci. *293*, 114–124 (1977)

Spatz, W.B.: Topographically organized reciprocal connections between areas 17 and MT (Visual area of superior temporal sulcus) in the marmoset callithrix jacchus. Exp. Brain res. *27*, 559–572 (1977)

Sperry, R.W.: Neurology and the mind-brain Problem. Am. Sci. *40*, 291–312 (1952)

Sperry, R.W.: Bridging science and values; a unifying view of mind and brain. In: The centrality of science and absolute values. Proceedings of the fourth international conference on unity of the sciences. pp. 247–259. New York: International Cultural Foundation 1975

Sperry, R.W.: Mental phenomena as causal determinants in brain function. In: Consciousness and the brain. Globus, G.G., Maxwell, G., Savodnik, I. (eds.), pp. 163–177. New York: Plenum 1976

Sperry, R.W.: Forebrain commissurotomy and conscious awareness. J. Med. Phil. *2*, 101–126 (1977)

Sperry, R.W., Zaidel, D.: Self-recognition and social awareness in the deconnected minor hemisphere. Neuropsychologia, *17*, 156–166 (1979)

Stark, F.: Perseus and the wind. London: Murray 1948

Starr, C. (ed.): Biology today. New York: Random House 1975

Stent, G.: Genes personified. In: The foundations of ethics and its relationship to science. Tristram Engelhardt, H., Callahan, D. (eds.), pp. 33–36. Hastings on Hudson New York: Hastings Center Report 1977

Stent, G.: Modern Biology and its challenge to philosophy. In: 16th World Congress of Philosophy, Düsseldorf: 1978

Stent, G.: Does God play dice. Sciences *19/3*, 18–23 (1979)

Storr, A.: Human aggression. New York: Atheneum 1968

Storr, A.: Human destructiveness. New York: Basic Books 1972

Strawson, P.: Individuals. London: Methuen 1959

Sutherland, N.S.: Outlines of a theory of visual pattern recognition in animals and man. Proc. R. Soc. Lond. B *171*, 297–317 (1968)

Szentágothai, J.: The basic neuronal circuit of the neocortex. In: Synchronization of EEG activity in epilepsies. Petsche, H., Brazier, M.A.B. (eds.), pp. 9–24. Vienna, New York: Springer 1972

Szentágothai, J.: The „module concept" in cerebral cortex architecture. Brain Res. *95*, 475–496 (1975)

Szentágothai, J.: The neuron network of the cerebral cortex: A functional interpretation. Proc. R. Soc. Lond. B *201*, 219–248 (1978a)

Szentágothai, J.: The local neuronal apparatus of the cerebral cortex. In: Cerebral correlates of conscious experience. Buser, P., Rougeul-Buser, A. (eds.), pp. 131–138. Amsterdam: Elsevier 1978b

Szentágothai, J.: Local neuron circuits of the neocortex. In: The neurosciences: Fourth study program Vol. 4 (1979)

Teuber, M.L.: Sources of ambiguity in the prints of Maurice C. Escher. Sci. Am. *231/1*, 90–104 (1974)

Thach, W.T.: Discharge of cerebellar neurons related to two maintained postures and two prompt movements. I. Nuclear cell output. J. Neurophysiol. *33*, 527–536 (1970)

Thorpe, H.W.: Biology and the nature of man. London: Oxford University Press 1962

Thorpe, H.W.: Ethology and consciousness. In: Brain and conscious experience. Eccles, J.C. (ed.), pp. 470–505. Berlin, Heidelberg, New York: Springer 1966

Thorpe, W.H.: Animal nature and human nature. London: Methuen 1974

Thorpe, W.H.: Purpose in a world of chance. Oxford: Oxford University Press 1978

Tiger, L., Fox, R.: The imperial animal. New York: Rinehart & Winston 1971

Toyama, K., Kimura, M., Shida, T., Takedo, T.: Convergence of retinal inputs onto visual cortical cells. II. A study of the cells disynaptically excited from the lateral geniculate body. Brain Res. *137*, 221–231 (1977a)

Toyama, K., Maekawa, K., Takeda, T.: Convergence of retinal inputs onto visual cortical cells: I. A study of the cells monosynaptically excited from the lateral geniculate body. Brain Res. *137*, 207–220 (1977b)

Toyama, K., Matsunami, K., Ohno, T., Tokashiki, S.: An intracellular study of neuronal organization in the visual cortex. Exp. Brain Res. *21*, 45–66 (1974)

Uttal, W.R.: The psychobiology of mind. Hillsdale, N.J.: Erlbaum 1978

Villee, C.A.: Biology. Philadelphia: Saunders 1972

Vyklický, L., Keller, O., Brozek, G., Butkhuzi, S.M.: Cortical potentials evoked by stimulation of tooth pulp afferents in the cat. Brain Res. *41*, 211–213 (1972)

Wall, P.D.: The gate control theory of pain mechanism. A re-examination and restatement. Brain *101*, 1–18 (1978)

Walter, W.G., Cooper, R., Aldrige, V.J., McCallum, W.D., Winter, A.L.: Contingent negative variation: an electric sign of sensomotor association and expectancy in the human brain. Nature (Lond.) *203*, 380–384 (1964)

Weiss, P.: Discussion. In: Beyound reductionism. Koestler, A., Smythies, J.R. (eds.), pp. 251–252. London: Hutchinson 1969

Werner, G., Whitsel, B.L.: Functional organization of the somato-sensory cortex. In: Somato-sensory system. Iggo, A. (ed.), pp. 621–700. Berlin, Heidelberg, New York: Springer 1973

Whitsel, B.L., Petrucelli, L.M., Werner, G.: Symmetry and connectivity in the map of the body surface in somatosensory area II of primates. J. Neurophysiol. *32*, 170–183 (1969)

Whittaker, V.P., Gray, E.G.: The synapse: Biology and morphology. Br. Med. Bull. *18*, 223–228 (1962)

Wigner, E.P.; Two kinds of reality. Monist *48*, 248–264 (1964)

Wigner, E.P.: Are we machines? Proc. Am. Philos. Soc. *113*, 95–110 (1969)

Willis, W.D., Trevino, D.L., Coulter, J.D., Maunz, R.A.: Responses of primate spinothalamic tract neurons to natural stimulation of hindlimb. J. Neurophysiol. *37*, 358–372 (1974)

Wilson, D.L.: On the nature of consciousness and of physical reality. Perspect. Biol. Med. *19*, 568–581 (1976)

Wilson, E.O.: Sociobiology: The new synthesis. Cambridge, Mass.: Belknap, Harvard University Press 1975

Wilson, E.O.: On human nature. Cambridge, Mass.: Harvard University Press 1978

Wilson, E.O., Harris, M.: The envelope and the twig. Sciences *18*, 10–15, 27 (1978)

Yarbus, A.L.: Eye movements and vision. New York: Plenum 1967

Zaidel, E.: Unilateral auditory language comprehension on the token test following cerebral commissurotomy and hemispherectomy. Neuropsychologica *15*, 1–18 (1976)

Zangwill, O.L.: Thought and the brain. Br. J. Psychol. *67*, 301–314 (1976)

Zeki, S.: Functional organization of a visual area in the posterior bank of the superior temporal sulcus of the rhesus monkey. J. Physiol. (London) *236*, 549–573 (1974)

Zeki, S.M.: Projections to superior temporal sulcus form areas 17 and 18 in rhesus monkey. Proc. R. Soc. Lond. B *193*, 199–207 (1976)

Zeki, S.M.: Colour coding in the superior temporal sulcus of rhesus monkey visual cortex. Proc. R. Soc. Lond. B *197*, 195–223 (1977)

Deutschsprachige Literatur

Ardrey, Robert: Adam und sein Revier. München, 1972

Berger, Hans: Über das Elektrenkephalogramm des Menschen. Arch. Psychiatr. *87*, 527–570 (1929)

Brodmann, Korbinian: Vergleichende Lokalisationslehre der Großhirnrinde. Leipzig, 1909

Brodmann, Korbinian: Neue Ergebnisse über die vergleichende histologische Lokalisation der Großhirnrinde. Anat. Anz. *41*, 157–216 (1912)

Dawkins, Richard: Das egoistische Gen. Berlin, Heidelberg, New York, 1978

Delgado, José M.R.: Gehirnschrittmacher. Frankfurt/M., 1971

Descartes, René: Discours de la méthode. Hamburg, 1960

Dubos, René: Der entfesselte Fortschritt. Ulm, 1970

Eccles, John C.: Das Gehirn des Menschen. München, Zürich, 1975

Eccles, John C. und Zeier, Hans: Gehirn und Geist. München, 1980

Eccles, John C.: Das Rätsel Mensch. München, Basel 1982

Frankl, Victor E.: Der Pluralismus der Wissenschaften und das Menschliche im Menschen. In: Koestler/Smythies, 1970, S. 374–392

Hassler, Rolf: Die zentralen Systeme des Schmerzes. Acta Neurochir. (Wien) *8*, 353–423 (1960)

Heisenberg, Werner: Schritte über Grenzen. München, 1971

Hess, Walter Rudolf: Beiträge zur Physiologie des Hirnstammes. I. Die Methodik der lokalisierten Reizung und Ausschaltung subkortikaler Hirnabschnitte. Leipzig, 1932

Hess, Walter Rudolf, Brügger, M.: Das subkortikale Zentrum der affektiven Abwehrreaktion. Helvet. Physiol. Acta *1*, 33–52 (1943)

Jung, Richard: Hirnpotentialwellen, Neuronenentladungen und Gleichspannungsphänomene. In: Jenenser EEG-Symposion „30 Jahre Elektroenzephalographie". Werner, R. (ed.), pp. 54–81. Berlin, 1963

Koestler, Arthur und Smythies, J.R. (Hrsg.): Das neue Menschenbild. Wien, 1970

Kornhuber, Hans Helmut, Deecke, L.: Hirnpotentialänderungen beim Menschen vor und nach Willkürbewegungen, dargestellt mit Magnetbandspeicherung und Rückwärtsanalyse. Pflügers Arch. Ges. Physiol. *281*, 52 (1964)

Langer, Susanne K.: Philosophie auf neuem Wege. Berlin, 1965

Lorenz, Konrad: Das sogenannte Böse. Wien, 1964

Monod, Jacques: Zufall und Notwendigkeit. München, 1971

Morris, Desmond: Der nackte Affe. Stuttgart, 1969

Platon: Sämtliche Werke, Band 3: Phaidon, Politeia (übers. v. F. Schleiermacher). Hamburg, 1958

Popper, Karl R.: Objektive Erkenntnis. Hamburg, 1973

Popper, Karl R. und Eccles, John C.: Das Ich und sein Gehirn. München, Zürich, 1982
Rensch, Bernhard: Biophilosophie auf erkenntnistheoretischer Grundlage. Stuttgart, 1968
Rougemont, Denis de: Die Liebe und das Abendland. Köln, Berlin, 1966
Sherrington, Sir Charles: Körper und Geist. Bremen, 1964
Szentágothai, János: Die Neuronenschaltungen der Großhirnrinde. Verh. Anat. Ges. *70*, 187–215 (1976)
Wilson, Edward O.: Biologie als Schicksal. Frankfurt/M., Berlin, Wien, 1980

Sachregister